Frank Hannes | Thorsten Kuhn | Miriam Brückmann

Familienunternehmen

Frank Hannes | Thorsten Kuhn |
Miriam Brückmann

Familien-
unternehmen

Recht, Steuern, Beratung

GABLER

Bibliografische Information Der Deutschen Nationalbibliothek
Die Deutsche Nationalbibliothek verzeichnet diese Publikation in der
Deutschen Nationalbibliografie; detaillierte bibliografische Daten sind im Internet über
<http://dnb.d-nb.de> abrufbar.

1. Auflage 2008

Alle Rechte vorbehalten
© Betriebswirtschaftlicher Verlag Dr. Th. Gabler | GWV Fachverlage GmbH, Wiesbaden 2008

Lektorat: RA Andreas Funk

Der Gabler Verlag ist ein Unternehmen von Springer Science+Business Media.
www.gabler.de

Umschlaggestaltung: KünkelLopka Medienentwicklung, Heidelberg
Druck und buchbinderische Verarbeitung: Wilhelm & Adam, Heusenstamm
Gedruckt auf säurefreiem und chlorfrei gebleichtem Papier
Printed in Germany

ISBN 978-3-8349-0442-3

Vorwort

Dieses Buch stellt typische Beratungssituationen im Lebenszyklus von Familienunternehmen dar, also von Unternehmen, die sich überwiegend in der Hand einer Familie befinden. Es soll ihren Gesellschaftern und Geschäftsführern und ihren Beratern zu den einzelnen Beratungssituationen Gestaltungswege aufzeigen. Soweit mehrere Gestaltungswege in Betracht kommen, werden die Vor- und Nachteile der einzelnen Möglichkeiten gegenübergestellt.

Zurzeit befinden sich einige für Familienunternehmen wesentliche Rechtsvorschriften im Wandel. Die abgeschlossenen Gesetzgebungsverfahren des SEStEG und der Unternehmensteuerreform 2008 sind in diesem Buch bereits berücksichtigt. Zudem wird – soweit angebracht – auf anstehende Änderungen durch das Jahressteuergesetz 2008 und das MoMiG hingewiesen.

Bonn, Wiesbaden und Nackenheim im August 2007

Frank Hannes, Thorsten Kuhn, Miriam Brückmann

Inhaltsübersicht

Abkürzungsverzeichnis

A	Abschnitt
a.A.	andere Ansicht
a.a.O.	am angegebenen Ort
Abs.	Absatz
ADS	Adler/Düring/Schmaltz, Rechnungslegung und Prüfung der Unternehmen, 6. Auflage, 1994 ff.
AEAO	Anwendungserlass zur Abgabenordnung
a.F.	alte Fassung
AG	Aktiengesellschaft
AG	Die Aktiengesellschaft (Zeitschrift)
AktG	Aktiengesetz
ALG II	Arbeitslosengeld II
AnfG	Gesetz über die Anfechtung von Rechtshandlungen eines Schuldners außerhalb des Insolvenzverfahrens (Anfechtungsgesetz)
Anm.	Anmerkung
AO	Abgabenordnung
ApoG	Gesetz über das Apothekenwesen
Aufl.	Auflage
AÜG	Gesetz zur Regelung der gewerbsmäßigen Arbeitnehmerüberlassung
BAG	Bundesarbeitsgericht
BB	Betriebsberater (Zeitschrift)
Bd.	Band
betr.	betreffend
BewG	Bewertungsgesetz
BFH	Bundesfinanzhof
BFHE	Sammlung der Entscheidungen des Bundesfinanzhofs
BFH/NV	Sammlung der Entscheidungen des Bundesfinanzhofs (mit allen amtlich und nicht amtlich veröffentlichten Entscheidungen)
BGB	Bürgerliches Gesetzbuch
BGBl.	Bundesgesetzblatt
BGH	Bundesgerichtshof
BGHZ	Entscheidungen des Bundesgerichtshofs in Zivilsachen
BMF	Bundesminister der Finanzen
BR-Drs.	Bundesrats-Drucksache
BSG	Bundessozialgericht
BStBl.	Bundessteuerblatt
BVerfG	Bundesverfassungsgericht
bzw.	beziehungsweise
DAngVers	Die Angestelltenversicherung (Zeitschrift)
DB	Der Betrieb (Zeitschrift)
DBA	Doppelbesteuerungsabkommen
DEÜV	Verordnung über die Erfassung und Übermittlung von Daten für die Träger der Sozialversicherung

DNotZ	Deutsche Notar-Zeitschrift
DrittelbG	Gesetz über die Drittelbeteiligung der Arbeitnehmer im Aufsichtsrat
DStR	Deutsches Steuerrecht (Zeitschrift)
DStRE	DStR-Entscheidungsdienst (Zeitschrift)
DStZ	Deutsche Steuer-Zeitung (Zeitschrift)
EFG	Entscheidungen der Finanzgerichte
EGHGB	Einführungsgesetz zum Handelsgesetzbuch
EHUG	Gesetz über elektronische Handelsregister und Genossenschaftsregister sowie das Unternehmensregister
ErbBStg	Erbfolgebesteuerung (Zeitschrift)
ErbStB	Der Erbschaft-Steuer-Berater (Zeitschrift)
ErbStG	Erbschaftsteuer- und Schenkungsteuergesetz
EStDV	Einkommensteuer-Durchführungsverordnung
EStG	Einkommensteuergesetz
EStH	Einkommensteuer-Hinweise
EStR	Einkommensteuer-Richtlinien
f.	folgender
2. FamFördG	Zweites Gesetz zur Familienförderung
FamRB	Der Familien-Rechts-Berater (Zeitschrift)
FamRZ	Zeitschrift für das gesamte Familienrecht
ff.	folgende
FG	Finanzgericht
FGG	Gesetz über die Angelegenheiten der freiwilligen Gerichtsbarkeit
FGPrax	Praxis der freiwilligen Gerichtsbarkeit (Zeitschrift)
FinMin	Finanzministerium
Fn.	Fußnote
FPR	Familie Partnerschaft Recht (Zeitschrift)
FR	Finanz-Rundschau für Einkommensteuer mit Körperschaftsteuer und Gewerbesteuer (Zeitschrift)
GastG	Gaststättengesetz
GBO	Grundbuchordnung
GbR	Gesellschaft bürgerlichen Rechts
GewO	Gewerbeordnung
GewSt	Gewerbesteuer
GewStG	Gewerbesteuergesetz
GewStR	Gewerbesteuer-Richtlinien
GG	Grundgesetz
ggf.	gegebenenfalls
GmbH	Gesellschaft mit beschränkter Haftung
GmbHG	Gesetz betreffend die Gesellschaften mit beschränkter Haftung
GmbHR	GmbH-Rundschau (Zeitschrift)
grds.	grundsätzlich
GrEStG	Grunderwerbsteuergesetz
H	Hinweis(e)
HFA	Hauptfachausschuss (des Instituts der Wirtschaftsprüfer)
HGB	Handelsgesetzbuch
h.M.	herrschende Meinung

HRA	Handelsregister Abteilung A
HRB	Handelsregister Abteilung B
HRegGebV	Verordnung über Gebühren in Handels-, Partnerschafts- und Genossenschaftsregistersachen (Handelsregistergebührenverordnung)
HRV	Verordnung über die Einrichtung und Führung des Handelsregisters
HwO	Gesetz zur Ordnung des Handwerks
i.d.F.	in der Fassung
IFRS	International Financial Reporting Standards
INF	Die Information über Steuer und Wirtschaft (Zeitschrift)
IHK	Industrie- und Handelskammer
IHKG	Gesetz zur vorläufigen Regelung des Rechts der Industrie- und Handelskammern
InsO	Insolvenzordnung
i.S.d.	im Sinne des
i.V.m.	in Verbindung mit
JuS	Juristische Schulung (Zeitschrift)
JVKostO	Gesetz über Kosten im Bereich der Justizverwaltung
KG	Kommanditgesellschaft
KGaA	Kommanditgesellschaft auf Aktien
KÖSDI	Kölner Steuerdialog (Zeitschrift)
KostO	Gesetz über die Kosten in Angelegenheiten der freiwilligen Gerichtsbarkeit
KSt	Körperschaftsteuer
KStG	Körperschaftsteuergesetz
KStR	Körperschaftsteuer-Richtlinien
LStDV	Lohnsteuer-Durchführungsverordnung
LStR	Lohnsteuer-Richtlinien
m. Anm.	mit Anmerkung
MDR	Monatsschrift für Deutsches Recht (Zeitschrift)
MitbestG	Gesetz über die Mitbestimmung der Arbeitnehmer
MüHdb GesR I	Münchener Handbuch des Gesellschaftsrechts, Band 1
MüHdb GesR II	Münchener Handbuch des Gesellschaftsrechts, Band 2
MüHdb GesR III	Münchener Handbuch des Gesellschaftsrechts, Band 3
MüHdb GesR IV	Münchener Handbuch des Gesellschaftsrechts, Band 4
MüKo-AktG	Münchener Kommentar zum Aktiengesetz
MüKo-BGB	Münchener Kommentar zum Bürgerlichen Gesetzbuch
MüKo-HGB	Münchener Kommentar zum Handelsgesetzbuch
MüKo-ZPO	Münchener Kommentar zur Zivilprozessordnung
m.w.N.	mit weiteren Nachweisen
NJW	Neue Juristische Wochenschrift (Zeitschrift)
Nr.	Nummer
n.v.	nicht veröffentlicht
NWB	Neue Wirtschafts Briefe (Zeitschrift)
NZA	Neue Zeitschrift für Arbeitsrecht
OFD	Oberfinanzdirektion
OHG	Offene Handelsgesellschaft
OLG	Oberlandesgericht
R	Richtlinie(n)

Rev.	Revision
RFH	Reichsfinanzhof
rkr.	Rechtskräftig
Rn.	Randnummer
RNotZ	Rheinische Notar-Zeitschrift
RStBl.	Reichssteuerblatt
S.	Seite
s.	siehe
SEStEG	Gesetz über steuerliche Begleitmaßnahmen zur Einführung der Europäischen Gesellschaft und zur Änderung weiterer steuerrechtlicher Vorschriften
SGB	Sozialgesetzbuch
sog.	sogenannt
StBereinG 1999	Gesetz zur Bereinigung von steuerlichen Vorschriften (Steuerbereinigungsgesetz 1999)
Stbg	Die Steuerberatung (Zeitschrift)
StuW	Steuer und Wirtschaft (Zeitschrift)
Tz.	Textziffer
u.a.	und andere
u.E.	unseres Erachtens
UmwG	Umwandlungsgesetz
UmwStG	Umwandlungssteuergesetz
UStDV	Umsatzsteuer-Durchführungsverordnung
UStG	Umsatzsteuergesetz
UStR	Umsatzsteuer-Richtlinien
v.	vom
VersR	Versicherungsrecht (Zeitschrift)
vgl.	vergleiche
vs.	versus
WiB	Wirtschaftsrechtliche Beratung (Zeitschrift)
WPg	Die Wirtschaftsprüfung (Zeitschrift)
ZErb	Zeitschrift für die Steuer- und Erbrechtspraxis
ZEV	Zeitschrift für Erbrecht und Vermögensnachfolge
ZGR	Zeitschrift für Unternehmens- und Gesellschaftsrecht
ZHR	Zeitschrift für das gesamte Handelsrecht und Wirtschaftsrecht
Ziff.	Ziffer
ZIP	Zeitschrift für Wirtschaftsrecht

Literaturverzeichnis

Adler/Düring/Schmaltz, Rechnungslegung und Prüfung der Unternehmen, 6. Auflage, Stuttgart, 1994 ff.

Bamberger/Roth (Hrsg.), Kommentar zum Bürgerlichen Gesetzbuch, 1./2. Auflage, München, 2003 ff.

Baumbach/Hopt, Handelsgesetzbuch, 32. Auflage, München, 2006

Baumbach/Hueck, GmbH-Gesetz, 18. Auflage, München, 2006

Beck'scher Bilanz-Kommentar, Hrsg.: Ellrott/Förschle/Hoyos/Winkeljohann, 6. Auflage, München, 2006

Beck'sches Handbuch der Personengesellschaften, Hrsg.: Müller/Hoffmann, 2. Auflage, München, 2002

Bilsdorfer, Der steuerliche Fremdvergleich bei Vereinbarungen unter nahestehenden Personen, Berlin, 1996

Bösl/Sommer (Hrsg.), Mezzanine Finanzierung, München, 2006

Brinkmeier/Mielke, Die Limited (Ltd.), Wiesbaden, 2007

Carlé/Korn/Stahl/Strahl, Umwandlungen, Bonn/Berlin, 2007

Dötsch/Patt/Pung/Möhlenbrock, Umwandlungssteuerrecht, 6. Auflage, Stuttgart, 2007

Ebenroth/Boujong/Joost (Hrsg.), Handelsgesetzbuch, München, 2001

Erman, BGB, 11. Auflage, Köln, 2004

Fichtelmann, Beteiligung von Angehörigen, Herne, 1998

Frotscher (Hrsg.), Kommentar zum Einkommensteuergesetz, Freiburg, Stand Mai 2007

Goette, Die GmbH, 2. Auflage, München, 2002

Gustavus, Handelsregister-Anmeldungen, 6. Auflage, Köln, 2005

Herrmann/Heuer/Raupach, Einkommensteuer- und Körperschaftsteuergesetz, Köln, Stand Mai 2007

Hölters (Hrsg.), Handbuch des Unternehmens- und Beteiligungskaufs, 6. Auflage, Köln, 2005

Honig, Handwerksordnung, 3. Auflage, München, 2004

Hübschmann/Hepp/Spitaler, Abgabenordnung - Finanzgerichtsordnung, Köln, Stand April 2007

Hüffer, Aktiengesetz, 7. Auflage, München, 2006

Jauernig (Hrsg.), Bürgerliches Gesetzbuch, 12. Auflage, München, 2007

Kallmeyer, Umwandlungsgesetz, 3. Auflage, Köln, 2006

Kasseler Kommentar Sozialversicherungsrecht, Hrsg.: Niesel, München, Stand Juni 2007

Kerscher/Tanck, Pflichtteilsrecht, Bonn, 1997

Kirchhof/Söhn/Mellinghoff (Hrsg.), Einkommensteuergesetz, Heidelberg, Stand Juni 2007

Koller/Roth/Morck, Handelsgesetzbuch, 6. Auflage, München, 2007

Küttner, Personalbuch 2007 – Arbeitsrecht, Lohnsteuerrecht, Sozialversicherungsrecht, 14. Auflage, München 2007

Lange/Jansen, Verdeckte Gewinnausschüttungen, 9. Auflage, Herne/Berlin, 2007

Littmann/Bitz/Pust, Das Einkommensteuerrecht, Stuttgart, Stand Mai 2007

Lutter/Hommelhoff, GmbH-Gesetz, 16. Auflage, Köln, 2004

Mayer/Süß/Tanck/Bittler/Wälzholz, Handbuch Pflichtteilsrecht, Angelbachtal, 2003

Meincke, Erbschaftsteuer- und Schenkungsteuergesetz, 14. Auflage, München, 2004

Michalski (Hrsg.), GmbH-Gesetz, München, 2002

Moench/Kien-Hümbert/Weinmann (Hrsg.), Erbschaft- und Schenkungsteuer, München/Unterschleißheim, Stand Dezember 2006

Münchener Anwaltshandbuch Erbrecht, Hrsg.: Scherer, 2. Auflage, München, 2007

Münchener Anwaltshandbuch Unternehmenssteuerrecht, Hrsg.: Lüdicke/Rieger, München, 2004

Münchener Handbuch des Gesellschaftsrechts, Band 1: BGB-Gesellschaft, Offene Handelsgesellschaft, Partnerschaftsgesellschaft, Partenreederei, EWIV, Hrsg.: Gummert/Riegger/Weipert, 2. Auflage, München, 2004

Münchener Handbuch des Gesellschaftsrechts, Band 2: Kommanditgesellschaft, GmbH & Co. KG, Publikums-KG, Stille Gesellschaft, Hrsg.: Riegger/Weipert, 2. Auflage, München, 2004

Münchener Handbuch des Gesellschaftsrechts, Band 3: Gesellschaft mit beschränkter Haftung, Hrsg.: Priester/Mayer, 2. Auflage, München, 2002

Münchener Handbuch des Gesellschaftsrechts, Band 4: Aktiengesellschaft, Hrsg.: Hoffmann-Becking, 3. Auflage, München, 2007

Münchener Kommentar zum Aktiengesetz, Hrsg.: Kropff/Semler, 2. Auflage, München, 2000 ff.

Münchener Kommentar zum Bürgerlichen Gesetzbuch, Hrsg.: Säcker/Rixecker, 4./5. Auflage, München, 2000 ff.

Münchener Kommentar zum Handelsgesetzbuch, Hrsg.: K. Schmidt, 1./2. Auflage, München, 2000 ff.

Münchener Kommentar zur Zivilprozessordnung, Hrsg.: Rauscher/Wax/Wenzel, 2./3. Auflage, München, 2000 ff.

Münchener Vertragshandbuch, Band 1: Gesellschaftsrecht, Hrsg.: Heidenhain/Meister, 6. Auflage, München, 2005

Nawroth, Die steuerliche Anerkennung von Familienpersonengesellschaften bei fehlerhaften Gesellschaftsverträgen, Frankfurt/M., Berlin, Bern, Brüssel, New York, Wien, 1999

Neumann, vGA und verdeckte Einlagen, 2. Auflage, Köln, 2006

Nieder, Handbuch der Testamentsgestaltung, 2. Auflage, München, 2000

von Oertzen, Asset Protection im deutschen Recht, Angelbachtal, 2007

Pahlke/Franz, Grunderwerbsteuergesetz, 3. Auflage, München, 2005

Palandt, Bürgerliches Gesetzbuch, 66. Auflage, München, 2007

Reimann/Bengel/Mayer (Hrsg.), Testament und Erbvertrag, 5. Auflage, Köln, 2006

RGRK, Das Bürgerliche Gesetzbuch mit besonderer Berücksichtigung der Rechtsprechung des Reichsgerichts und des Bundesgerichtshofes, 12. Auflage, Berlin, 1975 ff.

Rödder/Hötzel/Mueller-Thuns, Unternehmenskauf, Unternehmensverkauf, München, 2003

Sagasser/Bula/Brünger, Umwandlungen, 3. Auflage, München, 2002

Schaub, Arbeitsrecht-Handbuch, 11. Auflage, München, 2005

Schauhoff (Hrsg.), Handbuch der Gemeinnützigkeit, 2. Auflage, München, 2005

Schick/Schmidt/Ries/Walbröl, Praxis-Handbuch Stiftungen, Regensburg, 2001

Schiffer, Die Stiftung in der anwaltlichen Praxis, Bonn, 2003

Schmidt, Einkommensteuergesetz, 26. Auflage, München, 2007

Schmitt/Hörtnagl/Stratz, Umwandlungsgesetz, Umwandlungssteuergesetz, 4. Auflage, München, 2006

Scholz (Hrsg.), GmbH-Gesetz, 9./10. Auflage, Köln, 2000 ff.

Semler/Stengel, Umwandlungsgesetz, München, 2003

Soergel/Siebert, Bürgerliches Gesetzbuch mit Einführungsgesetz und Nebengesetzen, 13. Auflage, Stuttgart, 1999 ff.

Staudinger (Begr.), Kommentar zum Bürgerlichen Gesetzbuch mit Einführungsgesetz und Nebengesetzen, 13. Bearbeitung, Berlin/New York, 1993 ff.

Tettinger/Wank, Gewerbeordnung, 7. Auflage, München, 2004

Tipke/Kruse, Abgabenordnung, Finanzgerichtsordnung, Köln, Stand Juni 2007

Ulmer/Habersack/Winter, Gesetz betreffend die Gesellschaften mit beschränkter Haftung, Tübingen, 2005 ff.

Wachter, Stiftungen, Köln, 2005

Werner, Mezzanine-Kapital, 2. Auflage, Köln, 2007

Bearbeiterverzeichnis

Es wurden bearbeitet von

Dr. Frank Hannes	§§ 1 C, 2, 6
Dr. Thorsten Kuhn und Miriam Brückmann	§§ 1 A, B, D, 3, 4, 5, 7, 8

§ 1 Gründungsphase

A. Rechtsformwahl

I. Beratungssituation

Bei der Gründung eines Unternehmens stellt sich immer die Frage, in welcher Rechtsform dieses 1
Unternehmen betrieben werden soll. Über die Rechtsform ist anhand der Charakteristika der aus-
geübten Geschäftstätigkeit und der Zielsetzungen des Unternehmers zu entscheiden. Ändern sich
diese Determinanten zu späterer Zeit, etwa aufgrund des Wachstums des Unternehmens, so ist die
getroffene Rechtsformwahl zu überprüfen.

II. Kurzdarstellung der Rechtsformen

1. Einzelunternehmen und Gesellschaften

Die Frage der Rechtsformwahl stellt sich auch dann, wenn das Unternehmen von einer einzigen 2
Person betrieben werden soll. Sowohl die GmbH als auch die Aktiengesellschaft können von einer
einzigen Person gegründet werden (§ 1 GmbHG; § 2 AktG). Auch eine GmbH & Co. KG kann von
einer einzigen Person gegründet werden.

Umgekehrt führt der Umstand, dass sich mehrere Personen unternehmerisch betätigen möchten,
nicht zwingend dazu, dass sie nach außen hin als Gesellschaft auftreten müssen. Es ist auch möglich, dass nur eine Person das Unternehmen nach außen hin betreibt und sich weitere Personen
an dem Unternehmen mittels partiarischer Darlehen oder als stille Gesellschafter beteiligen (dazu
§ 3 Rn. 10 ff.).

Einzelunternehmen und Gesellschaften unterscheiden sich wie folgt:

Bei einem Einzelunternehmen steht das Unternehmensvermögen einer einzigen Person zu. Das
Unternehmensvermögen ist rechtlich nicht von dem Privatvermögen des Einzelunternehmers se-
pariert.

Bei einer Gesellschaft gehört das Unternehmensvermögen der Gesellschaft. Die Anteile an der
Gesellschaft können sodann von einer oder von mehreren Personen gehalten werden. Bei einer
Gesellschaft ist somit das Vermögen der Gesellschaft von dem Vermögen der Gesellschafter se-
pariert. Dies ermöglicht – je nach Gesellschaftsform – eine Haftungsbegrenzung auf das Gesellschaftsvermögen. Zudem ist die Übertragung des Unternehmens leichter möglich: Es müssen
nicht die einzelnen Vermögensgegenstände des Unternehmens übertragen werden, sondern es
können die Gesellschaftsanteile als solche übertragen werden.

1

2.   Personengesellschaften vs. Kapitalgesellschaften

3   Bei den Gesellschaften unterscheidet man Personen- und Kapitalgesellschaften.

Personengesellschaften zeichnen sich dadurch aus, dass sie an den Gesellschaftern ausgerichtet sind: Mindestens ein Gesellschafter haftet persönlich, und die Geschäftsführung muss zwingend durch die Gesellschafter ausgeübt werden.

Das Charakteristikum von Kapitalgesellschaften ist, dass nur das Gesellschaftsvermögen haftet. Aus diesem Grund wird durch umfangreiche Vorschriften sicher gestellt, dass die Vermögenssphären der Gesellschaft und der Gesellschafter getrennt sind.

Im Einzelnen ergibt sich eine Reihe von Unterschieden zwischen Personen- und Kapitalgesellschaften, insbesondere in der Besteuerung. Hierauf wird später eingegangen (dazu § 1 Rn. 14 ff.).

3.   Kurzdarstellung einzelner Rechtsformen

4   Im Folgenden werden kurz die Charakteristika der einzelnen Rechtsformen dargestellt.

a)   Einzelunternehmen

5   Bei einem Einzelunternehmen wird das Unternehmen nach außen hin nur durch eine Person betrieben. Es bedarf daher keinerlei vertraglicher Beziehungen. Das Unternehmensvermögen ist rechtlich nicht von dem Privatvermögen des Einzelunternehmers getrennt.

b)   Gesellschaft des bürgerlichen Rechts

6   Die Gesellschaft des bürgerlichen Rechts (GbR) ist die Grundform der Personengesellschaft. Eine Gesellschaft des bürgerlichen Rechts liegt bereits dann vor, wenn sich mehrere Personen zusammenschließen, um einen gemeinsamen Zweck zu verfolgen und jede der Personen einen Beitrag erbringen muss. Der gemeinsame Zweck muss nicht auf den Betrieb eines Unternehmens gerichtet sein, sondern kann auch ein einmaliges Ziel sein, etwa eine Fahrgemeinschaft. Ist der gemeinsame Zweck auf den Betrieb eines Handelsgewerbes gerichtet (dazu § 1 Rn. 119 f.), so liegt keine Gesellschaft des bürgerlichen Rechts vor, sondern eine offene Handelsgesellschaft (siehe § 1 Rn. 7). Für Gesellschaften des bürgerlichen Rechts verbleiben daher insbesondere Zusammenschlüsse zwischen Freiberuflern und der Betrieb eines Unternehmens, das aufgrund seines kleinen Umfangs nicht als Handelsgewerbe einzustufen ist. Die gesetzlichen Grundlagen der Gesellschaft des bürgerlichen Rechts finden sich in den §§ 705 bis 740 BGB.

c)   Offene Handelsgesellschaft

7   Eine offene Handelsgesellschaft (oHG) ist eine Personengesellschaft. Eine offene Handelsgesellschaft liegt bereits vor, wenn sich mehrere Personen zusammenschließen, um ein Handelsgewerbe zu betreiben und jede der Personen einen Beitrag erbringen muss. Der Beitrag kann in der Einlage von Kapital oder von Gegenständen oder in der Erbringung der persönlichen Arbeitsleistung liegen. Zum Begriff des Handelsgewerbes siehe § 1 Rn. 119 f.. Liegt eine offene Handels-

gesellschaft vor, so haften alle Gesellschafter persönlich. Die rechtlichen Grundlagen der offenen Handelsgesellschaft sind in den §§ 105 bis 160 HGB geregelt.

🛈 Praxishinweis:

Liegen die Voraussetzungen einer offenen Handelsgesellschaft vor, so ist sie automatisch gegründet. Die Beteiligten müssen nicht ausdrücklich beschließen, eine offene Handelsgesellschaft zu gründen. Auch bedarf es keines schriftlichen Gesellschaftsvertrages. Bei Familienangehörigen ist jedoch der Abschluss eines schriftlichen Gesellschaftsvertrages zu empfehlen, um die steuerliche Anerkennung des Gesellschaftsverhältnisses nicht zu gefährden (dazu § 2 Rn. 33).

d)   Kommanditgesellschaft

Eine Kommanditgesellschaft (KG) ist eine Personengesellschaft. Ebenso wie bei einer offenen   8
Handelsgesellschaft (dazu § 1 Rn. 7) schließen sich mehrere Personen zusammen, um ein Handelsgewerbe zu betreiben. Jede der Personen muss einen Beitrag erbringen. Darüber hinaus haben sich die Gesellschafter darauf verständigt, dass bei mindestens einem Gesellschafter die Haftung gegenüber den Gesellschaftsgläubigern auf den Betrag einer bestimmten Vermögenseinlage beschränkt ist (so genannter Kommanditist). Mindestens ein Gesellschafter muss unbeschränkt haften (so genannter persönlich haftender Gesellschafter oder Komplementär). Die rechtlichen Grundlagen der Kommanditgesellschaft sind in den §§ 161 bis 177a HGB geregelt.

e)   GmbH

Die GmbH (Gesellschaft mit beschränkter Haftung) ist eine Kapitalgesellschaft. Die Haftung ge   9
genüber Gesellschaftsgläubigern ist daher auf das Gesellschaftsvermögen beschränkt. Die GmbH ist auf einen überschaubaren Kreis von Gesellschaftern ausgerichtet, die in einem bestimmten Umfang auch füreinander einstehen müssen. Die gesetzlichen Grundlagen sind im GmbHG geregelt.

Der Regierungsentwurf zum MoMiG führt die so genannte Unternehmergesellschaft (UG haftungsbeschränkt) als Variante zur GmbH ein. Für diese Gesellschaft gelten grundsätzlich die Bestimmungen des GmbHG. Die Unternehmergesellschaft (haftungsbeschränkt) bedarf keines Haftkapitals, hat jedoch jährlich 25 % ihres Jahresüberschusses in eine gesetzliche Rücklage einzustellen.

f)   Aktiengesellschaft

Die Aktiengesellschaft (AG) ist eine Kapitalgesellschaft, die auf einen größeren Kreis von Gesell   10
schaftern ausgerichtet ist. Leitbild ist die börsennotierte Aktiengesellschaft. Die Börsennotierung macht es möglich, dass die Aktiengesellschaft Kapital von einer unbestimmten Vielzahl von Aktionären erhält. Die gesetzliche Grundlage der Aktiengesellschaft, das Aktiengesetz, ist so ausgestaltet, dass der Gesellschaft ihre Aktionäre nicht einmal namentlich bekannt sein müssen. Der Vorstand ist gegenüber den Aktionären weisungsunabhängig. Zur Überwachung des Vorstandes wird ein Aufsichtsrat eingesetzt. Zum Schutz der Aktionäre können viele Vorschriften des Aktiengesetzes nicht gesellschaftsvertraglich abgeändert werden.

1

g)   GmbH & Co. KG

11   Eine GmbH & Co. KG besteht aus zwei Gesellschaften: einer GmbH und einer Kommanditgesellschaft. Die Kommanditgesellschaft betreibt das Unternehmen. Bei einer Kommanditgesellschaft haftet zwingend ein Gesellschafter mit seinem gesamten Vermögen, der so genannte persönlich haftende Gesellschafter. Bei einer GmbH & Co. KG wird nun als persönlich haftender Gesellschafter eine GmbH eingesetzt. Die GmbH haftet mit ihrem gesamten Vermögen. Das Vermögen der GmbH muss jedoch nicht mehr als € 25.000 betragen; nach dem Regierungsentwurf zum MoMiG künftig nur noch € 10.000. Damit kann im Ergebnis eine Haftungsbegrenzung für die GmbH & Co. KG erreicht werden.

Zu beachten ist, dass es sich tatsächlich um zwei Gesellschaften handelt: Es sind zwei Gesellschaftsverträge erforderlich. Auf die Kommanditgesellschaft findet das Recht der Kommanditgesellschaft Anwendung und auf die GmbH das GmbH-Recht.

h)   Kommanditgesellschaft auf Aktien

12   Die Kommanditgesellschaft auf Aktien (KGaA) ist eine Zwischenform zwischen einer Kommanditgesellschaft und einer Aktiengesellschaft: Bei einer Kommanditgesellschaft auf Aktien haftet mindestens ein Gesellschafter mit seinem Privatvermögen für die Gesellschaftsverbindlichkeiten (so genannter persönlich haftender Gesellschafter). Der persönlich haftende Gesellschafter hat automatisch die Geschäftsführung inne. Die weiteren Gesellschafter halten Aktien und haften nicht persönlich für die Verbindlichkeiten der Gesellschaft (so genannten Kommanditaktionäre). Die Kommanditgesellschaft auf Aktien ermöglicht es, Eigenkapital am Kapitalmarkt aufzunehmen, zugleich jedoch der Unternehmensführung eine Unabhängigkeit von den Kommanditaktionären zu gewährleisten. Im Gegensatz zu dem Vorstand einer Aktiengesellschaft, der maximal für einen Zeitraum von fünf Jahren bestellt werden kann und sodann neu bestellt werden muss, sind die persönlich haftenden Gesellschafter auf unbestimmte Zeit zur Geschäftsführung berufen. Die gesetzlichen Grundlagen der Kommanditgesellschaft auf Aktien finden sich in den §§ 278 bis 290 AktG.

i)   Englische Limited

13   Unter dem Stichwort „Englische Limited" versteht man üblicherweise die private company limited by shares, die in England oder Wales gegründet wird. Die Limited ist eine Kapitalgesellschaft. Sie unterliegt dem englischen Gesellschaftsrecht. Mittels einer Limited kann auch ein Unternehmen in Deutschland betrieben werden. Auf die Limited ist weitgehend englisches Gesellschaftsrecht anwendbar. Steuerlich wird eine Limited in weiten Teilen wie eine deutsche Kapitalgesellschaft behandelt, wenn sie ausschließlich in Deutschland tätig ist.

> **Weiterführende Literaturhinweise:**
>
> Brinkmeier/Mielke, Die Limited (Ltd.), 2007

III.   In der Praxis ausschlaggebende Kriterien

14   Im Folgenden werden einige typische Kriterien dargestellt, die für die Wahl der Rechtsform in der Praxis immer wieder relevant sind.

1.   Haftungsbeschränkung

a)   Grundsatz der unbeschränkten Haftung

Es gilt der Grundsatz, dass jeder für die Folgen seines Handelns unbeschränkt haftet.   **15**

Der Einzelunternehmer muss sowohl mit dem Betriebsvermögen als auch mit seinem Privatvermögen unbeschränkt für alle Verbindlichkeiten einstehen, die in seinem Unternehmen begründet wurden.

Wird das Unternehmen durch eine Gesellschaft betrieben, so haftet immer das gesamte Gesellschaftsvermögen für Verbindlichkeiten des Unternehmens. Zusätzlich stellt sich die Frage, ob auch das Vermögen der Gesellschafter für die Verbindlichkeiten des Unternehmens haftet. Bei Personengesellschaften ist dies grundsätzlich der Fall (vgl. § 128 HGB). Lediglich bei der Kommanditgesellschaft besteht die Möglichkeit, die Haftung der Kommanditisten zu beschränken (dazu § 1 Rn. 16). Bei Kapitalgesellschaften haften die Gesellschafter grundsätzlich nicht für die Verbindlichkeiten der Gesellschaft (dazu § 1 Rn. 17).

b)   Haftungsbeschränkung für Kommanditisten

Der Kommanditist haftet nur im Umfang der im Handelsregister eingetragenen Hafteinlage   **16**
(§ 172 Abs. 1 HGB). Seine Haftung ist ausgeschlossen, soweit er seine Einlage erbracht hat (§ 172 Abs. 2 HGB). Wird die Einlage an den Kommanditisten zurückgezahlt, so lebt seine Haftung wieder auf (§ 171 Abs. 4 S. 1 HGB). Die Haftung lebt auch dann wieder auf, wenn ein Kommanditist Gewinnanteile entnimmt, obwohl sein Kapitalkonto keinen ausreichenden Stand ausweist (§ 171 Abs. 4 S. 2 HGB).

Es ist zu beachten, dass die Haftungsbeschränkung erst eingreift, sobald die Haftungsbeschränkung im Handelsregister eingetragen ist. Nimmt daher eine Kommanditgesellschaft ihre Geschäfte auf, bevor sie im Handelsregister eingetragen ist, so haftet auch der Kommanditist unbeschränkt (§ 176 HGB). Gegenüber einzelnen Vertragspartnern lässt sich eine solche Haftung vermeiden, indem sie auf die beschränkte Haftung des Kommanditisten hingewiesen werden.

> **❶ Praxishinweis:**
>
> *Eine Kommanditgesellschaft ist so rechtzeitig zu gründen, dass sie im Handelsregister eingetragen ist, wenn sie ihre Geschäftstätigkeit aufnimmt. Ist dies nicht möglich, so sind die einzelnen Vertragspartner der Kommanditgesellschaft bei Vertragsabschluss darauf hinzuweisen, welche Gesellschafter als Kommanditisten beteiligt sind und welche Hafteinlage sie übernommen haben.*

c)   Haftungsbeschränkung bei GmbH und Aktiengesellschaft

Bei Kapitalgesellschaften ist die Haftung grundsätzlich auf das Gesellschaftsvermögen beschränkt.   **17**
Die Gesellschafter haften nicht persönlich für Verbindlichkeiten der Gesellschaft. Diese Haftungsbeschränkung bringt es mit sich, dass eine Reihe strenger Vorschriften zu beachten ist. Bei einer Missachtung dieser Vorschriften kann es zu einer Haftung der Gesellschafter und der Geschäftsführer kommen. Diese Fälle werden im Folgenden kurz dargestellt.

1

aa)   Handelndenhaftung

18   Wer vor der Eintragung der Kapitalgesellschaft in ihrem Namen handelt, haftet persönlich, so genannte Handelndenhaftung (§ 11 Abs. 2 GmbHG; § 41 Abs. 1 S. 2 AktG). Die Haftung erlischt mit der Eintragung der Gesellschaft im Handelsregister.[1]

bb)   Unterbilanzhaftung

19   Deckt im Zeitpunkt der Eintragung der Kapitalgesellschaft im Handelsregister ihr Nettovermögen nicht den Betrag des Stamm- bzw. Grundkapitals, so haften die Gesellschafter auf die Differenz, so genannte Unterbilanzhaftung.[2] Die Haftung kann über den Betrag des Stamm- oder Grundkapitals hinausgehen. Kommt es niemals zur Eintragung der Kapitalgesellschaft, so haften die Gesellschafter für alle Verbindlichkeiten der Gesellschaft.

🛈 Praxishinweis:

Vor Eintragung der Kapitalgesellschaft sollte jegliche Geschäftstätigkeit vermieden werden. Besteht hierzu keine ausreichende Zeit, so kann eine Vorratsgesellschaft erworben werden (vgl. § 1 Rn. 148 f.).

cc)   Pflicht zur realen Kapitalaufbringung

20   Die Pflicht zur Aufbringung des Stammkapitals bzw. des Grundkapitals darf nicht eingeschränkt werden (Grundsatz der realen Kapitalaufbringung). Es ist sicher zu stellen, dass der Gesellschafter in Höhe des Stammkapitals bzw. des Grundkapitals tatsächlich Vermögen auf die Gesellschaft überträgt. Der Gesellschafter darf von der Pflicht zur Leistung des Stammkapitals bzw. des Grundkapitals nicht befreit werden (§ 19 Abs. 2 GmbHG, § 66 Abs. 1 AktG). Soll das Kapital nicht mittels einer Geldzahlung geleistet werden, sondern durch Einlage eines Gegenstandes, so ist durch ein besonderes Verfahren sicher zu stellen, dass die Einlage werthaltig ist, so genannte Sachgründung. Wird dieses Verfahren nicht eingehalten, so ist der Gesellschafter von der Einlagepflicht nicht befreit worden und muss die Einlage gegebenenfalls nochmals leisten (§ 19 Abs. 5 GmbHG, § 27 Abs. 3 AktG).

21   Eine reale Kapitalaufbringung liegt dann nicht vor, wenn der Gesellschafter zwar seine Einlage formal durch eine Geldzahlung erbringt, jedoch im Zeitpunkt der Einlage schon geplant ist, dass die Zahlung an den Gesellschafter zurück gewährt wird, oder wenn dem Unternehmen Mittel entnommen werden, um sie sodann als Einlage zu erbringen. Problematisch sind daher insbesondere die folgenden drei Fälle:

- Ein Gesellschafter erbringt zunächst die Einlage in bar. Es ist jedoch schon geplant, dass die Gesellschaft mit diesem Barbetrag von dem Gesellschafter einen Gegenstand erwirbt. Mit dieser Konstellation wird verschleiert, dass in Wirklichkeit der Gesellschafter nicht eine Bareinlage, sondern eine Sacheinlage erbringen soll. Die Einlage gilt als nicht erbracht, weil nicht das besondere Verfahren einer Sachgründung eingehalten wurde (so genannte verdeckte Sacheinlage).[3]

- Dem Gesellschafter steht eine Forderung gegen die Gesellschaft zu, etwa aufgrund eines Darlehens. Der Gesellschafter lässt sich diese Forderung auszahlen und erbringt mittels des ausgezahlten Geldbetrages sodann seine Einlage. Wirtschaftlich liegt die Leistung des Gesellschaf-

---

1   Zur GmbH: Lutter/Bayer in Lutter/Hommelhoff, § 11 Rn. 26; zur Aktiengesellschaft: Hüffer, § 41 Rn. 25.
2   Zur GmbH: Lutter/Bayer in Lutter/Hommelhoff, § 11 Rn. 29 ff.; zur Aktiengesellschaft: Hüffer, § 41 Rn. 8 ff.
3   BGH v. 21.09.1978, II ZR 214/77, GmbHR 1978, 268; der Regierungsentwurf zum MoMiG sieht für diese Fälle nur noch eine Haftung für den Betrag vor, um den der Wert der Sacheinlage hinter der Bareinlagepflicht zurückbleibt.

ters in einem Verzicht auf seine Forderung. Die Einlage ist nur werthaltig, wenn die Forderung des Gesellschafters werthaltig war. Auch damit liegt in Wirklichkeit eine Sacheinlage vor.[4]

■ Der Gesellschafter erbringt zunächst seine Einlage in bar. Sodann gewährt die Gesellschaft dem Gesellschafter die Einlage als Darlehen zurück. Die bloße Begründung einer Forderung gegen den Gesellschafter stellt keine wirksame Einlage dar. Wirtschaftlich hat damit der Gesellschafter gerade noch keine Einlage erbracht. Der ursprüngliche Einlageanspruch besteht fort.[5]

dd) Pflicht zur Kapitalerhaltung

Bei Kapitalgesellschaften bestehen besondere Pflichten zur Erhaltung des Eigenkapitals. Es darf nur unter bestimmten Voraussetzungen an die Gesellschafter ausgezahlt werden. 22

Bei der GmbH gilt Folgendes: Das zur Erhaltung des Stammkapitals erforderliche Vermögen der Gesellschaft darf an die Gesellschafter nicht ausgezahlt werden (§ 30 Abs. 1 GmbHG). Wird solches Vermögen dennoch ausgezahlt, ist es der Gesellschaft zurückzugewähren (§ 31 Abs. 1 GmbHG). Die übrigen Gesellschafter haften subsidiär für die Rückzahlung (§ 31 Abs. 3 GmbHG).

Bei der Aktiengesellschaft gilt Folgendes: An die Gesellschafter darf nur der Bilanzgewinn ausgezahlt werden (§ 57 Abs. 3 AktG). Darüber hinausgehende Zahlungen sind der Gesellschaft zurückzugewähren (§ 62 Abs. 1 S. 1 AktG). Die übrigen Aktionäre haften nicht für die Rückzahlung.[6]

ee) Haftung wegen existenzvernichtenden Eingriffs

Greift ein Gesellschafter in das Vermögen oder die Interessen seiner Gesellschaft ein ohne Rücksicht auf ihre Fähigkeiten zur Bedienung ihrer Verbindlichkeiten und verursacht hierdurch erkennbar die Insolvenz der Gesellschaft (so genannter existenzvernichtender Eingriff), so haftet er persönlich für die Verbindlichkeiten der Gesellschaft.[7] 23

ff) Haftung wegen Unterkapitalisierung

Es wird diskutiert, ob die Gesellschafter einer Kapitalgesellschaft für deren Verbindlichkeiten persönlich haften, wenn sie die Gesellschaft mit völlig unzureichenden Mitteln ausstatten und somit die Rechtsform der Kapitalgesellschaft missbrauchen.[8] 24

gg) Haftung wegen Insolvenzverschleppung

Bei Zahlungsunfähigkeit oder Überschuldung haben die Geschäftsführer einer GmbH und die Vorstände einer Aktiengesellschaft ohne schuldhaftes Zögern, spätestens aber drei Wochen nach Eintritt der Zahlungsunfähigkeit oder Überschuldung, die Eröffnung des Insolvenzverfahrens zu beantragen (§ 64 Abs. 1 GmbHG, § 92 Abs. 2 AktG). Kommen die Geschäftsführer bzw. Vorstände dieser Pflicht nicht nach, so haften sie für den hierdurch entstandenen Schaden (§ 823 Abs. 2 BGB, vgl. auch § 64 Abs. 2 GmbHG, § 93 Abs. 3 Nr. 6 AktG; dazu § 8 Rn. 45). 25

---

4 BGH v. 21.02.1994, II ZR 60/93, BGHZ 125, 141.
5 BGH v. 12.06.2006, II ZR 334/04, BB 2006, 1878.
6 Hüffer, § 62 Rn. 4.
7 Vgl. BGH v. 17.09.2001, II ZR 178/99, BGHZ 149, 10; BGH v. 25.02.2002, II ZR 196/00, BGHZ 150, 61; BGH v. 24.06.2002, II ZR 300/00, BGHZ 151, 181; zu den umstrittenen Einzelheiten dieser Haftung Lutter/Bayer in Lutter/Hommelhoff, § 13 Rn. 15 ff.
8 Zur GmbH: Lutter/Bayer in Lutter/Hommelhoff, § 13 Rn. 7 ff.; zur Aktiengesellschaft: Hüffer, § 1 Rn. 19.

1

2. Steuerbelastung

26 Zwischen Einzelunternehmen und Personengesellschaften einerseits sowie Kapitalgesellschaften andererseits ergeben sich erhebliche Unterschiede im Bereich der Steuerbelastung, die bei der Rechtsformwahl zu berücksichtigen sind.

a) Steuerbelastungsvergleich

27 Die Besteuerung von Einzelunternehmen und Personengesellschaften einerseits sowie von Kapitalgesellschaften andererseits folgt ganz unterschiedlichen Systemen, die durch die Unternehmensteuerreform 2008 modifiziert werden:

aa) Steuerbelastungsvergleich vor der Unternehmensteuerreform

28 Im Jahr 2007 wird ein Einzelunternehmen oder eine Personengesellschaft wie folgt besteuert: Der Gewinn unterliegt zunächst der Gewerbesteuer. Zur Berechnung der Gewerbesteuer wird der Gewerbeertrag bestimmt. Der Gewerbeertrag ist der um einige gewerbesteuerliche Besonderheiten modifizierte Gewinn. Auf den Gewerbeertrag wird ein Prozentsatz von 5 % angewendet, um den Gewerbesteuermessbetrag zu bestimmen. Hierbei ist zu beachten, dass ein Betrag von € 24.500 steuerfrei ist und die nachfolgenden € 48.000 im Rahmen eines Staffeltarifes von ein bis vier Prozent berücksichtigt werden. Zu berücksichtigen ist zudem der Selbstminderungseffekt, der aus der Abzugsfähigkeit der Gewerbesteuer als Betriebsausgabe resultiert. Auf den Gewerbesteuermessbetrag wird der Gewerbesteuerhebesatz angewendet, der von den Gemeinden festgesetzt wird und mindestens 200 % beträgt. Das Produkt ist die Gewerbesteuer. Der Gewinn nach Gewerbesteuer unterliegt der Einkommensteuer in Höhe des persönlichen Einkommensteuersatzes. Die Gewerbesteuer ist pauschaliert auf die Einkommensteuer anrechenbar, und zwar in Höhe des 1,8fachen des Gewerbesteuermessbetrages. Auf die Einkommensteuer ist sodann der Solidaritätszuschlag in Höhe von 5,5 % zu erheben.

Bei Kapitalgesellschaften wird der Gewinn zunächst um das Geschäftsführergehalt vermindert (dazu § 1 Rn. 45 ff.). Der verbleibende Gewinn unterliegt der Gewerbesteuer. Im Gegensatz zu Einzelunternehmen und Personengesellschaften gibt es keinen Gewerbesteuerfreibetrag und nicht die erwähnte Staffelung. Der Gewinn nach Gewerbesteuer unterliegt der 25%igen Körperschaftsteuer und dem Solidaritätszuschlag in Höhe von 5,5 % des Körperschaftsteuerbetrages.

Der Gesellschafter hat das Geschäftsführergehalt mit seinem persönlichen Einkommensteuersatz und dem Solidaritätszuschlag zu versteuern. Der ausgeschüttete Gewinn ist zu 50 % steuerpflichtig, sog. Halbeinkünfteverfahren (§ 3 Nr. 40 d) EStG). Den steuerpflichtigen Anteil hat der Gesellschafter mit seinem persönlichen Einkommensteuersatz und dem Solidaritätszuschlag zu versteuern.

(1) Gewinn von € 100.000

29 Nachstehend wird für das Jahr 2007 zunächst die Besteuerung eines Gewinns von € 100.000 in einem Einzelunternehmen bzw. in einer Personengesellschaft und in einer Kapitalgesellschaft dargestellt. Die Beispielsrechnung geht davon aus, dass der Gesellschafter verheiratet ist und die Ehegatten keine weiteren Einkünfte haben; als persönlicher Einkommensteuersatz werden 25 % zugrunde gelegt. Bei der Kapitalgesellschaft ist ein Geschäftsführergehalt von € 80.000 vereinbart. Es zeigt sich, dass die Steuerbelastung bei der Personengesellschaft bzw. beim Einzelunternehmen und bei der Kapitalgesellschaft sich im gleichen Rahmen von 28 – 30 % bewegt.

Personengesellschaft

Gewinn vor Steuern		100.000		
./. Gewerbesteuer				
Gewerbeertrag nach GewSt	91.420			
Gewerbesteuermessbetrag[9]	2.145			
Gewerbesteuer bei Hebesatz von	400%	8.580	8.580	
Gewinn nach Gewerbesteuer		91.420		
= Einkommensteuer	25%	22.855		
./. Gewerbesteueranrechnung (§ 35 EStG)		3.861		
= Einkommensteuer		18.994	18.994	
Solidaritätszuschlag	5,50%	1.045	1.045	
Steuerbelastung			**28.619**	**28,62%**

Ebene Kapitalgesellschaft   30

Gewinn vor Geschäftsführergehalt		100.000		
./. Geschäftsführergehalt		80.000		
= Gewinn vor Steuern		20.000		
./. Gewerbesteuer				
Gewerbeertrag nach GewSt	16.680			
Gewerbesteuermessbetrag	830			
Gewerbesteuer bei Hebesatz von	400%	3.320	3.320	
= Gewinn nach Gewerbesteuer		16.680		
./. Körperschaftsteuer	25%	4.170	4.170	
/. Solidaritätszuschlag	5,50%	229	229	
= Gewinn nach Steuern		12.281		

Ebene Gesellschafter

Geschäftsführergehalt		80.000		
Einkommensteuer	25%	20.000	20.000	
Solidaritätszuschlag	5,50%	1.100	1.100	
Steuerbelastung bei Thesaurierung			**28.819**	**28,82%**
Ausschüttung		12.281		
steuerpflichtig	50%	6.140		
Einkommensteuer	25%	1.535	1.535	
Solidaritätszuschlag	5,50%	84	84	
Steuerbelastung nach Ausschüttung			**30.438**	**30,44%**

Die Kirchensteuer wurde in den Berechnungen noch nicht berücksichtigt. Hierfür gelten folgende   31
Besonderheiten: Die Kirchensteuer beträgt je nach Bundesland 8 bis 9 % des Einkommensteuerbetrages. Bei der Berechnung des Einkommensteuerbetrages für Kirchensteuerzwecke ist jedoch nicht auf den tatsächlichen Einkommensteuerbetrag abzustellen, sondern auf den fiktiven Einkommensteuerbetrag, der sich ohne Berücksichtigung der Gewerbesteueranrechnung nach § 35 EStG und ohne Berücksichtigung der halben Steuerbefreiung auf Dividenden nach § 3 Nr. 40 d) EStG ergibt (§ 51a Abs. 2 S. 2 und 3 EStG).

---

9   Unter Berücksichtigung des Freibetrages und der Staffelung.

1

32   **(2)   Gewinn von € 1.000.000**

Nachstehend ist für das Jahr 2007 die Besteuerung eines Gewinns von € 1.000.000 in einem Einzelunternehmen bzw. einer Personengesellschaft und in einer Kapitalgesellschaft gegenübergestellt. Bei der Kapitalgesellschaft wird von einem Geschäftsführergehalt von € 300.000 ausgegangen. Die Gegenüberstellung zeigt, dass im Falle der Thesaurierung die Steuerbelastung bei der Kapitalgesellschaft niedriger ist als bei dem Personenunternehmen (41,3 % gegenüber von 45,6 %), bei einer Ausschüttung jedoch die Steuerbelastung bei der Kapitalgesellschaft erheblich höher ist (51,5 % gegenüber von 45,6 %)

33   **Personengesellschaft**

Gewinn vor Steuern		1.000.000		
./. Gewerbesteuer				
Gewerbeertrag nach GewSt	841.420			
Gewerbesteuermessbetrag[10]	39.645			
Gewerbesteuer bei Hebesatz von	400%	158.580	158.580	
Gewinn nach Gewerbesteuer		841.420		
Einkommensteuer	42%	353.396		
./. Gewerbesteueranrechnung (§ 35 EStG)		71.361		
= Einkommensteuer		282.035	282.035	
Solidaritätszuschlag	5,50%	15.512	15.512	
Steuerbelastung			**456.127**	**45,61%**

34   **Kapitalgesellschaft**

Ebene Kapitalgesellschaft

Gewinn vor Geschäftsführergehalt		1.000.000	
./. Geschäftsführergehalt		300.000	
= Gewinn vor Steuern		700.000	
./. Gewerbesteuer			
Gewerbeertrag nach GewSt	583.340		
Gewerbesteuermessbetrag	29.165		
Gewerbesteuer bei Hebesatz von	400%	116.660	116.660
= Gewinn nach Gewerbesteuer		583.340	
./. Körperschaftsteuer	25%	145.835	145.835
./. Solidaritätszuschlag	5,50%	8.021	8.021
= Gewinn nach Steuern		429.484	

Ebene Gesellschafter

Geschäftsführergehalt		300.000		
Einkommensteuer	45%	135.000	135.000	
Solidaritätszuschlag	5,50%	7.425	7.425	
Steuerbelastung bei Thesaurierung			**412.941**	**41,29%**

---

10   Unter Berücksichtigung des Freibetrages und der Staffelung.

Ausschüttung		429.484		
steuerpflichtig	50%	214.742		
Einkommensteuer	45%	96.634	96.634	
Solidaritätszuschlag	5,50%	5.315	5.315	
Steuerbelastung nach Ausschüttung			514.890	51,49%

bb)   Steuerbelastungsvergleich nach der Unternehmensteuerreform

Ab dem Jahr 2008 werden Gewinne bei Einzelunternehmen und Personengesellschaften wie folgt   35
besteuert: Auf den Gewinn fällt zunächst Gewerbesteuer an. Dazu ist der Gewerbeertrag mittels
einiger Modifikationen auf den Gewinn zu berechnen. Von dem Gewerbeertrag ist ein Gewerbesteuerfreibetrag in Höhe von € 24.500,00 abzuziehen. 3,5 % des Restbetrages ergeben den Gewerbesteuermessbetrag. Die bislang bestehende Staffelung des Prozentsatzes entfällt. Auf den Gewerbesteuermessbetrag ist der von der Gemeinde festgesetzte Gewerbesteuerhebesatz anzuwenden.
Das Produkt ist die Gewerbesteuerlast. Die Einkommensteuer ist auf den Gewinn vor Gewerbesteuer zu berechnen; ab dem Jahr 2008 ist die Gewerbesteuer nicht mehr bei der Berechnung des
Gewinns abzugsfähig. Die Einkommensteuer ist sodann um eine pauschalierte Gewerbesteuer
zu mindern, und zwar um das 3,8fache des Gewerbesteuermessbetrages (im Gegensatz zu dem
1,8fachen noch im Jahr 2007). Auf die sich ergebende Einkommensteuer ist der Solidaritätszuschlag in Höhe von 5,5 % zu berechnen. Die Kirchensteuer ist zu berechnen, indem – je nach Bundesland – 8 oder 9 % auf den Einkommensteuerbetrag vor der Gewerbesteueranrechnung (§ 51a
Abs. 2 S. 3 EStG) erhoben wird.

Wird nicht der gesamte Gewinn entnommen, so hat der Unternehmer ein Wahlrecht, den im Un-   36
ternehmen thesaurierten Gewinn begünstigt zu versteuern. In diesem Fall ergibt sich folgende Berechnung: Zunächst ist der Betrag der Thesaurierung zu berechnen. Erbringt der Unternehmer
die durch den Gewinn verursachte Gewerbesteuer, Einkommensteuer und den Solidaritätszuschlag
mit den Gewinnen seines Unternehmens und nicht mit Privatmitteln, so kann maximal der nach
Steuerzahlung verbleibende Gewinn thesauriert werden. Der thesaurierte Betrag ist auf Antrag mit
einem Steuersatz von 28,25 % zu besteuern (§ 34a Abs. 1 EStG i.d.F. des Unternehmensteuerreformgesetzes 2008). Der für Steuerzahlungen entnommene Betrag ist mit dem persönlichen Einkommensteuersatz zu versteuern. Die Summe der Einkommensteuer ist um die pauschalierte Gewerbesteuer zu mindern. Auf die sich ergebende Einkommensteuer ist der Solidaritätszuschlag in Höhe
von 5,5 % zu erheben. Auf die Einkommensteuer vor Gewerbesteueranrechnung (§ 51a Abs. 2 S. 3
EStG) ist die Kirchensteuer in Höhe von – je nach Bundesland – 8 oder 9 % zu erheben.

Wird der begünstigt besteuerte Betrag zu einem späteren Zeitpunkt entnommen, so unterliegt der
Begünstigungsbetrag abzüglich der darauf entfallenden Einkommensteuer und dem Solidaritäts-
zuschlag einer Nachversteuerung in Höhe von 25 % plus 5,5 % Solidaritätszuschlag (§ 34a Abs. 4
EStG i.d.F. des Unternehmensteuerreformgesetzes 2008).

Ab dem Jahr 2008 wird der Gewinn einer Kapitalgesellschaft wie folgt besteuert: Der Gewinn   37
nach Abzug des Geschäftsführergehaltes unterliegt der Gewerbesteuer, der Körperschaftsteuer
und dem Solidaritätszuschlag. Bei der Berechnung der körperschaftsteuerlichen Bemessungsgrundlage ist die Gewerbesteuer nicht mehr abzugsfähig. Die Körperschaftsteuer beträgt ab dem
Jahr 2008 nur noch 15 %.

Das Geschäftsführergehalt hat der Gesellschafter mit seinem persönlichen Steuersatz zu versteuern. Ausschüttungen hat er im Rahmen der Abgeltungsteuer mit einem Steuersatz von rund 26 %
oder – im Falle der Kirchensteuerpflicht – mit einem Steuersatz von rund 28 % zu versteuern.

1

38   **(1)   Gewinn von € 100.000**

Bei einem Gewinn von € 100.000 zeigt sich Folgendes: Im Falle eines Einzelunternehmens oder einer Personengesellschaft ergibt sich ein Steuersatz von 26,4 %. Der Antrag auf eine besondere Besteuerung bei Thesaurierung führt zu einem ungünstigeren steuerlichen Ergebnis und sollte damit nicht gestellt werden. Bei einer Kapitalgesellschaft ergibt sich im Falle der Thesaurierung und einem weitgehenden Geschäftsführergehalt ein Steuersatz von 27 %, der damit in etwa dem eines Einzelunternehmens oder der Personengesellschaft entspricht. Bei einer Ausschüttung der Gewinne ergibt sich jedoch ein Steuersatz von rund 31 %. Die Beispielsrechnung geht davon aus, dass der Gesellschafter verheiratet ist und die Ehegatten keine weiteren Einkünfte haben; als persönlicher Einkommensteuersatz werden 25 % zugrunde gelegt.

39   **Einzelunternehmen oder Personengesellschaft**

Gewinn vor Steuern		100.000		
./. Gewerbesteuer				
Gewerbeertrag	100.000			
Gewerbesteuerfreibetrag	24.500			
Gewerbeertrag nach Freibetrag	75.500			
Gewerbesteuermessbetrag	2.643			
Gewerbesteuer bei Hebesatz von	400%	10.570	10.570	
Einkommensteuer	25%	25.000		
./. Gewerbesteueranrechnung (§ 35 EStG)		10.042		
= Einkommensteuer		14.959	14.959	
Solidaritätszuschlag	5,50%	823	823	
Steuerbelastung bei Thesaurierung			26.352	26,35%

40   **Kapitalgesellschaft**

Ebene Kapitalgesellschaft

Gewinn vor Geschäftsführergehalt		100.000		./.
./. Geschäftsführergehalt		80.000		=
= Gewinn vor Steuern		20.000		./.
./. Gewerbesteuer				
Gewerbeertrag	20.000			
Gewerbesteuermessbetrag	700			
Gewerbesteuer bei Hebesatz von	400%	2.800	2.800	./.
./. Körperschaftsteuer	15%	3.000	3.000	./.
./. Solidaritätszuschlag	5,50%	165	165	=
= Gewinn nach Steuern		14.035		

Ebene Gesellschafter

Geschäftsführergehalt		80.000		
Einkommensteuer	25%	20.000	20.000	
Solidaritätszuschlag	5,50%	1.100	1.100	
Steuerbelastung bei Thesaurierung			27.065	27,07%
Ausschüttung		14.035		
Einkommensteuer	25%	3.509	3.509	
Solidaritätszuschlag	5,50%	193	193	
Steuerbelastung nach Ausschüttung			30.767	30,77%

(2)   Gewinn von € 1.000.000

Bei einem Gewinn von € 1.000.000 besteht folgender Unterschied zwischen einer Kapitalgesell-   41
schaft und einem Einzelunternehmen bzw. einer Personengesellschaft:

Sofort entnommene Beträge unterliegen bei einer Personengesellschaft oder einem Einzelunternehmen einem Steuersatz von 47 %. Werden die Gewinne abgesehen von den zur Zahlung der
Steuern erforderlichen Beträge und einem Geschäftsführergehalt bzw. einer Entnahme des Unternehmers in Höhe von € 300.000 thesauriert, so kann die Steuerbelastung auf rund 43 % gemindert
werden. Bei einer späteren Ausschüttung entsteht dann eine Steuer von insgesamt 48 %. Der in
der späteren Steuerzahlung liegende Zinsvorteil wiegt diesen geringen Nachteil jedoch auf.

Wird bei einer Kapitalgesellschaft ein Geschäftsführergehalt in Höhe von € 300.000 gezahlt, ergibt
sich bei Thesauierung des Restbetrages eine Gesamtsteuerlast von rund 35 %. Bei einer späteren
Ausschüttung besteht eine Gesamtsteuerlast von rund 48 %.

Bei den Berechnungen wird davon ausgegangen, dass das Einkommen des Einzelunternehmers
bzw. des Gesellschafters auch aufgrund anderweitiger Einkünfte so hoch ist, dass er die Einkünfte aus dem Unternehmen mit dem Spitzensteuersatz von 45 % Einkommensteuer zu versteuern
hat.

Einzelunternehmen oder Personengesellschaft bei sofortiger Entnahme   42

Gewinn vor Steuern		1.000.000		
./. Gewerbesteuer				
Gewerbeertrag	1.000.000			
Gewerbesteuerfreibetrag	24.500			
Gewerbeertrag nach Freibetrag	975.500			
Gewerbesteuermessbetrag	34.143			
Gewerbesteuer bei Hebesatz von	400%	136.570	136.570	
Einkommensteuer	45%	450.000		
./. Gewerbesteueranrechnung (§ 35 EStG)		129.742		
= Einkommensteuer		320.259	320.259	
Solidaritätszuschlag	5,50%	17.614	17.614	
Steuerbelastung			474.443	47,44%

Einzelunternehmen oder Personengesellschaft bei Thesaurierung   43

Gewinn vor Steuern		1.000.000	
./. Gewerbesteuer			
Gewerbeertrag	1.000.000		
Gewerbesteuerfreibetrag	24.500		
Gewerbeertrag nach Freibetrag	975.500		
Gewerbesteuermessbetrag	34.143		
Gewerbesteuer bei Hebesatz von	400%	136.570	136.570
./. Entnahme Geschäftsführergehalt		300.000	
./. Entnahme zur Zahlung der ESt		274.368	
./. Entnahme zur Zahlung des SolZ		15.090	
= Thesaurierung (Begünstigungsbetrag)		273.972	

1

Einkommensteuer				
auf Thesaurierung	28,25%	77.397		
auf Gewerbesteuer	45%	61.457		
auf Entnahmen	45%	265.256		
Summe		404.110		
./. Gewerbesteueranrechnung (§ 35 EStG)		129.742		
= Einkommensteuer		274.368	274.368	
Solidaritätszuschlag	5,50%	15.090	15.090	
Steuerbelastung bei Thesaurierung			426.028	42,60%

Nachversteuerung bei Entnahme des thesaurierten Betrages

Begünstigungsbetrag		273.972		
./. Einkommensteuer	28,25%	77.397		
./. Solidaritätszuschlag	5,50%	4.257		
= nachversteuerungspflichtiger Betrag		192.318		
Einkommensteuer	25%	48.079	48.079	
Solidaritätszuschlag	5,50%	2.644	2.644	
Steuerbelastung nach Entnahme des thesaurierten Betrages			476.752	47,68%

44   Kapitalgesellschaft

Ebene Kapitalgesellschaft

Gewinn vor Geschäftsführergehalt		1.000.000		
./. Geschäftsführergehalt		300.000		
= Gewinn vor Steuern		700.000		
./. Gewerbesteuer				
Gewerbeertrag	700.000			
Gewerbesteuermessbetrag	24.500			
Gewerbesteuer bei Hebesatz von	400%	98.000	98.000	
./. Körperschaftsteuer	15%	105.000	105.000	
./. Solidaritätszuschlag	5,50%	5.775	5.775	
= Gewinn nach Steuern		491.225		

Ebene Gesellschafter

Geschäftsführergehalt		300.000		
Einkommensteuer	45%	135.000	135.000	
Solidaritätszuschlag	5,50%	7.425	7.425	
Steuerbelastung bei Thesaurierung			351.200	35,12%
Ausschüttung		491.225		
Einkommensteuer	25%	122.806	122.806	
Solidaritätszuschlag	5,50%	6.754	6.754	
Steuerbelastung nach Ausschüttung			480.761	48,08%

b) Folgen von Geschäftsführergehältern

Bei Einzelunternehmen können keine Geschäftsführergehälter vereinbart werden, da dem Einzelunternehmen keine Rechtspersönlichkeit zukommt und der Einzelunternehmer nicht mit sich selbst Verträge abschließen kann. Bei Personengesellschaften sind zivilrechtliche Verträge zwischen der Personengesellschaft und ihren Gesellschaftern möglich. Steuerrechtlich mindern Geschäftsführervergütungen jedoch nicht den Gewinn der Personengesellschaft. Der handelsbilanzielle Gewinn der Personengesellschaft ist um Geschäftsführergehälter zu erhöhen, so genannte Sonderbetriebseinnahmen (§ 15 Abs. 1 S. 1 Nr. 2 EStG). Bei Kapitalgesellschaften dagegen ist der steuerliche Gewinn der Kapitalgesellschaft um Vergütungen an ihre Geschäftsführer zu vermindern. Die Steuerbelastung lässt sich daher durch laufende Gehaltszahlungen, durch Tantiemen und durch Pensionsrückstellungen vermindern. **45**

aa) Laufendes Gehalt

Das laufende Gehalt des Geschäftsführers mindert den steuerlichen Gewinn der Kapitalgesellschaft und damit die Körperschaftsteuer- und die Gewerbesteuerbelastung der GmbH. Das laufende Gehalt ist von dem Geschäftsführer im Rahmen seines persönlichen Einkommensteuersatzes zu versteuern. Folgende Beispielsrechnung zeigt den Vorteil, der sich aus Geschäftsführergehältern ergibt. **46**

In der ersten Alternative erzielt die Gesellschaft einen Gewinn von € 100.000, versteuert diesen mit Körperschaftsteuer und Gewerbesteuer und schüttet ihn sodann an ihre Gesellschafter aus. Die Gesellschafter versteuern den Gewinn nochmals mit Einkommensteuer. Unterstellt wird ein persönlicher Einkommensteuersatz von 25 %. **47**

Ebene Kapitalgesellschaft

Gewinn vor Steuern			100.000	
./. Gewerbesteuer				
Gewerbeertrag nach GewSt		83.340		
Gewerbesteuermessbetrag		4.165		
Gewerbesteuer bei Hebesatz von	400%	16.660	16.660	
= Gewinn nach Gewerbesteuer			83.340	
./. Körperschaftsteuer	25%	20.835	20.835	
./. Solidaritätszuschlag	5,50%	1.146	1.146	
= Gewinn nach Steuern			61.395	

Ebene Gesellschafter

Ausschüttung		61.395	
steuerpflichtig	50%	30.680	
Einkommensteuer	25%	7.670	7.670
Solidaritätszuschlag	5,50%	422	422
Steuerbelastung nach Ausschüttung		46.733	46,73%

1

48   In der zweiten Alternative erzielt die Gesellschaft einen Gewinn von € 100.000 und bezahlt ein Geschäftsführergehalt von € 80.000. Sie hat daher nur auf € 20.000 Steuern zu zahlen. Der Geschäftsführer versteuert das Geschäftsführergehalt von € 80.000 im Rahmen seiner Einkommensteuer.

Ebene Kapitalgesellschaft

	Gewinn vor Geschäftsführergehalt		100.000	
./.	Geschäftsführergehalt		80.000	
=	Gewinn vor Steuern		20.000	
./.	Gewerbesteuer			
	Gewerbeertrag nach GewSt	16.680		
	Gewerbesteuermessbetrag	830		
	Gewerbesteuer bei Hebesatz von	400%	3.320	3.320
=	Gewinn nach Gewerbesteuer		16.680	
./.	Körperschaftsteuer	25%	4.170	4.170
./.	Solidaritätszuschlag	5,50%	229	229
=	Gewinn nach Steuern		12.281	

Ebene Gesellschafter

Geschäftsführergehalt		80.000	
Einkommensteuer	25%	20.000	20.000
Solidaritätszuschlag	5,50%	1.100	1.100
Steuerbelastung bei Thesaurierung		**28.819**	**28,82%**
Ausschüttung		12.281	
steuerpflichtig	50%	6.140	
Einkommensteuer	25%	1.535	1.535
Solidaritätszuschlag	5,50%	84	84
Steuerbelastung nach Ausschüttung		**30.438**	**30,44%**

49   Bei einem Einkommen von € 100.000 lässt sich durch die Vereinbarung eines Geschäftsführungsgehaltes die Steuerbelastung von rund 47 % auf rund 30 % senken.

Auch nach der Unternehmensteuerreform 2008 ist es günstiger, Beträge im Wege eines Geschäftsführergehaltes auf den Gesellschafter zu transferieren anstelle durch Ausschüttung.

Bei Gesellschaftergeschäftsführern muss das laufende Gehalt im Rahmen des Angemessenen bleiben. Hierzu besteht eine umfangreiche Kasuistik.[11] Für den im Rahmen der Angemessenheitsprüfung anzustellenden Fremdvergleich können Vergleichsdaten aus Gehaltsstrukturuntersuchungen herangezogen werden.[12]

---

11   Vgl. dazu BMF v. 14.10.2002, BStBl. I 2002, 972 m.w.N.
12   BFH v. 14.07.1999, I B 91/98, BFH/NV 1999, 1645; vgl. hierzu auch OFD Karlsruhe v. 17.04.2001, DB 2001, 1009 sowie Janssen, GmbHR 2007, 749.

bb)   Tantieme

Möchte man den Gewinn der Kapitalgesellschaft durch die Vereinbarung von Geschäftsführerge-   50
hältern mindern, so stellt sich das Problem, dass sich im Vorhinein nicht absehen lässt, welchen
Gewinn die Kapitalgesellschaft erzielen wird. Es kann daher zweckmäßig sein, das Geschäftsführergehalt in Abhängigkeit von dem erzielten Gewinn zu vereinbaren, so genannte Tantieme. Für
die steuerliche Anerkennung einer Tantieme gibt es enge Voraussetzungen:

- Bei Tantiemen an beherrschende Gesellschafter-Geschäftsführer müssen klare und eindeutige
  Vereinbarungen über die Tantieme von vornherein, das heißt vor Beginn des Wirtschaftsjahres, für das die Tantieme gezahlt wird, getroffen werden. Zudem muss die Tantieme auch
  so wie vereinbart tatsächlich durchgeführt werden.[13]

- Die Tantieme darf nicht zu unangemessen hohen Gesamtbezügen des Geschäftsführers führen.[14]

- Die Tantiemezahlung an den Geschäftsführer darf in der Regel 50 % des handelsrechtlichen
  Jahresüberschusses vor Tantieme und Steuern nicht übersteigen.[15]

- Die Rechtsprechung und die Finanzverwaltung forderten bislang, dass die Tantieme nicht
  mehr als 25 % der Jahresgesamtvergütung des Geschäftsführers ausmachen durfte. Diese
  „75/25-Regelvermutung" gilt nach neuerer Rechtsprechung jedoch nicht mehr starr, sondern
  ist in der Regel nur noch bei Gesellschaften relevant, die eine stetige Ertragslage ohne größere
  Ertragsschwankungen aufweisen.[16]

- Tantiemezahlungen können nicht als einzige Vergütung ohne fixe Gehaltsbestandteile vereinbart werden.[17]

- Umsatztantiemen, bei denen die Tantieme in einem Prozentsatz vom Umsatz bemessen wird,
  werden in der Regel steuerlich nicht anerkannt.[18]

- Eine Tantieme, die die Gesellschaft an mehrere Gesellschafter-Geschäftsführer zahlt, darf
  grundsätzlich nicht im Verhältnis der Beteiligungsquoten aufgeteilt werden.[19]

- Ein Verlustvortrag ist jedenfalls dann in die Bemessungsgrundlage einer Tantieme einzubeziehen, wenn der tantiemeberechtigte Geschäftsführer für den Verlust verantwortlich oder
  zumindest mitverantwortlich war.[20]

Weiterführende Literaturhinweise:

Neumann, vGA und verdeckte Einlagen, 2. Auflage 2006, S. 458 ff.

Lange/Jansen, Verdeckte Gewinnausschüttungen, 9. Auflage 2007, Rn. 800 ff.

cc)   Pensionsrückstellungen

Eine weitere Möglichkeit der Minderung der Steuerbelastung ergibt sich durch die Vereinbarung   51
von Pensionszusagen, nach denen der Geschäftsführer im Alter eine Pension von der Gesellschaft
erhält. Diese Pensionszusagen führen dazu, dass die Kapitalgesellschaft eine Pensionsrückstellung
zu bilden hat. Die Bildung der Pensionsrückstellung mindert den Gewinn der Kapitalgesellschaft

---

13 BFH v. 09.07.2003, I R 36/02, GmbHR 2004, 136.
14 BMF v. 14.10.2002, BStBl. I 2002, 972.
15 BMF v. 01.02.2002, BStBl. I 2002, 219.
16 H 39 „ Grundsätze" KStH 2006; BFH v. 04.06.2003, BStBl. II 2004, 136; OFD Düsseldorf vom 17.06.2004, DStR 2004,
    1386.
17 BFH v. 27.03.2001, I R 27/99, BStBl. II 2002, 111.
18 BFH v. 19.02.1999, I R 105-107/97, BStBl. II 1999, 321.
19 BFH v. 30.07.1997, I R 65/96, BStBl. I 1998, 402.
20 BFH v. 17.12.2003, I R 22/03, BStBl. II 2004, 524.

1

und damit die Steuerbelastung der Kapitalgesellschaft. Der Gesellschafter hat die Pension erst später bei Auszahlung zu versteuern. Auch für die steuerliche Anerkennung von Pensionszusagen bestehen eine Reihe von Voraussetzungen, zum Beispiel:

- Die Pensionszusage ist schriftlich zu erteilen und muss eindeutige Angaben zu Art, Form, Voraussetzungen und Höhe der in Aussicht gestellten künftigen Leistungen enthalten (§ 6a Abs. 1 Nr. 3 EStG).

- Es dürfen keine Pensionsleistungen in Abhängigkeit von künftigen gewinnabhängigen Bezügen vorgesehen werden (§ 6a Abs. 1 Nr. 2 EStG).

- Die Pensionszusage darf zu keiner Überversorgung führen, sondern muss im Verhältnis zum letzten Aktivlohn angemessen sein. Eine Überversorgung liegt in der Regel vor, wenn die zugesagten Leistungen der betrieblichen Altersversorgung zusammen mit einer zu erwartenden Rente aus der gesetzlichen Rentenversicherung höher sind als 75 % der Bezüge des versorgungsberechtigten Geschäftsführers am Bilanzstichtag.[21]

- Der Gesellschafter-Geschäftsführer darf im Zeitpunkt der Erteilung der Pensionszusage nicht älter als 60 Jahre sein und zwischen dem Zusagezeitpunkt und dem vorgesehenen Eintritt in den Ruhestand muss eine Zeitspanne liegen, in der der Versorgungsanspruch von dem Geschäftsführer noch erdient werden kann.[22] Bei beherrschenden Gesellschafter-Geschäftsführern müssen zwischen der Erteilung der Pensionszusage und dem vorgesehenen Eintritt in den Ruhestand mindestens zehn Jahre liegen.[23] Bei nicht beherrschenden Gesellschafter-Geschäftsführern müssen zwischen der Erteilung der Pensionszusage und dem vorgesehenen Eintritt in den Ruhestand mindestens drei Jahre liegen und sie müssen im Zeitpunkt der Pensionszusage mindestens zwölf Jahre dem Betrieb angehören.[24]

- Die Gesellschaft muss die gegebene Pensionszusage wirtschaftlich tragen können (Finanzierbarkeit der Pensionszusage).[25]

- Die Pensionszusage darf erst nach einer „Probezeit" von regelmäßig zwei bis drei Jahren erteilt werden.[26]

Weiterführende Literaturhinweise:

Neumann, vGA und verdeckte Einlagen, 2. Auflage 2006, S. 356 ff.

Lange/Jansen, Verdeckte Gewinnausschüttungen, 9. Auflage 2007, Rn. 866 ff.

c)   Nutzung eigener Immobilien

aa)   Nutzung von Immobilien durch Einzelunternehmer

52   Nutzt ein Einzelunternehmer im Rahmen seines Unternehmens eine eigene Immobilie, so führt dies zwingend dazu, dass die Immobilie bzw. der genutzte Teil der Immobilie steuerlich Betriebsvermögen wird. Eine Ausnahme gilt lediglich für Grundstücksteile, deren Wert maximal € 20.500 beträgt und maximal 20 % des gesamten Grundstückswerts ausmacht (§ 8 EStDV): Für solche Immobilien besteht ein Wahlrecht, sie als Betriebsvermögen zu behandeln. Gehört eine Immo-

---

21   BFH v. 31.03.2004, I R 79/03, BStBl. II 2004, 940.
22   BFH v. 24.01.1996, I R 41/95, BStBl. II 1997, 440.
23   BFH v. 21.12.1994, I R 98/93, BStBl. II 1995, 419.
24   BFH v. 24.01.1996, I R 41/95, BStBl. II 1997, 440; BMF v. 07.03.1997, BStBl. I 1997, 637.
25   BMF v. 06.09.2005, BStBl. I 2005, 875.
26   H 38 „Warte-/Probezeit" KStH 2006.

bilie zum Betriebsvermögen, so hat dies folgende steuerliche Nachteile: Bei einer späteren Veräußerung ist die Differenz zwischen dem Veräußerungspreis und dem Buchwert zu versteuern. Dasselbe gilt, wenn der Steuerpflichtige das Grundstück zu einem späteren Zeitpunkt nicht mehr betrieblich nutzt. Damit fällt insbesondere dann Steuer an, wenn der Steuerpflichtige sein Unternehmen zu einem späteren Zeitpunkt einstellt oder er es von einem Nachfolger fortführen lässt, der jedoch nicht Eigentümer der Immobilie werden soll.

bb)   Nutzung von Immobilien durch Personengesellschaften

Auch bei Personengesellschaften gehören Immobilien, die von der Personengesellschaft selbst oder durch Vermietung genutzt werden, zwingend zum Betriebsvermögen. Veräußert die Gesellschaft die Immobilie, ist die Differenz zwischen dem Veräußerungspreis und dem Buchwert zu versteuern. Gehören solche Immobilien nicht der Personengesellschaft, sondern den Gesellschaftern, so handelt es sich um so genanntes Sonderbetriebsvermögen. Bei einer Veräußerung der Immobilie ist die Differenz zwischen dem Veräußerungspreis und dem Buchwert zu versteuern. Dies gilt auch, wenn der Gesellschafter seinen Gesellschaftsanteil zusammen mit der Immobilie veräußert. Veräußert der Gesellschafter seinen Gesellschaftsanteil und behält die Immobilie zurück, so hat der Gesellschafter die stillen Reserven der Immobilie, also die Differenz zwischen dem Marktwert und dem steuerlichen Buchwert, zu versteuern. 53

> **Praxishinweis:**
> *Es sollte stets geprüft werden, ob die Qualifikation von Immobilien als Betriebsvermögen dadurch vermieden werden kann, dass die Immobilie etwa von dem Ehegatten des Unternehmers gehalten wird. Allerdings bringt die Qualifikation als Betriebsvermögen auch steuerliche Vorteile mit sich, etwa bei der Erbschaft- und Schenkungsteuer.*

cc)   Nutzung von Immobilien durch Kapitalgesellschaften

Bei einer Kapitalgesellschaft ist die Situation anders: Überlässt ein Gesellschafter eine Immobilie seiner Kapitalgesellschaft zur Nutzung, so bleibt die Immobilie grundsätzlich Privatvermögen. Die Immobilie kann daher nach Ablauf von zehn Jahren (vgl. § 23 Abs. 1 S. 1 Nr. 1 EStG) steuerfrei veräußert werden. Wenn der Gesellschafter nur seine Anteile an der Kapitalgesellschaft veräußert und die Immobilie zurückbehält, so entstehen bezüglich der Immobilie keine Steuern. 54

Eine Ausnahme von diesem Grundsatz gilt im Falle der Betriebsaufspaltung:[27] Können die Gesellschafter, denen die Immobilie gehört, die Gesellschaft beherrschen, etwa weil sie mehr als 50 % der Anteile an der Gesellschaft halten, so sieht man das Halten der Immobilie als Gewerbebetrieb an. Die Immobilie gehört daher zu einem Betriebsvermögen der Gesellschafter. Damit ergeben sich insbesondere nachstehende steuerliche Folgen: 55

- Gewinne aus einer späteren Veräußerung der Immobilie sind auch dann steuerpflichtig, wenn die Immobilie nach Ablauf von zehn Jahren veräußert wird.
- Die Mieteinnahmen unterliegen der Gewerbesteuer.
- Veräußert der Gesellschafter seine Anteile an der GmbH, so hat der Gesellschafter die stillen Reserven der Immobilie, also die Differenz zwischen dem Marktwert und dem steuerlichen Buchwert, zu versteuern. Dasselbe gilt, wenn das Mietverhältnis beendet wird.

> **Praxishinweis:**
> *Eine Betriebsaufspaltung kann vermieden werden, wenn Entscheidungen über die Immobilie nur mit der Zustimmung von Personen gefasst werden können, die nicht Gesellschafter der Kapitalgesellschaft sind.*

---

27   Zu den Voraussetzungen und Rechtsfolgen einer Betriebsaufspaltung vgl. Wacker in Schmidt, § 15 Rn. 800 ff.

1

d) Nutzung von Verlusten

aa) Anlaufverluste

56 Anlaufverluste sind im Rahmen von Einzelunternehmen und Personengesellschaften mit anderen steuerlichen Einkünften des Einzelunternehmers bzw. der Personengesellschafter zu verrechnen. Bei einer Kapitalgesellschaft können Anlaufverluste nur vorgetragen werden; sie vermindern damit die Steuerbelastung künftiger Gewinne. Möchte man auch bei Kapitalgesellschaften Anlaufverluste durch eine Verrechnung mit anderen Einkünften der Gesellschafter nutzen, so kann über die Vereinbarung einer atypisch stillen Gesellschaft mit der Kapitalgesellschaft nachgedacht werden (dazu § 3 Rn. 22)

bb) Nutzung bestehender Verlustvorträge

57 Verfügen die Gründer über steuerliche Verlustvorträge, etwa aus einem zuvor betriebenen Unternehmen, so besteht das Interesse, diese Verlustvorträge mit Gewinnen des neuen Unternehmens verrechnen zu können. Dies ist nur bei Einzelunternehmen oder Personengesellschaften möglich. Gewerbesteuerliche Verlustvorträge sind regelmäßig nicht für neue Gewerbebetriebe nutzbar.[28]

e) Erbschaft- und Schenkungsteuer

aa) Einzelunternehmen / Personengesellschaften

58 Vererbung und Verschenkung von Einzelunternehmen und Anteilen an Personengesellschaften sind steuerlich begünstigt:

- Es besteht ein zusätzlicher Freibetrag von € 225.000 (§ 13a Abs. 1, Abs. 4 Nr. 1 ErbStG).
- Der verbleibende Wert wird nur zu 65 % angesetzt (§ 13a Abs. 2, Abs. 4 Nr. 1 ErbStG).
- Der Erbe oder Beschenkte wird bei der Steuerklasse weitgehend wie ein Abkömmling behandelt, auch wenn er mit dem Erblasser oder Schenker nur entfernt oder gar nicht verwandt ist.
- Es besteht die Möglichkeit, eine etwa anfallende Erbschaft- oder Schenkungsteuer bis zu zehn Jahren stunden zu lassen, soweit dies zur Erhaltung des Betriebs notwendig ist. Bei Erwerben von Todes wegen ist diese Stundung zinslos (§ 28 ErbStG).

bb) Kapitalgesellschaften

59 Anteile an Kapitalgesellschaften werden nicht mit dem Verkehrswert bewertet, sondern nach dem so genannten Stuttgarter Verfahren. Hierzu wird ein Wert bestimmt, der sich aus dem Substanzwert und dem Ertragswert zusammensetzt. Der Substanzwert ist grundsätzlich anhand der Buchwerte des Gesellschaftsvermögens zu bestimmen. Bei dem Ertragswert ist auf die Erträge der vergangenen drei Jahre abzustellen.

Dass bei Kapitalgesellschaften im Gegensatz zu Einzelunternehmen und Personengesellschaften auch die Ertragssituation für die Bewertung entscheidend ist, führt dazu, dass ertragsschwache Unternehmen in der Rechtsform einer Kapitalgesellschaft niedriger bewertet werden als ertragsschwache Unternehmen in der Rechtsform von Einzelunternehmen oder Personengesellschaften. Ertragsstarke Kapitalgesellschaften werden dagegen tendenziell höher bewertet als ertragsstarke Einzelunternehmen oder Personengesellschaften (vgl. dazu auch § 6 Rn. 27). Auch für Kapitalgesellschaften gelten der für Einzelunternehmen und Personengesellschaften dargestellte Freibe-

---

28 Vgl. A 67 GewStR 1998.

trag, der Bewertungsabschlag und die Tarifentlastung bei entfernteren Verwandten oder Nicht-verwandten. Voraussetzung ist jedoch, dass der Erblasser oder Schenker am Nennkapital der Kapitalgesellschaft zu mehr als 25 % beteiligt war (§ 13a S. 4 Nr. 3 ErbStG).

❗ **Praxishinweis:**
Im Gegensatz zu Einzelunternehmen und Personengesellschaften gibt es bei der Vererbung oder Verschenkung von Anteilen an Kapitalgesellschaften nicht die Möglichkeit einer Steuerstundung.

f)   Grunderwerbsteuer

Unterschiede zwischen Personengesellschaften und Kapitalgesellschaften ergeben sich dann, wenn inländische Grundstücke in die Gesellschaft eingebracht werden sollen oder wenn Anteile an Gesellschaften mit inländischem Grundbesitz übertragen werden.   60

aa)   Personengesellschaften

Wird ein Grundstück in eine Personengesellschaft eingebracht, so fällt in Höhe des Gesellschafts-anteils des Übertragenden keine Grunderwerbsteuer an (§ 5 Abs. 1, 2 GrEStG). Soweit es sich bei den anderen Gesellschaftern um Familienangehörige handelt, fällt auch insoweit keine Grunder-werbsteuer an.[29] Familienangehörige sind Ehegatten (§ 3 Nr. 4 GrEStG), Vorfahren und Abkömm-linge (§ 3 Nr. 6 S. 1 GrEStG), Stiefkinder (§ 3 Nr. 6 S. 2 GrEStG) sowie die Ehegatten der Abkömm-linge und Stiefkinder (§ 3 Nr. 6 S. 3 GrEStG).   61

Werden innerhalb von fünf Jahren nach der Einbringung des Grundstücks Anteile an der Ge-sellschaft übertragen, so werden auf die Einbringung nachträglich dennoch Steuern erhoben (§ 5 Abs. 3 GrEStG). Eine Ausnahme gilt nur dann, soweit die Anteile auf Familienangehörige über-tragen werden.[30]

Gehört zum Gesellschaftsvermögen ein inländisches Grundstück, so fällt Grunderwerbsteuer an, wenn innerhalb von fünf Jahren mindestens 95 % der Anteile an der Gesellschaft übertragen werden (§ 1 Abs. 2a GrEStG). Übertragungen kraft Erbfalls gehören nicht dazu (§ 1 Abs. 2a S. 2 GrEStG). Übertragungen an Familienangehörige sind steuerfrei.[31]

bb)   Kapitalgesellschaften

Die Einbringung von Grundstücken in eine Kapitalgesellschaft ist stets steuerpflichtig. Wird ein Grundstück im Rahmen einer Sachgründung oder einer Sachkapitalerhöhung eingebracht, so wird die Grunderwerbsteuer auf den Bedarfswert des Grundstücks erhoben, der nach den Vor-schriften des Bewertungsgesetzes zu ermitteln ist (§§ 138 ff. BewG).   62

❗ **Praxishinweis:**
Die Grunderwerbsteuer kann verringert werden, indem das Grundstück an die Kapitalgesellschaft zu einem Wert unter dem Bedarfswert verkauft wird. In diesem Fall wird der Grunderwerbsteuer lediglich der vereinbarte Kaufpreis zu Grunde gelegt. Diese Gestaltung hat der Bundesfinanzhof in einem vergleichbaren Fall anerkannt, in dem ein Grundstück lediglich zu einem Zwanzigstel des Verkehrswertes verkauft wurde.[32] Das Grundstück darf lediglich nicht zu einem bloß symbolischen Wert verkauft werden.[33]

---

29   So zu § 3 Nr. 6 GrEStG, BFH, Urt. v. 26.02.2003, II B 202/01, BStBl. II 2003, 528.
30   FinMin Baden-Württemberg v. 14.02.2002, Beck-Steuererlasse Nr. 600, § 5/5, Nr. 3.
31   Gleichlautender Ländererlass v. 26.02.2003, BStBl. I 2003, 271, Nr. 10.
32   BFH v. 06.12.1989, II R 95/86, BStBl. II 1990, 186.
33   BFH v. 07.12.1994, II R 9/92, BStBl. II 1995, 268; vgl. auch BFH v. 12.07.2006, II R 65/04, BFH/NV 2006, 2128.

1

Die Übertragung von Anteilen an Kapitalgesellschaften ist in den folgenden beiden Fällen grunderwerbssteuerpflichtig: Werden auf einen Erwerber 95 % oder mehr der Anteile an der Kapitalgesellschaft übertragen, so löst dies Grunderwerbsteuer aus (§ 1 Abs. 3 Nr. 3 und 4 GrEStG). Werden weniger als 95 % der Anteile übertragen, so löst dies Grunderwerbsteuer aus, wenn der Erwerber schon vorher an der Gesellschaft beteiligt war und nach der Übertragung erstmals 95 % oder mehr der Anteile an der Gesellschaft hält (§ 1 Abs. 3 Nr. 1 und 2 GrEStG). Die Grunderwerbsteuer entsteht auch dann, wenn die Anteilsvereinigung aufgrund Erbfalls eintritt; die Befreiung für Erwerbe von Grundstücken von Todes wegen (§ 3 Nr. 2 GrEStG) gilt hier nicht.[34]

g)   Besteuerung von Veräußerungsgewinnen

63   Ein wesentlicher Unterschied zwischen Einzelunternehmen und Personengesellschaften einerseits und Kapitalgesellschaften andererseits ergibt sich bei der Besteuerung von Veräußerungsgewinnen: Bei Einzelunternehmen und Personengesellschaften ist der Veräußerungsgewinn zu 100 % steuerpflichtig. Bei Kapitalgesellschaften unterliegt der Veräußerungsgewinn nur zu 50 % der Besteuerung, nach der Unternehmensteuerreform zu 60 %. Die Einzelheiten sind ausführlich unter § 8 Rn. 3 ff. dargestellt.

3.   Sicherstellung des Familieneinflusses

64   Ein weiterer Unterschied zwischen Personen- und Kapitalgesellschaften besteht bei der Frage, wie der Familieneinfluss auf die Geschäftsführung sicher gestellt werden kann.

Bei Personengesellschaften ist es zwingend erforderlich, dass die Geschäftsführung durch einen Gesellschafter erfolgt. Bei Kapitalgesellschaften kann dagegen ein Fremdgeschäftsführer eingesetzt werden. Bei einer GmbH können die Gesellschafter dem Geschäftsführer Weisungen erteilen. Der Vorstand einer Aktiengesellschaft ist demgegenüber nicht weisungsgebunden (§§ 76 Abs. 1, 117 AktG). Handelt der Vorstand einer Aktiengesellschaft nicht so, wie es die Familiengesellschafter wünschen, so besteht nur die Möglichkeit, ihn nicht wieder zum Vorstand bestellen zu lassen.

Oftmals soll sichergestellt werden, dass bestimmte Personen dauerhaft die Geschäftsführung innehaben. Dies kann bei der GmbH dadurch erreicht werden, dass den Betroffenen ein Sonderrecht zur Geschäftsführung eingeräumt wird.[35] Bei der Aktiengesellschaft ist eine solche Regelung nicht möglich; der Vorstand darf maximal auf Dauer von fünf Jahren zum Vorstand bestellt werden (§ 84 Abs. 1 AktG). Möchte man den Zugang zum Kapitalmarkt ermöglichen und dennoch die Geschäftsführung auf Dauer festlegen, so ist die Rechtsform der Kommanditgesellschaft auf Aktien zu wählen (vgl. § 1 Rn. 12).

4.   Sozialversicherungspflicht

65   Ob ein Gesellschafter, der die Geschäfte der Gesellschaft (mit)führt, sozialversicherungspflichtig ist, ist je nach Rechtsform der Gesellschaft unterschiedlich zu beurteilen.

---

34   Franz in Pahlke/Franz, § 3 Rn. 112.
35   Vgl. hierzu Terlau/Schäfers in Michalski, § 38 Rn. 32 ff.

a) Personengesellschaft

Die persönlich haftenden Gesellschafter einer Personengesellschaft – also alle Gesellschafter einer Gesellschaft des bürgerlichen Rechts, einer offenen Handelsgesellschaft und die Komplementäre einer Kommanditgesellschaft – sind in aller Regel keine Beschäftigten im Sinne des Sozialversicherungsrechts und damit nicht sozialversicherungspflichtig. Etwas anderes kann ausnahmsweise dann gelten, wenn der Gesellschafter aufgrund eines außerhalb des Gesellschaftsverhältnisses bestehenden Beschäftigungsverhältnisses für die Gesellschaft tätig wird.[36]

66

Ein Kommanditist kann dagegen durchaus sozialversicherungspflichtig sein, wenn er nach dem Gesamtbild seiner Tätigkeit in einem persönlichen und wirtschaftlichen Abhängigkeitsverhältnis zu der Kommanditgesellschaft steht. Eine sozialversicherungspflichtige Beschäftigung scheidet dagegen in der Regel aus, wenn der Kommanditist weitgehend auf die Betriebsführung einwirken oder einen maßgeblichen Einfluss auf die kaufmännische Leitung des Unternehmens ausüben kann. Für eine solche Einflussmöglichkeit kann sprechen, dass der Kommanditist nach dem Gesellschaftsvertrag zur Geschäftsführung befugt ist oder dass er aufgrund des Umfangs seiner Beteiligung am Gesellschaftskapital das Geschäftsgebaren und die Beschlüsse der Kommanditgesellschaft wesentlich mitbestimmen kann.[37]

b) GmbH

Grundsätzlich nicht sozialversicherungspflichtig ist ein Gesellschafter-Geschäftsführer einer GmbH, der zu mehr als 50 % am Stammkapital der GmbH beteiligt ist oder über eine im Gesellschaftsvertrag vereinbarte Sperrminorität verfügt: Er hat maßgeblichen Einfluss auf die Geschicke der Gesellschaft und kann insbesondere ihm nicht genehme Weisungen der Gesellschafter verhindern.[38]

67

Verfügt der Gesellschafter-Geschäftsführer einer GmbH lediglich über eine Minderheitsbeteiligung, ist anhand der Umstände des Einzelfalls zu prüfen, ob ein abhängiges Beschäftigungsverhältnis und damit Sozialversicherungspflicht vorliegt.[39]

Gegen ein abhängiges Beschäftigungsverhältnis können dabei die folgenden Punkte sprechen:

■ eine Befreiung des Gesellschafter-Geschäftsführers von den Beschränkungen des § 181 BGB,

■ der Umstand, dass der Gesellschafter-Geschäftsführer vor der Umwandlung des Unternehmens in eine GmbH Alleininhaber einer Einzelfirma war, oder

■ der Umstand, dass der Geschäftsführer als einziger Gesellschafter über die für die Führung des Betriebes notwendigen Branchenkenntnisse verfügt.

■ Bei Familiengesellschaften, in denen der Gesellschafter-Geschäftsführer mit den Gesellschaftern familiär verbunden ist, kann eine Sozialversicherungspflicht zudem auch dann zu verneinen sein, wenn der Geschäftsführer kraft seines tatsächlichen Einflusses auf die Willensbildung der GmbH ihm nicht genehme Weisungen der Gesellschafter verhindern kann, wie etwa in den folgenden Fällen:

---

36 BSG v. 26.05.1966, 2 RU 178/64, BSGE 25, 51, 52.
37 BSG v. 27.06.1974, 2 RU 23/73, VersR 1975, 322.
38 BSG v. 06.02.1992, 7 RAr 36/91, BB 1992, 2437, 2438; Nägele, BB 2001, 305, 310 m.w.N.; Menthe, DAngVers 2005, 125, 126.
39 BSG v. 14.12.1999, B 2 U 48/98 R, BB 2000, 674, 675; Winkler, DStR 1997, 289, 291.

1

- Der Geschäftsführer dominiert die Gesellschafter persönlich.
- Die Gesellschafter sind wirtschaftlich vom Geschäftsführer abhängig.
- Die familiären Beziehungen führen dazu, dass die Geschäftsführertätigkeit überwiegend durch familienhafte Rücksichtnahmen geprägt wird und es an der Ausübung des Weisungsrechts durch die Gesellschafter völlig mangelt.[40]

c)   Aktiengesellschaft

68   Vorstandsmitglieder einer Aktiengesellschaft leiten die Gesellschaft unter eigener Verantwortung (§ 76 AktG) und sind daher in aller Regel mangels eines abhängigen Beschäftigungsverhältnisses nicht sozialversicherungspflichtig.[41]

d)   Mitarbeitende Angehörige

69   Im Unternehmen mitarbeitende Angehörige sind sozialversicherungspflichtig, wenn ihre Tätigkeit nicht lediglich eine familienhafte Mithilfe darstellt, sondern eine abhängige Beschäftigung ausgeübt wird. Die Abgrenzung ist anhand des Gesamtbilds der Tätigkeit vorzunehmen. Entscheidend ist insbesondere,

- ob der Angehörige in den Betrieb des Arbeitgebers wie eine fremde Arbeitskraft eingegliedert ist und die Beschäftigung tatsächlich ausübt,
- ob er dem Weisungsrecht des Arbeitgebers – wenn auch in abgeschwächter Form – unterliegt,
- ob er anstelle einer fremden Arbeitskraft beschäftigt wird,
- ob ein angemessenes Arbeitsentgelt vereinbart ist und auch tatsächlich gezahlt wird,
- ob von dem Arbeitgeber regelmäßig Lohnsteuer entrichtet wird und
- ob das Arbeitsentgelt als Betriebsausgabe gebucht wird.[42]

Weiterführende Literaturhinweise

70   Seewald in Kasseler Kommentar Sozialversicherungsrecht, § 7 SGB IV Rn. 85 ff.;

Voelzke in Küttner, Personalbuch 2007, Ziffer 203 Rn. 44 ff.

---

40   Vgl. zur Sozialversicherungspflicht von Gesellschafter-Geschäftsführern einer GmbH auch die von den Spitzenorganisationen der Sozialversicherungsträger entwickelte „Entscheidungshilfe zur versicherungsrechtlichen Beurteilung von Gesellschafter-Geschäftsführern einer GmbH, mitarbeitenden Gesellschaftern und Fremdgeschäftsführern einer GmbH", abgedruckt bei Voelzke in Küttner, Personalbuch 2005, unter Ziffer 193 Rn. 51, sowie BSG v. 14.12.1999, B 2 U 48/98 R, BB 2000, 674.

41   Vgl. auch § 1 S. 3 SGB VI und § 27 Abs. 1 Nr. 5 SGB III sowie BSG v. 14. 12. 1999, B 2 U 38/98 R, AG 2000, 361.

42   Vgl. hierzu auch das Rundschreiben der Spitzenverbände der Sozialversicherungsträger zur versicherungsrechtlichen Beurteilung der Beschäftigung von Angehörigen vom 11.11.2004, abrufbar auf der Internet-Seite der Deutschen Rentenversicherung unter www.deutsche-rentenversicherung.de.

5. Unternehmensfinanzierung

a) Erforderliches Gründungskapital

Bei Personengesellschaften ist kein besonderes Gründungskapital erforderlich. Anders ist dies bei 71
Kapitalgesellschaften. Im Einzelnen gilt:

aa) GmbH

Die GmbH muss ein Stammkapital von mindestens € 25.000 haben (§ 5 Abs. 1 GmbHG). Bei der 72
Gründung müssen auf jede Stammeinlage mindestens ein Viertel (§ 7 Abs. 2 S. 1 GmbHG) und
insgesamt mindestens € 12.500 eingezahlt werden (§ 7 Abs. 2 S. 2 GmbHG). Bei einer Ein-Mann-
GmbH müssen die anderen 50 % des Stammkapitals ebenfalls eingezahlt werden oder es muss für
sie eine Sicherheit bestellt werden (§ 7 Abs. 2 S. 3 GmbHG).

Nach dem Regierungsentwurf zum MoMiG muss eine GmbH nur ein Stammkapital von € 10.000
haben, und die Besonderheiten für die Ein-Mann-GmbH entfallen.

bb) GmbH & Co. KG

Für die GmbH gelten die vorstehend dargestellten Grundsätze. Dies hat zur Folge, dass in die 73
GmbH mindestens ein Geldbetrag von € 12.500 fließen muss. Dieser Betrag muss auf ein Konto der GmbH eingezahlt werden. Die GmbH kann den Betrag selbst anlegen. Sie darf ihn jedoch
nicht als Darlehen an die Kommanditgesellschaft weitergeben.[43]

cc) Aktiengesellschaft

Die Aktiengesellschaft hat ein Grundkapital von mindestens € 50.000 (§ 7 AktG). Von diesem Be- 74
trag müssen mindestens 25 % bei der Gründung einbezahlt werden (§§ 36 Abs. 2 S. 1, 36a Abs 1
AktG). Damit muss bei der Gründung nicht mehr einbezahlt werden als bei einer GmbH. Bei einer Ein-Mann-Gesellschaft müssen die anderen 75 % des Grundkapitals ebenfalls einbezahlt sein
oder es muss für sie eine Sicherheit bestellt werden (§ 36 Abs. 2 S. 2 AktG).

Zu beachten ist, dass von den Jahresüberschüssen jedes Jahr 5 % in eine gesetzliche Rücklage einzustellen sind, bis die gesetzliche Rücklage (zusammen mit bestimmten Kapitalrücklagen) einen
Betrag von 10 % des Grundkapitals erreicht (§ 150 AktG).

dd) Englische Limited

Bei einer englischen Limited gibt es kein Mindestkapital; es genügt also auch ein Gesellschaftska- 75
pital von 1 Pfund.[44]

b) Kreditwürdigkeit

Gesellschaften, bei denen ein oder mehrere Gesellschafter persönlich haften, genießen eine hö- 76
here Kreditwürdigkeit als Gesellschaften, bei denen die Haftung auf das Gesellschaftsvermögen
beschränkt ist, wie bei den Kapitalgesellschaften und der GmbH & Co. KG.

---

43 OLG Hamm v. 31.10.2006, 27 U 81/06, GmbHR 2007, 201; dagegen OLG Thüringen v. 28.06.2006, 6 U 717/05,
    GmbHR 2006, 940.
44 Brinkmeier/Mielke, Limited, § 1 Rn. 16.

1

In der Praxis hilft eine Haftungsbeschränkung nicht gegenüber Kreditinstituten. Kreditinstitute gewähren Kapitalgesellschaften oder GmbH & Co. KGs regelmäßig nur dann Darlehen, wenn zumindest ein Gesellschafter die persönliche Haftung für die Rückzahlung übernimmt.

6.   Entnahmemöglichkeiten

77   Unterschiede ergeben sich zwischen den einzelnen Rechtsformen auch bezüglich der Frage, ob die Unternehmer das Unternehmensvermögen für private Zwecke verwenden dürfen, insbesondere, ob sie von dem betrieblichen Bankkonto Geld für private Zwecke abheben oder überweisen dürfen.

a)   Einzelunternehmen

78   Bei einem Einzelunternehmen besteht juristisch keine Trennung zwischen dem Unternehmensvermögen und dem Privatvermögen des Einzelunternehmers. Der Einzelunternehmer ist daher frei, Betriebsvermögen für private Zwecke einzusetzen.

Folgen ergeben sich durch eine Entnahme nur, wenn der Einzelunternehmer ab 2008 für im Unternehmen belassene Gewinne den begünstigten Steuersatz nach § 34a EStG i.d.F. des Unternehmensteuerreformgesetzes 2008 gewählt hat. Bei einer Entnahme entsteht dann eine Nachversteuerung (siehe § 1 Rn. 36).

b)   Personengesellschaft

79   Die Entnahmemöglichkeiten einer Personengesellschaft hängen von der Ausgestaltung des Gesellschaftsvertrages ab. Oftmals werden für jeden Gesellschafter mehrere Konten geführt. Eines dieser Konten spiegelt dann regelmäßig den Betrag wider, den der Gesellschafter jederzeit entnehmen kann.

Steuerliche Folgen ergeben sich bei Entnahmen nur, wenn der entnehmende Gesellschafter ab 2008 für in der Gesellschaft belassene Gewinne den begünstigten Steuersatz nach § 34a EStG i.d.F. des Unternehmensteuerreformgesetzes 2008 gewählt hat. Bei einer Entnahme entsteht dann eine Nachversteuerung (siehe § 1 Rn. 36).

c)   GmbH

80   Das Vermögen einer GmbH kann nur aufgrund eines Gesellschafterbeschlusses ausgeschüttet werden. Eine Ausschüttung führt regelmäßig dazu, dass Steuern entstehen. Es ist daher nicht wie bei Einzelunternehmen oder Personengesellschaften möglich, dass der Gesellschafter ohne weiteres Beträge des betrieblichen Bankkontos abhebt oder für private Zwecke überweist. Regelmäßig wird nur einmal im Jahr, nämlich bei der ordentlichen Gesellschafterversammlung, darüber entschieden, ob Beträge des Gesellschaftsvermögens ausgeschüttet werden. Darüber hinaus ist es jedoch jederzeit möglich, Ausschüttungen zu beschließen. Das Gesellschaftsvermögen kann aber nur insoweit ausgeschüttet werden, als nach der Ausschüttung das Stammkapital noch gedeckt ist (§ 30 Abs. 1 GmbHG).

d)   Aktiengesellschaft

Die strengsten Vorschriften über Entnahmemöglichkeiten enthält das Aktienrecht. Bei der Akti- 81
engesellschaft kann nur der Bilanzgewinn ausgeschüttet werden (§ 57 Abs. 3 AktG). Abschlagszahlungen auf einen künftigen Bilanzgewinn sind nur aufgrund eines vorläufigen Jahresabschlusses
mit Zustimmung des Aufsichtsrats möglich (§ 59 AktG).

7.   Rechnungslegung

Jeden Kaufmann (dazu § 1 Rn. 118) treffen die folgenden Pflichten: 82

- Pflicht zur fortlaufenden Buchführung (§ 238 HGB).
- Pflicht zur Aufstellung einer Bilanz zum Ende eines jeden Geschäftsjahres (§ 242 HGB).
- Pflicht zur Aufstellung einer Gewinn- und Verlustrechnung (§ 242 HGB).

Für Kapitalgesellschaften und GmbH & Co. KGs (§ 264a HGB) bestehen weitere Pflichten:

- Pflicht zur Aufstellung eines Anhangs (§ 264 Abs. 1 S. 1 HGB).
- Pflicht, den Jahresabschluss innerhalb der ersten drei oder – falls dies einem ordnungsgemäßen Geschäftsgang entspricht – innerhalb der ersten sechs Monate des Geschäftsjahrs aufzustellen (§ 264 Abs. 1 S. 3 HGB).
- Pflicht zur Beachtung besonderer Vorschriften zu Ansatz, Bewertung und Ausweis der einzelnen Positionen des Jahresabschlusses (§§ 264 ff. HGB).

Für mittelgroße und große Kapitalgesellschaften und GmbH & Co. KGs (§ 264a HGB) bestehen
zusätzliche Pflichten:

- Pflicht zur Aufstellung eines Lageberichts (§ 264 Abs. 1 S. 1 HGB).
- Pflicht, den Jahresabschluss und den Lagebericht innerhalb der ersten drei Monate des Geschäftsjahrs aufzustellen (§ 264 Abs. 1 S. 2 HGB).
- Pflicht zur Prüfung des Jahresabschlusses und des Lageberichts durch einen Wirtschaftsprüfer oder – bei mittelgroßen Gesellschaften – einen vereidigten Buchprüfer (§§ 316 Abs. 1 S. 1, 319 Abs. 1 HGB).

Gesellschaften sind mittelgroß oder groß, wenn sie mindestens zwei der folgenden Größen überschreiten (§ 267 HGB):

- eine Bilanzsumme von mehr als € 4.015.000,
- in den zwölf Monaten vor dem Abschlussstichtag mehr als € 8.030.000 Umsatzerlöse,
- im Jahresdurchschnitt mehr als fünfzig Arbeitnehmer.

8.   Publizität

Gesellschaften des bürgerlichen Rechts und stille Gesellschaften (dazu § 3 Rn. 19 ff.) unterliegen 83
keinerlei Publizitätspflichten. Bei den übrigen Gesellschaften gilt Folgendes:

1

a)   Existenz der Gesellschaft

84   Jedes Handelsunternehmen, auch Einzelunternehmen, ist im Handelsregister einzutragen (siehe hierzu § 1 Rn. 116 ff.).

b)   Identität der Geschäftsführer

85   Die Geschäftsführer von Handelsgesellschaften und von Kapitalgesellschaften sind im Handelsregister einzutragen (§§ 106 Abs. 2 Nr. 1, 161 Abs. 2 HGB; § 39 Abs. 1 GmbHG; § 81 Abs. 1 AktG).

c)   Identität der Gesellschafter

86   Bei Personenhandelsgesellschaften sind die Gesellschafter im Handelsregister einzutragen (§§ 106 Abs. 2 Nr. 1, 161 Abs. 2 HGB).

Bei der GmbH ist eine Liste der Gesellschafter zum Handelsregister einzureichen (§ 40 GmbHG).

Bei der Aktiengesellschaft besteht grundsätzlich keine Pflicht zur Offenlegung der Identität der Aktionäre. Eine Ausnahme gilt nur dann, wenn die Voraussetzungen des § 20 AktG erfüllt sind (hierzu § 1 Rn. 206).

d)   Rechnungslegung

87   Die Jahresabschlüsse von Einzelunternehmen, Personenhandelsgesellschaften und Gesellschaften des bürgerlichen Rechts müssen nicht veröffentlicht werden. Die Jahresabschlüsse von GmbHs, Aktiengesellschaften und GmbH & Co. KGs müssen veröffentlicht werden. Der Umfang der zu veröffentlichenden Unterlagen hängt von der Größe der Gesellschaft ab (hierzu § 1 Rn. 82).

Bei kleinen Kapitalgesellschaften und GmbH & Co. KGs sind folgende Dokumente zu veröffentlichen (§§ 326, 325 Abs. 1 HGB):

- Bilanz und
- Anhang (gekürzt um die Positionen der Gewinn- und Verlustrechnung).

Bei mittelgroßen und großen Kapitalgesellschaften und GmbH & Co. KGs sind folgende Dokumente zu veröffentlichen (§ 325 Abs. 1 HGB):

- Bilanz,
- Gewinn- und Verlustrechnung,
- Anhang,
- Lagebericht,
- Bericht des Aufsichtsrats,
- Erklärung nach § 161 AktG,
- Vorschlag für die Ergebnisverwendung und
- Beschluss über die Ergebnisverwendung.

Folgende Einzelfälle sind zu beachten:

Bei GmbHs brauchen keine Angaben über die Ergebnisverwendung gemacht zu werden, wenn sich anhand der übrigen Angaben die Gewinnanteile der Gesellschafter feststellen lassen (§ 325 Abs. 1 S. 4 HGB).

An Stelle des Jahresabschlusses nach HGB kann ein Jahresabschluss nach IFRS bekannt gemacht werden (§ 325 Abs. 2a HGB). Dies ändert jedoch nichts daran, dass der HGB-Abschluss beim elektronischen Bundesanzeiger einzureichen ist (§ 325 Abs. 2b Nr. 3 HGB).

9. Form des Gesellschaftsvertrages

Der Gesellschaftsvertrag der GmbH und die Satzung der Aktiengesellschaft sind notariell zu beurkunden (§ 2 Abs. 1 S. 1 GmbHG; § 23 Abs. 1 S. 1 AktG). Auch spätere Änderungen des Gesellschaftsvertrages oder der Satzung sind notariell zu beurkunden (§ 53 Abs. 2 S. 1 GmbHG; §§ 130 Abs. 1, 179 Abs. 2 S. 1 AktG). 88

Die Gesellschaftsverträge von Personengesellschaften können dagegen formlos abgeschlossen und geändert werden. Möglich ist sogar eine mündliche Vereinbarung. Zur Rechtsklarheit und aus steuerrechtlichen Gründen (siehe hierzu § 2 Rn. 33) ist jedoch eine schriftliche Abfassung zu empfehlen.

IV. Typische Entscheidungssituationen

Im Folgenden werden einige Entscheidungssituationen dargestellt, die sich bei der Rechtsformwahl oftmals stellen: Die Entscheidung zwischen einer GmbH und einer GmbH & Co. KG, zwischen einer GmbH und einer Aktiengesellschaft und zwischen einer GmbH und einer englischen Limited. 89

1. GmbH vs. GmbH & Co. KG

a) Beratungssituation

Häufig steht das Ziel im Vordergrund, eine Haftungsbegrenzung auf das Gesellschaftsvermögen zu erreichen. Eine solche Haftungsbegrenzung ist dann zweckmäßig, wenn die Gefahr von nicht übersehbaren Gewährleistungsansprüchen besteht oder langfristige Verträge, wie etwa Mietverträge, Arbeitsverträge oder Lieferverträge abgeschlossen werden und der Unternehmer sich nicht dem Risiko aussetzen möchte, bei einer vorzeitigen Einstellung des Geschäftsbetriebes die langfristigen Verträge weiterhin erfüllen zu müssen. Andere Haftungsrisiken stehen meist nicht im Vordergrund. Kreditinstitute lassen sich regelmäßig nicht auf eine Haftungsbeschränkung ein, sondern verlangen daneben die persönliche Haftung zumindest eines Gesellschafters. Haftungsrisiken aus vertraglicher Haftung lassen sich oftmals durch den Einsatz Allgemeiner Geschäftsbedingungen vermindern. Haftungsrisiken aus deliktischer Haftung sind häufig versicherbar. 90

1

b)   Gestaltungsmöglichkeiten

91   Eine Beschränkung der Haftung auf das Gesellschaftsvermögen ist entweder durch die Verwendung einer Kapitalgesellschaft, regelmäßig einer GmbH, oder durch die Verwendung einer GmbH & Co. KG möglich. Beide Gesellschaften unterscheiden sich insbesondere in der steuerlichen Behandlung.

c)   Entscheidungsrelevante Kriterien

92   Insbesondere folgende Kriterien sind entscheidungsrelevant:

aa)   Laufende Steuerbelastung

93   Bei der GmbH wird das Unternehmen durch eine Kapitalgesellschaft betrieben, bei der GmbH & Co. KG durch eine Personengesellschaft. Hierdurch ergeben sich Unterschiede in der laufenden Steuerbelastung (siehe § 1 Rn. 27 ff.).

bb)   Pensionsrückstellungen

94   Pensionsrückstellungen für Gesellschafter werden steuerlich nicht bei der GmbH & Co. KG anerkannt, jedoch bei der GmbH (siehe § 1 Rn. 51).

cc)   Betriebliche Nutzung eigener Immobilien

95   Soll die Gesellschaft eigene Immobilien der Gesellschafter nutzen, so werden diese bei der GmbH & Co. KG zwingend Sonderbetriebsvermögen. Bei der GmbH können sie grundsätzlich Privatvermögen bleiben (siehe § 1 Rn. 52, auch zu den Ausnahmen).

dd)   Möglichkeit der Nutzung von Anlaufverlusten

96   Bei einer GmbH & Co. KG kann der Gesellschafter Anlaufverluste der GmbH & Co. KG mit anderen Einkünften verrechnen und damit seine Steuerbelastung mindern (siehe § 1 Rn. 56).

ee)   Erbschaftsteuer

97   Zu den Unterschieden der Erbschaftsteuer bei Personengesellschaften und Kapitalgesellschaften siehe oben § 1 Rn. 58 f.

ff)   Grunderwerbsteuer

98   Wenn in die Gesellschaft ein Grundstück eingebracht werden soll oder von der Gesellschaft ein Grundstück gehalten werden soll, so ergeben sich die oben genannten Unterschiede bei der Grunderwerbsteuer (siehe § 1 Rn. 60 ff.).

gg)   Kosten

99   Bei einer GmbH & Co. KG sind zwei Gesellschaften zu gründen: eine Kommanditgesellschaft und eine GmbH. Damit sind zwei Gesellschaftsverträge erforderlich, und zwei Gesellschaften müssen gesellschaftsrechtlich betreut werden. Im Rahmen der Rechnungslegung sind bei der GmbH & Co. KG zwei Jahresabschlüsse aufzustellen. Allerdings ist die Erstellung des Jahresabschlusses der GmbH nur mit einem geringen Aufwand verbunden.

2. GmbH vs. Aktiengesellschaft

a) Beratungssituation

Aus haftungsrechtlichen oder steuerlichen Erwägungen soll das Unternehmen durch eine Kapi- 100
talgesellschaft betrieben werden. In bestimmten Fällen stellt sich die Frage, ob die Kapitalgesellschaft als GmbH oder als Aktiengesellschaft betrieben werden soll. Der Wunsch nach einer Aktiengesellschaft resultiert häufig aus dem höheren Renommé einer Aktiengesellschaft. Es ist jedoch
stets genau abzuwägen, ob sich der mit einer Aktiengesellschaft verbundene höhere Aufwand
rechtfertigt. Aufgrund der strengeren Vorschriften bestehen bei der Führung einer Aktiengesellschaft eine Reihe von Fehlerquellen.

b) Entscheidungsrelevante Kriterien

aa) Gründungskapital

Die GmbH erfordert ein Stammkapital in Höhe von mindestens € 25.000 (§ 5 Abs. 1 GmbHG); 101
nach dem Regierungsentwurf zum MoMiG nur noch € 10.000. Die Aktiengesellschaft erfordert
ein Grundkapital von mindestens € 50.000 (§ 7 AktG).

Bei beiden Gesellschaften ist ein Betrag von € 12.500 sofort einzuzahlen. Bei Ein-Mann-Gesellschaften muss für den übrigen Betrag Sicherheit gestellt werden oder er muss ebenfalls einbezahlt
werden.

Bei der Aktiengesellschaft ist zu beachten, dass eine gesetzliche Rücklage zu bilden ist (siehe § 1
Rn. 74).

bb) Aufsichtsrat

Bei einer Aktiengesellschaft muss ein Aufsichtsrat gebildet werden. Bei einer GmbH kann ein Auf- 102
sichtsrat fakultativ eingerichtet werden, ab 500 Arbeitnehmern ist er auch bei der GmbH zwingend.

Der Aufsichtsrat muss eine durch drei teilbare Anzahl von Mitgliedern enthalten (§ 95 S. 3 AktG).
Bei einem Grundkapital bis zu € 1,5 Mio. darf er maximal neun Mitglieder umfassen, bei einem
höheren Grundkapital auch mehr (§ 95 S. 4 AktG).

Dem Aufsichtsrat obliegen folgende Aufgaben:

- Bestellung und Abberufung des Vorstands (§ 84 Abs. 1 AktG).
- Überwachung der Geschäftsführung (§ 111 Abs. 1 AktG).
- Einberufung einer Hauptversammlung, wenn es das Wohl der Gesellschaft erfordert (§ 111
  Abs. 3 AktG).
- Zustimmungsvorbehalte für bestimmte Geschäfte des Vorstands (§ 111 Abs. 4 AktG).
- Vertretung der Aktiengesellschaft gegenüber dem Vorstand (§ 112 AktG).
- Abhaltung mindestens einer Sitzung im Kalenderhalbjahr (§ 110 Abs. 3 AktG).

Verletzt der Aufsichtsrat seine Pflichten, so haftet er auf Schadensersatz (§§ 116 S. 1, 93 Abs. 2
AktG). Der Aufsichtsrat macht sich auch dann schadensersatzpflichtig, wenn er Ansprüche der
Aktiengesellschaft gegen den Vorstand sieht und diese Ansprüche nicht geltend macht.[45]

---

45 BGH v. 21.04.1997, II ZR 175/95, BGHZ 135, 244.

🛈 Praxishinweis:

Bestimmte Verträge der Aktiengesellschaft mit Aufsichtsratsmitgliedern, insbesondere Beraterverträge, bedürfen der vorherigen Zustimmung des gesamten Aufsichtsrates (§ 114 AktG). Dies kann auch für Verträge mit Gesellschaften gelten, die von Aufsichtsratsmitgliedern gehalten werden.[46]

cc)   Geschäftsführer / Vorstand

103 Der Geschäftsführer der GmbH ist weisungsgebunden. Der Vorstand der Aktiengesellschaft ist nicht weisungsgebunden (§ 76 Abs. 1 AktG). Wer dem Vorstand Weisungen erteilt, macht sich gegebenenfalls schadensersatzpflichtig (§ 117 AktG). Der Vorstand einer Aktiengesellschaft ist verpflichtet, folgende Berichte an den Aufsichtsrat zu erstatten (§ 90 AktG):

- Bericht über die beabsichtigte Geschäftspolitik und andere grundsätzliche Fragen der Unternehmensplanung: mindestens einmal jährlich.

- Bericht über die Rentabilität der Gesellschaft: in der Sitzung des Aufsichtsrats, in der über den Jahresabschluss verhandelt wird.

- Bericht über den Gang der Geschäfte, insbesondere Umsatz, und Lage der Gesellschaft: regelmäßig, mindestens vierteljährlich.

- Bericht über Geschäfte, die für die Rentabilität oder Liquidität der Gesellschaft von erheblicher Bedeutung sein können: möglichst so rechtzeitig, dass der Aufsichtsrat vor Vornahme der Geschäfte Gelegenheit hat, zu ihnen Stellung zu nehmen.

dd)   Gesellschafterversammlung / Hauptversammlung

104 Bei Familiengesellschaften, bei denen der Gesellschaft die Gesellschafter namentlich bekannt sind, ergeben sich zwischen der Einberufung der Gesellschafterversammlung und der Einberufung der Hauptversammlung keine entscheidenden Unterschiede: Bei Aktiengesellschaften, bei denen die Aktionäre der Gesellschaft namentlich bekannt sind, muss die Hauptversammlung nicht durch Bekanntmachung im elektronischen Bundesanzeiger einberufen werden, sondern kann etwa auch mittels eingeschriebenen Briefes einberufen werden (§§ 121 Abs. 4, 124 Abs. 1 S. 3 AktG).

Besondere Anforderungen bestehen an das Protokoll der Hauptversammlung einer Aktiengesellschaft:

- Über die Hauptversammlung einer Aktiengesellschaft ist zwingend ein Protokoll aufzunehmen, das durch den Vorsitzenden des Aufsichtsrats zu unterschreiben ist (§ 130 Abs. 1 S. 3 AktG), soweit nicht gesetzlich eine notarielle Beurkundung erforderlich ist. Bei einer GmbH ist kein förmliches Protokoll aufzunehmen, soweit nicht ausnahmsweise eine notarielle Beurkundung erforderlich ist. Auch bei einer GmbH empfiehlt sich jedoch aus Beweisgründen und aus steuerlichen Gründen die Aufnahme eines schriftlichen Protokolls.

- Bei der Hauptversammlung ist ein Verzeichnis der Teilnehmer aufzustellen (§ 129 Abs. 1 Nr. 2 und 4 AktG).

- Eine vom Vorsitzenden des Aufsichtsrats unterzeichnete Abschrift der Niederschrift der Hauptversammlung und ihrer Anlagen ist zum Handelsregister einzureichen (§ 130 Abs. 5 AktG).

ee)   Auskunftsrecht

105 Unterschiede zwischen einer GmbH und einer Aktiengesellschaft ergeben sich auch bezüglich des Auskunftsrechts der Gesellschafter.

---

46 BGH v. 20.11.2006, II ZR 279/05, DStR 2007, 122; BGH v. 03.07.2006, II ZR 151/04, DStR 2006, 1610

Bei der GmbH besteht aufgrund der üblicherweise personalistischen Struktur ein umfassendes Auskunftsrecht der Gesellschafter: Jedem Gesellschafter ist jederzeit unverzüglich Auskunft über die Angelegenheiten der Gesellschaft zu geben und die Einsicht der Bücher und Schriften zu gestatten (§ 51a GmbHG).

Bei der Aktiengesellschaft haben die Aktionäre nur ein Auskunftsrecht in der Hauptversammlung. Das Auskunftsrecht bezieht sich nur auf die Tagesordnungspunkte (§ 131 AktG).

ff) Sicherstellung des Familieneinflusses

Unterschiede zwischen einer GmbH und einer Aktiengesellschaft bestehen auch hinsichtlich der Frage, wie Mehrheitsverhältnisse bei Gesellschafterbeschlüssen geregelt werden können. **106**

Bei der GmbH können die Mehrheitsverhältnisse unabhängig von den Kapitalanteilen frei bestimmt werden. So sind etwa Anteile möglich, denen verhältnismäßig höhere Stimmrechte zustehen, oder Anteile ohne Stimmrechte.

Bei der Aktiengesellschaft sind Mehrstimmrechte unzulässig (§ 12 Abs. 2 AktG). Folgende Modifikationen sind jedoch möglich:

- Es können Vorzugsaktien ohne Stimmrecht ausgegeben werden (§ 12 Abs. 1 S. 2 AktG). Diese Aktien müssen mit einem nachzuzahlenden Vorzug bei der Verteilung des Gewinns ausgestattet sein (§ 139 Abs. 1 AktG). Dies bedeutet, dass eine Ausschüttung an die Stammaktionäre erst erfolgen darf, wenn die Vorzugsaktionäre bedient sind. Zudem ist die Vorzugsdividende, wenn sie in einem Jahr nicht gezahlt wird, grundsätzlich im folgenden Jahr nachzuzahlen.[47] Oft sehen die Satzungen daneben auch ein gegenüber den Stammaktien höheres Dividendenrecht für die Vorzugsaktionäre vor (sog. Mehrdividende).[48] Vorzugsaktien ohne Stimmrecht können nur bis zur Hälfte des Grundkapitals ausgegeben werden (§ 139 Abs. 2 AktG).

- Für den Fall, dass einem Aktionär mehrere Aktien gehören, kann ein Höchstbetrag der Stimmrechte vorgesehen werden oder es können bestimmte Abstufungen vorgesehen werden (§ 134 Abs. 1 S. 2 AktG). Eine solche Regelung ist jedoch nur abstrakt für alle Aktionäre möglich, nicht für bestimmte namentlich benannte Aktionäre (§ 134 Abs. 1 S. 5 AktG).

gg) Laufende Kosten

Die laufenden Kosten einer Aktiengesellschaft sind höher als diejenigen einer GmbH. Dies ergibt sich bereits daraus, dass der mindestens dreiköpfige Aufsichtsrat zu vergüten ist (vgl. § 113 AktG). Zudem ist das Aktienrecht stärker normiert. Es besteht daher ein höherer rechtlicher Beratungsbedarf. **107**

3. GmbH vs. Limited

a) Beratungssituation

Soll eine Kapitalgesellschaft mit möglichst wenig Kapital gegründet werden, so wird manchmal die Frage aufgeworfen, ob nicht statt einer deutschen GmbH eine englische Limited gegründet werden sollte. **108**

---

47 Semler in MüHdb GesR IV, § 38 Rn. 18 ff.
48 Hüffer, § 139 Rn. 8; Volhard in MüKo-AktG, § 139 Rn. 21.

1

b)   Entscheidungsrelevante Kriterien

109   Der Vorteil einer Limited liegt regelmäßig bei den niedrigen Kapitalerfordernissen bei der Gründung und den niedrigeren Gründungskosten. Diesem Vorteil steht jedoch eine Reihe von Nachteilen gegenüber.

Im Einzelnen:

aa)   Kapitalbedarf bei der Gründung

110   Bei der englischen Limited gibt es kein Mindestkapital. Bei der GmbH muss das Stammkapital mindestens € 25.000 betragen (§ 5 Abs. 1 GmbHG). Es ist ein Betrag in Höhe von € 12.500 sofort einzuzahlen. Bei einer Ein-Mann-Gesellschaft muss für den übrigen Betrag Sicherheit geleistet werden oder er muss ebenfalls einbezahlt werden. Nach dem Regierungsentwurf zum MoMiG beträgt das Mindestkapital nur noch € 10.000 und die Besonderheiten für Ein-Mann-Gesellschaften entfallen. Zudem ist eine sog. Unternehmergesellschaft (haftungsbeschränkt) möglich ohne Mindestkapital. Bei der Unternehmergesellschaft (haftungsbeschränkt) sind jeweils 25 % des Jahresüberschusses in eine gesetzliche Rücklage einzustellen; dies gilt solange, bis die Gesellschaft ihr satzungsmäßiges Stammkapital auf mindestens € 10.000 erhöht.

bb)   Anteilsübertragung

111   Die Geschäftsanteile einer Limited können formfrei übertragen werden. Zu der Übertragung der Anteile an einer GmbH bedarf es immer der notariellen Beurkundung (§ 15 Abs. 3, 4 GmbHG).

cc)   Laufende Kosten

112   Die Limited unterliegt englischem Recht. Daher sind für die Einberufung und die Abhaltung einer Gesellschafterversammlung Kenntnisse im englischen Recht erforderlich. Die Limited ist auch verpflichtet, eine Buchführung nach englischem Handelsrecht zu erstellen. Eine Beratung im englischen Recht verursacht schnell hohe Kosten. Diese Kostenbelastung kann schon nach kurzer Zeit den Vorteil überwiegen, der sich durch den niedrigeren Aufwand bei der Gründung ergab.

dd)   Öffentlichkeitswirkung

113   Eine Limited wird vor allem deshalb gegründet, weil die Gründer das Mindeststammkapital nicht aufbringen möchten oder können. Wird ein kleineres deutsches Unternehmen in der Rechtsform einer Limited gegründet, so erweckt die Rechtsformwahl daher Zweifel an der Seriösität des Unternehmens.

ee)   Steuerbelastung

114   Befindet sich die Geschäftsleitung einer Limited in Deutschland – was regelmäßig der Fall sein wird –, so unterliegt sie derselben steuerlichen Belastung wie eine GmbH.

ff)   Arbeitnehmermitbestimmung

115   Der wesentliche Vorteil einer Limited kann sich ergeben, wenn die Gesellschaft so viele Arbeitnehmer beschäftigt, dass bei einer GmbH eine Mitbestimmung der Arbeitnehmer im Aufsichtsrat eintreten würde (siehe dazu § 4 Rn. 34 ff.). Die Vorschriften über die Mitbestimmung im Aufsichtsrat gelten nur für deutsche Gesellschaften, nicht jedoch für eine Limited.

B.   Formalien der Unternehmensgründung

I.   Eintragung im Handelsregister

Das Handelsregister gibt Auskunft über für den Rechtsverkehr bedeutsame Tatsachen und Rechts-   116
verhältnisse der Kaufleute und Handelsgesellschaften. Das Handelsregister besteht aus zwei Abteilungen: in Abteilung A (HRA) werden die Einzelkaufleute und Personenhandelsgesellschaften
und in Abteilung B (HRB) die Kapitalgesellschaften eingetragen (§ 3 Handelsregisterverordnung
- HRV).

Aus dem Handelsregister sind beispielsweise die Gesellschafter einer offenen Handelsgesellschaft
und ihre Vertretungsmacht, die Haftsumme der Kommanditisten einer Kommanditgesellschaft
sowie Gegenstand und Stammkapital einer GmbH und deren Geschäftsführer nebst ihrer Vertretungsmacht ersichtlich.

Die Eintragungen in das Handelsregister sind von den Gerichten grundsätzlich bekannt zu machen (§ 10 HGB). Die Bekanntmachung erfolgte bislang im Bundesanzeiger und zusätzlich in einer von den Gerichten jährlich im Dezember zu bestimmenden Tageszeitung. Seit dem 01.01.2007
erfolgen die Bekanntmachungen elektronisch über das gemeinsame zentrale Länderportal www.
handelsregister.de. Bis zum 31.12.2008 sind die Eintragungen übergangsweise zusätzlich in einer
von den Gerichten zu bestimmenden Tageszeitung bekannt zu machen (Art. 61 Abs. 4 EGHGB).

Die Einsichtnahme in das Handelsregister sowie in die zum Handelsregister eingereichten Dokumente ist jedermann zu Informationszwecken gestattet (§ 9 Abs. 1 HGB), ohne dass ein berech-
tigtes Interesse an der Einsichtnahme nachzuweisen ist. Die Einsichtnahme ist über das gemeinsame zentrale Länderportal www.handelsregister.de gegen Gebühr möglich (vgl. Nr. 400, 401 der
Anlage (Gebührenverzeichnis) zur JVKostO) oder kostenfrei auf der Geschäftsstelle des zuständigen Registergerichts.[49]

1.   Eintragungspflicht

Nicht alles, was für den Rechts- und Handelsverkehr bedeutsam ist, wird in das Handelsregister   117
eingetragen und bekannt gemacht. Was im Einzelnen einzutragen ist, regelt in erster Linie das
Gesetz. Das Gesetz erklärt in einer Vielzahl von Einzelnormen bestimmte Umstände für eintra-
gungs- und anmeldepflichtig (sog. eintragungspflichtige Tatsachen) oder bietet vereinzelt auch
die Möglichkeit, eine Eintragung freiwillig herbeizuführen (sog. eintragungsfähige Tatsachen).
Neben gesetzlichen Regelungen kann sich auch aus dem Sinn und Zweck des Handelsregisters
und der Sicherheit des Rechtsverkehrs die Notwendigkeit oder Möglichkeit der Eintragung weiterer Tatsachen ergeben.[50]

Im Rahmen der Unternehmensgründung sind insbesondere folgende Eintragungspflichten relevant:

---

49 Die Daten des Handelsregisters sind auch über das durch das EHUG neu geschaffene Unternehmensregister (§ 8b
    HGB) unter www.unternehmensregister.de einsehbar. Dort werden neben den Registerdaten auch alle sonstigen
    wesentlichen Unternehmensinformationen bereit gestellt.
50 Vgl. hierzu Krafka in MüKo-HGB, § 8 Rn. 39 ff.

1

a) Einzelunternehmen

118 Ein Einzelunternehmen ist im Handelsregister einzutragen, wenn der Inhaber ein Kaufmann ist (§ 29 HGB). Kaufmann ist, wer ein Handelsgewerbe betreibt (§ 1 Abs. 1 HGB). Ein Handelsgewerbe ist jeder Gewerbebetrieb, der nach Art und Umfang einen in kaufmännischer Weise eingerichteten Geschäftsbetrieb erfordert (§ 1 Abs. 2 HGB).

Jeder Kaufmann ist verpflichtet, seine Firma und den Ort seiner Handelsniederlassung zur Eintragung in das Handelsregister anzumelden (§ 29 HGB). Die Erfüllung dieser Verpflichtung kann von dem zuständigen Registergericht durch die Festsetzung von Zwangsgeld erzwungen werden (§ 14 HGB). Darüber hinaus ist in der Anmeldung zusätzlich der Vorname, Familienname, das Geburtsdatum und der Wohnort des Kaufmanns, die Lage der Geschäftsräume sowie der Gegenstand des Unternehmens anzugeben, soweit er sich nicht aus der Firma ergibt (§§ 40 Nr. 3, 61 Nr. 3 lit. b, 24 Abs. 2 und 4 HRV).

aa) Definition des Gewerbebetriebs

119 Wenn auch Einzelheiten der Definition umstritten sind, ist ein Gewerbebetrieb i.S.d. HGB im Grundsatz die

- erkennbar planmäßige, auf Dauer angelegte,
- selbständige,
- auf Gewinnerzielung ausgerichtete oder jedenfalls entgeltliche Tätigkeit am Markt
- unter Ausschluss freiberuflicher, wissenschaftlicher und künstlerischer Tätigkeit.[51]

bb) Einzelfälle / weitere Hinweise

- Jeder Handwerksbetrieb ist auch ein Gewerbebetrieb, da Handwerk und Gewerbe einander nicht ausschließen.[52]
- Freier Beruf und Gewerbe schließen einander aus. Bei Mischtätigkeiten kommt es auf den Schwerpunkt der Tätigkeit an (Bsp: Altersheim, Sanatorium, Hausverwaltung durch Architekten).[53]
- Auch Land- und Forstwirte betreiben ein Gewerbe; für sie gilt aber die Sonderregelung des § 3 HGB (vgl. dazu § 1 Rn. 122).
- Bloße Vermögensverwaltung ist in der Regel kein Gewerbe. Anderes kann unter Umständen infolge des Umfangs, der Komplexität und der Anzahl der mit der Vermögensverwaltung verbundenen Geschäfte gelten.[54]
- Betreiber des Unternehmens ist der, in dessen Namen das Gewerbe betrieben wird, bspw. der Pächter, der Treuhänder und der Nießbraucher beim Unternehmensnießbrauch.

cc) Vorliegen eines Handelsgewerbes

120 Ob ein Gewerbebetrieb einen in kaufmännischer Weise eingerichteten Geschäftsbetrieb erfordert (§ 1 Abs. 2 HGB), ist im Rahmen einer Gesamtwürdigung der Verhältnisse des Unternehmens zu beurteilen. Es gibt keine festen Grenzen und Größenklassen.

---

51 Zum Gewerbebegriff im Einzelnen: Karsten Schmidt in MüKo-HGB, § 1 Rn. 27 ff.; Roth in Koller/Roth/Morck, § 1 Rn. 3 ff.; Hopt in Baumbach/Hopt, § 1 Rn. 11 ff.
52 Karsten Schmidt in MüKo-HGB, § 1 Rn. 21.
53 Roth in Koller/Roth/Morck, § 1 Rn. 15; Hopt in Baumbach/Hopt, § 1 Rn. 20.
54 BGH v. 10.05.1979, VII ZR 97/78, BGHZ 74, 273.

Unter kaufmännischer Einrichtung ist insbesondere die kaufmännische Buchführung, Bilanzierung und Inventarisierung sowie eine kaufmännische Organisation des Unternehmens (Archivierung der Korrespondenz, Lohnbuchhaltung) zu verstehen. Als weitere Merkmale einer kaufmännischen Einrichtung werden eine kaufmännische Bezeichnung (Firma, §§ 17 ff. HGB) sowie die kaufmännische Ordnung der Vertretung (§§ 48 ff. HGB) genannt.

Bei Unternehmensgründungen ist der geplante Zuschnitt des Unternehmens entscheidend: es genügt, wenn der Betrieb des Unternehmens von vornherein auf den Umfang eines kaufmännischen Unternehmens angelegt ist und genügend zuverlässige Anhaltspunkte dafür gegeben sind, dass das Unternehmen eine entsprechende Ausgestaltung und Einrichtung in Kürze erfahren wird. Nicht ausreichend ist dagegen die bloße Erwartung, dass das Unternehmen einmal eine entsprechende Größe erreichen wird.[55]

Wesentliche Kriterien für die Beurteilung der Erforderlichkeit eines in kaufmännischer Weise eingerichteten Geschäftsbetriebs sind unter anderem:[56]

- die Vielfalt der Erzeugnisse und Leistungen und der Geschäftsbeziehungen;
- die Inanspruchnahme und Gewährung von Kredit;
- ob es sich um eine lokale oder eine überregionale, insbesondere auch internationale Tätigkeit handelt;
- die Zahl der Beschäftigten und die Art ihrer Tätigkeit;
- der Umfang der Geschäftstätigkeit, insbesondere Zahl und Art der Geschäftsabschlüsse;
- das Umsatzvolumen (allerdings kann auch bei einem Unternehmen mit größerem Umsatz eine kaufmännische Einrichtung nicht erforderlich sein, wenn das Geschäft einfach strukturiert ist; umgekehrt kann auch bei niedrigeren Umsätzen eine kaufmännische Einrichtung im Einzelfall erforderlich sein);
- das Anlage- und Umlaufvermögen;
- der Umfang der Werbung.

dd) Kannkaufleute (§ 2 HGB)

Einzelunternehmer, die einen Gewerbebetrieb führen, der nach den vorstehenden Grundsätzen kein Handelsgewerbe ist, haben das Recht (nicht die Pflicht), sich ebenfalls in das Handelsregister eintragen zu lassen (Kannkaufleute, § 2 HGB). Durch die Eintragung im Handelsregister werden sie zu Kaufleuten und unterliegen damit uneingeschränkt dem Handelsrecht, also insbesondere der handelsrechtlichen Buchführungspflicht (§§ 238 ff. HGB) und den besonderen Regelungen für Handelsgeschäfte, d.h. von dem Kaufmann abgeschlossene Rechtsgeschäfte, die zum Betrieb seines Handelsgewerbes gehören (§§ 343 ff. HGB). Ein im Handelsregister eingetragener Kannkaufmann ist aber berechtigt, jederzeit die Löschung seines Unternehmens im Handelsregister zu beantragen. Mit der Löschung erlischt die Kaufmannseigenschaft.

ee) Land- und Forstwirte (§ 3 HGB)

Besonderheiten gelten für land- und forstwirtschaftliche Betriebe. Land- und Forstwirte, die ein Unternehmen betreiben, das eine kaufmännische Einrichtung erfordert, sind nicht Kaufleute kraft Gewerbebetriebs (§ 3 HGB) und damit nicht verpflichtet, sich im Handelsregister eintragen zu

121

122

---

55 BGH v. 17.06.1953, II ZR 205/52, BGHZ 10, 91, 96; BGH v. 19.05.1960, II ZR 72/59, BGHZ 32, 307, 311; BGH v. 26.04.2004, II ZR 120/02, ZIP 2004, 1208, 1209; Hopt in Baumbach/Hopt, § 1 Rn. 23; Roth in Koller/Roth/Morck, § 1 Rn. 42, 25.

56 Dazu bspw. OLG Dresden v. 26.04.2001, 7 U 301/01, NJW-RR 2002, 33.

lassen. Sie haben lediglich das Recht, sich ins Handelsregister eintragen zu lassen (§ 3 Abs. 2 i.V.m. § 2 HGB). Haben sie allerdings die Eintragung gewählt, können sie nicht jederzeit wieder die Löschung beantragen, sondern die Eintragung ist insofern bindend, als die Löschung nur beantragt werden kann, wenn das Unternehmen eingestellt wird oder zum Kleingewerbe absinkt, d.h. nach Art oder Umfang eine kaufmännische Einrichtung nicht mehr erfordert (§ 3 Abs. 2 HGB).[57]

b) Offene Handelsgesellschaft

123 Eine offene Handelsgesellschaft ist im Handelsregister einzutragen (§ 106 i.V.m. § 105 Abs. 1 HGB). Die Erfüllung dieser Verpflichtung kann von dem zuständigen Registergericht durch die Festsetzung von Zwangsgeld erzwungen werden (§ 14 HGB).

Zur Eintragung sind anzumelden:

- Name, Vorname, Geburtsdatum und Wohnort jedes Gesellschafters (§ 106 Abs. 2 Nr. 1 HGB),
- Firma der Gesellschaft und der Ort der tatsächlichen Verwaltung der Gesellschaft (so genannter Sitz, § 106 Abs. 2 Nr. 2 HGB),
- die Vertretungsmacht der Gesellschafter (§ 106 Abs. 2 Nr. 4 HGB) sowie
- die Lage der Geschäftsräume und der Unternehmensgegenstand, soweit er sich nicht aus der Firma ergibt (§ 24 Abs. 2 und 4 HRV).

Betreibt eine Gesellschaft einen Gewerbebetrieb, der kein Handelsgewerbe ist (vgl. zum Begriff des Handelsgewerbes § 1 Rn. 119), oder verwaltet sie lediglich eigenes Vermögen, hat sie das Recht (nicht die Pflicht), sich ebenfalls in das Handelsregister eintragen zu lassen (§ 105 Abs. 2 HGB). Durch die Eintragung in das Handelsregister wird die Gesellschaft zur offenen Handelsgesellschaft. Der Inhalt der Anmeldung entspricht den vorstehenden Darlegungen.

c) Kommanditgesellschaft

124 Für die Kommanditgesellschaft gilt das zur offenen Handelsgesellschaft Gesagte entsprechend. Zusätzlich sind bei der Kommanditgesellschaft in der Anmeldung die Namen, Vornamen, Geburtsdaten und Wohnorte der Kommanditisten anzugeben (§ 162 Abs. 1 HGB) sowie ihre Haftsummen, d.h. die Beträge, auf welche die Kommanditistenhaftung begrenzt ist (§§ 171, 172 HGB). Die Höhe der Haftsumme kann von den Gesellschaftern grundsätzlich frei bestimmt werden. Die Haftsumme muss nicht dem Betrag der Pflichteinlage, d.h. dem von jedem Gesellschafter nach dem Gesellschaftsvertrag geschuldeten Beitrag zur Förderung des Gesellschaftszwecks, entsprechen.[58]

Die Haftungsbeschränkung der Kommanditisten tritt erst mit Eintragung der Kommanditgesellschaft ein (§ 176 HGB).

Die Angaben zu den Kommanditisten sind im Handelsregister einzutragen und damit einsehbar; sie werden aber im Interesse des Schutzes ihrer Privatsphäre nicht öffentlich bekanntgemacht (§ 162 Abs. 2 HGB).

---

57 Streitig, vgl. hierzu Karsten Schmidt in MüKo-HGB, § 3 Rn. 7 und § 2 Rn. 6; Hopt in Baumbach/Hopt, § 3 Rn. 2.
58 Karsten Schmidt in MüKo-HGB, §§ 171, 172 Rn. 5 ff., 22 ff.

d) GmbH

Die GmbH entsteht erst mit ihrer Eintragung im Handelsregister (Umkehrschluss aus § 11 Abs. 1 GmbHG). Es besteht keine Anmeldepflicht.[59] Dementsprechend kann das Registergericht die Anmeldung auch nicht mittels Androhung von Zwangsgeld erzwingen (§ 79 Abs. 2 GmbHG). **125**

Die Anmeldung darf erst erfolgen,

- wenn bei Bareinlagen auf jede Stammeinlage ein Viertel eingezahlt ist (§ 7 Abs. 2 S. 1 GmbHG); wird die Gesellschaft nur durch eine Person errichtet, ist entweder das gesamte Stammkapital einzuzahlen oder für den noch ausstehenden Restbetrag der Bareinlage eine Sicherung zu bestellen (§ 7 Abs. 2 S. 3 GmbHG),
- wenn die Sacheinlagen vollständig erbracht sind (§ 7 Abs. 3 GmbHG), und
- wenn der Gesamtbetrag der auf das Stammkapital erbrachten Bar- und Sacheinlagen mindestens € 12.500 erreicht (§ 7 Abs. 2 S. 2 GmbHG).

Anzumelden sind

- die Gesellschaft (zweckmäßigerweise unter Angabe von Firma und Sitz);
- die Geschäftsführer;
- die abstrakte Vertretungsbefugnis der Geschäftsführer, d.h. die Vertretungsbefugnis, wie sie sich aus Gesetz oder dem Gesellschaftsvertrag ergibt, sowie
- die konkrete Vertretungsbefugnis eines Geschäftsführers, wenn sie von der allgemein geltenden Vertretungsbefugnis abweicht.

Zudem hat jeder Geschäftsführer in der Anmeldung zu versichern,

- dass für seine Person keine Umstände vorliegen, die seiner Bestellung entgegenstehen (Insolvenzdelikte, Berufsverbote, § 8 Abs. 3 GmbHG),
- dass die oben dargelegten Mindestleistungen auf die Stammeinlagen bewirkt sind und
- dass der Gegenstand der Leistung sich endgültig in der freien Verfügung der Geschäftsführer befindet (§ 8 Abs. 2 GmbHG), also die Geschäftsführer das Eingezahlte tatsächlich und rechtlich für die Gesellschaft verwenden können (hieran fehlt es beispielsweise, wenn der Einlagebetrag verabredungsgemäß wieder an den einzahlenden Gesellschafter zurückfließt).

Der Anmeldung sind diverse Anlagen beizufügen, insbesondere

- der Gesellschaftsvertrag (§ 8 Abs. 1 Nr. 1 GmbHG);
- die Legitimation der Geschäftsführer (Gesellschafterbeschluss oder sonstiger Bestellungsakt), sofern sie nicht im Gesellschaftsvertrag bestellt sind (§ 8 Abs. 1 Nr. 2 GmbHG);
- eine von den Anmeldenden zu unterzeichnende Liste der Gesellschafter, in der die Namen, Vornamen, Geburtsdaten und Wohnorte der Gesellschafter sowie der Betrag der von ihnen jeweils übernommenen Stammeinlage anzugeben sind (§ 8 Abs. 1 Nr. 3 GmbHG);
- bei Sacheinlagen die den Festsetzungen im Gesellschaftsvertrag über die Sacheinlagen zu Grunde liegenden oder zu ihrer Ausführung geschlossenen Verträge sowie der Sachgründungsbericht und Unterlagen darüber, dass der Wert der Sacheinlagen den Betrag der dafür übernommenen Stammeinlagen erreicht (§ 8 Abs. 1 Nr. 4 und 5 GmbHG);
- in dem Fall, dass der Gegenstand des Unternehmens der staatlichen Genehmigung bedarf, die Genehmigungsurkunde (§ 8 Abs. 1 Nr. 6 GmbHG; dieses Erfordernis entfällt nach dem Regie-

---

59 Ulmer in Ulmer, § 7 Rn. 5 ff.

rungsentwurf zum MoMiG). Setzt die Genehmigung ihrerseits die Eintragung im Handelsregister voraus, genügt für die Eintragung eine so genannte Unbedenklichkeitsbescheinigung, d.h. eine Bestätigung der Genehmigungsbehörde, dass der Genehmigungserteilung außer der fehlenden Eintragung im Handelsregister keine sonstigen Bedenken entgegenstehen. Zur Frage der Genehmigungserfordernisse vergleiche § 1 Rn. 133.

Die Eintragung in die Handwerksrolle ist einer staatlichen Genehmigung nach § 8 Abs. 1 Nr. 6 GmbHG gleichzusetzen und daher Voraussetzung für die Eintragung der Gesellschaft in das Handelsregister.[60]

Nach Einreichung der Anmeldung prüft das zuständige Registergericht, ob die Gesellschaft ordnungsgemäß errichtet und angemeldet ist (§ 9c Abs. 1 S. 1 GmbHG). Die Prüfung bezieht sich auf alle formellen und materiellen Eintragungsvoraussetzungen. Ergibt die Prüfung, dass diese Voraussetzungen erfüllt sind, wird die GmbH eingetragen, und zwar unter Angabe (§ 10 GmbHG)

- der Firma und des Sitzes der Gesellschaft,
- des Gegenstands des Unternehmens,
- der Höhe des Stammkapitals,
- des Tages des Abschlusses des Gesellschaftsvertrages,
- der Geschäftsführer unter Angabe ihres Namens, Vornamens, Geburtsdatums und Wohnorts (§ 43 Nr. 4 HRV),
- der Vertretungsbefugnis der Geschäftsführer (abstrakt und, wenn sie von der allgemeinen Vertretungsbefugnis abweicht, auch die konkrete Vertretungsregelung) sowie
- einer etwaigen Bestimmung über die Zeitdauer der Gesellschaft.

Die der Anmeldung beigefügten Unterlagen verbleiben wie die Anmeldung selbst bei den Registerakten und können von jedermann eingesehen werden (§ 9 HGB).

e) Aktiengesellschaft

126 Für die Aktiengesellschaft gelten die Ausführungen zur GmbH (§ 1 Rn. 125) weitgehend entsprechend.

Auch die Aktiengesellschaft entsteht erst mit ihrer Eintragung im Handelsregister (vgl. § 41 Abs. 1 S. 1 AktG) und es besteht keine Anmeldepflicht, die vom Registergericht erzwungen werden könnte (vgl. § 407 Abs. 2 AktG).

Voraussetzung für die Anmeldung der Aktiengesellschaft ist, dass

- bei Bareinlagen mindestens ein Viertel des geringsten Ausgabebetrages (= der Nennbetrag oder der auf die einzelne Stückaktie entfallende anteilige Betrag des Grundkapitals, § 9 Abs. 1 AktG) sowie 100 % eines etwaigen Agios eingezahlt sind (§ 36 Abs. 2 i.V.m. § 36a Abs. 1 AktG); der Ein-Personen-Gründer muss ebenfalls nur diesen Teilbetrag einzahlen, jedoch für den Restbetrag eine Sicherung bestellen (§ 36 Abs. 2 S. 2 AktG); und
- Sacheinlagen grundsätzlich vollständig geleistet sind (§ 36a Abs. 2 AktG).

In der Anmeldung ist zu erklären, dass diese Voraussetzungen vorliegen und der Wert einer etwaigen Sacheinlage dem geringsten Ausgabebetrag und einem etwaigen Agio entspricht (§ 37 Abs. 1 S. 1 i.V.m. §§ 36, 36a AktG). Zudem ist nachzuweisen, dass der eingezahlte Betrag endgültig zur freien Verfügung des Vorstands steht (§ 37 Abs. 1 Sätze 2 bis 4 AktG).

---

60 BGH v. 09.11.1987, II ZB 49/87, GmbHR 1988, S. 135.

Wie bei der GmbH haben die Vorstandsmitglieder zu versichern, dass für ihre Person keine Umstände vorliegen, die ihrer Bestellung entgegenstehen (Insolvenzdelikte, Berufsverbote, § 37 Abs. 2 S. 1 AktG). Der Anmeldung sind die Unterlagen beizufügen, die den bei der GmbH geforderten Unterlagen entsprechen (§ 37 Abs. 4 AktG), sowie zusätzlich Urkunden über die Bestellung des Aufsichtsrats (§ 37 Abs. 4 Nr. 3 AktG), eine Liste der Mitglieder des Aufsichtsrats (Name, Vorname, ausgeübter Beruf und Wohnort, § 37 Abs. 4 Nr. 3a AktG), der Gründungsbericht der Gründer und die Prüfungsberichte der Mitglieder des Vorstands und des Aufsichtsrats sowie der Gründungsprüfer (§ 37 Abs. 4 Nr. 4 AktG).

f)   Kommanditgesellschaft auf Aktien

Für die Kommanditgesellschaft auf Aktien gelten die Ausführungen zur Aktiengesellschaft entsprechend (vgl. § 278 Abs. 3 AktG). Bei der Eintragung einer Kommanditgesellschaft auf Aktien ins Handelsregister sind statt der Vorstandsmitglieder die persönlich haftenden Gesellschafter und ihre Vertretungsbefugnis anzugeben (§ 282 AktG). Auch bei der Handelsregisteranmeldung treten die persönlich haftenden Gesellschafter an die Stelle der Vorstandsmitglieder (§ 283 AktG).   127

g)   GmbH & Co. KG

Bei der GmbH & Co. KG ist sowohl die GmbH als auch die KG nach den dargelegten Grundsätzen in das Handelsregister einzutragen.   128

2.   Form der Handelsregisteranmeldung

Die Handelsregisteranmeldung ist in öffentlich beglaubigter Form (§ 12 HGB) vorzunehmen: 129

- beim Einzelunternehmen durch den Inhaber (§ 29 HGB);
- bei der offenen Handelsgesellschaft durch sämtliche Gesellschafter (§ 108 HGB);
- bei der Kommanditgesellschaft durch sämtliche Gesellschafter einschließlich der Kommanditisten (§ 161 Abs. 2 i.V.m. § 108 HGB);
- bei der GmbH durch sämtliche Geschäftsführer (§ 78 GmbHG);
- bei der Aktiengesellschaft durch sämtliche Gründer und Mitglieder des Vorstands und des Aufsichtsrats (§ 36 Abs. 1 AktG);
- bei der KGaA durch sämtliche Gründer, persönlich haftende Gesellschafter und Mitglieder des Aufsichtsrats (§§ 278 Abs. 3, 283 Nr. 1 AktG).

Eine Vollmacht zur Anmeldung muss ebenfalls in öffentlich beglaubigter Form erteilt werden (§ 12 Abs. 2 S. 1 HGB). Bei der GmbH und der Aktiengesellschaft (sowie der KGaA) ist jedoch nach h.M. eine Anmeldung durch Bevollmächtigte wegen der sich aus §§ 9a, 82 Abs. 1 Nr. 1, 5 GmbHG bzw. §§ 46, 48, 399 AktG folgenden persönlichen Verantwortlichkeit und der in der Anmeldung abzugebenden Versicherungen nicht möglich. Allerdings kann auch bei diesen Gesellschaften die Anmeldung durch Dritte, insbesondere den Notar (vgl. auch § 129 FGG), beim Registergericht eingereicht werden.

Ob das einzutragende Gewerbe nach öffentlich-rechtlichen Vorschriften zulässig ist, wird von den Registergerichten grundsätzlich nicht geprüft (§ 7 HGB). Die Eintragung im Handelsregister erfolgt daher grundsätzlich unabhängig vom Vorliegen einer etwa erforderlichen gewerberecht-

1

lichen oder sonstigen Genehmigung. Etwas anderes gilt jedoch insbesondere für die GmbH (vgl. § 1 Rn. 125), die Aktiengesellschaft (vgl. § 1 Rn. 126) und die KGaA (vgl. § 1 Rn. 127). Hier ist das Vorliegen einer etwa erforderlichen öffentlich-rechtlichen Genehmigung Voraussetzung für die Eintragung im Handelsregister und damit für die Entstehung der Gesellschaft.

3.   Kosten

130 Für die Anmeldung entstehen Kosten, und zwar für den beurkundenden Notar und für das eintragende Gericht. Die Gerichte verlangen in aller Regel einen Kostenvorschuss (§ 8 Abs. 2 KostO).

Die Höhe der Gebühren ergibt sich aus der KostO und dem Gebührenverzeichnis in Handelsregistersachen. Sie ist abhängig von der Rechtsform, bei Personenhandelsgesellschaften zusätzlich von der Anzahl der Gesellschafter und bei Kapitalgesellschaften von der Höhe des Stamm- bzw. Grundkapitals sowie davon, ob es sich um eine Bar- oder Sachgründung handelt. So fallen für die Ersteintragung im Handelsregister beispielsweise an:

- bei einem Einzelkaufmann Gerichtsgebühren in Höhe von € 50 (Nr. 1100 HRegGebV) und für die Beglaubigung der Anmeldung zum Handelsregister Notargebühren in Höhe von € 42 (§§ 38 Abs. 2 Nr. 7, 41a Abs. 3 Nr. 1 KostO);

- bei einer offenen Handelsgesellschaft mit drei Gesellschaftern Gerichtsgebühren in Höhe von € 70 (Nr. 1101, 1102 HRegGebV) und für die Beglaubigung der Anmeldung zum Handelsregister Notargebühren in Höhe von € 66 (§§ 38 Abs. 2 Nr. 7, 41a Abs. 3 Nr. 2 KostO);

- bei Bargründung einer GmbH mit € 25.000 Stammkapital Gerichtsgebühren in Höhe von € 100 (Nr. 2100 HRegGebV) und für die Beglaubigung der Anmeldung zum Handelsregister Notargebühren in Höhe von € 42 (§§ 38 Abs. 2 Nr. 7, 41a Abs. 1 Nr. 1 KostO).

Weiterführender Literaturhinweis:

Darlegungen zur Höhe der Gebühren für die Anmeldung und Eintragung im Einzelnen finden sich bei Gustavus, Handelsregister-Anmeldungen, 6. Auflage 2005.

II.   Firmenbildung

131 Im Handelsregister eingetragene Unternehmen, gleich welcher Rechtsform, können ihre Firma (ihren Namen, vgl. § 17 HGB) weitgehend frei bilden, und zwar als

- Namensfirma: enthält den Namen des Inhabers oder eines oder mehrerer Gesellschafter („Schmidt & Meier GmbH");

- Sachfirma: enthält Angaben über die Geschäftstätigkeit oder die Branche des Unternehmens („ABC Softwareentwicklung KG");

- Phantasiefirma: reine Phantasiebezeichnungen („Oxymoron OHG"); oder

- Mischform.

132 Für die Firmenbildung sind die folgenden Grundsätze zu beachten:

- Die Firma muss zur Kennzeichnung geeignet sein und Unterscheidungskraft besitzen (§ 18 Abs. 1 HGB). Daher reichen etwa allgemeine Gattungsbezeichnungen wie „Fliesenleger-GmbH" nicht aus.[61]

- Die Firma darf keine irreführenden Angaben enthalten, die im Rechtsverkehr über wesentliche geschäftliche Verhältnisse falsche Vorstellungen hervorrufen können (§ 18 Abs. 2 HGB). So darf sich das Unternehmen nicht durch die Firma einer bestimmten (tatsächlich nicht vorhandenen) Größe berühmen (Bsp.: „international", „Center").[62]

- Die Firma muss einen Rechtsformzusatz enthalten, und zwar

  - bei Einzelkaufleuten die Bezeichnung „eingetragener Kaufmann", „eingetragene Kauffrau" oder eine allgemein verständliche Abkürzung dieser Bezeichnung, insbesondere „e. K.", „e. Kfm." oder „e. Kfr." (§ 19 Abs. 1 Nr. 1 HGB);

  - bei einer offenen Handelsgesellschaft die Bezeichnung „offene Handelsgesellschaft", oder eine allgemein verständliche Abkürzung dieser Bezeichnung wie „oHG" oder „OHG" (§ 19 Abs. 1 Nr. 2 HGB);

  - bei einer Kommanditgesellschaft die Bezeichnung Kommanditgesellschaft oder eine allgemein verständliche Abkürzung dieser Bezeichnung wie „KG" (§ 19 Abs. 1 Nr. 3 HGB);

  - bei einer GmbH die Bezeichnung „Gesellschaft mit beschränkter Haftung" oder eine allgemein verständliche Abkürzung dieser Bezeichnung wie „GmbH" (§ 4 GmbHG);

  - bei einer Aktiengesellschaft die Bezeichnung „Aktiengesellschaft" oder eine allgemein verständliche Abkürzung dieser Bezeichnung wie „AG" (§ 4 AktG);

  - bei einer GmbH & Co. KG, bei der keine natürliche Person persönlich haftet, eine Bezeichnung, welche die Haftungsbeschränkung kennzeichnet, wie „GmbH & Co. KG" (§ 19 Abs. 2 HGB).

- Die Firma muss sich von allen an demselben Ort bereits bestehenden und in das Handelsregister eingetragenen Firmen deutlich unterscheiden (§ 30 Abs. 1 HGB). Der Verwendung gleicher Firmen an unterschiedlichen Orten können namens-, wettbewerbs- und markenrechtliche Grundsätze entgegen stehen.

  Bei einer GmbH & Co. KG dürfen daher die Komplementär-GmbH und die Kommanditgesellschaft nicht denselben Namen tragen, da allein der Rechtsformzusatz keine ausreichende Unterscheidungskraft besitzt.[63] In der Praxis kann dieses Problem dadurch gelöst werden, dass in die Firma der GmbH beispielsweise der Zusatz „Verwaltungsgesellschaft" eingefügt wird.

🛇 Praxishinweis:

Unternehmen können von den Industrie- und Handelskammern die Zulässigkeit der von ihnen gewählten Firma prüfen lassen. Wird eine solche Stellungnahme der Industrie- und Handelskammern bereits der Anmeldung des Unternehmens zur Eintragung im Handelsregister beigefügt, können Verzögerungen im Eintragungsverfahren wegen firmenrechtlicher Bedenken verhindert werden.

Gesellschaften des bürgerlichen Rechts und nicht im Handelsregister eingetragene Einzelunternehmer haben keine Firma; sie können jedoch eine so genannte Geschäftsbezeichnung führen.[64]

---

61 Vgl. die Beispiele bei Hopt in Baumbach/Hopt, § 18 Rn. 6 m.w.N.
62 Vgl. die Kasuistik bei Hopt in Baumbach/Hopt, § 18 Rn. 21 ff. m.w.N.
63 BGH v. 14.07.1966, II ZB 4/66, BGHZ 46, 7; Michalski in Michalski, § 4 Rn. 77 ff.
64 Vgl. dazu Hopt in Baumbach/Hopt, § 17 Rn. 10 ff.

1

III.   Gewerbeanmeldung

133   Jeder Gewerbetreibende muss die Aufnahme seiner gewerblichen Tätigkeit der zuständigen Behörde anzeigen, unabhängig davon, in welcher Rechtsform der Betrieb geführt wird (§ 14 Abs. 1 GewO). Im Unterschied zum Gewerbebegriff des HGB (vgl. § 1 Rn. 119) sind allerdings Betriebe der Urproduktion (Land- und Forstwirtschaft, Garten- und Weinbau, Tierzucht etc.) keine Gewerbebetriebe i.S.d. Gewerberechts (vgl. auch § 6 GewO).[65]

Welche Behörde zuständig ist, richtet sich nach Landesrecht (§ 155 Abs. 2 GewO). Für die Anzeigen sind aus Gründen der effizienten Datenverarbeitung und Gewerbeüberwachung spezielle Vordrucke zu verwenden (§ 14 Abs. 4 GewO), die bei den zuständigen Behörden erhältlich sind. Viele Städte haben die Formulare auch auf ihren Internet-Seiten zum Abruf bereitgestellt (so beispielsweise die Stadt Frankfurt am Main unter www.frankfurt.de). Wer gegen die Anzeigepflicht verstößt, handelt ordnungswidrig (§ 146 Abs. 2 Nr. 1 GewO), was mit einer Geldbuße bis zu € 1.000 geahndet werden kann (§ 146 Abs. 3 GewO).

Der Betrieb bestimmter Gewerbe (beispielsweise Apotheken – § 1 Abs. 2 ApoG, Gaststätten – § 2 GastG, Arbeitnehmerüberlassung – § 1 Abs. 1 AÜG und die zulassungspflichtigen Handwerksgewerbe – §§ 1 Abs. 1, 6 ff. HwO) ist hingegen nicht nur anzeigepflichtig, sondern bedarf darüber hinaus einer besonderen Genehmigung.

> **Weiterführender Literaturhinweis:**
> Eine gute Übersicht über die genehmigungspflichtigen Gewerbe enthält die Darstellung von Gottwald (DStR 2001, S. 944 ff.), allerdings sind die durch die Handwerksnovelle 2003 eingetretenen Änderungen bei der Eingruppierung in zulassungspflichtige und zulassungsfreie Handwerksgewerbe sowie handwerksähnliche Gewerbe dort noch nicht berücksichtigt (vgl. hierzu Anlage A und B der HwO).

Unabhängig von der Gewerbeanmeldung müssen Gewerbetreibende, die eine dem unmittelbaren Kontakt zum Endverbraucher dienende und jedermann frei zugängliche Betriebsstätte haben (so genannte offene Betriebsstätte, beispielsweise ein Ladenlokal oder eine Gaststätte), ihren Familiennamen mit mindestens einem ausgeschriebenen Vornamen an der Außenseite oder am Eingang anbringen (§ 15a Abs. 1 GewO). Bei Personengesellschaften ist der Name der persönlich haftenden Gesellschafter anzubringen; sind danach mehr als zwei Namen anzugeben, genügt die Angabe der Namen von zweien mit einem das Vorhandensein weiterer Beteiligter andeutenden Zusatz (z.B. „und Co."; § 15a Abs. 3 und 4 GewO). Im Handelsregister eingetragene Gewerbetreibende müssen zusätzlich ihre Firma angeben (§ 15a Abs. 2 GewO). Bei juristischen Personen ist deren Firma anzugeben (§ 15a Abs. 3 S. 2 GewO).

IV.   Mitgliedschaft in der Industrie- und Handelskammer

1.   Wer ist Mitglied?

134   Mitglied der Industrie- und Handelskammern sind alle zur Gewerbesteuer veranlagten natürlichen Personen, Handelsgesellschaften, andere nicht rechtsfähige Personenmehrheiten und juristische Personen des privaten und des öffentlichen Rechts, die eine gewerbliche Niederlassung,

---

65   Tettinger in Tettinger/Wank, § 1 Rn. 42 ff.

Betriebsstätte oder eine Verkaufsstelle im Bezirk der jeweiligen Industrie- und Handelskammer unterhalten.

Zur Gewerbesteuer veranlagt werden gewerbliche Unternehmen im Sinne des Einkommensteuergesetzes, soweit sie im Inland betrieben werden (§ 2 Abs. 1 GewStG). Ein Gewerbebetrieb i.S.d. Einkommensteuergesetzes ist

- eine selbstständige nachhaltige Betätigung,
- die mit der Absicht, Gewinn zu erzielen, unternommen wird,
- sich als Beteiligung am allgemeinen wirtschaftlichen Verkehr darstellt,
- weder als Ausübung von Land und Forstwirtschaft noch als Ausübung eines freien Berufes noch als eine andere selbstständige Arbeit i.S.d. § 18 EStG anzusehen ist (§ 15 Abs. 2 S. 1 EStG), und
- den Rahmen privater Vermögensverwaltung überschreitet (R 15.7 Abs. 1 S. 1 EStR 2005).[66]

Der einkommensteuerliche Begriff des Gewerbebetriebs ist nicht vollständig deckungsgleich mit dem handelsrechtlichen Begriff des Gewerbebetriebs.

2.   Beiträge

Die Industrie- und Handelskammern erheben von den Kammermitgliedern Beiträge in Form eines Grundbeitrags und einer Umlage (§ 3 Abs. 3 S. 1 IHKG). Der Maßstab für die Beiträge wird von der Vollversammlung der jeweiligen Industrie- und Handelskammer festgesetzt (§ 4 Nr. 2 IHKG).

135

Der Grundbeitrag kann unter Berücksichtigung von Art, Umfang und Leistungskraft der Unternehmen gestaffelt werden (§ 3 Abs. 3 S. 2 IHKG).

Bemessungsgrundlage für die Umlage ist in aller Regel der Gewerbeertrag nach dem GewStG (§ 3 Abs. 3 S. 6 IHKG). Bei natürlichen Personen und Personengesellschaften ist die Bemessungsgrundlage um einen Freibetrag in Höhe von € 15.340 zu kürzen (§ 3 Abs. 3 S. 7 IHKG). Damit soll eine annähernd gleiche Behandlung von Körperschaften und Personengesellschaften bzw. Einzelunternehmen erreicht werden: Bei Personengesellschaften und Einzelunternehmen besteht bei der Erfassung der Bemessungsgrundlage nicht die Möglichkeit, ein Geschäftsführergehalt in Abzug zu bringen.[67]

Nicht im Handelsregister eingetragene Unternehmen, deren Gewerbeertrag nach GewStG € 5.200 im Jahr nicht übersteigt (§ 3 Abs. 3 S. 3 IHKG), sind vom Beitrag freigestellt. Zudem gibt es unter bestimmten Voraussetzungen Beitragsfreistellungen und Beitragserleichterungen für Existenzgründer, allerdings nur für natürliche Personen (§ 3 Abs. 3 S. 4 IHKG).

Die Industrie- und Handelskammern können zudem für Tätigkeiten, die einem einzelnen Mitglied direkt zugute kommen, bei diesem dafür Gebühren oder Entgelte erheben (§ 3 Abs. 5 bis 7 IHKG).

---

66   Zu Zweifelsfragen vergleiche R 15.1 bis 15.7 EStR 2005.
67   Jahn, DB 1999, 253, 255.

1

3.   Mitgliedschaft in den Handwerkskammern

a)   Wer ist Mitglied?

136   Den Handwerkskammern gehören an:

■   die Inhaber eines Handwerksbetriebs oder eines handwerksähnlichen Betriebes (vgl. Anlage A und B zur HwO),

■   ihre Gesellen und Lehrlinge sowie

■   ihre anderen Arbeitnehmer mit abgeschlossener Berufsausbildung.

Ein Gewerbe ist ein Handwerk, wenn es

■   zu den in den Anlagen A und B der HwO aufgeführten Gewerben gehört, und

■   handwerksmäßig und nicht industriemäßig betrieben wird (maßgeblich für die Abgrenzung ist eine umfassende Würdigung der Struktur des Betriebes insbesondere anhand der folgenden Abgrenzungskriterien: dem Umfang der Arbeitsteilung, des Kapitaleinsatzes sowie der Verwendung technischer Hilfsmittel, der Betriebsgröße und der fachlichen Qualität der Mitarbeiter[68]).

Wer in kurzer Anlernzeit erlernbare oder zu einem Gewerbe der Anlage A der HwO gehörende einfache Handwerkstätigkeiten ausübt, die für das Gesamtbild des betreffenden Gewerbes nebensächlich sind (so genannte „einfache Tätigkeiten"), ist grundsätzlich ausschließlich Mitglied der IHK. Hat er jedoch eine personelle und sachliche Nähe zu einer handwerklichen Ausbildung, ist er ausnahmsweise nicht Mitglied der IHK, sondern der Handwerkskammern (§ 90 Abs. 3 und 4 HwO).[69]

b)   Beiträge

137   Die Handwerkskammern erheben von den Inhabern der Handwerksbetriebe oder handwerksähnlichen Betriebe sowie den in § 90 Abs. 3 HwO genannten Mitgliedern Beiträge. Der Beitragsmaßstab wird von der Handwerkskammer mit Genehmigung der obersten Landesbehörde festgelegt (§ 113 Abs. 1 HwO). Die Kammern können Beiträge in Form von Grundbeiträgen, Zusatzbeiträgen und Sonderbeiträgen erheben. Die Beiträge können nach der Leistungskraft der beitragspflichtigen Kammerzugehörigen gestaffelt werden (§ 113 Abs. 2 S. 1 und 2 HwO). Es gibt Beitragsbefreiungen und Beitragserleichterungen für Kammermitglieder, die sog. „einfache Tätigkeiten" ausüben (vgl. § 1 Rn. 136) und deren Jahresgewinn € 5.200 nicht übersteigt, sowie für Existenzgründer (§ 113 Abs. 2 S. 4 bzw. 5 HwO).

Die Handwerkskammern können zudem für Tätigkeiten, die einem einzelnen Mitglied direkt zugute kommen, von diesem Gebühren oder Entgelte erheben (§ 113 Abs. 4 HwO).

---

68   Vgl. hierzu Honig, § 1 Rn. 62 ff.
69   Vgl. hierzu Jahn, DB 2004, 802, 802 f.

4. Datenübermittlung

Die Industrie- und Handelskammern sowie die Handwerkskammern sind berechtigt, zur Festset- 138
zung der Beiträge die erforderlichen Bemessungsgrundlagen bei den Finanzbehörden zu erheben
(§ 9 Abs. 2 IHKG, § 113 Abs. 2 S. 8 HwO). Zudem sind die Kammerzugehörigen verpflichtet, den
Industrie- und Handelskammern sowie den Handwerkskammern Auskunft über die zur Festsetzung der Beiträge erforderlichen Grundlagen zu geben (§ 3 Abs. 3 S. 8 IHKG, § 113 Abs. 2 S. 13
HwO).

V. Angaben auf Geschäftsbriefen

Unternehmen sind verpflichtet, auf ihren Geschäftsbriefen bestimmte Angaben zu machen. 139

Geschäftsbriefe sind grundsätzlich der gesamte an einen externen Empfänger gerichtete Schriftverkehr (auch Email und Telefax) zu geschäftlichen Zwecken. Ausnahmen ergeben sich nur für
Formulare, die im Rahmen einer bestehenden Geschäftsbeziehung verwandt werden. Die Geschäftsbriefe müssen an einen bestimmten Empfänger gerichtet sein. Mitteilungen, die sich an
einen unbestimmten Personenkreis richten, wie Werbeschriften, Rundschreiben an Kunden und
Zeitungsannoncen, werden nicht erfasst.

Nicht erfasst wird der Schriftverkehr innerhalb des Unternehmens, z.B. Korrespondenz zwischen
Abteilungen oder Weisungen des Kaufmanns an Mitarbeiter.

Beispiele für Geschäftsbriefe sind:

- Angebote,
- Auftragsbestätigungen,
- Quittungen sowie
- Bestellscheine.

Kaufleute bzw. die geschäftsführenden Gesellschafter, Geschäftsführer und Vorstände der Unternehmen, die auf ihren Geschäftsbriefen die erforderlichen Angaben nicht machen, sind hierzu vom Handelsregister durch Festsetzung von Zwangsgeld anzuhalten, das im Einzelfall bis zu
€ 5.000 betragen kann (§§ 14 S. 2, 37a Abs. 4, 125a Abs. 2, 161 Abs. 2 HGB, § 79 Abs. 1 GmbHG,
§ 407 Abs. 1 AktG, § 132 FGG).

Nichtkaufmännische Einzelunternehmen und Gesellschaften bürgerlichen Rechts, die vorsätz-
lich oder fahrlässig die erforderlichen Angaben nicht machen, handeln ordnungswidrig, was mit
Geldbuße bis zu € 1.000 geahndet werden kann (§ 146 Abs. 2 Nr. 3 und Abs. 3 GewO).

Der Umfang der erforderlichen Angaben hängt von der Rechtsform des Unternehmens ab:

1. Einzelunternehmen

Bei nicht im Handelsregister eingetragenen Einzelunternehmen sind auf allen Geschäftsbriefen 140
der Familienname des Inhabers mit mindestens einem ausgeschriebenen Vornamen sowie seine
Anschrift anzugeben (§ 15b GewO).

Im Handelsregister eingetragene Einzelunternehmen haben auf ihren Geschäftsbriefen folgende
Angaben zu machen (§ 37a HGB):

- die Firma einschließlich des Rechtsformzusatzes „eingetragener Kaufmann", „eingetragene Kauffrau" oder einschließlich einer allgemein verständliche Abkürzung dieses Zusatzes wie „e.K.", „e. Kfm." oder „e. Kfr.";

- der Ort der Handelsniederlassung;

- das Registergericht und die Handelsregisternummer.

2.   Gesellschaft des bürgerlichen Rechts

141   Bei Gesellschaften des bürgerlichen Rechts sind auf allen Geschäftsbriefen die Familiennamen aller Gesellschafter mit mindestens einem ausgeschriebenen Vornamen sowie ihre Anschriften anzugeben (§ 15b GewO).

3.   Offene Handelsgesellschaft / Kommanditgesellschaft

142   Bei offenen Handelsgesellschaften und Kommanditgesellschaften sind auf allen Geschäftsbriefen anzugeben (§ 125a i.V.m. §§ 161 Abs. 2, 177a HGB):

- die Firma sowie die Rechtsform;

- der Sitz der Gesellschaft;

- das Registergericht und die Handelsregisternummer.

4.   GmbH

143   Bei GmbHs sind auf allen Geschäftsbriefen anzugeben (§ 35a GmbHG):

- die Firma sowie die Rechtsform;

- der Sitz der Gesellschaft;

- das Registergericht und die Handelsregisternummer;

- alle Geschäftsführer mit dem Familiennamen und mindestens einem ausgeschriebenen Vornamen;

- sofern die Gesellschaft einen Aufsichtsrat gebildet und dieser einen Vorsitzenden hat: der Vorsitzende des Aufsichtsrats mit dem Familiennamen und mindestens einem ausgeschriebenen Vornamen.

Es müssen keine Angaben über das Kapital der Gesellschaft gemacht werden. Werden aber dennoch (freiwillig) solche Angaben gemacht, so müssen in jedem Fall das Stammkapital sowie, wenn nicht alle in Geld zu leistenden Einlagen eingezahlt sind, der Gesamtbetrag der ausstehenden Einlagen angegeben werden (§ 35a Abs. 1 S. 2 GmbHG).

5.   Aktiengesellschaft

144   Bei Aktiengesellschaften sind auf allen Geschäftsbriefen anzugeben (§ 80 AktG):

- die Firma sowie die Rechtsform;

- der Sitz der Gesellschaft;

- das Registergericht und die Handelsregisternummer;
- alle Vorstandsmitglieder und der Vorsitzende des Aufsichtsrats mit dem Familiennamen und mindestens einem ausgeschriebenen Vornamen; der Vorsitzende des Vorstands ist als Vorstandsvorsitzender zu bezeichnen.

Es müssen keine Angaben über das Kapital der Gesellschaft gemacht werden. Werden aber dennoch (freiwillig) solche Angaben gemacht, so müssen in jedem Fall das Grundkapital sowie, wenn auf die Aktien der Ausgabebetrag nicht vollständig eingezahlt ist, der Gesamtbetrag der ausstehenden Einlagen angegeben werden (§ 80 Abs. 1 S. 3 AktG).

6.   GmbH & Co. KG

Bei einer GmbH & Co. KG, bei der keine natürliche Person als persönlich haftender Gesellschaf-   145
ter beteiligt ist, ist auf den Geschäftsbriefen neben den für die Kommanditgesellschaft vorgeschriebenen Angaben auch die Firma der GmbH als der persönlich haftenden Gesellschafterin anzugeben. Zusätzlich sind die für die GmbH vorgeschriebenen Angaben (§ 35a GmbHG) auch auf den Geschäftsbriefen der Kommanditgesellschaft anzugeben (dazu § 1 Rn. 142).

VI.   Steuerliche Pflichten

1.   Anzeige der Erwerbstätigkeit und der Gründung (§§ 138, 137 AO)

Die Gründung der Gesellschaft und – bei Kapitalgesellschaften – der Erwerb der Rechtsfähigkeit   146
sind der Gemeinde, die für die Erhebung der Realsteuern (Gewerbesteuer, Grundsteuer) zuständig ist, innerhalb eines Monats anzuzeigen (§ 137 AO). Betreibt die Gesellschaft einen Gewerbebetrieb, ist auch dies der Gemeinde, in welcher der Betrieb eröffnet wird, innerhalb eines Monats nach amtlich vorgeschriebenem Vordruck anzuzeigen (§ 138 Abs. 1 S. 1 AO). Regelmäßig genügt es hierzu, die Gewerbeanmeldung vorzunehmen (AEAO Nr. 1 S. 5 zu § 138 AO; siehe hierzu § 1 Rn. 133). Wer eine freiberufliche Tätigkeit aufnimmt, hat dies dem zuständigen Finanzamt mitzuteilen (§ 138 Abs. 1 S. 3 AO).

In den so genannten Gründungsfragebögen haben die Gründer Angaben über den voraussichtlichen Umsatz und den voraussichtlichen Gewinn zu machen. Diese Angaben dienen dazu, zu entscheiden, ob umsatzsteuerlich ein so genannter Kleinunternehmer vorliegt (§ 19 UStG) und ob und in welcher Höhe Vorauszahlungen für die Einkommen-, Körperschaft- oder Gewerbesteuer festzusetzen sind.

2.   Beantragung einer Umsatzsteuer-Identifikationsnummer

Nach der Anzeige der Erwerbstätigkeit oder der Gründung wird das Finanzamt neu gegründe-   147
ten Gesellschaften eine Steuernummer erteilen und sie zur Abgabe von Umsatzsteuervoranmeldungen auffordern und ggf. Steuervorauszahlungen festsetzen.

1

Möchte das Unternehmen Umsätze in anderen Mitgliedsstaaten der Europäischen Union tätigen, so sollte zudem eine Umsatzsteuer-Identifikationsnummer erteilt werden. Hierzu ist ein Antrag an das Bundeszentralamt für Steuern zu stellen (§ 27a UStG).

VII.   Erwerb einer Vorratsgesellschaft

1.   Hintergrund

148 Nimmt eine Kapitalgesellschaft oder eine GmbH & Co. KG ihre Tätigkeit auf, bevor sie in das Handelsregister eingetragen ist, so kann dies zu einer Haftung der Geschäftsführer und der Gesellschafter führen (siehe § 1 Rn. 16). Bis zur Eintragung einer Gesellschaft vergehen regelmäßig mehrere Wochen. Möchte oder kann man diese Zeit nicht abwarten, so besteht die Möglichkeit, eine bereits gegründete Gesellschaft zu kaufen. Hierzu gibt es eine Reihe professioneller Anbieter. Als Kaufpreis ist einerseits das Nennkapital zu bezahlen, andererseits eine Gebühr in der Größenordnung von € 2.500.

2.   Vorgehensweise

149 Zunächst sollte geprüft werden, ob die Gründung des Unternehmens ordnungsgemäß erfolgt ist. War die Gründung fehlerhaft, so kann dies zu einer Haftung der Erwerber führen.

Sodann ist ein Kauf- und Übertragungsvertrag abzuschließen. Dieser Vertrag muss bei einer GmbH beurkundet werden (§ 15 Abs. 3 und 4 GmbHG). Bei einer Aktiengesellschaft ist der Kauf- und Übertragungsvertrag formlos möglich.

Sodann ist der Gesellschaftsvertrag zu ändern. Insbesondere sind die Firma, der Gegenstand des Unternehmens und regelmäßig der Sitz zu ändern. Diese Vertragsänderung bedarf der notariellen Beurkundung (§ 53 Abs. 2 GmbHG, §§ 130 Abs. 1, 179 Abs. 2 AktG). Gleichzeitig sind (soweit vorhanden) die bisherigen Aufsichtsratsmitglieder abzuberufen und ein neuer Aufsichtsrat zu bestellen. Zudem sind die bisherigen Geschäftsführer bzw. Vorstände abzuberufen und neue Geschäftsführer bzw. Vorstände zu bestellen.

Bei einer Aktiengesellschaft hat außerdem eine Gründungsprüfung nach §§ 33, 34 AktG stattzufinden, die allerdings auf die Prüfung der realen Kapitalaufbringung beschränkt sein soll. Ob auch ein Gründungsbericht analog § 32 AktG erforderlich ist, ist umstritten.[70]

Die Vertragsänderung und die Abberufung und Neubestellung der Geschäftsführer bzw. Vorstände sind zum Handelsregister anzumelden. Außerdem ist eine aktualisierte Liste der Aufsichtsratsmitglieder zum Handelsregister einzureichen. Hierbei ist darauf hinzuweisen, dass es sich um den Erwerb einer Vorratsgesellschaft handelt. Es ist die Versicherung abzugeben, dass das zur Erhaltung des Stamm- bzw. Grundkapitals erforderliche Kapital noch vorhanden ist.[71] Hierbei ist zu berücksichtigen, dass das Vermögen der Vorratsgesellschaft regelmäßig um ihre Gründungskosten gemindert ist. Umstritten ist, ob diese Gründungskosten wieder aufgefüllt werden müssen.[72]

---

70 Vgl. hierzu Gerber, Rpfleger 2004, 469, 470 f.; Hüffer, § 23 Rn. 27a.
71 Hierzu BGH v. 09.12.2002, II ZB 12/02, GmbHR 2003, 227, 229.
72 Hierzu Lutter/Bayer in Lutter/Hommelhoff, § 3 Rn. 10.

VIII. Sozialversicherungsrecht

Beschäftigt das Unternehmen Arbeitnehmer, muss der Beginn einer sozialversicherungspflichti- **150** gen Beschäftigung (ebenso wie z.B. deren Ende und Änderungen in der Beitragspflicht) der Krankenkasse des jeweiligen Arbeitnehmers gemeldet werden (§§ 28a Abs. 1, 28i SGB IV).

Im Rahmen der Meldung zur Sozialversicherung ist die Betriebsnummer des Arbeitgebers anzugeben (§ 28a Abs. 3 Nr. 6 SGB IV). Diese ist bei der Agentur für Arbeit, in deren Bezirk der Betrieb liegt, zu beantragen (§ 5 Abs. 5 der Verordnung über die Erfassung und Übermittlung von Daten für die Träger der Sozialversicherung – DEÜV).

Der Beginn des Unternehmens ist zudem binnen einer Woche dem zuständigen Unfallversicherungsträger (dies sind grundsätzlich die Berufsgenossenschaften, § 114 SGB VII) mitzuteilen (§ 192 Abs. 1 SGB VII). In der Regel erfährt die Berufsgenossenschaft auch von der für die Entgegennahme der Gewerbanzeige zuständigen Behörde von dem Beginn des Unternehmens (§ 195 Abs. 2 SGB VII).

IX. Fördermöglichkeiten

Für Unternehmensgründer gibt es eine Vielzahl unterschiedlicher Förderprogramme. Hier soll **151** ein Überblick über die Arten der Förderung gegeben werden, die zur Verfügung stehen, um eine erste Orientierung zu ermöglichen.

Übersichten über einzelne Förderprogramme und weiterführende Links werden unter anderem im Existenzgründungsportal des Bundesministeriums für Wirtschaft und Technologie unter www.existenzgruender.de und in der Förderdatenbank des Ministeriums unter www.foerderdatenbank.de bereitgestellt. Eine Übersicht über ihre Förderprogramme gibt die KfW Mittelstandsbank unter www.kfw-mittelstandsbank.de.

Im Rahmen der Förderprogramme ist zu unterscheiden zwischen der Förderung durch Finanzhilfen und der Beratungsförderung.

1. Förderung durch Finanzhilfen

Die Förderung durch Finanzhilfen setzt in der Regel den Nachweis der ausreichenden fachlichen **152** und kaufmännischen Qualifikation des Antragstellers voraus. Die Förderung kann auf folgende Arten erfolgen:

- Darlehen mit günstigen Zinsen, langen Laufzeiten und häufig rückzahlungsfreien Zeiten, d.h. der Darlehensnehmer muss erst nach einer gewissen Zeit mit der Tilgung der Darlehen beginnen. Zum Teil wird auch auf die Stellung von Sicherheiten verzichtet. Darlehen können auch in Form so genannter Nachrangdarlehen gewährt werden, welche die Eigenkapitalbasis der Unternehmen stärken und so eine Fremdkapitalaufnahme erleichtern. Anträge für Förderdarlehen sind grundsätzlich bei der eigenen Hausbank zu stellen, und zwar bevor mit der Ausführung des Vorhabens begonnen wird.

- Direkte Beteiligung an den Unternehmen zur Aufstockung des Eigenkapitals der Unternehmen.

- Förderung von Dritten, die sich an den Unternehmen beteiligen möchten, durch Gewährung von Krediten zur Refinanzierung ihrer Beteiligungen.

- Nicht-rückzahlbare Zuschüsse, wie

  - den Gründungszuschuss der Bundesagentur für Arbeit, der sich an Existenzgründer richtet, die durch die Existenzgründung ihre Arbeitslosigkeit beenden und bei Aufnahme der selbständigen Tätigkeit noch einen Anspruch auf Arbeitslosengeld (kein ALG II) von mindestens 90 Tagen haben; und

  - das Einstiegsgeld der Bundesagentur für Arbeit, das sich an ALG II-Empfänger richtet, die sich beruflich selbständig machen möchten.

- Ausfallbürgschaften: Diese greifen ein, wenn der Kreditnehmer zahlungsunfähig ist und den in Anspruch genommenen Kredit nicht zurückzahlen kann oder banktübliche Bemühungen um Einziehung und Beitreibung nicht zum Erfolg führen. Die Ausfallbürgschaften reduzieren das Risiko der Hausbanken und ermöglichen so dem Gründer bzw. Unternehmer trotz fehlender oder nicht ausreichender Sicherheiten den Zugang zu Krediten.

2. Beratungsförderung

153 Beratungsförderung erfolgt insbesondere durch Zuschüsse zu Gründungsberatungen durch selbständige Berater oder Beratungsunternehmen, aber auch durch direkte Beratungsangebote in Form von Seminaren, Einzel- und Gruppenberatungen.

C. Kommentierung typischer Klauseln des Gesellschaftsvertrages

I. Beratungssituation: Gestalten und Verstehen von Gesellschaftsverträgen

154 Gerade in Familiengesellschaften wird die Bedeutung des Gesellschaftsvertrages häufig unterschätzt. Viele Gesellschafter wissen gar nicht, was in ihrem Gesellschaftsvertrag steht. Dieser liegt vielmehr seit Jahren oder sogar Jahrzehnten ungesehen in der Schublade, was, freilich mit einer gewissen Berechtigung, auch als Zeichen einvernehmlichen und fruchtbaren Zusammenarbeitens in der Vergangenheit gesehen wird. Doch so wie man ein Testament allein für den Fall des Todes benötigt, empfiehlt sich ein Gesellschaftsvertrag für den Fall des nie auszuschließenden Streits zwischen den Gesellschaftern. Nicht nur bei Gründung einer Gesellschaft sollte man daher den gesellschaftsvertraglichen Regelungen besonderes Augenmerk widmen. Vielmehr sollte der Vertrag turnusmäßig überprüft und zwischenzeitlichen Veränderungen angepasst werden. Unerlässlich erscheint eine Überprüfung bei Aufnahme neuer Gesellschafter, insbesondere auch oder sogar gerade, wenn es sich hierbei um Familienangehörige, etwa noch junge Abkömmlinge des Gründungsgesellschafters handelt.

II.   Typische Klauseln des Gesellschaftsvertrages

Der Gesellschaftsvertrag regelt die Rechtsbeziehungen der Gesellschafter untereinander. Neben   155
Formalien – Einberufung der Gesellschafterversammlung o.Ä. – geht es vor allem um die Verteilung von Substanz, Macht und Ertrag in der Gesellschaft.

Die substanzielle Beteiligung wird abgebildet in den Gesellschafterkonten, zu deren Gliederung
sich regelmäßig in Gesellschaftsverträgen Regelungen finden. Mit der Verteilung des Gewinnes
und des Verlustes der Gesellschaft auf die verschiedenen Konten wird gleichzeitig auch über die
Verwendung des Ertrags entschieden. Die Substanz betreffen auch Regelungen zum Ausscheiden
aus der Gesellschaft in Verbindung mit besonderen Nachfolge- und Abfindungsregelungen. Um
die Verteilung und Verwendung des Ertrags geht es in den Vereinbarungen zur Gewinnverteilung
und zu den Entnahmerechten der einzelnen Gesellschafter. Die Macht in der Gesellschaft wird im
Wesentlichen durch die Stimmrechte der einzelnen Gesellschafter und die Art und Weise der Beschlussfassung (Mehrheitserfordernisse) sowie, was die laufenden Angelegenheiten angeht, durch
die Regelung zur Geschäftsführung bestimmt.

Da Familiengesellschaften überwiegend in Personengesellschaften organisiert sind und in dieser Rechtsform der Gestaltungsspielraum am größten ist, orientieren sich die folgenden Ausführungen am Recht der Personengesellschaften; wo es angebracht erscheint, erfolgen ergänzende
Hinweise zur Kapitalgesellschaft, insbesondere zur GmbH.

1.   Kontengliederung

Die oft im Gesellschaftsvertrag vorgeschriebenen Gesellschafterkonten sollen den Kapitalanteil   156
des jeweiligen Gesellschafters und in Abgrenzung dazu seine Forderungsrechte gegen die Gesellschaft abbilden.[73] Hierbei geht es vor allem um die Differenzierung zwischen Eigenkapitalkonten
und Darlehenskonten (Fremdkapital).[74]

a)   Das gesetzliche Modell

Der Kapitalanteil eines Gesellschafters stellt an sich nur eine Bilanzziffer dar, die den gegenwär-   157
tigen Stand der Einlage des Gesellschafters wiedergibt.[75] Nach dem gesetzlichen Regelungsmodell ist der Kapitalanteil variabel. Abzugrenzen ist der Begriff des Kapitalanteils von dem Gesellschaftsanteil, der die gesamten Mitgliedschaftsrechte in der Gesellschaft umfasst. Ein Teil hiervon
wiederum ist der Vermögensanteil, mit dem lediglich die Berechtigung des Gesellschafters am
Vermögen der Gesellschaft, somit also nur ein Teil der Mitgliedschaft erfasst wird.[76] Es gibt auch
Gesellschafter ohne Vermögensanteil. Klassischerweise ist dies die Komplementär-GmbH in einer GmbH & Co. KG, denn sie wird regelmäßig nicht am Vermögen der KG beteiligt.

Der Kapitalanteil ist weiterhin abzugrenzen von der Pflichteinlage eines Gesellschafters. Hiermit
ist die nach gesellschaftsvertraglicher Vereinbarung im Innenverhältnis geschuldete Einlage eines
Gesellschafters gemeint. Die Pflichteinlage entspricht häufig dem festen Kapitalanteil eines Ge-

---

73   Ausführlicher hierzu Röhrig/Doege, DStR 2006, 489; Ley, KÖSDI 2002, 13459 und dies. bereits KÖSDI 1994, 9972; zu
zivilrechtlichen Aspekten Oppenländer, DStR 1999, 939.
74   Zur steuerlichen Abgrenzung Rödel, Inf 2007, 456.
75   Grundlegend hierzu Huber, Vermögensanteil, Kapitalanteil und Gesellschaftsanteil an Personengesellschaften des
Handelsrechts, 1970 sowie ZGR 1988, 1 ff.
76   K. Schmidt, Gesellschaftsrecht, 1380.

sellschafters (hierzu noch im Folgenden) und der im Handelsregister für ihn eingetragenen Haftsumme, mit welcher der Umfang der persönlichen Haftung eines Kommanditisten in den Fällen bestimmt wird, in denen er seine Einlage noch nicht geleistet hat oder sie ihm zurückgewährt wurde. Die Pflichteinlage, der feste Kapitalanteil und die Haftsumme müssen aber keineswegs identisch sein. Sie können durchaus auch differieren.

Weil der Kapitalanteil variabel ist, kennt auch das Gesetz – jedenfalls für den Gesellschafter einer offenen Handelsgesellschaft und den Komplementär – nur ein (variables) Kapitalkonto. Für den Kommanditisten sind im Gesetz zwei Konten vorgesehen. Zum einen das Einlagenkonto, das vorrangig aufzufüllen ist, und zum anderen das Gewinnkonto, auf dem die dem Kommanditisten zuzurechnenden Gewinne verbucht werden, wenn das Einlagenkonto voll ist und die Gewinne nicht entnommen werden. Vom Gewinnkonto können dann jederzeit Entnahmen getätigt werden.

b)   Gesellschaftsvertragliche Regelungen

158   Dieses gesetzliche Modell des variablen Kapitalkontos wird aber in der Regel modifiziert. Die Modifizierung sieht so aus, dass mehrere Konten gebildet werden. Hierzu gibt es je nach Anzahl der Konten unterschiedliche Modelle.

aa)   Zweikontenmodell

159   Nach dem so genannten Zweikontenmodell werden, wie der Name sagt, lediglich zwei Konten gebildet. Ein Festkapitalkonto und ein variables Kapitalkonto.

Das Festkapitalkonto, meist Kapitalkonto I genannt, stellt lediglich einen „Code" für die Beteiligung und hieran anknüpfend häufig auch für den Gewinnbezug und die Stimmrechte dar. Die Beteiligung bestimmt sich dann nach dem Verhältnis der Festkapitalkonten der einzelnen Gesellschafter. Genauso könnte stattdessen im Gesellschaftsvertrag eine prozentuale Quote formuliert werden. Es kommt somit weniger auf die Höhe des Kapitalkontos I an als vielmehr auf das Verhältnis der Festkapitalanteile zueinander.

Auf dem variablen Kapitalkonto, dem meist so genannten Kapitalkonto II, werden die Gewinne, Verluste, Einlagen und Entnahmen verbucht und saldiert. Im Zweikontenmodell findet somit keine Unterscheidung von Eigen- und Fremdkapital statt, insbesondere werden hier stehengelassene Gewinne früherer Jahre mit Verlusten späterer Jahre verrechnet.

bb)   Dreikontenmodell

160   Ein Fremdkapitalkonto wird hingegen neben dem Festkapitalkonto und dem Kapitalkonto II beim so genannten Dreikontenmodell gebildet. Das Festkapitalkonto ist hier genauso gestaltet wie im Zweikontenmodell. Auf dem Kapitalkonto II werden jedoch in der Regel nur die nicht entnahmefähigen Gewinne und die häufig auf einem Verlustunterkonto gesondert ausgewiesenen Verluste verbucht. Insbesondere die Verlustverbuchung ist ein besonderes Indiz für den Eigenkapitalcharakter des Kapitalkontos II.[77] Auf dem Fremdkapitalkonto, häufig auch Kapitalkonto III, Privatkonto oder auch Darlehenskonto genannt, werden die entnahmefähigen Gewinne, die Entnahmen und – mangels abweichender Anweisungen – die Einlagen ausgewiesen.

cc)   Vier- oder Fünfkontenmodell

161   Im Vier- oder Fünfkontenmodell gibt es zusätzlich ein gesamthänderisch gebundenes Rücklagenkonto und häufig noch ergänzend zum Privatkonto ein separates Darlehenskonto, hinsichtlich dessen etwa eine abweichende Verzinsung oder besondere Regelungen der Kündbarkeit vereinbart werden.

---

77   BFH v. 03.11.1993, II R 96/91, BStBl. II 1994, 88; BMF v. 30.05.1997, BStBl. I 1997, 627 zu § 15a EStG.

dd) Bedeutung der Kontengliederung

Die gesellschaftsvertraglichen Regelungen zur Kontengliederung müssen immer im Zusammen- 162
hang gesehen werden mit den Regelungen über die Gewinnverwendung. In diesen finden sich
nämlich dann besondere Anordnungen, auf welchem Konto welcher Teil des Gewinns zu verbu-
chen ist. Durch die Zuweisung an bestimmte Konten wird nämlich gleichzeitig über die Entnah-
mefähigkeit des Gewinns und seine Qualität als Eigen- oder Fremdkapital entschieden.

Darüber hinaus finden sich aber auch in anderen Verträgen Anweisungen zur Verbuchung, so in
Einbringungs- und Übertragungsverträgen. Damit aber erlangt die Kontendefinition bei derartigen Rechtsgeschäften auch unmittelbare steuerliche Bedeutung. Neben der Verlustausgleichs-
beschränkung gemäß § 15a EStG ist die Kontenqualifizierung als Eigen- oder Fremdkapital
insbesondere relevant bei Einbringungen von Wirtschaftsgütern des Privatvermögens in ein Betriebsvermögen, bei der Übertragung von Einzelwirtschaftsgütern nach § 6 Abs. 5 EStG, bei der
unentgeltlichen Übertragung von ganzen Betrieben nach § 6 Abs. 3 EStG und bei der Einbringung
nach § 24 UmwStG.

Die Einbringung von Wirtschaftsgütern des Privatvermögens, beispielsweise einer Immobilie, in
ein Betriebsvermögen mag die unterschiedlichen steuerlichen Auswirkungen der verschiedenen
Gestaltungsalternativen verdeutlichen:

So kann die Einbringung der Immobilie unentgeltlich im Wege der verdeckten Einlage erfolgen.
In diesem Fall würde der Wert der Einlage auf dem gesamthänderisch gebunden Rücklagenkonto
verbucht. Die Einlage erfolgt ertragsteuerneutral, kann aber, wenn sie auch anderen Mitgesellschaftern zugute kommt, schenkungsteuerliche Auswirkungen haben. Ertragsteuerlich hat sie den
Nachteil, dass sich gemäß § 7 Abs. 1 S. 5 EStG die Anschaffungs- oder Herstellungskosten um die
bis zum Zeitpunkt der Einlage vorgenommenen AfA vermindern.

Genauso kann die Einbringung der Immobilie im Wege der offenen Sacheinlage erfolgen, also
gegen Gewährung von Gesellschaftsrechten. Hierzu würde die Verbuchung auf einem Eigenka-
pitalkonto erfolgen müssen. Die Einbringung gegen Gewährung von Gesellschaftsrechten hätte
bei spekulationsfristbehafteten Immobilien den Nachteil der Besteuerung nach § 23 EStG, da die
offene Sacheinlage als tauschähnlicher Vorgang und damit als Veräußerungsgeschäft qualifiziert
wird. Ist die Immobilie hingegen nicht mehr steuerverstrickt, so kann mit der Einbringung gegen
Gewährung von Gesellschaftsrechten neues AfA-Volumen geschaffen werden, da, jedenfalls nach
dem Wortlaut, in diesem Fall § 7 Abs. 1 S. 5 EStG nicht greift.

Entsprechendes würde gelten bei Einbringung gegen sonstige Gegenleistungen, etwa durch Begründung einer Darlehensschuld der Gesellschaft gegenüber dem Gesellschafter, welche entsprechend auf seinem Darlehenskonto als Forderung auszuweisen wäre.[78]

---

78 Die Finanzverwaltung hat ihre Auffassung zu den verschiedenen Verbuchungsalternativen im BMF-Schreiben
v. 26.11.2004, BStBl. I 2004, 1190 zusammengefasst. Sie lässt dort für eine Einbringung gegen Gewährung von
Gesellschaftsrechten auch die Verbuchung nur auf dem Kapitalkonto II genügen. Dies ist u.E. nicht übertragbar
auf Fälle des § 24 UmwStG und § 6 Abs. 5 EStG, die (auch) die Gewährung von Gesellschaftsrechten verlangen.
In diesen Fällen sollte vielmehr vorrangig das Kapitalkonto I angesprochen werden, da dieses die Beteiligungen an
den Mitgliedschaftsrechten repräsentiert. Lediglich ein überschießender Teil kann dann auf Kapitalkonto II verbucht
werden; ebenso Röhrig/Doege, DStR 2006, 489,501.

2.   Gewinnverteilung

a)   Das gesetzliche Modell

163   Die gesetzlichen Regelungen zur Gewinnverteilung differieren nach Rechtsformen.

In der Gesellschaft bürgerlichen Rechts erfolgt die Gewinnverteilung nach Köpfen (§ 722 BGB), d.h., dass unabhängig von der substanziellen Beteiligung bei drei Gesellschaftern jeder Gesellschafter ein Drittel, bei fünf Gesellschaftern jeder ein Fünftel des Gewinns erhält.

In der offenen Handelsgesellschaft gebührt jedem Gesellschafter vom Gewinn zunächst ein Anteil in Höhe von 4 % seines Kapitalanteils. Faktisch wird damit der Kapitalanteil mit 4 %, wenn der Gewinn nicht ausreicht mit entsprechend weniger, verzinst, was demjenigen zugute kommen kann, der mehr Kapital der Gesellschaft zur Verfügung stellt. Der restliche Gewinn verteilt sich dann wie in der Gesellschaft bürgerlichen Rechts nach Köpfen (§ 121 HGB). In der Kommanditgesellschaft gibt es ebenfalls vorab eine 4 %-ige Verzinsung des Kapitalanteils. Der verbleibende Gewinn wird in einem „den Umständen nach angemessenem Verhältnis der Anteile" verteilt.

b)   Vertragliche Regelungen

164   Die vom Gesetz angebotenen Verteilungsschlüssel haben in der Praxis durchweg keine Bedeutung, weil sie in der Regel nicht als interessengerecht empfunden werden. Vielmehr sehen die Gesellschaftsverträge in der Regel eine Verteilung des Gewinns nach dem Verhältnis der Beteiligung vor, welches sich in den Festkapitalkonten der einzelnen Gesellschafter ausdrückt. Darüber hinaus aber gibt es gerade in Familiengesellschaften häufig Sonderregelungen zur Gewinnverteilung.

So finden sich Vereinbarungen, nach denen vor allem passiven Gesellschaftern ein Mindestgewinn garantiert wird. Dies meist als Kompensation für Sonderrechte der aktiven Gesellschafter bei Verteilung der Macht im Unternehmen.

Zuweilen findet auch eine sektorale Gewinnverteilung statt. Insbesondere, wenn Familiengesellschaften in unterschiedlichen Branchen oder Geschäftsbereichen tätig sind, bei denen seitens der Gesellschafter ein unterschiedliches Interesse und Engagement besteht, werden nicht selten unterschiedliche, nämlich geschäftsbereichsbezogene Gewinnverteilungsregeln vereinbart.

Das Recht der Personengesellschaft bietet zudem auch die Möglichkeit, eine disquotale Gewinnverteilung zu vereinbaren, also bestimmten Gesellschaftern Sondergewinnbezugsrechte einzuräumen. In der Kapitalgesellschaft fällt eine solche disquotale Gewinnverteilung vor allem aus steuerlichen Gründen schwerer.[79]

Gängig sind schließlich auch Regelungen über einen Gewinnvorab, der von Sondervergütungen abzugrenzen ist. Die Abgrenzung ist vor allem relevant, wenn nicht genug Gewinn zur Verfügung steht oder sogar Verluste erzielt werden. Zudem ist die Abgrenzung steuerlich relevant, nämlich im Bereich des § 15a EStG. So ist der Gewinnvorab nur relevant für die Ergebnisverteilung. Sondervergütungen vermindern hingegen den nach § 15a EStG ausgleichsbeschränkten Gewinnanteil erster Stufe und erhöhen den Gewinnanteil zweiter Stufe. Grund für die Vereinbarung, sowohl eines Gewinnvorabs als auch von Sondervergütungen, sind meist besondere Tätigkeiten eines Gesellschafters, insbesondere des geschäftsführenden Gesellschafters, die Übernahme der per-

---

79   BMF v. 7.12.2000, BStBl. I 2001, 47.

sönlichen Haftung, die Überlassung von Gegenständen zur Nutzung gegen Miete oder die Überlassung von Kapital gegen Zinsen.

Gesellschaftsrechtlich sind die dargestellten Sonderregelungen unproblematisch zulässig. Probleme können sich allerdings hinsichtlich der steuerlichen Anerkennung ergeben. So kann auch bei Personengesellschaften (Mitunternehmerschaften) eine Gewinnverteilungsabrede im Gesellschaftsvertrag einer Familiengesellschaft die steuerliche Anerkennung versagt werden, wenn sie im offensichtlichen Missverhältnis zu den Leistungen der Gesellschafter steht und ein Gestaltungsmissbrauch im Sinne des § 42 AO anzunehmen ist.[80] Zudem ist es ein Grundprinzip der Besteuerung von Mitunternehmerschaften, dass die Rechtsbeziehungen zwischen der Gesellschaft einerseits und den Gesellschaftern andererseits nur in Grenzen steuerlich nachvollzogen werden. So werden zwar Tätigkeitsvergütungen der aktiven Gesellschafter handelsrechtlich als Aufwand erfasst, steuerlich stellen sie jedoch keine Betriebsausgaben dar. Vielmehr hat der Gesellschafter seine Tätigkeitsvergütung als Gewinn und damit als gewerbliche Einkünfte zu versteuern. Entsprechendes gilt für Zinsen und Mieterträge. Steuerlich bestehen also die gewerblichen Einkünfte eines Personengesellschafters zum einen aus seinem Anteil am Gewinn und zum anderen auch aus seinen Sondervergütungen (Tätigkeitsvergütung, Zinsen, Mieten etc. als Sonderbetriebseinnahmen) abzüglich seines hierauf bezogenen Aufwands als Sonderbetriebsausgaben. Entsprechend ist die Bildung einer Pensionszusage zu Gunsten eines Gesellschafters zwar möglich. Für steuerliche Zwecke ist aber in Höhe der Pensionsrückstellung ein zeit- und beitragsgleicher Aktivposten in der Sonderbilanz gewinnerhöhend vorzunehmen.[81]

3.   Entnahmerechte

Bei den gesellschaftsvertraglichen Regelungen über die Entnahmerechte der Gesellschafter geht es um die Verwendung des nach den vorgenannten Regelungen verteilten Gewinns. In Gesellschaftsverträgen von Familiengesellschaften finden sich meist Entnahmebeschränkungen, zuweilen aber auch Sonderentnahmerechte.

165

a)   Entnahmebeschränkungen

Entnahmebeschränkungen sind vor allem darauf gerichtet, das Kapital und die Liquidität der Gesellschaft langfristig zu stärken. Differenzierende Regelungen sind hier möglich und gängig. Langfristige und für alle Gesellschafter geltende Entnahmebeschränkungen erfolgen durch die gesellschaftsvertraglich begründete Pflicht zur Rücklagendotierung. Hierzu wird geregelt, dass eine bestimmte Quote des Gewinns dem Rücklagenkonto zuzuführen ist. Entnahmen von diesem Rücklagenkonto, also die teilweise Auflösung von Rücklagen sind dann nur durch Gesellschafterbeschluss möglich, der wiederum an unterschiedliche Mehrheitserfordernisse geknüpft werden kann. Mittelfristige Entnahmebeschränkungen finden sich meist in Form von konkreten Entnahmeregelungen. Durchgehend üblich und auch notwendig ist, Entnahmen zumindest in Höhe der auf die Beteiligung entfallenden persönlichen Steuern eines Gesellschafters zuzulassen, differenziert werden kann hier zwischen einer pauschalen Berechnung, etwa nach Höchstprogression oder einer konkreten Berechnung, ggf. mit Nachweis. Darüber hinaus muss der Gesellschafter selbstverständlich auch seine Vergütungen auf Grund von Leistungsbeziehungen zur Gesellschaft entnehmen können. Der verbleibende Gewinn kann dann entweder in Höhe einer bestimmten

166

---

80   R 15.9 Abs. 3 S. 2 EStR 2005.
81   Wacker in Schmidt, EStG, § 15 Rn. 585 ff.

Quote oder eines bestimmten Betrages entnommen werden oder überhaupt nicht. Was in der Gesellschaft verbleibt, erhöht dann regelmäßig das Kapital- oder Darlehenskonto des einzelnen Gesellschafters, für welches wiederum besondere Verzinsungs- und Kündigungsregelungen vereinbart werden.

Gesellschaftsrechtlich zulässig erscheinen auch Entnahmebeschränkungen für bestimmte Gesellschafter, etwa Gesellschafter, die ein bestimmtes Lebensjahr noch nicht vollendet haben.

b)   Sonderentnahmerechte

167   Ebenso wie Entnahmebeschränkungen für bestimmte Gesellschafter werden auch Sonderentnahmerechte als zulässig angesehen, nach denen ein Gesellschafter einen bestimmten ihm zugesagten Betrag stets entnehmen kann und dies sogar, wenn kein entsprechender Gewinn erzielt wurde oder sogar sein Kapitalkonto hierdurch negativ wird. Tätigt ein Kommanditist eine Entnahme, so haftet er den Gesellschaftsgläubigern maximal mit der im Handelsregister eingetragenen Haftsumme; allerdings kommt je nach gesellschaftsvertraglicher Vereinbarung ein Rückforderungsanspruch der Gesellschaft in Betracht. Im Übrigen haftet für sein negatives Kapitalkonto der Komplementär, der der Vereinbarung des Sonderentnahmerechts im Gesellschaftsvertrag zugestimmt hat.

4.   Stimmrechte

168   Die Stimmrechte des Gesellschafters stellen einen bedeutenden Teil seines Mitgliedschaftsrechts dar. In Personengesellschaften bestimmt sich nach der Regelung des Gesetzes das Stimmrecht nach Köpfen. Hiervon abweichend sehen jedoch die meisten Gesellschaftsverträge eine Stimmrechtsverteilung entsprechend der Beteiligungen des Gesellschafters an der Gesellschaft vor.

Das Stimmrecht ist grundsätzlich nicht übertragbar und kann auch nicht auf Dauer einem anderen zur Ausübung überlassen werden. Eine Ausübung durch Bevollmächtigte ist jedoch möglich, soweit dies im Gesellschaftsvertrag vorgesehen ist oder die Mitgesellschafter separat einer solchen Bevollmächtigung zugestimmt haben.

a)   Sonderstimmrechte

169   Grundsätzlich möglich ist die Gewährung von Sonderstimmrechten. Dies kann in der Weise geschehen, dass einem oder mehreren Gesellschaftern Mehrstimmrechte gewährt werden, was dann automatisch zu einer Reduzierung der Stimmrechte der übrigen Gesellschafter führt. Denkbar ist auch eine pauschale Regelung, wonach einem Gesellschafter unabhängig von der Höhe seiner Beteiligung mindestens 51 % oder 75 % der Stimmrechte zustehen. Die Höhe des gewährten Sonderstimmrechts wird sich immer an den für die verschiedenen Beschlussgegenstände gesellschaftsvertraglich vorgesehenen Mehrheitserfordernissen orientieren müssen.

b)   Stimmrechtsauschluss

170   Umstritten ist, ob auch der gesellschaftsvertragliche Ausschluss des Stimmrechts möglich ist. Solange Beschlüsse nicht den Kernbereich der Mitgliedschaft tangieren, wird ein solcher Stimmrechtsausschluss überwiegend bejaht. Die Kernbereichslehre schützt den Gesellschafter davor,

dass gegen seinen Willen und ohne seine Zustimmung in den Kernbereich seiner Mitgliedschafts-rechte eingegriffen wird. Was zum Kernbereich der Mitgliedschaft gehört, ist im Einzelnen um-stritten. Vorsorglich wird man hierzu jedoch jegliche rechtsverkürzenden und pflichterhöhenden Gesellschafterbeschlüsse zählen müssen, wie insbesondere Beschlüsse zum Stimm-, Gewinnbe-zugs-, Geschäftsführungs- und Informationsrecht des Gesellschafters, sein Recht auf Beteiligung am Liquidationserlös sowie die Begründung von Einlage- oder Nachschusspflichten.[82] Um daher die Wirksamkeit eines gesellschaftsvertraglichen Stimmrechtsausschlusses nicht zu gefährden, sollte im Gesellschaftsvertrag klargestellt werden, dass Gesellschafterbeschlüsse, die in den Kern-bereich der Mitgliedschaft eingreifen, dennoch der Zustimmung des betroffenen Gesellschafters bedürfen.

c)   Stimmbindungsvereinbarungen

Ein weiteres Mittel zur Sicherung der Entscheidungsmacht in der Gesellschaft, ist die Verein-barung einer Stimmbindung. Hiernach verpflichten sich zwei oder mehrere Gesellschafter, ihre Stimmen in gleicher Weise abzugeben. Entsprechendes kann im Gesellschaftsvertrag vereinbart werden, etwa im Zusammenhang mit der Installierung von Stammesregelungen. Häufiger ist aber die Vereinbarung separater Konsortial- und Poolverträge. Derartige Stimmbindungsverträge sind innerhalb der allgemeinen Schranken der §§ 138, 826 BGB und der gesellschaftlichen Treuepflicht grundsätzlich zulässig. Allerdings wirken derartige Stimmbindungsverträge lediglich schuldrecht-lich. Kommt der Gesellschafter also seiner Verpflichtung aus dem Stimmbindungsvertrag aus anderen als Treuepflichtgründen gegenüber der Gesellschaft nicht nach, so ist seine Abstimmung dennoch wirksam. Jedoch ist er seinem Vertragspartner zum Schadensersatz verpflichtet. Über-dies können die aus dem Vertrag Berechtigten im Wege der Leistungsklage über § 894 ZPO die Erfüllung der Stimmabgabe in einem bestimmten Sinne verlangen.

171

d)   Mehrheitserfordernisse

Sämtliche Regelungen zu den Stimmrechten der Gesellschafter sind im Zusammenhang zu sehen mit den gesellschaftsvertraglich vereinbarten Mehrheitserfordernissen bei bestimmten Beschlüs-sen. Wird nämlich hierzu nichts im Gesellschaftsvertrag geregelt, gilt das gesetzliche Regelungs-modell, welches bei Personengesellschaften für alle Beschlüsse Einstimmigkeit verlangt. Jegliche Sonderregelungen zu den Stimmrechten wären damit hinfällig. In der Praxis sind jedoch abwei-chende Regelungen zu den Beschlussmehrheiten die Regel. Üblich sind differenzierende Rege-lungen, wonach für Routinebeschlüsse die einfache Mehrheit der vorhandenen oder sogar nur der anwesenden oder vertretenen Stimmen oder aller abgegebenen Stimmen ausreichend ist. Für wesentliche Beschlüsse wird aber häufig eine qualifizierte Mehrheit verlangt.

172

Sieht der Gesellschaftsvertrag lediglich Beschlüsse mit Stimmmehrheit vor, so ist dies auf Grund-lage der Kernbereichslehre und entsprechend dem gesellschaftsrechtlichen Bestimmtheitsgrund-satz dennoch nicht auf sämtliche Beschlüsse zu beziehen. Vielmehr gilt eine solche Vertrags-bestimmung lediglich für die Routinebeschlüsse. Geht es hingegen um wesentliche Rechte und Pflichten der Gesellschafter, insbesondere um Beschlüsse, die den Kernbereich der Mitgliedschaft tangieren, so können Änderungen durch Mehrheitsbeschlüsse allenfalls dann vorgenommen wer-den, wenn aus dem Gesellschaftsvertrag klar ersichtlich hervorgeht, dass gerade auch für diese be-

---

82 BGH v. 10.10.1994, II ZR 18/94, GmbHR 1995, 55; Mussaeus, in Hesselmann/Tillmann/Mueller-Thuns, Handbuch der GmbH & Co. KG, § 5 Rn. 134; Liebscher, in Sudhoff, GmbH & Co. KG, § 16 Rn. 169.

treffenden Änderungen das Mehrheitsprinzip gelten soll (Bestimmtheitsgrundsatz). Bei wesentlichen Eingriffen in den Kernbereich ist zudem Einstimmigkeit, jedenfalls aber die Zustimmung des betroffenen Gesellschafters erforderlich.

5. Kündigung

173 Die Grundnorm des Kündigungsrechts findet sich im BGB, in § 723 BGB. Dessen für die Gestaltung der gesellschaftsvertraglichen Ausgestaltungen des Kündigungsrechts wichtigste Aussage wiederum steht in § 723 Abs. 3 BGB. Hiernach ist nämlich eine Vereinbarung, durch die das Kündigungsrecht ausgeschlossen oder den Vorschriften der §§ 723 Abs. 1 und Abs. 2 zuwider beschränkt wird, nichtig. Diese nach dem Wortlaut des Gesetzes äußerst strenge Regelung wird jedoch „nicht so heiß gegessen wie gekocht". Vielmehr sind durchaus gesellschaftsvertragliche Modifizierungen der gesetzlichen Kündigungsregeln möglich und üblich.

a) Gesetzliche Regelung

174 Das Gesetz differenziert in § 723 Abs. 1 BGB nach Gesellschaften, die auf unbestimmte Zeit geschlossen sind und solchen, die auf bestimmte Zeit geschlossen sind. Erstere können jederzeit gekündigt werden. Sofern es sich um Personenhandelsgesellschaften handelt, ist hierbei jedoch gem. § 132 HGB eine Kündigungsfrist von sechs Monaten zum Ende des Geschäftsjahres einzuhalten. Folge der Kündigung ist in diesem Fall, dass der Kündigende aus der Gesellschaft ausscheidet (§ 131 Abs. 3 Nr. 3 HGB). Ist die Gesellschaft hingegen auf bestimmte Zeit geschlossen, kommt nur eine außerordentliche Kündigung, also eine Kündigung aus wichtigem Grund in Betracht. § 133 HGB sieht hierzu im Bereich der Personenhandelsgesellschaften zudem das Erfordernis einer Auflösungsklage vor. Entsprechend ist Rechtsfolge die Auflösung der Gesellschaft durch Gestaltungsurteil.

b) Vertragliche Regelungen

175 Gesellschaftsvertragliche Modifizierungen dieser Kündigungsregeln finden sich in Gesellschaftsverträgen sowohl auf der Tatbestandsseite als auch auf der Rechtsfolgenseite. Auf der Tatbestandsseite gehören hierzu insbesondere Regelungen zu Formen und Fristen der Kündigung – hierbei wird eine zeitliche Beschränkung des ordentlichen Kündigungsrechts für eine Dauer von bis zu 25 bis 30 Jahren durchaus als zulässig angesehen –, die Zulassung einer außerordentlichen Austrittskündigung oder die Konkretisierung von wichtigen Gründen, die zur Kündigung berechtigen. Auf der Rechtsfolgenseite erfolgen Modifizierungen durch Abfindungsklauseln (hierzu noch unten) oder durch die Anordnung, dass die außerordentliche Kündigung nicht, wie als Rechtsfolge der Auflösungsklage zur Auflösung, sondern ebenfalls lediglich zum Ausscheiden des Gesellschafters führt.

c) Sonderkündigungsrecht Minderjähriger

176 Gerade in Familiengesellschaften ist von besonderem Gewicht das Sonderkündigungsrecht Minderjähriger nach § 723 Abs. 1 S. 3 Nr. 2 BGB. Hiernach gilt die Vollendung des 18. Lebensjahres als wichtiger, zur Kündigung berechtigender Grund. Allerdings kann der volljährig Gewordene

die Kündigung nur binnen drei Monaten von dem Zeitpunkt an erklären, in welchem er von seiner Gesellschafterstellung Kenntnis hatte oder haben musste. Für Personenhandelsgesellschaften sieht das HGB ein derartiges Sonderkündigungsrecht für Minderjährige nicht vor, auch nicht für den Gesellschafter einer offenen Handelsgesellschaft oder den Komplementär einer Kommanditgesellschaft. Allerdings sollen die Regelungen des § 723 Abs. 1 S. 3 Nr. 2 BGB ins HGB „ausstrahlen".[83] Über die sich hieraus ergebenden Konsequenzen lässt sich freilich trefflich streiten. Einerseits wird man davon ausgehen müssen, dass auf das Erfordernis einer Klageerhebung, wie sie § 133 HGB gerade vorsieht, nicht ohne gesellschaftsvertragliche Grundlage verzichtet werden kann. Andererseits sollte dies nicht dazu führen, dass die Gesellschaft zwingend aufzulösen ist. Vielmehr ist auch hier, genauso wie bei allen sonstigen wichtigen Gründen, das Verhältnismäßigkeitsprinzip zu beachten, so dass statt der Rechtsfolge der Auflösung durchaus auch das Ausscheiden des volljährig gewordenen Gesellschafters in Betracht kommt. Da der Minderjährige durch das Sondererkündigungsrecht zudem nur vor einer unbeschränkten persönlichen Haftung geschützt werden sollte, erscheint es nahe liegend, dass die Erreichung der Volljährigkeit nur bei Komplementären einen wichtigen Grund darstellt. Als milderes Mittel könnte daher insbesondere auch die Einräumung einer Kommanditistenstellung entsprechend § 139 Abs. 3 HGB in Betracht kommen.[84]

d)   Hinauskündigungsrechte

Besonders in Familiengesellschaften wird häufig über die Vereinbarung von Hinauskündigungsrechten nachgedacht. Hiernach möchten sich die Altgesellschafter gerne das Recht vorbehalten, einen neu aufgenommenen Gesellschafter wieder hinaus zu kündigen. Während bei der „normalen" Kündigung grundsätzlich der Kündigende ausscheidet, führt die Hinauskündigung zum Ausschluss eines bestimmten Gesellschafters. Die höchstrichterliche Rechtsprechung hat jedoch der Vereinbarung derartiger Hinauskündigungsklauseln sehr enge Grenzen gesetzt.[85] Nur ganz außergewöhnliche Umstände können nach heutiger Rechtsprechung eine Hinauskündigungsklausel sachlich rechtfertigen. So hat die Rechtsprechung erst jüngst die Möglichkeit des Ausschlusses eines in eine Freiberuflersozietät neu aufgenommenen Mitgesellschafters ohne sachlichen Grund innerhalb einer bestimmten Probezeit anerkannt.[86] Zugelassen wurde unter engen Voraussetzungen weiterhin die Hinauskündigung vorübergehend als Gesellschafter aufgenommener Mitarbeiter oder Geschäftsführer im Rahmen eines sog. Mitarbeitermodells oder Managermodells (siehe unten § 5 Rn.7).[87]

177

---

83   Siehe Begründung des Regierungsentwurfs, BT-Drs 13/5624, S. 10.
84   Lorz, in Ebenroth/Boujong/Joost, § 133 Rn. 23; Grunewald, ZIP 1999, 597, 599; Klump, ZEV 1998, 499, 413; a.A. Habersack, FamRZ 1999, 1, 7; Reimann, DNotZ 1999, 179, 208.
85   BGH v. 20.01.1977, II ZR 217/75, BGHZ 68, 212; BGH v. 13.07.1981, II ZR 56/80, BGHZ 81, 263; BGH v. 19.09.1988, II ZR 329/87, BGHZ 105, 213.
86   BGH v. 08.03.2004, II ZR 125/02, NZG 2004, 569.
87   BGH v. 19.09.2005, II ZR 342/03, DStR 2005, 1910 (Mitarbeitermodell); BGH v. 19.09.2005, II ZR 173/04, DStR 2005, 1913 (Managermodell); hierzu Sosnitza, DStR 2006, 99; Sikora, Mitt. BayNot 2006, 292; Werner, WM 2006, 213; zu steuerlichen Auswirkungen Ostermayer/Riedel, BB 2006, 1662.

1

6.   Anteilsverfügungen

a)   Gesetzliche Regelung

178   Die Übertragung des Anteils an eine Personengesellschaft bedarf der Zustimmung sämtlicher Gesellschafter. Zustimmungsbedürftig ist nur das Verfügungsgeschäft, nicht das Verpflichtungsgeschäft, also etwa der Kauf- oder Schenkungsvertrag. Solange nicht alle Mitgesellschafter der Anteilsübertragung zugestimmt haben, ist diese schwebend unwirksam. Mit der Erteilung der Zustimmung wird sie dann rückwirkend wirksam. Sobald aber auch nur ein Gesellschafter die Zustimmung verweigert, wird die Übertragung endgültig unwirksam.

Anders als bei Personengesellschaften sind die Geschäftsanteile an einer GmbH frei veräußerlich. Hier sehen die Satzungen daher keine Regelungen vor, welche unter bestimmten Voraussetzungen eine Anteilsübertragung zustimmungsfrei stellen. Vielmehr finden sich hier so genannte Vinkulierungsklauseln, die im Ergebnis freilich Gleiches bewirken.

b)   Vertragliche Regelungen

179   Es ist üblich, im Gesellschaftsvertrag für bestimmte Erwerber die Zustimmung vorwegzunehmen. In Familiengesellschaften werden meist Übertragungen auf Mitgesellschafter und Abkömmlinge, häufig, aber keineswegs in der Regel auch auf Ehegatten von Gesellschaftern zustimmungsfrei gestellt. Genauso ist es freilich möglich, einen Erwerberkreis zu definieren, bei dem der veräußerungswillige Gesellschafter die Zustimmung der Mitgesellschafter oder der Gesellschaft einzuholen hat. Auch kann der Gesellschaftsvertrag vorsehen, dass die Zustimmung nicht von allen Mitgesellschaftern erteilt werden muss, sondern durch Beschluss der Gesellschafterversammlung mit einfacher oder qualifizierter Mehrheit erteilt werden kann.[88]

Statt die Übertragung an bestimmte Erwerber zustimmungsfrei zu stellen, kann diesen auch ein Anspruch auf Erteilung der Zustimmung eingeräumt werden. Dadurch wird sichergestellt, dass die Mitgesellschafter von der beabsichtigten Übertragung erfahren und nochmals selbst prüfen können, ob die Voraussetzungen für die Erteilung der Zustimmung vorliegen. Allerdings kann eine solche Regelung für den veräußerungswilligen Gesellschafter nachteilig sein. Verweigern nämlich seine Mitgesellschafter in unzulässiger Weise die Erteilung der Zustimmung, so muss er seine Rechte klageweise durchsetzen.

Soweit bestimmte Übertragungen zustimmungsfrei gestellt werden sollen, hat dies ausdrücklich und eindeutig zu erfolgen. Angesichts der gegenteiligen gesetzlichen Grundregel wird man nämlich im Zweifel davon ausgehen müssen, dass die Übertragung zustimmungspflichtig ist. Deshalb begründet beispielsweise eine gesellschaftsvertragliche Regelung, nach der die Übertragung an Nichtgesellschafter der Zustimmung bedarf, nicht im Umkehrschluss die Zustimmungsfreiheit von Übertragungen an Mitgesellschafter.[89]

Flankierend zu den Regelungen über die Zustimmungserfordernisse bei Anteilsübertragungen können auch Vorkaufs- oder Erwerbsrechte vereinbart werden. Dies kann in unterschiedlichster Weise geschehen:

---

88   Reichert in Sudhoff, GmbH & Co. KG, § 28 Rn. 6, empfiehlt, im Gesellschaftsvertrag klarzustellen, dass der betroffene Gesellschafter dabei nicht vom Stimmrecht ausgeschlossen ist.
89   BGH v. 24.02.1986, II ZR 142/85, GmbHR 1986, 345; Binz/Sorg, § 6 Rn. 4.

Das in den §§ 463 bis 473 BGB geregelte Vorkaufsrecht führt zu dem Prozedere, dass der veräu-ßerungswillige Gesellschafter zunächst mit einem Dritten einen Kaufvertrag bindend abschließt, in den dann die vorkaufsberechtigten Mitgesellschafter zu den mit dem Dritten ausgehandelten Konditionen eintreten können. Wird das Vorkaufsrecht von den Mitgesellschaftern ausgeübt, er-wirbt der Dritte zu den Bedingungen des Kaufvertrages und wird Gesellschafter. Bei dieser Vorge-hensweise wird der Kaufpreis für den Anteil auf dem Markt gefunden. Schutz vor Scheingeschäf-ten schafft § 465 BGB.

Anders ist dies bei Vereinbarungen eines Erwerbsrechts. Hier hat der veräußerungswillige Ge-sellschafter den Anteil den Mitgesellschaftern anzubieten, bevor er sich an den Markt wendet. Deshalb wird der Erwerbspreis oder zumindest die Bestimmung des Preises im Vorhinein fest-geschrieben. Dabei werden häufig die gesellschaftsvertraglichen Abfindungsregelungen bei Aus-scheiden aus anderen Gründen in Bezug genommen. Möchten die Mitgesellschafter den Anteil nicht zum vorgesehenen Preis erwerben, kann der veräußerungswillige Gesellschafter frei ver-kaufen.

Innerhalb gesellschaftsvertraglicher Stammesregelungen können die Vorkaufs- oder Erwerbs-rechte auch nochmals innerhalb der Gesellschaft gestaffelt sein, so etwa durch Einräumung eines Vorrangs für Gesellschafter desjenigen Familienstammes, dem der veräußerungswillige Gesellschafter angehört. Außerhalb des Gesellschaftsvertrages kann ein solcher Schutz des Be-teiligungserhalts für die jeweiligen Familienstämme auch durch gesonderte Call- oder Put-optionsvereinbarungen erfolgen. Mit diesem Instrument können unter bestimmten Vorausset-zungen auch Übernahme- oder Andienungsrechte in Fällen begründet werden, in denen beim betroffenen Gesellschafter überhaupt keine Veräußerungs- oder Erwerbsabsicht vorhanden ist.

7.   Nachfolge

a)   Gesetzliche Regelungen

Die gesetzlichen Regelungen zu den Folgen des Todes eines Gesellschafters sind in den verschie-   180
denen Gesellschaftsformen höchst unterschiedlich. So wird die Gesellschaft bürgerlichen Rechts bei Tod eines Gesellschafters aufgelöst. Steuerlich führt die sich anschließende Liquidation zur Aufgabe des Mitunternehmeranteils und die Miterben haben den ihnen entstehenden Aufgabege-winn zu versteuern. Eine Besteuerung zum ermäßigten Steuersatz (§ 34 Abs. 3 EStG) kann aller-dings nur in Anspruch genommen werden, wenn die Miterben selbst, nicht also der verstorbene Gesellschafter, die entsprechenden persönlichen Voraussetzungen erfüllen.

Der Gesellschafter einer offenen Handelsgesellschaft und der Komplementär scheidet nach den gesetzlichen Regelungen (§§ 161 Abs. 2, 131 Abs. 3 Nr. 1 HGB) aus der Gesellschaft aus und die Erben erhalten einen schuldrechtlichen Abfindungsanspruch, der sich nach dem Verkehrswert des Anteils bemisst. Ertragsteuerlich wird dies wie eine entgeltliche Veräußerung des Mitunter-nehmeranteils behandelt, wobei es hier für die Frage der Inanspruchnahme des ermäßigten Steu-ersatzes auf die Person des Erblassers ankommt.

Stirbt hingegen ein Kommanditist, so ordnet § 171 HGB an, dass die Gesellschaft mit seinen Er-ben fortgesetzt wird. Der Anteilsübergang erfolgt steuerneutral. Allerdings kann es zu Entnahmen kommen, wenn der Erblasser in seiner letztwilligen Verfügung über den Gesellschaftsanteil und Sonderbetriebsvermögen in unterschiedlicher Weise verfügt hat.[90]

Die gesetzlichen Regelungen zu den Folgen des Todes eines Personengesellschafters sind allerdings – mit Ausnahme der Option nach § 139 HGB – allesamt dispositiv. Von diesem Recht, die gesetzlichen Regelungen zu modifizieren, wird in der Praxis denn auch rege Gebrauch gemacht. Die gängigen Klauseln hierzu sind die so genannte Fortsetzungsklausel, die einfache Nachfolgeklausel, die qualifizierte Nachfolgeklausel und die Eintrittsklausel (hierzu unten § 1 Rn. 181 ff.).

Anders ist dies in der GmbH. § 15 Abs. 1 GmbHG stellt den Geschäftsanteil frei vererblich, dies zwingend. Es kann damit nicht durch Satzungsregelung verhindert werden, dass die Erben des Gesellschafters in die Gesellschaft eintreten. Eine Korrektur der gesetzlichen Regelung kann aber dann nach Eintritt der Erben erfolgen und zwar durch so genannte Einziehungs- oder Abtretungsklauseln. Handelt es sich bei dem eingetretenen Erben also um keine nach den gesellschaftsvertraglichen Regelungen nachfolgeberechtigte Person, so kann er wieder aus der Gesellschaft ausgeschlossen werden, indem entweder sein Anteil eingezogen wird oder er verpflichtet wird, seinen Anteil an die Gesellschaft, die Mitgesellschafter oder an eine von der Gesellschaft benannte Person abzutreten. In erbschaftsteuerlicher Hinsicht sollte hierzu beachtet werden, dass nach Auffassung der Finanzverwaltung (R 7 Abs. 3 S. 7 ff. ErbStR 2003) die Betriebsvermögensprivilegien nur bei Erwerb auf Grund Abtretungsklausel in Anspruch genommen werden können, da bei Anwendung einer Einziehungsklausel keine Anteile erworben würden, vielmehr die Anteile der Erben mit der Einziehung untergingen.

Darüber hinaus besteht ein weiterer Unterschied zwischen einerseits Personengesellschaften und andererseits Kapitalgesellschaften. So geht der Anteil des Personengesellschafters auf mehrere Erben im Wege der so genannten Sonderrechtsnachfolge über, d.h. die Erben erwerben die Beteiligung unmittelbar anteilig im Verhältnis ihrer Erbquoten. Demgegenüber erwerben mehrere Erben des Geschäftsanteils einer GmbH diesen in Erbengemeinschaft. Sie können ihre Mitgliedschaftsrechte, solange die Erbengemeinschaft besteht, deshalb auch nur gemeinschaftlich ausüben (§ 18 GmbHG).

b)   Gesellschaftsvertragliche Nachfolgeregelungen

181   Die gesellschaftsvertraglichen Nachfolgeregelungen sehen einerseits auf Grund der bei den verschiedenen Rechtsformen unterschiedlichen gesetzlichen Grundlagen, andererseits aber auch aufgrund der individuellen Interessenlagen in den jeweiligen Familiengesellschaften höchst unterschiedlich aus.

Die gängigsten Nachfolgeklauseln sollen im Folgenden kurz vorgestellt werden.

aa)   Fortsetzungsklausel

182   Mit einer so genannten „Fortsetzungsklausel" kann in der Gesellschaft bürgerlichen Rechts die Auflösung der Gesellschaft vermieden werden. Sie lautet: „Beim Tod eines Gesellschafters wird die Gesellschaft von den übrigen Gesellschaftern fortgeführt." In den Personenhandelsgesellschaften kann mit der Fortsetzungsklausel die Nachfolge der erbenden Kommanditisten vermieden werden, hinsichtlich der Komplementäre oder Gesellschafter einer offenen Handelsgesellschaft entspricht sie der heutigen gesetzlichen Regelung. Allerdings wird die Fortsetzungsklausel

---

90   Auch wenn es sich bei entnommenem Sonderbetriebsvermögen um wesentliche Betriebsgrundlagen handelt, nimmt die Finanzverwaltung keine Aufgabe des gesamten Mitunternehmeranteils an, sondern beschränkt die Besteuerung auf das entnommene Sonderbetriebsvermögen; BMF v. 14.03.2006, BStBl. I 2006, 253.

auch häufig verbunden mit einer Reduzierung oder sogar einem gänzlichen Ausschluss der ansonsten an die weichenden Erben zu zahlenden Abfindung. Ein solcher Abfindungsausschluss wird für den besonderen Fall des Ausscheidens eines Gesellschafters durch Tod ganz überwiegend als zulässig angesehen.

Erbschaftsteuerlich gilt bei reduzierter Abfindung die Fiktion des § 3 Abs. 1 Nr. 2 ErbStG: Soweit der Steuerwert des Anteils die Abfindung übersteigt, haben die verbleibenden Gesellschafter ihren Anteilserwerb als Schenkung auf den Todesfall zu versteuern. Ertragsteuerlich stellt das Ausscheiden gegen Abfindung ein Veräußerungsgeschäft dar, so dass die Reduzierung der Abfindung den Veräußerungserlös und damit den steuerpflichtigen Gewinn mindert. Bei einem Abfindungsausschluss ist zu differenzieren. Erfolgte dieser aus familiären Gründen, liegt eine unentgeltliche Übertragung des Mitunternehmeranteils auf den Todesfall vor. War er hingegen betrieblich veranlasst, insbesondere bei fremden Mitgesellschaftern, entsteht in der Person des verstorbenen Gesellschafters ein Veräußerungsverlust, und die verbleibenden Gesellschafter haben den angewachsenen Anteil abzustocken oder die Buchwerte fortzuführen und in deren Höhe einen laufenden Gewinn zu versteuern.[91]

bb) Einfache Nachfolgeklausel

Mit einer „einfachen Nachfolgeklausel" wird der Anteil vererblich gestellt. Sie lautet: „Beim Tod eines Gesellschafters wird die Gesellschaft mit den Erben des Verstorbenen oder denjenigen, die er zu Vermächtnisnehmern seiner Beteiligung eingesetzt hat, fortgesetzt." Wie ausgeführt, folgen hier mehrere Erben nicht in Erbengemeinschaft, sondern im Wege der Sonderrechtsnachfolge nach. Vorhandenes Sonderbetriebsvermögen bleibt hingegen in Erbengemeinschaft gesamthänderisch gebunden. Ertragsteuer entsteht wegen § 6 Abs. 3 EStG keine. Werden jedoch Gegenstände des Sonderbetriebsvermögens testamentarisch einem Nichtgesellschafter zugewiesen, kommt es zur steuerpflichtigen Entnahme. Erbschaftsteuerlich ist der Erwerb begünstigt nach (derzeit noch) §§ 13a, 19a ErbStG.

183

cc) Qualifizierte Nachfolgeklausel

Bei einer „qualifizierten Nachfolgeklausel" bleibt es zwar beim Grundsatz der Vererblichkeit des Anteils, der Kreis der nachfolgeberechtigten Erben oder Vermächtnisnehmer wird jedoch eingeschränkt. Eine qualifizierte Nachfolgeklausel kann beispielsweise lauten: „Beim Tod eines Gesellschafters wird die Gesellschaft mit dem ältesten leiblichen Abkömmling des Verstorbenen als Nachfolger fortgesetzt."

184

Hier geht der Gesellschaftsanteil im Wege der Sonderrechtsnachfolge unmittelbar auf den qualifizierten Nachfolger über. Es ist besonders darauf zu achten, dass der Gesellschaftsvertrag und die letztwillige Verfügung aufeinander abgestimmt sind. Der Gesellschaftsvertrag geht nämlich der erbrechtlichen Regelung vor. Er stellt sozusagen den Rahmen dar, innerhalb dessen letztwillig verfügt werden kann. Testamentarisch eingesetzte, aber nicht nachfolgeberechtigte Miterben können im Rahmen der erbrechtlichen Auseinandersetzung einer Abfindung verlangen, die sich grundsätzlich nach dem Verkehrswert berechnet. Gesellschaftsvertragliche Abfindungsbeschränkungen gelten insoweit nicht. Zur Steuerfalle kann die qualifizierte Nachfolgeklausel vor allem bei Vorhandensein von Sonderbetriebsvermögen werden. Insbesondere, wenn Sonderbetriebsvermögen an nicht nachfolgeberechtigte Erben fällt, wird dieses steuerpflichtig entnommen.[92] Erbschaftsteuerlich wird die qualifizierte Nachfolge als Unterfall einer bloßen Teilungsanordnung

---

91 Wacker in Schmidt, EStG, § 16, Rn. 663.
92 Vgl. hierzu auch BMF v. 03.03.2005, BStBl. I 2005, 458.

1

behandelt, so dass die Betriebsvermögensprivilegien allen Miterben, nicht also nur den nachfolgeberechtigten, die den Anteil letztlich erhalten, anteilig zustehen.

dd)   Eintrittsklausel

185   Durch eine „Eintrittsklausel" wird einem Erben oder einer dritten Person das Recht eingeräumt, in die Gesellschaft einzutreten. Das Eintrittsrecht kann auch Dritten, also Nichterben eingeräumt werden. Der Eintritt selbst bedarf dann einer Aufnahmevereinbarung zwischen den verbliebenen Gesellschaftern und dem Eintrittsberechtigten. Dem nicht nachfolgeberechtigten Erben steht gegen die Gesellschaft – zunächst unabhängig vom Eintritt des Eintrittsberechtigten – ein Abfindungsanspruch zu. Dieser wird jedoch für den Fall des Eintritts gesellschaftsvertraglich ausgeschlossen. Die Bestimmung des Eintrittsberechtigten kann über den Todeszeitpunkt hinausgeschoben und auch einem Dritten überlassen werden. Für die Gesellschaft besteht in diesem Fall die Unsicherheit, ob der Eintrittsberechtigte von seinem Recht Gebrauch macht oder stattdessen eine Abfindung verlangt. Allerdings kann der Erblasser auch testamentarisch eine Eintrittspflicht begründen. Ertragsteuerlich ist zu differenzieren: Erfolgt kein Eintritt, entsprechen die ertragsteuerlichen Folgen der Nachfolge kraft Fortsetzungsklausel. Erfolgt hingegen ein Eintritt innerhalb von sechs Monaten nach dem Erbfall, gelten die gleichen Regelungen wie bei der einfachen oder qualifizierten Nachfolgeklausel. Bei einem Eintritt nach Ablauf von sechs Monaten bleibt es nach der Auffassung der Finanzverwaltung beim Veräußerungsgewinn des Erblassers, und es kommt lediglich als weiterer Tatbestand der Erwerb des Gesellschaftsanteils durch den Eintrittsberechtigten hinzu.[93] Bei Vorhandensein von Sonderbetriebsvermögen kann es zu dessen Entnahme kommen. Soweit die Erben eintrittsberechtigt sind und innerhalb von sechs Monaten von ihrem Eintrittsrecht Gebrauch machen, wird allerdings vertreten, dass insoweit die Buchwerte fortgeführt werden können. Die Gestaltungspraxis sollte hierauf jedoch trotz des generellen Verweises der Finanzverwaltung auf ihre Ausführungen zur einfachen und qualifizierten Nachfolgeklausel nicht vertrauen.

Erbschaftsteuerlich wird der Erwerb kraft Eintrittsklausel fiktiv als Erwerb durch Erbanfall behandelt (R 55 Abs. 2 S. 3 ErbStR). Erwerbsgegenstand ist die Gesellschaftsbeteiligung. Vom eintretenden Gesellschafter gleichzeitig erworbenes Sonderbetriebsvermögen fällt als zum Mitunternehmeranteil gehörig unter die Betriebsvermögensprivilegien.

8.   Abfindung

a)   Gesetzliche Regelung

186   Wer aus einer Gesellschaft ausscheidet, sei es durch Kündigung, Ausschluss oder Tod, erhält eine Abfindung. Grundnorm für den Abfindungsanspruch ausscheidender Gesellschafter ist § 738 Abs. 1 S. 2 BGB. Hiernach kann der Ausscheidende als Abfindung verlangen, „was er bei Auseinandersetzung erhalten hätte". Obwohl der Wortlaut der Vorschrift nahelegt, dass dem Gesellschafter lediglich der Liquidationswert zu vergüten ist, geht schon seit einer Entscheidung des Reichsgerichts[94] die ganz herrschende Meinung davon aus, dass die Abfindung dem „wahren Wert", also dem Verkehrswert des Anteils zu entsprechen hat. Die Hinweise des Gesetzes, wie dieser zu ermitteln ist, sind aber relativ dürftig. § 738 Abs. 2 BGB sagt lediglich, dass der Wert

---

93   BMF v. 14.03.2006, BStBl. I 2006, 253.
94   RG v. 30.09.1944, DNotZ 1944, 195.

„im Wege der Schätzung" zu ermitteln ist. Das heute gängige Schätzverfahren für die Bewertung von Unternehmen ist das Ertragswertverfahren. Die Rechtsprechung stellt aber immer wieder klar, dass der Tatrichter an eine bestimmte Wertermittlungsmethode nicht gebunden ist, so dass durchaus auch beispielsweise eine Substanzbewertung oder eine Bewertung nach Marktgepflogenheiten einer bestimmten Branche stattfinden kann.[95]

b) Abfindungsklauseln

Mit Abfindungsklauseln in Gesellschaftsverträgen wird die gesetzliche Regelung dahingehend modifiziert, dass zur Schonung des Vermögens und der Liquidität der Gesellschaft für den Fall des Ausscheidens eines Gesellschafters eine geringere Abfindung vereinbart wird. Auch zu den Auszahlungsmodalitäten finden sich häufig besondere Regelungen, die der Gesellschaft insbesondere eine Eigen- oder Fremdfinanzierung der Abfindung erleichtern sollen.   187

Bei der Formulierung der Abfindungsklauseln ist insbesondere der Interessenwiderstreit zwischen einerseits dem ausscheidenden Gesellschafter an einer angemessenen, möglichst hohen Entschädigung für den Verlust seines Anteils und an einer kurzfristigen Befriedigung seines Anspruchs und andererseits der Gesellschaft an einer Beschränkung der Abfindung zur Liquiditätsschonung und an einer möglichst ratierlichen Abfindungszahlung aufzulösen. Neben diesen wirtschaftlichen Interessen kann mit einer Abfindungsbeschränkung aber auch ein Disziplinierungszweck verfolgt werden. Wer bei Ausscheiden deutlich weniger bekommt als sein Anteil wert ist, wird sich nicht bei jeder kleineren Auseinandersetzung mit seinen Mitgesellschaftern für eine Kündigung entscheiden. In diesem Sinne schafft eine Abfindungsbeschränkung auch eine gerade in Familiengesellschaften oft angestrebte Bindung. Mit einer Beschreibung der Wertermittlung in den Abfindungsklauseln soll zudem die Ermittlung der Abfindung vereinfacht werden, was gleichzeitig teure Gutachterkosten sparen hilft.

aa) Grenzen der Abfindungsklauseln

Der Gestaltung von Abfindungsklauseln sind aber auch Grenzen gesetzt. Problematisch dabei ist, dass die Grenzziehung nicht eindeutig verläuft, was im Ausscheidensfall unter den Gesellschaftern besonderes Konfliktpotential schafft.   188

Die gerichtliche Kontrolle von Abfindungsklauseln erfolgt auf der Basis der folgenden drei Rechtsgrundlagen:

- Unzulässige Beschränkung des Kündigungsrechts: Wenn dem ausscheidenswilligen Gesellschafter durch die Beschränkung seiner Abfindung eine Kündigung wirtschaftlich derart unattraktiv gemacht wird, dass er sich nach vernünftigen Maßstäben schlechterdings nicht mehr für eine Kündigung entscheiden kann, so kann dies als Verstoß gegen § 723 Abs. 3 BGB gewertet werden.

- Sittenwidrigkeit, wenn eine Abfindungsklausel zu einem solch groben Missverhältnis zwischen Klauselwert und tatsächlichem Verkehrswert führt. Andere Gründe der Sittenwidrigkeit können eine einseitige Gläubigerbenachteiligung oder ein Verstoß gegen den gesellschaftsrechtlichen Gleichbehandlungsgrundsatz darstellen.

- Gesellschaftliche Treuepflicht.

---

95 Ausführlicher zu den verschiedenen Bewertungsverfahren Hannes in Hesselmann/Tillmann/Mueller-Thuns, Handbuch der GmbH & Co. KG, § 10 Rn. 206 ff., dort auch zum Folgenden.

Die beiden ersten Rechtsgrundlagen der Klauselkontrolle stellen auf den Zeitpunkt der Vereinbarung ab, so dass insbesondere zu untersuchen ist, ob bei Abschluss des Gesellschaftsvertrages oder Aufnahme der Abfindungsklausel in den Gesellschaftsvertrag bereits ein grobes Missverhältnis zwischen Klauselwert und Verkehrswert bestand. Rechtsfolge ist in diesem Fall die Nichtigkeit der gesellschaftsvertraglichen Vereinbarung und damit die Anwendung der gesetzlichen Regelungen, die eine Abfindung zum Verkehrswert vorsehen.

Bei der dritten Rechtsgrundlage der Klauselkontrolle ist dagegen auf den Zeitpunkt des Ausscheidens abzustellen. Bestand also beispielsweise im Zeitpunkt der Vereinbarung der Klausel noch kein grobes Missverhältnis zwischen Klauselwert und Verkehrswert, ist ein solches Missverhältnis aber im Laufe der Zeit entstanden und besteht es im Zeitpunkt des Ausscheidens, so würde in einer Berufung auf die gesellschaftsvertragliche Regelung ein Verstoß gegen die gesellschaftliche Treuepflicht gesehen werden. Rechtsfolge hiervon ist, dass die vertragliche Regelung an die veränderten Verhältnisse anzupassen ist.

Die Feststellung, ob ein grobes Missverhältnis zwischen Klauselwert und Verkehrswert tatsächlich besteht, fällt in der Praxis nicht leicht. Dies insbesondere deshalb, weil die bisherige Rechtsprechung keine quotenmäßige Grenze nennt, ab der von einem groben Missverhältnis auszugehen ist. Stattdessen wird eine Interessenabwägung verlangt, bei der die unterschiedlichsten Kriterien Berücksichtigung finden sollen, so etwa die Dauer der Zugehörigkeit des Ausscheidenden zur Gesellschaft, sein Anteil am Erfolg des Unternehmens oder der Anlass seines Ausscheidens.[96]

bb)   Darstellung typischer Abfindungsklauseln

189   In Gesellschaftsverträgen finden sich die unterschiedlichsten Abfindungsklauseln. Die gängigsten sollen hier kurz vorgestellt werden.

(1)   Buchwertklauseln

190   Bekannt, aber zuweilen umstritten sind die so genannten Buchwertklauseln, bei denen sich die Abfindung nach dem steuerlichen Buchwert der Beteiligung bemisst. Solche Buchwertklauseln sind grundsätzlich zulässig. Sie haben den Vorteil der Vereinfachung, eine sachverständige Unternehmensbewertung wird entbehrlich. Allerdings unterliegen Buchwertklauseln einem erhöhten Wirksamkeits- und Anpassungsrisiko, da insbesondere durch einerseits Abschreibungen und andererseits Wertsteigerungen von Wirtschaftsgütern die Schere zwischen Klauselwert und Verkehrswert mit der Zeit immer weiter auseinander gehen kann, so dass gerade bei Buchwertklauseln ein Hineinwachsen in ein grobes Missverhältnis nicht auszuschließen ist.

(2)   Weitere Steuerklauseln

191   Neben den Buchwertklauseln gibt es weitere Steuerklauseln. So wird teilweise in Gesellschaftsverträgen auf den erbschaftsteuerlichen Wert der Beteiligung abgestellt. Solches kann sich etwa bei Immobiliengesellschaften anbieten, da hiermit die pauschale Ertragsbewertung für Immobilien nach dem Bewertungsgesetz in Bezug genommen wird, die in der Regel zu moderaten Werten führt. Unangemessen wäre der Verweis auf den erbschaftsteuerlichen Wert sicherlich bei reinen Dienstleistungsgesellschaften, sofern diese in Personengesellschaften organisiert sind, sie wären in der Regel stark unterbewertet.

(3)   Stuttgarter Verfahren

192   Häufig wird auch auf das so genannte Stuttgarter Verfahren verwiesen, welches in den Erbschaftsteuerrichtlinien zur Bewertung von Anteilen an nicht börsennotierten Kapitalgesellschaften niedergelegt ist (R 96 ff. ErbStR 2003). Geht es allerdings um den Wert von Personengesellschaftsantei-

---

96   BGH v. 20.09.1993, II ZR 104/92, BGHZ 123, 281, 286.

len, sind ergänzende Anpassungsregelungen im Gesellschaftsvertrag unerlässlich. Problematisch am Stuttgarter Verfahren ist zudem dessen Vergangenheitsorientierung und schließlich die Kurzlebigkeit des Steuerrechts. Es sollte daher bei derartigen Klauseln immer klargestellt werden, welche Bewertungsregeln gelten sollen: die im Zeitpunkt des Ausscheidens oder die im Zeitpunkt der Vereinbarung gültigen.

Für die Zukunft sollten ohnehin alle an der erbschaftsteuerlichen Bewertung orientierten Abfindungsklauseln überarbeitet werden, da es nach der Bundesverfassungsgerichtsentscheidung zur Erbschaftsteuer spätestens ab dem 01.01.2009 diese in alten Verträgen in Bezug genommenen Regelungen nicht mehr geben wird. Der Gesetzgeber ist vielmehr aufgerufen, ein Bewertungsrecht zu verabschieden, welches zu Werten nahe der Verkehrswerte führt. Der mit dem Verweis auf erbschaftsteuerliche Werte gleichzeitig verbundene Zweck der Abfindungsreduzierung würde dann nicht mehr erreicht.

(4)   Substanzwert oder Liquidationswert

Zuweilen wird in Gesellschaftsverträgen auch auf den Substanzwert oder den Liquidationswert verwiesen. Dies mag bei Gesellschaften mit wenigen werthaltigen Wirtschaftsgütern praktikabel sein. Bei Dienstleistungsgesellschaften führt dies jedoch in der Regel zu unangemessen niedrigen Werten und bei Gesellschaften mit einem großen Bestand an zu bewertenden Wirtschaftsgütern wird ein solches Bewertungsverfahren größeren Aufwand darstellen als eine sachverständige Bewertung nach dem Ertragswertverfahren.   193

(5)   Ertragswertverfahren

Wer die Gutachterkosten für sachverständige Bewerter nicht scheut, sollte im Gesellschaftsvertrag zur Bestimmung der Abfindung auf den nach dem Ertragswertverfahren zu ermittelnden Verkehrswert verweisen und eine Reduzierung der Abfindung durch Abschläge, beispielsweise 20 oder 30 %[97] vorsehen. Zur Vermeidung von Gegengutachten oder noch weiteren Gutachten sollte im Gesellschaftsvertrag gleichzeitig angeordnet werden, dass der Sachverständige verbindlich für alle Beteiligten über die Abfindung entscheidet.   194

(6)   Auszahlungsmodalitäten

Hinsichtlich der Auszahlungsmodalitäten kann die Abfindung mit angemessener Verzinsung zeitlich gestreckt werden. Allerdings empfiehlt sich bei derartigen Stundungsvereinbarungen eine Steuerklausel, wonach dem Ausscheidenden als erste Rate zumindest derjenige Betrag zusteht, den er auf seinen Veräußerungsgewinn an Steuern zu zahlen hat.   195

(7)   Sachwertabfindung

Gesellschaften mit geringer Liquidität kann alternativ auch eine Sachwertabfindung gestattet werden. Dies hat freilich den Nachteil, dass in diesem Fall auch nochmals eine Einzelbewertung der Abfindungsgegenstände zu erfolgen hat, was nochmals das Streitpotential erhöht. Steuerlich ist die Sachwertabfindung zweistufig zu behandeln. Zunächst ist die Veräußerung des Mitunternehmeranteils durch den ausscheidenden Gesellschafter steuerlich nachzuvollziehen. Bei den verbleibenden Gesellschaftern führt dies dazu, dass diese ihre Buchwerte anteilig aufstocken. Im zweiten Schritt erfolgt dann die Veräußerung der Einzelwirtschaftsgüter, die als Abfindung hingegeben werden. Hierzu haben die verbleibenden Gesellschafter die Differenz aus dem gemeinen Wert dieser Einzelwirtschaftsgüter und deren im ersten Schritt aufgestockten Buchwerten als Gewinn zu versteuern. Bei Übertragung des Einzelwirtschaftsguts in ein Betriebsvermögen des Ausscheidenden ist § 6 Abs. 5 S. 3 EStG anwendbar (Zwang zur Buchwertfortführung).   196

---

97   Bis zu 50 % wird im Allgemeinen als zulässig erachtet; hierzu – teilweise differenzierend nach dem Grund des Ausscheidens – Großfeld, AG 1988, 217, 218; Lange, NZG 2001, 635, 641; Ulmer/Schäfer, ZGR 1995, 134, 153; K. Schmidt, Gesellschaftsrecht, S. 1490.

1

9.   Güterstand

197   In Familiengesellschaftsverträgen können sich auch Güterstandsklauseln empfehlen. Bekanntlich bedarf der Abschluss eines Ehevertrages des Einverständnisses beider Ehepartner. Zwar können bereits Verlobte einen Ehevertrag schließen. Jedoch wird solches häufig vergessen, oder der eine Verlobte vertröstet den regelungsbereiten anderen auf die Zeit nach der Eheschließung. Nach der Heirat aber ist das Einverständnis gerade desjenigen, der auf voraussichtliche Zugewinnausgleichsansprüche verzichten soll, nicht mehr ohne Weiteres zu erreichen. Eine gesellschaftsvertragliche Güterstandsklausel bietet insoweit „Argumentationshilfe". Denn in diesem Fall ist es nicht der Ehepartner, der auf den Abschluss des Ehevertrages drängt, sondern es sind seine Mitgesellschafter. Dies hilft, Ehekrisen vorzubeugen.

In einer Güterstandsklausel wird regelmäßig vereinbart, dass jeder Gesellschafter – ggf. mit Ausnahme des Seniors – verpflichtet ist, innerhalb von sechs Monaten nach Eintritt in die Gesellschaft bzw. nach Eheschließung mit seinem Ehepartner einen Ehevertrag notariell abzuschließen. In diesen ist – so dann die gesellschaftsvertragliche Vorgabe – zumindest die Regelung aufzunehmen, dass im Falle der Beendigung der Ehe auf andere Weise als durch Tod die Gesellschaftsbeteiligung (und etwa sonstiges Sonderbetriebsvermögen) vom Zugewinnausgleich ausgeschlossen ist. Alternativ kann den Gesellschaftern freilich auch die Vereinbarung der erbschaftsteuerlich nachteiligeren Gütertrennung gestattet werden. Soweit ein Gesellschafter der Verpflichtung nicht fristgerecht nachkommt oder nach Erfüllung der Verpflichtung die ehevertragliche Vereinbarung wieder aufhebt oder ändert, soll dies – wie ebenfalls zur vereinbaren ist – die übrigen Gesellschafter nach Mahnung unter Fristsetzung mit Ausschlussandrohung berechtigen, den Gesellschafter aus der Gesellschaft auszuschließen. Dies ist freilich ein scharfes Schwert, so dass sich die Familiengesellschafter überlegen sollten, ob tatsächlich eine solche harte Sanktion gewünscht ist. Trotz eines gesellschaftsvertraglichen vorzugebenden Kontrollverfahrens ist zudem nicht auszuschließen, dass ein Gesellschafter einen einmal geschlossenen Ehevertrag vorlegt, eine nachfolgende Änderung des Ehevertrages hingegen nicht. Jedoch werden solche Fälle eher selten sein.

10.   Schiedsklausel

198   Sowohl für die Streitschlichtung als auch die Streitentscheidung im Familienunternehmen spielt der Schiedsvertrag eine besondere Rolle. Er bedarf deshalb bei der Ausformulierung und Anwendung besonderer Aufmerksamkeit. Im Gesellschaftsvertrag selbst wird lediglich in einer Schiedsklausel auf den Schiedsvertrag, der in gesonderter Urkunde zu fertigen ist, verwiesen. Das Schiedsverfahren in einem Familienunternehmen hat neben den sonst diesem Verfahren nachgesagten Vorteilen der Geheimhaltung und Schnelligkeit ein weitergehendes Ziel, nämlich die Befriedung und der Interessenausgleich in dem auf Dauer angelegten Gesellschaftsverhältnis. Das richtig geregelte Schiedsverfahren ist flexibler als das Gerichtsverfahren. Es ist weniger feindselig und gestaltend kompromissfreudig.

Bei normalen Schiedsverfahren dauert die Konstituierung des Schiedsgerichts allerdings meist lange. Jede Partei benennt einen Schiedsrichter und diese einigen sich – oft nach längerer Zeit - auf einen Vorsitzenden. Die jeweils von den Parteien benannten Schiedsrichter werden erwartungsgemäß den Interessen ihrer Partei nahe stehen, so dass letztlich der Vorsitzende den Ausschlag gibt. Für den Normalfall kann sich deshalb auch ein Einmannschiedsrichter mit juristischer und wirtschaftlicher Erfahrung empfehlen. Er sollte einschließlich eines Ersatzmannes schon im

Schiedsvertrag benannt werden. Eine Benennung durch Dritte, wie einen Gerichtspräsidenten oder die IHK, kosten wertvolle Zeit und sollten nur als Auffangregelung vorgesehen werden. Nur bei – konkret zu bezeichnenden – existenziellen oder auf Grund ihres Gegenstandswerts besonders bedeutenden Streitigkeiten sollte eine größere Besetzung des Schiedsgerichts vorgesehen werden, wobei zusätzlich Regelungen zur Gewährleistung einer möglichst schnellen Konstituierung zu schaffen sind.

Vor allem bei Familiengesellschaften sollte der Schiedsvertrag umfassend sein. Auch Streitigkeiten über Auskunfts- und Informationserteilungsverfahren sind im allgemeinen schiedsfähig; grundsätzlich auch Gesellschafterbeschlüsse, soweit es sich um Personengesellschaften handelt. Dagegen sind nach höchstrichterlicher Rechtsprechung Streitigkeiten über die Anfechtung oder Nichtigkeit von Beschlüssen der Gesellschaft einer Kapitalgesellschaft mangels Vergleichsfähigkeit nicht schiedsfähig, was bei Beteiligung sämtlicher Gesellschafter am Schiedsverfahren allerdings zweifelhaft erscheint. Im Falle des Übergangs von Gesellschaftsanteilen sind auch die neuen Gesellschafter an die Schiedsvereinbarung gebunden.

D.   Verpflichtungen nach der Gründung

I.   Handelsrechtliche Pflichten

1.   Buchführungspflichten

Kaufleute (hierzu § 1 Rn. 118) sind nach den §§ 238 ff. HGB zur Buchführung verpflichtet. Dies beinhaltet auch, dass jährlich ein Jahresabschluss aufgestellt wird, der zumindest aus einer Bilanz und einer Gewinn- und Verlustrechnung besteht. Zu den weiteren rechtsformabhängigen Pflichten siehe oben § 1 Rn. 82.   199

🛑 Praxishinweis:

Bei kleineren Unternehmen wird der Gewinn in der Praxis häufig im Rahmen einer Einnahmenüberschussrechnung berechnet. Hierbei sind jedes Jahr die Einnahmen und Ausgaben gegenüberzustellen. Eine Aufstellung einer Bilanz unterbleibt aus Kostengründen. Es wird erst dann eine Bilanz aufgestellt, wenn es die Finanzverwaltung verlangt. Die Finanzverwaltung verlangt regelmäßig erst dann eine Bilanzierung, wenn die in § 141 AO angegebenen Größenordnungen überschritten werden.

Eine solche Vorgehensweise ist mit einem Risiko verbunden: Es liegt eine Verletzung der Buchführungspflicht vor. Muss das Unternehmen zu einem späteren Zeitpunkt Insolvenz anmelden, so wird die Verletzung der Buchführungspflicht im Höchstfall mit einer Freiheitsstrafe bis zu zwei Jahren bestraft (§ 283b Abs. 1 Nr. 3b StGB).

2.   Anzeigepflichten

Während des laufenden Geschäftsbetriebs bestehen für die einzelnen Rechtsformen insbesondere die nachfolgend aufgeführten Anzeigepflichten. Weitere Anzeigepflichten können sich beispielsweise aus mitbestimmungsrechtlichen Vorschriften ergeben (zum Mitbestimmungsrecht siehe § 4 Rn. 24). Zudem haben alle Kaufleute die Erteilung und das Erlöschen einer Prokura zur Eintragung in das Handelsregister anzumelden (§ 53 HGB).   200

1

a)   Einzelkaufleute

201   Einzelkaufleute haben zur Eintragung in das Handelsregister anzumelden:

- jede Änderung der Firma (§ 31 Abs. 1 HGB);
- jeden Inhaberwechsel (§ 31 Abs. 1 HGB);
- jede Verlegung der Niederlassung an einen anderen Ort (§§ 31 Abs. 1, 13h HGB);
- die Errichtung einer Zweigniederlassung (§ 13 HGB).

Die Anmeldungen sind elektronisch in öffentlich beglaubigter Form einzureichen (§ 12 HGB). Dies erfolgt über den beglaubigenden Notar.

b)   Gesellschaft des bürgerlichen Rechts

202   Für die Gesellschaft des bürgerlichen Rechts bestehen mangels Kaufmannseigenschaft keine handelsrechtlichen Veröffentlichungspflichten.

c)   Offene Handelsgesellschaft

203   Offene Handelsgesellschaften haben zur Eintragung in das Handelsregister anzumelden:

- jede Änderung der Firma (§ 107 HGB);
- die Verlegung des Sitzes der Gesellschaft an einen anderen Ort (§ 107 HGB);
- den Eintritt eines neuen Gesellschafters in die Gesellschaft (§ 107 HGB);
- jede Änderung in der Vertretungsmacht eines Gesellschafters (§ 107 HGB);
- das Ausscheiden eines Gesellschafters aus der Gesellschaft (§ 143 Abs. 2 HGB);
- die Errichtung einer Zweigniederlassung (§ 13 HGB).

Die Anmeldungen sind elektronisch in öffentlich beglaubigter Form einzureichen (§ 12 HGB). Dies erfolgt über den beglaubigenden Notar.

d)   Kommanditgesellschaft

204   Kommanditgesellschaften haben zur Eintragung in das Handelsregister anzumelden:

- jede Änderung der Firma (§§ 161 Abs. 2, 107 HGB);
- die Verlegung des Sitzes der Gesellschaft an einen anderen Ort (§§ 161 Abs. 2, 107 HGB);
- den Eintritt eines neuen Komplementärs in die Gesellschaft (§§ 161 Abs. 2, 107 HGB);
- jede Änderung in der Vertretungsmacht eines Gesellschafters (§§ 161 Abs. 2, 107 HGB);
- das Ausscheiden eines Komplementärs aus der Gesellschaft (§§ 161 Abs. 2, 143 Abs. 2 HGB);
- den Eintritt und das Ausscheiden eines Kommanditisten (§ 162 Abs. 3 HGB), sowie eine Beteiligungsumwandlung (Komplementär in Kommanditist und umgekehrt);[98]
- wenn eine Gesellschaft des bürgerlichen Rechts Kommanditistin ist, jede Änderung in der Zusammensetzung ihrer Gesellschafter (§ 162 Abs. 1 S. 2 HGB);

---

98   Hopt in Baumbach/Hopt, § 162 Rn. 10.

- die Erhöhung sowie die Herabsetzung der Einlage eines Kommanditisten (§§ 174 f. HGB);
- die Errichtung einer Zweigniederlassung (§ 13 HGB).

Die Anmeldungen sind elektronisch in öffentlich beglaubigter Form einzureichen (§ 12 HGB). Dies erfolgt über den beglaubigenden Notar.

e) Gesellschaft mit beschränkter Haftung

Eine GmbH muss die folgenden Anzeigepflichten beachten: 205

- Jede Änderung in den Personen der Geschäftsführer sowie die Beendigung der Vertretungsbefugnis eines Geschäftsführers ist zur Eintragung in das Handelsregister anzumelden (§ 39 GmbHG).
- Unverzüglich nach jeder Veränderung in den Personen der Gesellschafter oder des Umfangs ihrer Beteiligung haben die Geschäftsführer eine aktualisierte Liste der Gesellschafter zum Handelsregister einzureichen (§ 40 GmbHG).
- Die Geschäftsführer haben bei jeder Änderung in den Personen der Aufsichtsratsmitglieder unverzüglich eine aktuelle Liste der Mitglieder des Aufsichtsrats zum Handelsregister einzureichen (§ 52 GmbHG).
- Der Jahresabschluss ist von den Geschäftsführern bei dem Betreiber des elektronischen Bundesanzeigers einzureichen und im elektronischen Bundesanzeiger bekannt zu machen (§§ 325 ff. HGB; vgl. hierzu auch § 1 Rn. 87).
- Die Errichtung einer Zweigniederlassung ist zur Eintragung in das Handelsregister anzumelden (§ 13 HGB).

Die Anmeldungen zur Eintragung in das Handelsregister sind elektronisch in öffentlich beglaubigter Form einzureichen (§ 12 HGB). Dies erfolgt über den beglaubigenden Notar. Die Jahresabschlüsse können über die Internet-Seite der Publikations-Serviceplattform (www.publikationsserviceplattform.de) eingereicht werden. Hierfür ist eine vorherige Registrierung des Nutzers erforderlich.

f) Aktiengesellschaft

Für eine Aktiengesellschaft bestehen die folgenden Anzeigepflichten: 206

- Sobald einem Unternehmen mehr als 25 % der Anteile an einer Aktiengesellschaft gehören, hat es dies der Gesellschaft mitzuteilen (§ 20 Abs. 1 AktG). Das Bestehen der Beteiligung ist sodann von der Aktiengesellschaft unverzüglich in den Gesellschaftsblättern bekannt zu machen (§ 20 Abs. 6 AktG). Entsprechendes gilt, sobald einem Unternehmen die Mehrheit am Kapital oder den Stimmrechten einer Aktiengesellschaft gehört (§ 20 Abs. 4 AktG) und wenn die Beteiligung eines Unternehmens die genannten Schwellen wieder unterschreitet (§ 20 Abs. 5 AktG). Sonderregelungen bestehen für die Zurechnung von Anteilen an Aktiengesellschaften, die von einem Dritten gehalten werden, deren Übereignung das Unternehmen verlangen kann oder zu deren Abnahme es verpflichtet ist (§§ 20 Abs. 1 bis 4, 16 AktG).
- Sobald einer Aktiengesellschaft mehr als 25 % der Anteile an einer anderen Kapitalgesellschaft gehören, hat sie dies der Gesellschaft mitzuteilen (§ 21 Abs. 1 AktG). Entsprechendes gilt, sobald einer Aktiengesellschaft die Mehrheit am Kapital oder den Stimmrechten eines anderen Unternehmens (gleich welcher Rechtsform) gehört (§ 21 Abs. 2 AktG) und wenn die Betei-

ligung einer Aktiengesellschaft die genannten Schwellen wieder unterschreitet (§ 21 Abs. 3 AktG). Sonderregelungen bestehen für die Zurechnung von Anteilen, die von einem Dritten gehalten werden (§§ 21, 16 AktG).

- Sobald alle Aktien einem Aktionär oder einem Aktionär und der Aktiengesellschaft selbst gehören, ist eine entsprechende Mitteilung zum Handelsregister einzureichen (§ 42 AktG).

- Der Vorstand hat jede Änderung des Vorstands oder der Vertretungsbefugnis eines Vorstandsmitglieds zur Eintragung in das Handelsregister anzumelden (§ 81 AktG).

- Ist der Vorstand der Ansicht, dass der Aufsichtsrat nicht nach den für ihn maßgebenden gesetzlichen Vorschriften zusammengesetzt ist, hat er dies unverzüglich in den Gesellschaftsblättern und durch Aushang in sämtlichen Betrieben der Gesellschaft bekanntzumachen (§ 97 AktG).

- Der Vorstand hat bei jeder Änderung in den Personen der Aufsichtsratsmitglieder unverzüglich eine aktuelle Liste der Mitglieder des Aufsichtsrats zum Handelsregister einzureichen (§ 106 AktG).

- Der Vorstand hat zum Handelsregister anzumelden, wen der Aufsichtsrat zum Vorsitzenden und zum stellvertretenden Vorsitzenden gewählt hat (§ 107 AktG).

- Die Einberufung jeder Hauptversammlung ist zusammen mit der Tagesordnung in den Gesellschaftsblättern bekannt zu machen (§§ 121 Abs. 3, 124 Abs. 1 AktG); auf eine Bekanntmachung kann verzichtet werden, wenn die Aktionäre der Gesellschaft namentlich bekannt sind (§ 121 Abs. 4 AktG).

- Unverzüglich nach jeder Hauptversammlung hat der Vorstand eine Abschrift der Niederschrift über die Hauptversammlung zum Handelsregister einzureichen (§ 130 Abs. 5 AktG).

- Der Jahresabschluss ist vom Vorstand bei dem Betreiber des elektronischen Bundesanzeigers einzureichen und im elektronischen Bundesanzeiger bekannt zu machen (§§ 325 ff. HGB; vgl. hierzu auch § 1 Rn. 87).

- Die Errichtung einer Zweigniederlassung ist zur Eintragung in das Handelsregister anzumelden (§ 13 HGB).

Die Anmeldungen zur Eintragung in das Handelsregister sind elektronisch in öffentlich beglaubigter Form einzureichen (§ 12 HGB). Dies erfolgt über den beglaubigenden Notar. Die Jahresabschlüsse und sonstige im elektronischen Bundesanzeiger zu veröffentlichende Unterlagen können über die Internet-Seite der Publikations-Serviceplattform (www.publikations-serviceplattform. de) eingereicht werden. Hierfür ist eine vorherige Registrierung des Nutzers erforderlich.

g)   GmbH & Co. KG

207   Für die Kommanditgesellschaft gelten die oben unter § 1 Rn. 204 aufgeführten Anmeldepflichten, für die Komplementär-GmbH sind zusätzlich die in § 1 Rn. 205 genannten Anzeigepflichten zu beachten.

Der Jahresabschluss einer GmbH & Co. KG ist bei dem Betreiber des elektronischen Bundesanzeigers einzureichen und im elektronischen Bundesanzeiger bekannt zu machen; dies gilt nicht, wenn für die Verbindlichkeiten der Gesellschaft eine natürliche Person unbeschränkt haftet (§§ 325 ff., 264a HGB). Zur Einreichung des Jahresabschlusses beim elektronischen Bundesanzeiger vgl. § 1 Rn. 205.

II. Steuerrechtliche Pflichten

1. Buchführungspflichten

Ergibt sich nach dem Handelsgesetzbuch (§§ 283 ff. HGB) eine Buchführungspflicht, so gilt diese   208
Buchführungspflicht auch für das Steuerrecht (§ 140 AO).

Auch wenn nach dem Handelsgesetzbuch keine Buchführungspflicht besteht, so besteht bei Über-
schreitung von bestimmten Größenmerkmalen eine steuerrechtliche Buchführungspflicht (§ 141
AO). Buchführungspflichtig sind insbesondere gewerbliche Unternehmer, die eines der folgenden
Größenmerkmale überschreiten:

- Umsätze von mehr als € 500.000 im Kalenderjahr oder
- Gewinn von mehr als € 30.000 im Wirtschaftsjahr.

Die Buchführungspflicht besteht vom Beginn des Wirtschaftsjahres an, das auf die Bekanntgabe
der Mitteilung folgt, durch welche die Finanzbehörde auf den Beginn dieser Verpflichtung hingewiesen hat (§ 141 Abs. 2 S. 1 AO).

Besteht keine steuerrechtliche Buchführungspflicht, insbesondere bei Freiberuflern, so kann der
Gewinn mittels einer Einnahmenüberschussrechnung berechnet werden (§ 4 Abs. 3 EStG). Hierbei sind im Wesentlichen in jedem Jahr die Einnahmen den Ausgaben gegenüberzustellen. Es
kommt auf den Zeitpunkt des Zuflusses an (vgl. § 11 EStG). Für Wirtschaftsgüter des Anlagevermögens und für bestimmte Wirtschaftsgüter des Umlaufvermögens ist ein besonderes Verzeichnis zu führen, in dem der Tag der Anschaffung oder Herstellung, die Anschaffungs- oder Herstellungskosten und eventuelle Abschreibungen aufzunehmen sind (§ 4 Abs. 3 S. 5 EStG).

2. Steuererklärungspflichten

a) Abgabe von Umsatzsteuervoranmeldungen

Jeder Unternehmer ist verpflichtet, regelmäßig Umsatzsteuervoranmeldungen abzugeben. In den   209
Umsatzsteuervoranmeldungen wird die Umsatzsteuer aus den Umsätzen des Voranmeldungszeitraums und die entsprechende Vorsteuer aus bezogenen Leistungen erklärt.

Voranmeldungszeitraum ist in den ersten beiden Kalenderjahren nach Gründung der Kalendermonat (§ 18 Abs. 2 S. 4 UStG). Nach den ersten beiden Kalenderjahren nach Gründung hängt der
Voranmeldungszeitraum von der Höhe der Umsatzsteuer für das vorangegangene Kalenderjahr
ab:

- Überschreitet die Umsatzsteuer einen Betrag von € 6.136, so ist der Kalendermonat der Voranmeldungszeitraum (§ 18 Abs. 2 S. 2 UStG).
- Beträgt die Umsatzsteuer maximal € 6.136, so ist das Vierteljahr der Voranmeldungszeitraum
  (§ 18 Abs. 2 S. 1 UStG).
- Beträgt die Umsatzsteuer maximal € 512, so sind gegebenenfalls keine Umsatzsteuervoranmeldungen erforderlich (§ 18 Abs. 2 S. 3 UStG).

1

Nach Ablauf jedes Voranmeldungszeitraums muss die Umsatzsteuer innerhalb von zehn Tagen auf elektronischem Weg an das Finanzamt übermittelt werden (§ 18 Abs. 1 S. 1 UStG). Gleichzeitig ist der selbst errechnete Betrag der Steuerschuld an das Finanzamt zu leisten. Diese Frist kann um einen Monat verlängert werden, wenn eine Sondervorauszahlung in Höhe von einem Elftel der Summe der Vorauszahlungen des Vorjahres bzw. – bei Neugründung – der erwarteten Vorauszahlungen geleistet wird (§§ 46 bis 48 UStDV).

b)   Jährliche Abgabe von Steuererklärungen

210   Jeder Unternehmer hat jährlich folgende Steuererklärungen abzugeben:

- Umsatzsteuererklärung (§ 18 Abs. 2 UStG)
- Gewerbesteuererklärung (§ 14a GewStG)

Zudem bestehen in Abhängigkeit von der Unternehmensform die folgenden Steuererklärungspflichten:

- Einzelunternehmer haben ihren Gewinn im Rahmen ihrer Einkommensteuererklärung anzugeben. Liegt ihr Einzelunternehmen in einem anderen Finanzamtsbezirk als ihr Wohnsitz, so ist der Gewinn bei dem Finanzamt zu erklären, in dessen Bezirk das Unternehmen betrieben wird (so genannte Erklärung zur gesonderten Feststellung, §§ 180 Abs. 1 Nr. 2 b), 181 AO).
- Personengesellschaften haben ihren Gewinn im Rahmen einer Erklärung zur einheitlichen und gesonderten Feststellung zu erklären (§§ 180 Abs. 1 Nr. 2 a), 181 AO).
- Kapitalgesellschaften haben ihren Gewinn im Rahmen einer Körperschaftsteuererklärung zu erklären (§ 31 KStG).

3.   Steuervorauszahlungen

211   Unterjährig sind Vorauszahlungen zur Einkommensteuer, Körperschaftsteuer und Gewerbesteuer zu leisten, welche das Finanzamt auf Grund gesonderten Bescheides festsetzt. Diese Steuervorauszahlungen werden festgesetzt aufgrund des steuerlichen Erfassungsbogens, aufgrund des Gewinns für Vorjahre oder aufgrund der Umsatzsteuervoranmeldungen.

Umsatzsteuerzahlungen sind am Tag des Ablaufs der Abgabefrist für die Voranmeldungen fällig (§ 18 Abs. 1 S. 3 UStG).

III.   Sonstige Pflichten

1.   Gewerbeummeldungen nach § 14 GewO

212   Ein Gewerbetreibender hat folgende Umstände der zuständigen Behörde anzuzeigen (§ 14 Abs. 1 S. 2 GewO):

- Verlegung des Gewerbebetriebs,
- Wechsel des Gegenstands des Gewerbes,
- Ausdehnung des Gegenstandes des Gewerbes auf Waren oder Leistungen, die bei Gewerbebetrieben der angemeldeten Art nicht geschäftsüblich sind,

■ Aufgabe des Betriebs.

Welche Behörde zuständig ist, richtet sich nach Landesrecht (§ 155 Abs. 2 GewO).

2. Jahresmeldungen an die Krankenkassen

Jeder Arbeitgeber hat jährlich den Krankenkassen die Namen und bestimmte andere Daten seiner Beschäftigen mitzuteilen, die in der Kranken-, Pflege-, Rentenversicherung oder nach dem Recht der Arbeitsförderung kraft Gesetzes versichert sind (§ 28a Abs. 2 SGB IV).

213

3. Jahresmeldungen an die Berufsgenossenschaften

Jedes Unternehmen hat dem zuständigen Träger der gesetzlichen Unfallversicherung, also in der Regel den Berufsgenossenschaften, innerhalb von sechs Wochen nach Ablauf eines jeden Kalenderjahres die Arbeitsentgelte und die geleisteten Arbeitsstunden seiner versicherten Mitarbeiter zu melden (§ 165 Abs. 1 SGB VII).

214

§ 2 Verträge mit Familienangehörigen und ihre steuerliche Anerkennung

A. Beratungssituation: Richtige Abfassung von Verträgen mit Familienangehörigen

1 Verträge mit Familienangehörigen sind vor allem in kleinen und mittleren Familienunternehmen keine Seltenheit. Leider wird hierbei oft die notwendige Sorgfalt versäumt oder es wird ganz auf eine schriftliche Fassung verzichtet. Zu Nachteilen kann diese Nachlässigkeit vor allem dann führen, wenn Bestand und Inhalt des Vertrages Auswirkungen gegenüber Dritten haben sollen oder können: Der Arbeitnehmerehegatte, der Rentenansprüche ansparen möchte, wird dem Rentenversicherungsträger möglicherweise nachzuweisen haben, dass es sich um ein „echtes" Arbeitsverhältnis und nicht lediglich um ein Scheinarbeitsverhältnis handelt.

Zentrale Bedeutung aber gewinnt die Gestaltung von Verträgen unter Familienangehörigen im Steuerrecht.[1] Denn das deutsche Steuerrecht kennt zwar ein Ehegatten- nicht aber ein Familiensplitting. Das heißt, ein jedes Familienmitglied wird auf Grundlage seines individuell erzielten Einkommens besteuert. Im Regelfall sieht dies so aus, dass die Eltern eine hohe Steuerlast zu tragen haben, die Kinder selbst mangels eigenen Einkommens aber überhaupt keine. Folge hiervon ist, dass die den Kindern zustehenden Freibeträge nicht ausgenutzt werden und Progressionseffekte verloren gehen.

Ein „faktisches Familiensplitting" kann aber dadurch erreicht werden, dass die Eltern ihre Einkunftsquellen mittels Arbeits-, Darlehens oder Gesellschaftsverträgen teilweise auf die übrigen Familienmitglieder (Kinder) übertragen, so dass diese eigenes Einkommen erzielen und versteuern.

B. Voraussetzungen steuerlicher Anerkennung

I. Allgemeines

2 Die aus steuerlichen Gründen angestrebte Verteilung der Einkunftsquellen ist nur in begrenztem Maße möglich. Nicht selten kommt es deshalb vor, dass zur Erreichung des genannten steuerlichen Effektes Verträge zwischen nahen Angehörigen nur zum Schein geschlossen werden oder der Abschluss eines Vertrages lediglich behauptet wird.

Zur Verhinderung eines derartigen Gestaltungsmissbrauchs haben Rechtsprechung und Finanzverwaltung besondere Anforderungen aufgestellt, denen Verträge zwischen Angehörigen genügen müssen, damit die erwünschten steuerlichen Effekte auch tatsächlich eintreten. Vorbehaltlich einiger Modifizierungen bei einzelnen Vertragstypen haben sich hierzu im Wesentlichen drei Grundvoraussetzungen herausgebildet:

---

1 In der Rechtsprechung des Bundesfinanzhofs und der Finanzgerichte ist sie daher ein Dauerthema. Vgl. dazu etwa nur die weiterführenden Angaben in Heinicke in Schmidt, § 4 Rn. 520, Stichwort „Angehörige".

■ Der Vertrag muss zivilrechtlich wirksam zustande gekommen sein und klare, eindeutige und ernsthafte Vereinbarungen enthalten.

■ Der Vertrag muss entsprechend dem Vereinbarten tatsächlich durchgeführt werden.

■ Die Vertragsgestaltung und seine Durchführung müssen dem zwischen Fremden Üblichen entsprechen (sog. Fremdvergleich).[2]

Diese „Grundvoraussetzungen" haben in zahlreichen Urteilen des Bundesfinanzhofs und umfänglichen Erlassen der Finanzverwaltung ihre Konkretisierung im Hinblick auf die unterschiedlichen Vertragstypen – Arbeitsverträge, Darlehensverträge, Schenkungsverträge, Gesellschaftsverträge, Miet- und Pachtverträge – erfahren.

II.   Angehörige

Wer aber gehört nun zu den „nahen Angehörigen", deren Rechtsverhältnisse die Rechtsprechung   3
und Finanzverwaltung so genau unter die Lupe nimmt? Eine gesetzliche Regelung hierzu findet sich nicht.[3] Wer zu dem insoweit „gefährdeten" Personenkreis zählt, kann daher nur den bereits ergangenen Urteilen des Bundesfinanzhofs entnommen werden. Danach gehören zu den „nahen Angehörigen" jedenfalls der Ehegatte, minderjährige Kinder und volljährige Kinder, soweit sie unterhaltsberechtigt sind.[4] Umstritten,[5] aber höchstrichterlich bestätigt, ist auch die Qualifizierung von Eltern zu nicht unterhaltsberechtigten Kindern,[6] von Großeltern zu Enkeln, Schwiegereltern zu Schwiegerkindern sowie von Geschwistern und von Verschwägerten als nahe Angehörige.[7]

Das Finanzgericht Rheinland-Pfalz[8] hat entgegen bisheriger Bundesfinanzhof-Rechtsprechung[9] und entgegen der Finanzverwaltung[10] sogar die Partner einer nichtehelichen Lebensgemeinschaft als nahe Angehörige angesehen. Denn auch bei diesen bestehe – genauso wie bei Ehegatten – ein Interessengleichklang, der in der gemeinsamen Haushalts- und Wirtschaftsgemeinschaft zum Ausdruck komme und der ein Zusammenwirken zum Nachteil der Steuerbehörde nicht ausgeschlossen erscheinen lasse. Hingegen vertrat das Niedersächsische Finanzgericht[11] die zutreffende Auffassung, dass eine nichteheliche Lebensgemeinschaft auch in wirtschaftlicher Hinsicht keine Rechtsgemeinschaft begründet und demzufolge „keine Rechtsgrundlage für Unterhaltsleistungen" gewährt. Im Regelfall könne deshalb nicht davon ausgegangen werden, dass zwischen Partnern einer nichtehelichen Lebensgemeinschaft im Allgemeinen ein Interessengleichklang besteht. Das Finanzgericht lehnte deshalb die Anwendung des

---

2   Eingehend zum Fremdvergleich auch Bilsdorfer, Der steuerliche Fremdvergleich bei Vereinbarungen unter nahestehenden Personen, 1996.

3   Nach herrschender Meinung ist der Begriff der „nahen Angehörigen" enger als derjenige der Angehörigen in § 15 AO und weiter als derjenige der „nächsten Angehörigen" in § 58 Nr. 5 AO; Spindler, DB 1997, 643, m. w. N.; a. A. offenbar Ruppach BB 1996, 458.

4   Schoor, INF 1994, 589; Spindler, DB 1997, 643.

5   A.A. insbesondere Carl, WiB 1995, 809; Friedrich, DB 1995, 1048 (nur Ehegatten und Verwandte gerader Linie).

6   Dazu BFH v. 11.04.1997, III B 142/96, BFH/NV 1997, 667.

7   Spindler, DB 1997, 643; Schoor, INF 1994, 589, jeweils m. w. N. aus der Rechtsprechung.

8   FG Rheinland-Pfalz v. 24.01.1996, 1 K 1961/95, EFG 1996, 743; ebenso Carl, WiB 1995, 809; Söffing NWB, Fach 3, 8561.

9   BFH v. 14.04.1988, IV R 225/85, BStBl. II 1988, 670; BFH v. 17.01.1985, IV R 149/84, BFH/NV 1986, 148; BFH v. 27.11.1989, GrS 1/88, BStBl. II 1990, 160; ebenso Schoor, INF 1994, 589; Friedrich, DB 1995, 1048.

10   Vgl. H 4.8 „Nichteheliche Lebensgemeinschaften" EStH 2005.

11   FG Nds. v. 17.11.1996, XII 682/95, EFG 1997, 524.

Fremdvergleiches ab. Auch in der Literatur[12] werden die für nahe Angehörige entwickelten Grundsätze grundsätzlich nicht auf Partner einer nichtehelichen Lebensgemeinschaft angewandt und die Finanzverwaltung macht hiervon nur eine Ausnahme für Verträge, welche die gemeinsam gemietete Wohnung betreffen![13] Dennoch sollten auch Partner einer nichtehelichen Lebensgemeinschaft vorsorglich darauf achten, dass untereinander geschlossene Verträge einem Fremdvergleich standhalten.

Nach einer Entscheidung des Finanzgerichts Köln[14] ist es auch denkbar, dass Eheleute, die getrennt leben, aufgrund übereinstimmender Interessenlage ihre Vertragsverhältnisse zu Lasten des Fiskus gestalten. Auch bei geschiedenen Eheleuten[15] und Verlobten[16] werden die Angehörigkeitsgrundsätze angewandt, wenn konkrete Anhaltspunkte für eine private Veranlassung sprechen.

III.   Die Oder-Konten-Entscheidungen des Bundesverfassungsgerichts

4   Die Grundsätze zur steuerlichen Anerkennung von Verträgen unter Familienangehörigen sind durch die Rechtsprechung des Bundesverfassungsgerichts zu den so genannten „Oder-Konten" bei Ehegatten-Arbeitsverhältnissen geprägt.[17] In dem letzten dieser Beschlüsse ging es um folgendes: Die Ehefrau arbeitete im Betrieb ihres Mannes (Glaserei) als Bürokraft. Ihr Gehalt wurde überwiesen auf ein auf den Namen beider Ehegatten lautendes Bankkonto, über das jeder Ehegatte alleine verfügen konnte (so genanntes „Oder-Konto"). Im Anschluss an eine Betriebsprüfung ließ das Finanzamt diese Gehaltszahlungen nicht zum Abzug zu. Dies deshalb, weil die Durchführung des Arbeitsverhältnisses nicht dem „Fremdvergleich" genüge: Dafür sei nämlich erforderlich, dass das vereinbarte Entgelt in den alleinigen Einkommens- und Vermögensbereich des Arbeitnehmer-Ehegatten gelange. Daran aber fehle es, wenn das Gehalt auf ein Bankkonto überwiesen werde, über das jeder Ehegatte alleine verfügen könne. Der Bundesfinanzhof gab – seiner bis dahin ständigen Rechtsprechung[18] folgend – dem Finanzamt Recht.

Der unterlegene Glasermeister legte Verfassungsbeschwerde ein und hatte Erfolg. Das Bundesverfassungsgericht hob die angegriffene Entscheidung auf und führte aus, dass der Umstand, dass der Arbeitnehmer-Ehegatte über sein Gehaltskonto frei von seinem Ehegatten verfügen könne, nur als Beweisanzeichen (Indiz) dafür herangezogen werden könne, dass das Ehegattenarbeitsverhältnisses tatsächlich durchgeführt werde. Indessen könne ein solches Indizmerkmal (wie beispielsweise die Überweisung auf ein „Oder-Konto") dann nicht mehr mit ausschlaggebender Bedeutung herangezogen werden, wenn ein Sachverhalt

---

12   Herrmann in Frotscher, § 19 Rn. 52c; Bitz in Littmann/Bitz/Pust, § 15 Rn. 106c betr. Gesellschaftsverträge: Kupfer, KÖSDI 2001, 12777; Paus, NWB 2000, 11227 bei strenger Trennung der Einkommens- und Vermögensverhältnisse; a.A. Söhn in Kirchhof/Söhn, § 4 Rn. E 862.

13   R 21.4 EStR 2005.

14   FG Köln v. 22.11.2001, 10 K 5150/97 (Az. beim BFH: X B 6/02), EFG 2002, 246.

15   Söhn in Kirchhof/Söhn, § 4 Rn. E 858; Paus, NWB 2000, 11227; Kupfer, KÖSDI 2001, 12777.

16   BFH v. 22.04.1998, X R 163/94, BFH/NV 1999, 24; Carlé/Halm, KÖSDI 2000, 12383 betreffend Gesellschaftsverträge; Nawroth, Die steuerliche Anerkennung von Familienpersonengesellschaften bei fehlerhaften Gesellschaftsverträgen, 34 betr. Gesellschaftsverträge; Bitz in Littmann/Bitz/Pust, § 15 Rn. 106c betr. Gesellschaftsverträge; Kupfer, KÖSDI 2001, 12777 betr. Arbeitsverträge.

17   Vgl. etwa die Beschlüsse v. 07.11.1995, 2 BvR 802/90, BStBl. II 1996, 34; v. 19.12.1995, 2 BvR 1791/92, DStZ 1996, 117 = ZIP 1996, 244; v. 15.08.1996, 2 BvR 3027/95, DB 1996, 2470.

18   Vgl. BFH v. 27.11.1989, GrS 1/88, BStBl. II 1990, 160.

nicht beweisbedürftig sei, sondern schon aus anderen Quellen mit hinreichender Sicherheit festgestellt werden könne. Die „freie Verfügbarkeit über das Gehaltskonto" könne nicht zu einem Tatbestandsmerkmal verselbständigt werden mit der Folge, dass alleine bei seinem Fehlen schon die steuerliche Anerkennung scheitere. Sie könne lediglich im Rahmen einer Gesamtschau als „Indiz" herangezogen werden. Die „freie Verfügbarkeit über das Gehaltskonto" wurde also vom Bundesverfassungsgericht vom eigenständigen Tatbestandsmerkmal zum bloßen Indiz „zurückgestutzt", also zu einem von vielen denkbaren Beweisanzeichen (Indizien) dafür, ob zwischen den Ehegatten ein Arbeitsverhältnis wirklich besteht und vollzogen wird.

Diese Rechtsprechung sollte grundlegende Auswirkungen auf die generelle Beurteilung der steuerlichen Anerkennung auch von sonstigen Rechtsbeziehungen zwischen Angehörigen haben.[19] Allerdings haben die genannten Beschlüsse die Abgrenzung im Einzelfall nicht leichter gemacht: Mehr als bisher kommt es nunmehr bei der Frage der Anerkennung von Arbeitsverhältnissen auf eine „Gesamtschau" an, gegebenenfalls also auf die – mit entsprechenden Unsicherheiten behaftete – Abwägung des Für und Wider.[20] Hier können in manchen Fällen solche Gesichtspunkte, die an und für sich mehr am Rande liegen, im Rahmen dieser Gesamtabwägung letztendlich das „Zünglein an der Waage" spielen. Auch auf „Nebenschauplätzen" der Verträge darf daher vom Steuerpflichtigen, will er nicht die steuerliche Anerkennung riskieren, nicht „geschludert" werden. Die sorgfältige Vertragsabfassung und -durchführung – auch bei Nebenbestimmungen – hat damit verstärkte Bedeutung.

IV. Missbrauch von Gestaltungsmöglichkeiten

In den letzten Jahren ist bei der Beurteilung von Angehörigenverträgen verstärkt die Heranziehung einer Vorschrift zu beobachten, die zwar nicht speziell für Verträge mit Angehörigen, aber eben auch für diese gilt: § 42 AO.

§ 42 S. 1 AO lautet: „Durch Missbrauch von Gestaltungsmöglichkeiten des Rechts kann das Steuergesetz nicht umgangen werden." Ein Missbrauch ist immer dann gegeben, wenn eine rechtliche Gestaltung gewählt ist, die den wirtschaftlichen Vorgängen unangemessen ist. Dies ergibt sich aus der in § 42 S. 2 AO angeordneten Rechtsfolge: „Liegt ein Missbrauch vor, so entsteht der Steueranspruch so, wie er bei einer den wirtschaftlichen Vorgängen angemessenen rechtlichen Gestaltung entsteht."[21]

Grund für die Anordnung des § 42 AO ist der Umstand, dass das Steuerrecht „an sich" wirtschaftliche Vorgänge im Blick hat. Zu deren Erfassung muss es aber häufig im Steuertatbestand an zivilrechtlich formierte Tatbestände anknüpfen. Denn nicht selten lassen sich anders die

---

19   So schon kurz darauf ausdrücklich das Schleswig-Holsteinische FG v. 26.09.1996, V 373/96, EFG 1997, 1375 für den Darlehensvertrag zwischen einer Kommanditgesellschaft und den volljährigen Kindern des Komplementärs. Speziell zu Mietverträgen zwischen Angehörigen Drenseck in Schmidt, § 21 Rn. 65, Stichwort „Angehörige".
20   Nach Hoffmann, DStR 1997, 649, sollte das Schlagwort nunmehr lauten: „Weg von der Typisierung, hin zur Einzelfallgerechtigkeit".
21   Der Referentenentwurf zum Jahressteuergesetz 2008 sieht aktuell eine nochmalige Verschärfung der Missbrauchsregelung vor. § 42 AO soll danach lauten: „Wird eine zu einem Steuervorteil führende rechtliche Gestaltung gewählt, für die keine beachtlichen außersteuerlichen Gründe nachgewiesen werden, entsteht der Steueranspruch so, wie er bei einer vom Gesetzgeber bei seiner Regelung vorausgesetzten rechtlichen Gestaltung entstanden wäre. Beachtliche außersteuerliche Gründe liegen vor, wenn die Gestaltung von verständigen Dritten in Anbetracht des wirtschaftlichen Sachverhalts und der wirtschaftlichen Zielsetzung ungeachtet des Steuervorteils gewählt worden wäre. Ist es schwierig nachzuweisen, dass beachtliche außersteuerliche Gründe vorliegen, können sich der Steuerpflichtige und die Finanzbehörde darüber verständigen, inwieweit die gewählte Gestaltung steuerlich zu berücksichtigen ist; die Verständigung bedarf der Einwilligung des Bundesministeriums der Finanzen."

wirtschaftlichen Vorgänge, auf welche die Steuertatbestände eigentlich abzielen, nicht erfassen. Dies ermöglicht dem Steuerpflichtigen, durch eine andersartige und möglicherweise atypische zivilrechtliche Gestaltung des angestrebten wirtschaftlichen Vorgangs, die Verwirklichung des Steuertatbestandes zu vermeiden und so der Steuerpflicht zu entgehen. Genauso kann er durch eine atypische zivilrechtliche Gestaltung die Erfüllung eines Steuerbegünstigungstatbestandes erreichen und so an sich nicht für ihn bestimmte Steuervorteile erlangen.[22] Genau dies soll mit § 42 AO verhindert werden.

Zwar gilt § 42 AO für jedermann. Jedoch ist die Neigung und Gelegenheit zur Konstruktion atypischer zivilrechtlicher Gestaltungen zur Steuervermeidung bei Angehörigen größer.[23] Nicht selten sind solche Gestaltungen nämlich ihrer Atypizität wegen mit einem gewissen Verlust an Rechtssicherheit verbunden, die Angehörige eher hinzunehmen bereit sind als Fremde. So handelt beispielsweise missbräuchlich, wer seinem Kind einen zeitlich befristeten Nießbrauch, also ein umfassendes Nutzungsrecht an einem (selbstgenutzten) Hausgrundstück bestellt, um dasselbe anschließend wieder zurückzumieten.[24] Ebenso kann eine unangemessene Gestaltung gegeben sein, wenn ein (minderjähriges) Kind seinem Vater aus Mitteln, die es zuvor von der Mutter geschenkt erhielt, ein Darlehen gewährt, um in Gestalt der Zinsen für den Vater steuermindernde Werbungskosten zu schaffen.[25] Mit fremden Dritten wird man die vorstehend beispielhaft genannten Gestaltungen nicht durchführen: Das Risiko, die Wohnung nicht zurückvermietet zu erhalten und das Geld – das man einem fremden Dritten ohnehin nicht schenken würde – als Darlehen nicht wieder überlassen zu bekommen, ist zu groß.

Zur Vermeidung von Missverständnissen sei jedoch folgendes klargestellt: Eine Gestaltung ist keineswegs deshalb missbräuchlich, weil sie von fremden Dritten nicht gewählt würde. Der Fremdvergleich spielt im Rahmen des § 42 AO insbesondere für die Frage der Angemessenheit einer zivilrechtlichen Gestaltung keine Rolle. Unangemessen ist eine Gestaltung vielmehr dann, wenn sie ausschließlich der Steuerminderung dienen soll und durch vernünftige wirtschaftliche oder sonst beachtliche außersteuerliche Gründe nicht zu rechtfertigen ist.[26] Einer „fremdunüblichen" Schenkung kann durchaus ein beachtlicher außersteuerlicher Grund zugrunde liegen, der dann insgesamt die Gestaltung rechtfertigen und zur steuerlichen Anerkennung führen kann.

Bei Vertragsgestaltungen wird daher besonders darauf zu achten sein, dem Finanzamt bereits im Vertrag den außersteuerlichen Grund für die zivilrechtliche Gestaltung mitzuteilen. Dies fällt Angehörigen in der Regel sogar leichter als fremden Dritten. So kann ein Geburtstag, die Gleichstellung mit Geschwistern oder eine bestandene Prüfung durchaus ein beachtlicher außersteuerlicher Grund für eine fremdunübliche Schenkung sein und die steuerliche Diskriminierung der anschließenden Darlehensgewährung verhindern.

Andererseits bedeutet die grundsätzliche Unabhängigkeit der Missbrauchsnorm des § 42 AO vom Fremdvergleich, dass auch Verträgen, die einem Fremdvergleich standhalten, die Anerkennung wegen rechtsmissbräuchlicher Gestaltung versagt werden kann. So waren im obigen Beispielsfall der Schenkung mit anschließender Darlehensgewährung die Voraussetzungen der Angehörigenrechtsprechung durchaus erfüllt: Die Schenkung an die Tochter war vollzogen, die Tochter hatte die Verfügungsmacht über das Geld erhalten und konnte über die Darlehensgewährung frei entscheiden. Der Darlehensvertrag war auch zivilrechtlich wirksam

---

22   Kruse/Drüen in Tipke/Kruse, § 42 AO Rn. 12-14.
23   Zahlreiche Beispiele bei Kruse/Drüen in Tipke/Kruse, § 42 AO Rn. 24 ff.
24   BFH v. 18.10.1990, IV R 36/90, BStBl. II 1991, 25.
25   BFH v. 26.03.1996, IX R 51/92, BStBl. II 1996, 443.
26   Kruse/Drüen in Tipke/Kruse, § 42 AO Rn. 14 mit zahlreichen Nachweisen aus der Rechtsprechung. Kritisch hierzu Fischer in Hübschmann/Hepp/Spitaler, § 42 AO Rn. 31 ff..

abgeschlossen, entsprechend der Vereinbarung durchgeführt und hielt einem Fremdvergleich stand.[27] Jedoch gelang es der Familie nicht, zu erklären, warum die Mutter dem Ehemann nicht unmittelbar das Geld darlehensweise zur Verfügung gestellt hatte, sondern stattdessen der Umweg über die Tochter gewählt wurde. Mangels einer ausreichenden Begründung für diesen Umweg erkannte der Bundesfinanzhof jedoch einen von vornherein bestehenden Gesamtplan der Familie mit dem alleinigen Ziel der Erlangung steuerlicher Vorteile.[28] Er lehnte die steuerliche Anerkennung ab.

Ein Vertrag unter nahen Angehörigen hat also gleich zwei Prüfungen zu überstehen: zunächst die Überprüfung der Erfüllung der Voraussetzungen der Angehörigenrechtsprechung und sodann die Prüfung eines Gestaltungsmissbrauchs nach § 42 AO.

C. Arbeitsverträge

I. Beratungssituation: Mitarbeit von Familienangehörigen

Im Mittelstand, kleineren Handwerksbetrieben und Freiberuflerpraxen ist die Mitarbeit des 6 Ehegatten sehr häufig anzutreffen. Nicht selten arbeitet der Ehegatte „kostenlos" im Betrieb mit und partizipiert indirekt, nämlich über Unterhaltsleistungen oder durch sonstige Vermögensteilhabe[29] an den auch mit seiner Hilfe erwirtschafteten Gewinnen des geschäftsführenden Ehepartners. Alleine durch den Verzicht auf die Begründung eines Arbeitsverhältnisses verschenken die Ehegatten bares Geld.

Bis zum Jahre 2000 einschließlich bestand der hauptsächliche Steuerspareffekt in der Minderung der Gewerbesteuer: Ein an den mitarbeitenden Ehegatten oder das im Betrieb angestellte Kind gezahlte Gehalt konnte der Betriebsinhaber nämlich steuerlich als Betriebsausgabe geltend machen und damit, sofern er Einkünfte aus Gewerbebetrieb erzielte, seine Gewerbesteuerbelastung reduzieren. Durch das Steueränderungsgesetz 2001[30] wurde dann die pauschale Anrechnung der Gewerbesteuer auf die gewerblichen Einkünfte des Einkommensteuergesetzes angeordnet (§ 35 EStG). Dies geschieht – derzeit noch[31] – so, dass bei natürlichen Personen und Personengesellschaften oder anderen gewerbesteuerpflichtigen Mitunternehmerschaften das 1,8-fache des jeweils für den Veranlagungszeitraum festgesetzten Steuermessbetrages pauschal auf die tarifliche Einkommensteuer, die auf gewerbliche Einkünfte entfällt, angerechnet wird. Auf Kapitalgesellschaften und deren Einkünfte ist § 35 EStG nicht anzuwenden, so dass bei letzteren, insbesondere also der GmbH, der Gesichtspunkt der Ersparnis von Gewerbesteuer durch Begründung von Arbeitsverhältnissen mit Angehörigen unverändert gilt, nicht aber bei Einzelunternehmen und Personengesellschaften.

---

27 Anders noch die Vorinstanz FG Münster v. 21.01.1992, 6 K 2267/89 E, EFG 1992, 513.

28 BFH v. 26.03.1996, IX R 51/92, BStBl. II 1996, 443. Kritisch hierzu Korn, KÖSDI, 1996, 10804; Felix, KÖSDI, 1997, 11146.

29 Z.B. beim gesetzlichen Güterstand der Zugewinngemeinschaft spätestens im Falle der Ehescheidung in Gestalt des Zugewinnausgleichs!

30 Steueränderungsgesetz 2001 v. 20.12.2001, BGBl. I 2001, 3794

31 Mit der Unternehmensteuerreform 2008 wird die Gewerbesteuer nicht mehr als Betriebsausgabe behandelt und mindert damit auch nicht weiter wie bisher ihre eigene Bemessungsgrundlage. Der Anrechnungsfaktor wird sich aber von 1,8 auf 3,8 erhöhen.

Geblieben sind die „außergewerbesteuerlichen" Anlässe: Der Arbeitnehmerehegatte kann durch Inanspruchnahme des Arbeitnehmer-Pauschbetrages (§ 9a S. 1 Nr. 1 EStG) Einkommensteuer sparen. Derselbe Effekt ergibt sich auch bei anderen steuerfreien Leistungen.[32] Genannt seien hier etwa Jubiläumszuwendungen,[33] oder Ausgaben des Arbeitgebers für die Zukunftssicherung des Arbeitnehmers[34] (vgl. H 70 LStH 2007). Mit Gewährung einer Pensionszusage kann der Ehegatte steuerwirksam an der betrieblichen Altersversorgung beteiligt werden. Auch die versicherungsrechtlichen Vorteile sind beachtenswert: Als Arbeitnehmer ist der Ehegatte arbeitslosenversichert und in der Lage, Rentenanwartschaften zu bilden. Wie jeder Arbeitnehmer kann auch er vermögenswirksame Leistungen in Anspruch nehmen.

Steuerlich attraktiv kann schließlich auch die Anstellung des Ehegatten im Rahmen einer „geringfügigen Beschäftigung" sein. Hier kann sich insbesondere Steuerersparnispotential in Höhe des Differenzbetrages zwischen der höheren tariflichen Einkommensteuer der Ehegatten und der niedrigeren Besteuerung des geringfügig Beschäftigten ergeben.

Die Begründung eines Arbeitsverhältnisses mit dem Ehegatten hat schließlich, fernab aller steuerlichen und sonstigen Überlegungen, durchaus auch eine persönliche und psychologische Komponente: Die Ehefrau, die bislang ohne Arbeitsvertrag und ohne Entgelt „einfach so" im Betrieb ihres Ehegatten mitarbeitete, wird den Umstand, „eigenes Geld" zu verdienen und in Händen zu haben, auch insofern als angenehmer empfinden, als sie als „Mitverdiener" nicht mehr auf Unterhalt bzw. Haushaltsgeld ihres Mannes angewiesen ist.

Selbstverständlich gibt es in der Rechtswirklichkeit nicht nur Arbeitsverträge mit dem Unternehmer-Ehegatten, sondern auch mit sonstigen Angehörigen, insbesondere Kindern.[35] Der steuerliche Effekt für die Familie ist sogar größer, da es – wie bereits erläutert – kein „Familiensplitting" gibt und somit durch Verlagerung der Einkünfte auf die Kinder dieser Splittingeffekt erzielt werden kann. Die im Rechtsleben und – demgemäß – auch in der Rechtsprechung des Bundesfinanzhofs eindeutig größere Bedeutung haben jedoch Ehegatten-Arbeitsverhältnisse. Dies schlicht deshalb, weil Ehegatten oft unter der Erwägung, dass bei ihnen „letztendlich ja ohnehin alles in einen Topf kommt", das nötige steuerliche Bewusstsein vermissen lassen. Demgegenüber ist bei Kindern, auch schon bei Kindern in der Ausbildung, durchaus ein „natürliches Streben" nach Verdienstmöglichkeiten und damit ein echter Interessengegensatz vorhanden, der diese auf übliche Bezahlung und übliche Gestaltung drängen lässt. In der Praxis sind deshalb aus dem Bereich der Arbeitsverhältnisse mit Kindern in erster Linie problematisch und daher gerichtsnotorisch geworden die Arbeitsverhältnisse, die sich mit geringfügigen oder gelegentlichen Hilfeleistungen oder Verrichtungen (meist jüngerer) Kinder im elterlichen Betrieb befassten. Des Weiteren sind typischerweise strittig geworden die vom Betrieb des „Unternehmer-Elternteils" weiter gezahlte Vergütung während einer Fortbildung, speziell Meisterausbildung eines Kindes.[36]

---

32 Natürlich unter der weiteren Voraussetzung, dass diese nicht nur dem Arbeitgeber-Ehegatten zugute kommen, sondern allgemein im Betrieb üblich sind! Dazu noch unten § 2, Rn. 10.

33 Seit 1999 sind allerdings nur noch steuerfrei bestimmte Belohnungen im Rahmen von Betriebsveranstaltungen (R 70 Abs. 2 Nr. 3 LStR 2005: Arbeitnehmer-Jubiläen bis 110,00 € zuzüglich Geschenke bis zu 40,00 €; R 72 LStR 2005: Betriebsausflüge bis 110,00 € je Veranstaltung und Arbeitnehmer).

34 § 3 Nr. 62 EStG; unter diese Vorschrift fallen insbesondere die Arbeitgeberanteile zur Rentenversicherung, Krankenversicherung, Pflegeversicherung und Arbeitslosenversicherung. Der Arbeitgeber kann sie als Betriebsausgaben absetzen, während bei seinem Ehegatten ein Zufluss von Arbeitslohn gerade nicht vorliegt. Zu Einzelheiten vgl. auch R 24 LStR 2005.

35 Vgl. H 4.8 „Arbeitsverhältnis mit Kindern" EStH 2005 sowie R 4.8 Abs. 3 EStR 2005.

36 Vgl. dazu etwa H 4.8 „Bildungsaufwendungen" EStH 2005, siehe auch BFH v. 29.10.1997, X R 129/94, DStRE 1998, 119.

II.   Schriftform

Die Schriftform sollte für Ehegattenarbeitsverträge selbstverständlich sein, zumal die Schriftform **7** für Arbeitsverträge vom Nachweisgesetz gefordert wird. Ungeachtet des steuerlichen Hintergrundes schafft die Schriftform auch in solchen Fällen Klarheit, an die man bei Vertragsabschlüssen zwischen Ehegatten normalerweise nicht denkt. Wird etwa der Betrieb veräußert und gehen – unter den Voraussetzungen des § 613a BGB – die Arbeitsverhältnisse auf den Erwerber über, so ist es für Übergeber und Erwerber einfacher, wenn sich die Arbeitsbedingungen der zu übernehmenden Arbeitnehmer aus schriftlichen Arbeitsverträgen ablesen lassen. Dies gilt nicht speziell, sehr wohl aber auch im Hinblick auf mitarbeitende Familienangehörige. Auch im Falle der Scheidung, wenn sich die Ehegatten dann auf einmal nicht nur „wie Fremde", sondern vielleicht noch feindseliger als Fremde gegenüberstehen, sind klare und schriftlich abgefasste Vertragsbestimmungen problemreduzierend.

III.   Inhalt des Arbeitsvertrages

1.   Tätigkeit

Die Praxis zeigt, dass in praktisch allen (schriftlichen) Arbeitsverträgen unter Fremden die **8** von dem Arbeitnehmer geschuldete Tätigkeit umschrieben wird. Dabei reicht der Umfang der Tätigkeitsbeschreibung von der Angabe einer bestimmten Berufsbezeichnung („Bürovorsteherin") über die kurze Beschreibung der wesentlichen Aufgaben („Organisation und Durchführung unseres Materialeinkaufs") bis hin zur detaillierten Tätigkeitsbeschreibung, gegebenenfalls durch Inbezugnahme auf eine dem Arbeitsvertrag beigefügte Anlage. Wie präzise die Umschreibung sein muss, richtet sich zum einen nach dem tatsächlichen Abgrenzungsbedarf,[37] zum anderen nach der betrieblichen Übung.

Anerkennungsprobleme ergeben sich bei sog. untergeordneten Tätigkeiten. So hat der Bundesfinanzhof beispielsweise entschieden, dass die Verpflichtung zur Reinigung des häuslichen Arbeitszimmers eines Arbeitnehmers (der dann insoweit gleichzeitig Arbeitgeber gewesen wäre!) jedenfalls nicht Gegenstand eines Arbeitsverhältnisses mit seinem Ehegatten sein könne.[38]

Sieht man sich weitere Entscheidungen an, bei denen es um „untergeordnete Tätigkeiten" ging, so stellt man fest, dass es sich durchweg um Tätigkeiten handelte, die sich auch räumlich und organisatorisch nicht innerhalb einer betrieblichen Organisation abspielten, sondern mehr oder weniger im privaten Bereich, so etwa bei der Reinigung von zwei vermieteten Zimmern durch die Tochter, bei der Pflege und Wartung des Rasens bei einem Mietwohngrundstück oder dergleichen.[39] Wohl nicht ganz zu Unrecht hat der Bundesfinanzhof derartigen „untergeordneten Tätigkeiten"

---

37   Obliegt beispielsweise dem Arbeitnehmer-Ehegatten die gesamte Buchführung, so genügt die Bezeichnung „als Buchführungskraft" oder „Dem Arbeitnehmer obliegt die betriebliche Buchführung". Sind demgegenüber in der Buchhaltung des Betriebes daneben mehrere (fremde) Personen tätig und soll der Ehegatte zusätzlich bestimmte Arbeiten aus diesem Bereich übernehmen, so ist eine weitergehende Präzisierung erforderlich (etwa: „Dem Arbeitnehmer obliegt die gesamte buchhalterische Betreuung unserer im europäischen Ausland tätigen Handelsvertreter einschließlich deren Provisionsabrechnung."). Das FG Niedersachsen (Urteil v. 18.01.1994, NWB 1994, Fach 1, S. 68) ließ die Tätigkeitsumschreibung „Bürogehilfe" genügen.
38   BFH v. 27.10.1978, VI R 166, 173, 174/76, BStBl. II 1979, 80.
39   Vgl. auch Nacke in Littmann/Bitz/Pust, §§ 4, 5 Anh. 4 „Angehörigenverträge" mit weiteren Nachweisen.

die Anerkennung mit der Begründung versagt, dass sie üblicherweise auf familienrechtlicher Grundlage erbracht würden.[40]

Im Hinblick auf die Tätigkeitsumschreibung erlangt die Anerkennungsvoraussetzung der „tatsächlichen Durchführung" des Vereinbarten besondere Bedeutung. Erforderlich ist jedenfalls – diese Feststellung erscheint trivial, ist aber trotzdem angebracht –, dass der Arbeitnehmer-Ehegatte eine tatsächliche Arbeitsleistung im Betrieb bzw. für den Betrieb des Arbeitgeber-Ehegatten überhaupt erbringt. Steht der „Arbeitnehmer-Ehegatte" nur „auf dem Papier", hat er also – vielleicht abgesehen von seiner Teilnahme an der betrieblichen Weihnachtsfeier – den Betrieb nie von innen gesehen,[41] so wird diese Gestaltung möglicherweise nicht nur Folgen bei der Steuerveranlagung haben: Ein nur auf dem Papier stehendes Arbeitsverhältnis, das auch von vornherein als solches gedacht war, dessen Folgen in der Steuererklärung aber dennoch so gezogen werden, als sei es ernsthaft gemeint und tatsächlich durchgeführt worden, erfüllt regelmäßig zugleich den Tatbestand der Steuerhinterziehung.

Für die steuerliche Anerkennung eines Ehegatten-Arbeitsverhältnisses genügt es freilich nicht, dass irgendeine Arbeitsleistung tatsächlich von dem Ehegatten erbracht wird. Es muss sich vielmehr um die vertraglich vereinbarte Arbeitsleistung handeln.[42] Wurde also beispielsweise die Ehefrau als gelernte Buchhalterin im Damenoberbekleidungsgeschäft ihres Mannes laut schriftlichem Arbeitsvertrag zunächst auch in dieser Funktion eingestellt, tendierte sie aber dann nach und nach mehr zum Bereich Einkauf und wurde sie schließlich, nachdem die Buchhaltung außer Haus gegeben wurde, ausschließlich im Einkauf des mittlerweile auch größer gewordenen Geschäfts ihres Mannes tätig, wobei man schlicht „vergaß", die Tätigkeitsbeschreibung im Anstellungsvertrag anzupassen, so könnte durchaus alleine hieran die Anerkennung scheitern.

Die Abweichung zwischen dem Vereinbarten und dem dann schließlich tatsächlich Durchgeführten bewegt sich nämlich in diesem Beispielsfall keineswegs im Rahmen des Üblichen oder im Rahmen des Direktionsrechts des Arbeitgebers, sondern sie ist wesentlich. Derartige „wesentliche Abweichungen" zwischen Vereinbarung und Durchführung aber bewirken grundsätzlich die steuerliche Nichtanerkennung.[43] Dies gilt auch dann, wenn die Durchführung in der praktizierten Form bei entsprechender Vereinbarung (hier also: Erledigung des Wareneinkaufs) nicht zu beanstanden gewesen wäre.[44] Grundsätzlich ist zu empfehlen, das Direktionsrecht im Vertrag im Zweifel weiter zu fassen.

---

40 BFH v. 27.10.1978, VI R 166, 173, 174/76, BStBl. II 1979, 80; BFH v. 9.12.1993, IV R 14/92, BStBl. II 1994, 298; dazu etwa Nacke in Littmann/Bitz/Pust, §§ 4, 5 Anh. 4 „Angehörigenverträge" Rn. 10 ff.

41 Es soll schon vorgekommen sein, dass die – unbefangene oder auch gezielte – Frage des Betriebsprüfers, wo im Buchhaltungsbüro denn eigentlich der Arbeitsplatz der Ehefrau des Inhabers sei, der sich laut Arbeitsvertrag eigentlich doch dort befinden müsse, von einem durchaus schon längere Zeit im Innendienst des Betriebes tätigen Angestellten damit beantwortet wurde, er kenne die Ehefrau seines Chefs überhaupt nicht. Dass alleine mit dieser Antwort – Aufrichtigkeit und zutreffende Beobachtung des entsprechenden Arbeitnehmers unterstellt – das steuerliche Schicksal des Ehegatten-Arbeitsverhältnisses besiegelt ist, bedarf keiner weiteren Darlegung. Auch die Vernehmung des Angehörigen selbst zur Feststellung des Sachverhaltes kommt naturgemäß in Betracht.

42 Vgl. auch R 4.8 Abs. 1 EStR 2005, wo ausgeführt ist, dass die Arbeitsverhältnisse zwischen Ehegatten „entsprechend der Vereinbarung tatsächlich ausgeführt werden" müssen.

43 Fichtelmann, Beteiligung von Angehörigen, Rn. 1651.

44 Fichtelmann, Beteiligung von Angehörigen, Rn. 1651; ob dies auch nach den grundlegenden Beschlüssen des Bundesverfassungsgerichts zum „Oder-Konto" noch gelten kann, erscheint zumindest zweifelhaft. Immerhin hat das Bundesverfassungsgericht (im Beschluss v. 19.12.1995 – ZIP 1996, 244 ging es sogar um ein Oberbekleidungsgeschäft) entschieden, wenn ein Arbeitsverhältnis ernstlich vereinbart, tatsächlich erfüllt und angemessen entgolten werde, bedürfe es keiner weiteren Feststellungen und Beweise.

❶ Praxishinweis:

Der Ehegatten-Arbeitsvertrag sollte in regelmäßigen Zeitabständen auf seine Aktualität überprüft und im Bedarfsfalle angepasst werden.

2. Arbeitszeit

Die Dauer der Arbeitszeit obliegt – im Rahmen des Arbeitszeitgesetzes – der freien Vereinbarung 9
der Parteien. Üblich und praktikabel ist die Vereinbarung einer bestimmten Arbeitszeit pro
Zeiteinheit Woche. Wenn die Parteien nichts ausdrückliches vereinbaren, ist anzunehmen, dass
sie die im Betrieb übliche Arbeitszeit vereinbaren wollten.

Soweit ersichtlich, liegen keine Gerichtsentscheidungen vor, bei denen die steuerliche Anerkennung
eines Ehegatten-Arbeitsverhältnisses daran scheiterte, dass der vereinbarte (und durchgeführte)
Umfang der Arbeitszeit als „zu hoch" und (damit) als unüblich angesehen wurde. Die steuerliche
Anerkennung eines Arbeitsvertrages dürfte auch nicht am Fehlen einer (schriftlichen) Arbeitszeit-
Vereinbarung scheitern. Allerdings würde, wenn sich in den Arbeitsverträgen der anderen
Arbeitnehmer entsprechende Bestimmungen finden, sich das Fehlen im Ehegatten-Arbeitsvertrag
zumindest als „Negativ-Indiz" auf der Waagschale der Beweisanzeichen auswirken.

3. Vergütung

Bei Verträgen zwischen Ehegatten fehlt es gerade im Hinblick auf die Findung der „angemessenen" 10
Vergütung an einem ansonsten unter Fremden natürlichen Interessengegensatz.[45] Tendenziell
jedenfalls wird das Interesse der Ehegatten darauf gerichtet sein, die Arbeitsvergütung eher
zu hoch als zu niedrig anzusetzen. Dieser Tendenz der Angehörigen (Ehegatten) begegnet die
Finanzverwaltung naturgemäß mit Misstrauen.[46] Deshalb gilt: Wird eine konkrete Regelung über
die Höhe des Arbeitsentgeltes nicht getroffen, ist die steuerliche Anerkennung grundsätzlich zu
versagen. Zu Beweiszwecken sollte deshalb auch die Vereinbarung über die Vergütung, ebenso wie
der gesamte Vertrag, schriftlich abgefasst werden. Die Vereinbarung des Gehaltes sollte zudem so
konkret sein, dass es entweder unmittelbar aus ihm ablesbar ist („Bestimmtheit") oder dass es
sich mindestens aus dem Arbeitsvertrag, gegebenenfalls in Verbindung mit tarifvertraglichen
oder gesetzlichen Regelungen „bis auf den letzten Cent" errechnen lässt („Bestimmbarkeit"),
beispielsweise „monatlich € 1.365 brutto" oder „eine Vergütung gemäß Gruppe II, b des
Tarifvertrages XY in seiner jeweils gültigen Fassung".

Wie bereits dargestellt, muss bei Verträgen unter Angehörigen die Vertragsgestaltung und ihre
Durchführung dem zwischen Fremden Üblichen entsprechen (so genannter Fremdvergleich).
Dies gilt im Besonderen im Hinblick auf das Arbeitsentgelt. Damit ist sogleich die weitere Frage
aufgeworfen: Welches ist der Maßstab, nach dem die Angemessenheit zu bestimmen ist? Hier gilt:
In erster Linie ist durchzuführen ein betriebsinterner Vergleich, also ein Vergleich mit anderen
Arbeitnehmern desselben Betriebes.[47]

Der interne Betriebsvergleich muss aber versagen, wenn – ausnahmsweise – der Ehegatte der
einzige Arbeitnehmer des Betriebes ist bzw. werden soll oder aber – in der Praxis häufiger –, wenn

---

45 Dass dies durchaus nicht immer so sein muss, ändert nichts an der Richtigkeit der grundsätzlichen Feststellung.
46 Vgl. etwa Bilsdorfer, Der steuerliche Fremdvergleich bei Vereinbarungen unter nahe stehenden Personen, 1996, 38.
47 BFH v. 10.03.1993, I R 118/91, BStBl. II 1993, 64.

der Betrieb zwar durchaus mehrere Arbeitnehmer beschäftigt, deren Tätigkeit aber nicht mit der (geplanten bzw. vertraglich zu regelnden) Mitarbeit des Ehegatten vergleichbar ist. In diesen Fällen, praktisch also „hilfsweise", ist dann der betriebsexterne Vergleich heranzuziehen.[48] Dies bedeutet: Heranzuziehen sind die Vergütungen, die in vergleichbaren Betrieben, also Betrieben derselben Branche und nach Möglichkeit ähnlicher Größenordnung, üblich sind. Gegebenenfalls oder ergänzend kann auch auf statistisches Material zurückgegriffen werden.[49]

Festgehalten sei auch an dieser Stelle, dass der Begriff „Entgelt" nicht gleichgestellt werden darf mit dem regelmäßig zu zahlenden Barlohn, auch nicht mit dem regelmäßigen Lohn, bestehend aus Barlohn und Sachleistungen, sondern mit der dem Arbeitnehmer-Ehegatten aus dem Arbeitsverhältnis zufließenden „Gesamtvergütung", wozu durchaus auch einmalige Leistungen (zum Beispiel Gratifikationen) sowie auch Aufwendungen zur Altersversorgung des Arbeitnehmers gehören.

Unterschiedlich sind die Rechtsfolgen, wenn der Fremdvergleich zeigt, dass ein unüblich niedriges oder ein unüblich hohes Entgelt vereinbart wurde.

Ist das Arbeitsentgelt (ausnahmsweise) so niedrig, dass es überhaupt nicht als Gegenleistung für eine begrenzte Tätigkeit des Arbeitnehmer-Ehegatten angesehen werden kann (Stichwort: „Taschengeld" bzw. „kein Rechtsbindungswille"), so ist das gesamte Arbeitsverhältnis steuerlich nicht anzuerkennen. Ist dagegen die Arbeitsvergütung zwar „unüblich niedrig", ist aber ein rechtsgeschäftlicher Bindungswille gleichwohl zu bejahen, so ist die Gesamtentgeltzahlung steuerlich anzuerkennen. Soweit in diesen Fällen der Arbeitnehmer-Ehegatte ein Mehr an Dienstleistung erbrachte, als ein fremder Arbeitnehmer dies bei gleichem Gehalt getan hätte, ist seine Mehrleistung – insoweit dann zwar nicht steuerwirksam, für die tatsächliche Zahlung aber auch steuerunschädlich – als auf familienrechtlicher Grundlage erbracht anzusehen. Die Zahlung eines überhöhten (also insoweit dem Fremdvergleich nicht genügenden) Entgelts führt grundsätzlich nicht zur Nichtanerkennung des gesamten Arbeitsverhältnisses.[50] Anzuerkennen ist der „gerade noch übliche" Teil der Gehaltszahlung („soweit"), nicht anzuerkennen und als ausschließlich privat veranlasst anzusehen ist der darüber hinausgehende überhöhte Teil des Arbeitsentgeltes.

Auch im Hinblick auf die Lohnzahlung ist auf die „tatsächliche Durchführung" zu achten. Das bedeutet nicht nur, dass der vereinbarte Lohn irgendwann und irgendwie gezahlt wird, sondern es ist erforderlich, dass er an den vereinbarten Lohnzahlungszeitpunkten dergestalt an den Arbeitgeber-Ehegatten ausgezahlt wird, dass er tatsächlich auch in dessen alleinigen Verfügungsbereich gerät. Wenn der Arbeitnehmer-Ehegatte nicht ohnehin über ein eigenes Girokonto (Gehaltskonto) verfügt, sollte ein solches spätestens vor Fälligkeit der ersten Gehaltszahlung eingerichtet werden. Auf dieses Gehaltskonto – und ausschließlich hierauf – sollten dann sämtliche Lohnzahlungen erfolgen. Damit ist die Trennung der Vermögenssphären der Ehegatten im Hinblick auf den neuralgischen Punkt „Arbeitsentgelt" hergestellt. Wer in Anbetracht der Rechtsprechung des Bundesverfassungsgerichts zu den „Oder-Konten" glaubt oder sich durch sie erst veranlasst sieht, ein „Oder-Konto" einzurichten und das Gehalt darauf zu überweisen, beweist nicht Rechtskenntnis, sondern belegt, dass er das Urteil des Bundesverfassungsgerichts nicht verstanden hat: Ohne Not schafft er nämlich eine negative Indiztatsache, die zwar für sich alleine nicht zur Nichtanerkennung des Arbeitsvertrages führt, wohl aber zusammen mit anderen negativen

---

48   Vgl. BFH v. 27.11.1989, GrS 1/88, BStBl. II 1990, 160, 164.
49   BFH v. 20.03.1980, IV R 53/77, BStBl. II 1980, 450, 452.
50   Extremfälle sind natürlich auch hier denkbar, wenn ein im Verhältnis zur Arbeitszeit bzw. Arbeitsleistung völlig „utopisches" Gehalt vereinbart wird, das offenbar nicht ernst gemeint sein kann!

Indizien durchaus zur Nichtanerkennung führen. Zur Einhaltung der Lohnzahlungszeitpunkte empfiehlt es sich, einen Dauerauftrag für die Lohnzahlung zu erteilen oder aber, wenn eine entsprechende betriebliche Organisation besteht, selbstverständlich auch die Lohnzahlung an den Ehegatten in gleicher Weise abzuwickeln wie bei den anderen Arbeitnehmern. Skeptisch begegnet die Finanzverwaltung auch Gestaltungen in denen dem Arbeitnehmer-Ehegatten das Gehalt überhaupt nicht ausgezahlt wird und (etwa im Rahmen einer Außenprüfung) dem Finanzamt ein Darlehensvertrag vorgelegt wird, aus dem zu entnehmen ist, dass das Gehalt überhaupt nicht ausgezahlt, sondern sogleich wieder als Darlehen dem Betrieb zur Verfügung gestellt wurde. Zwar sind auch unter Familienangehörigen Arbeitnehmerdarlehen grundsätzlich zulässig. Jedoch sollte der Arbeitslohn – pünktlich und wie vereinbart – zunächst einmal zur Auszahlung gelangen, und zwar auf ein eigenes Konto des Arbeitnehmer-Ehegatten. Wenn dieser anschließend aus eigenen Mitteln (wozu er selbstverständlich auch die erhaltenen Lohnzahlungen verwenden kann) seinem Arbeitgeber-Ehegatten ein Darlehen gewährt, das im übrigen die Voraussetzung seiner steuerlichen Anerkennung erfüllt, ist zum einen dieses Darlehen anzuerkennen und kann weiterhin von diesem Darlehensvertrag auch keine „schädliche Infektionswirkung" auf die steuerliche Anerkennung des Arbeitsvertrages ausgehen.

4. Altersversorgung

Die Gewährung einer betrieblichen Altersversorgung gewinnt bei der Begründung von Arbeitsverhältnissen zunehmend an Bedeutung. Die gängigen Instrumente hierfür sind vor allem Pensionszusagen und Direktversicherungen.[51] In der Rechtswirklichkeit haben sich Pensionszusagen vor allem bei größeren Betrieben (sei es direkt oder über eine betriebliche Versorgungseinrichtung) etabliert,[52] während bei kleineren und mittleren Betrieben Direktversicherungen im Vordergrund stehen.

a) Pensionszusage

Wenn von der steuerlichen Anerkennung einer Pensionszusage[53] die Rede ist, so meint dies die Frage, ob der Arbeitgeber für seine Verpflichtung wegen dieser Zusage eine Rückstellung nach § 6a EStG bilden darf.

Die im Zusammenhang mit der steuerlichen Anerkennung von Pensionszusagen stehenden Fragen sind vielgestaltig und vielschichtig. Hier muss auf weiterführende Literatur verwiesen werden.[54] Da die steuerliche Anerkennung einer dem Arbeitgeber-Ehegatten erteilten Pensionszusage naturgemäß nur in Betracht kommt, wenn die allgemeinen Voraussetzungen der steuerlichen Anerkennung gegeben sind, sind praktisch zwei Prüfungsschritte auseinanderzuhalten:

▪ Zu prüfen und zu beachten sind zunächst die allgemeinen Voraussetzungen für die Anerkennung einer Pensionsrückstellung, so wie sie auch bei fremden Arbeitnehmern gelten würden.

---

51 Auf die Sonderprobleme der Zuwendungen an Pensionskassen (§ 4c EStG) und Unterstützungskassen (§ 4d EStG) soll hier nicht eingegangen werden.

52 Die in den Bilanzen der Großunternehmen für die betriebliche Altersversorgung gebildeten Rückstellungen übersteigen vielfach das Grundkapital, Nachweise etwa bei Schaub, § 80 Rn. 11.

53 Mit Pensionszusage ist hier und im Folgenden die nicht selten auch als „Direktzusage" bezeichnete Zusage gemeint, bei der der Arbeitgeber selbst der Verpflichtete ist. Wegen der Begriffsähnlichkeit zur Direktversicherung, bei der der Arbeitgeber Versicherungsnehmer und der Arbeitnehmer versicherte Person und Bezugsberechtigter ist, wird für die hier gemeinte Zusage jedoch generell nicht der Begriff „Direktzusage", sondern „Pensionszusage" verwandt.

54 Schrifttumshinweise bei Weber-Grellet in Schmidt, § 6a. Zu der Frage der Anerkennung von Pensionszusagen einer Kapitalgesellschaft an (beherrschende) Gesellschafter oder an diesen nahestehende Personen vgl. § 1 Rn. 51.

■ Es folgt sodann in einem zweiten Schritt die Prüfung der zusätzlichen Voraussetzungen, die Finanzverwaltung und Rechtsprechung für die Anerkennung einer Ehegatten-Pensionszusage stellen.

Die allgemeinen Voraussetzungen (erster Schritt) für die steuerliche Anerkennung einer Pensionszusage ergeben sich aus § 6a EStG, den hierzu ergangenen Richtlinien und Hinweisen,[55] sowie aus den zu bestimmten Einzelfragen ergangenen Schreiben des Bundesministers der Finanzen.[56]

Die speziellen Voraussetzungen der steuerlichen Anerkennung von Pensionszusagen an den mitarbeitenden Ehegatten hat die Finanzverwaltung in zwei BMF-Schreiben, nämlich dem vom 4. September 1984[57] und dem vom 09.01.1986[58] zusammengefasst.

aa)   Anerkennung von Pensionszusagen dem Grunde nach

13   Es können Pensionsrückstellungen gebildet werden, wenn

■ eine ernstlich gewollte, klar und eindeutig vereinbarte Verpflichtung vorliegt,

■ die Zusage dem Grunde nach angemessen ist und

■ der Arbeitgeber-Ehegatte auch tatsächlich mit der Inanspruchnahme aus der gegebenen Pensionszusage rechnen muss.[59]

Bei der Prüfung der oben genannten (drei) Voraussetzungen für die steuerliche Anerkennung dem Grunde nach geht die Finanzverwaltung allerdings nicht schrittweise vor, sondern sie bejaht eine „ernstlich gewollte (erstes Prüfkriterium) und dem Grunde nach angemessene" (zweites Prüfkriterium) Pensionszusage dann, „wenn

■ familienfremden Arbeitnehmern eine vergleichbare Pensionszusage eingeräumt oder zumindest ernsthaft angeboten worden ist und diese Arbeitnehmer

■ nach ihren Tätigkeits- und Leistungsmerkmalen mit dem Arbeitnehmer-Ehegatten vergleichbar sind oder eine geringwertigere Tätigkeit als der Arbeitnehmer-Ehegatte ausüben,

■ im Zeitpunkt der Pensionszusage oder des entsprechenden ernsthaften Angebotes dem Betrieb nicht wesentlich länger angehört haben als der Arbeitnehmer-Ehegatte in dem Zeitpunkt, in dem ihm die Pensionszusage erteilt wird und

■ kein höheres Pensionsalter als der Arbeitnehmer-Ehegatte haben".[60]

Sind im Betrieb keine weiteren (vergleichbaren) Arbeitnehmer beschäftigt, fehlt es also an der Möglichkeit des „internen Betriebsvergleichs", so wird eine Pensionszusage an den Arbeitnehmer-Ehegatten nur dann steuerlich anerkannt, wenn eine hohe Wahrscheinlichkeit dafür spricht, dass der Arbeitgeber auch einem vergleichbaren fremden Arbeitnehmer eine solche Versorgung

---

55 R 6a EStR 2005 sowie H 6a EStH 2005.

56 Vgl. hierzu auch folgende Schreiben des BMF: „Schreiben betr. steuerrechtliche Fragen der betrieblichen Altersversorgung; hier: Auswirkungen der durch das Bilanzrichtlinien-Gesetz geänderten handelsrechtlichen Vorschriften" v. 13.03.1987, BStBl. I 1987, 365; „Schreiben betr. Berücksichtigung von Renten aus der gesetzlichen Rentenversicherung bei der Bewertung von Pensionsrückstellungen und bei der Ermittlung der als Betriebsausgaben abzugsfähigen Zuwendungen an Unterstützungskassen" v. 16.12.2005, BStBl. I 2005, 1056, „Schreiben betr. Pensionsrückstellungen für betriebliche Teilrenten" v. 25.04.1995, BStBl. I 1995, 250.

57 Schreiben betr. steuerliche Behandlung von Aufwendungen des Arbeitgebers für die betriebliche Altersversorgung des im Betrieb mitarbeitenden Ehegatten, BStBl. I 1984, 495.

58 Schreiben betr. steuerrechtliche Behandlung von Aufwendungen des Arbeitgebers für die betriebliche Altersversorgung des im Betrieb mitarbeitenden Ehegatten, BStBl. I 1986, 7.

59 So Abschn. I Abs. 1 S. 1 des BMF v. 04.09.1984, BStBl. I, 1984, 495 und (wortgleich) H 6a Abs. 9 EStH 2005; bestätigt durch BFH v. 20.11.2002, X B 6/02, BFH/NV 2003, 318.

60 BMF v. 04.09.1984, BStBl. I 1984, 495, Abschn. I Abs. 2 S. 1; vgl. auch BFH v. 10.12.1992, IV R 118/90, BStBl. II 1994, 381 sowie BFH v. 10.03.1993, I R 118/91, BStBl. II 1993, 64.

eingeräumt haben würde. Letzteres ist etwa dann der Fall, wenn der Arbeitnehmer-Ehegatte die Tätigkeit eines ausgeschiedenen fremden Arbeitgebers ausübt, dem eine Pensionszusage gewährt oder ernsthaft angeboten worden war.[61] Des weiteren ist die betriebliche Veranlassung auch ohne (internen) Betriebsvergleich zu bejahen, wenn der Arbeitnehmer-Ehegatte von der Sozialversicherung freigestellt ist und die zugesagte Altersversorgung bei einem im übrigen steuerlich anzuerkennenden Arbeitsverhältnis anstelle der Sozialversicherungsrente treten soll.[62]

Weitere Einzelfälle:

- ◼ Wird außer der Pension kein Arbeitslohn gezahlt (so genannte „Nur-Pensionszusage"[63]), so ist diese steuerlich grundsätzlich nicht anzuerkennen.[64]

- ◼ Entsprechendes gilt bei einer bloßen Aushilfs- oder Kurzbeschäftigung des Arbeitnehmer-Ehegatten.[65]

- ◼ Handelt es sich um eine Teilzeitbeschäftigung, so sind Pensionszusagen an den Ehegatten nur dann anzuerkennen, wenn deren Gewährung an Teilzeitbeschäftigte im Betrieb üblich ist (interner Betriebsvergleich) oder ausnahmsweise eine hohe Wahrscheinlichkeit dafür spricht, dass der Steuerpflichtige eine solche Versorgungszusage auch einem teilzeitbeschäftigten familienfremden Arbeitnehmer erteilt hätte.[66]

- ◼ Nicht anzuerkennen ist eine Pensionszusage auch dann, wenn als Pensionsaltersgrenze für den Ehemann eine solche unter 63 oder für die Ehefrau eine solche unter 60 Jahren festgelegt ist, es sei denn, dass ein entsprechendes oder niedrigeres Pensionsalter auch bei familienfremden Arbeitnehmern im Betrieb üblich ist.[67]

Der Fremdvergleich erstreckt sich allerdings nicht nur auf die Pensionsaltersgrenze, sondern auch darauf, ob einem fremden Arbeitnehmer, der im Zeitpunkt der Zusage dasselbe Alter („Zusagealter") wie der Ehegatte hätte, eine solche Zusage noch erteilt worden wäre.[68]

Schließlich ist für die Frage der Anerkennung dem Grunde nach noch das dritte Merkmal zu prüfen, nämlich dass der Arbeitgeber-Ehegatte auch tatsächlich mit einer Inanspruchnahme aus der gegebenen Pensionszusage rechnen muss. Dieses Merkmal tritt insbesondere in den Vordergrund bei Einzelunternehmen, die nach Art und Größe weitgehend von der Arbeitskraft des Arbeitgeber-Ehegatten abhängen.[69] Anhaltspunkt für die Sicherstellung der späteren Pensionszahlung kann dabei insbesondere der Abschluss einer Rückdeckungsversicherung sein[70],

---

61 BMF v. 04.09.1984, BStBl. I 1984, 495, Abschn. I Abs. 2 S. 1; dazu, dass eine betriebliche Veranlassung für eine Pensionszusage an nahe Angehörige nicht alleine deshalb zu verneinen ist, weil keine fremden Arbeitnehmer im Betrieb des Steuerpflichtigen beschäftigt sind und auch extern keine vergleichbaren Beschäftigungsverhältnisse ermittelt werden können, vgl. BFH v. 18.12.2001, VIII R 69/98, BStBl. II, 2002, 353 sowie BFH v. 29.10.1997, I R 52/97, BStBl. II 1999, 318.

62 Vgl. BFH v. 10.03.1993, I R 118/91, BStBl. II 1993, 604; BFH v. 10.12.1992, IV R 118/90, BStBl. II 1994, 381. In diesen Fällen können bei der Bemessung der Rückstellungen die Arbeitgeberanteile, die bei Bestehen der Sozialversicherungspflicht zu entrichten wären, mit einbezogen werden, vgl. BFH v. 08.12.1988, IV R 143-144/86, BFH/NV 1990, 21.

63 BFH v. 25.07.1995, VIII R 38/93, BStBl. II 1996, 153.

64 BFH v. 23.02.1984, IV R 148/81, BStBl. II 1984, 551.

65 BMF v. 04.09.1984, BStBl. I 1984, 495, Abschn. I. Abs. 3.

66 BMF v. 04.09.1984, BStBl. I 1984, 495, Abschn. I. Abs. 3.

67 BMF v. 04.09.1984, BStBl. I 1984, 495, Abschn. I. Abs. 3.; für Frauen wird die Altersgrenze auf 60 angehoben, für vor dem 01.01.1952 geborene Frauen ganz abgeschafft (§ 237a SGB VI).

68 Bei einem Zusagealter von 68 Jahren ist dies nicht mehr der Fall; vgl. FG Niedersachsen v. 13.06.1991, II 316/88, EFG 1992, 119. Ob der BFH hier in den Fällen, in denen ein betriebsinterner Vergleich nicht möglich ist, diejenigen Grundsätze zugrunde legen wird, die für beherrschende Gesellschafter-Geschäftsführer gelten (Mindest-Erdienungszeit von zehn Jahren, Höchstpensionsalter 70 Jahre), bleibt abzuwarten.

69 BMF v. 04.09.1984, BStBl. I 1984, 495, Abschn. I. Abs. 5.

70 Wobei eine Teilrückdeckung grundsätzlich nicht ausreichen dürfte.

weiterhin eine vertragliche Vereinbarung mit dem Betriebsnachfolger über die Übernahme der Pensionszahlungen,[71] des weiteren die Vereinbarung einer Kapitalabfindung statt laufender Pensionszahlungen für den Fall einer vorzeitigen Betriebsbeendigung[72] oder auch die Einrichtung eines Wertpapierdepots zur Sicherung der Pensionsansprüche, wenn die entsprechenden Ansprüche an den Arbeitnehmer abgetreten worden sind.[73] Zu beachten ist auch, dass bei Einzelunternehmen nur die Zusage auf Alters-, Invaliden- und Waisenrente in Betracht kommt. Eine Zusage auf Witwen- bzw. Witwerversorgung ist hier generell nicht rückstellungsfähig, da bei Eintritt des Versorgungsfalls Anspruch und Verpflichtung in einer Person zusammenträfen, der Arbeitgeber-Ehegatte also praktisch als Witwer einen Anspruch gegen sich selbst (als Einzelunternehmer) hätte, was rechtlich nicht möglich ist.

bb)   Prüfung der Angemessenheit der Höhe nach

14   Ist die Anerkennung dem Grunde nach sichergestellt, so ist eine weitere (letzte) Hürde zu meistern: Die Prüfung der Angemessenheit der Höhe nach. Genau genommen geht es auch hier wiederum um zwei Anforderungen, denen die Pensionszusage genügen muss:

Zum einen muss der Betrag der Gesamtbezüge, den der Arbeitnehmer-Ehegatte erhält, dem Fremdvergleich genügen.[74] Sind die Gesamtbezüge angemessen, kann ein Fremdvergleich gleichwohl ergeben, dass einzelne Lohnbestandteile, so etwa auch die Zuführung zu einer Pensionsrückstellung absolut gesehen oder auch in Relation zu den sonstigen Lohnbestandteilen, unangemessen ist und dem Fremdvergleich nicht mehr genügt.[75]

Weiterhin muss die Relation zwischen den Aktivbezügen und den Vorsorgeaufwendungen ausgewogen sein. Angesprochen ist damit das Kriterium der so genannten „Überversorgung". Auch diese Überversorgung ist zunächst zu prüfen durch den Vergleich mit den Versorgungsansprüchen anderer Arbeitnehmer des Betriebes. Sind vergleichbare familienfremde Arbeitnehmer nicht vorhanden oder ist diesen keine oder ist ihnen eine gegenüber dem Arbeitnehmer-Ehegatten niedrigere Pensionszusage erteilt, so ist die Überversorgungs-Prüfung vorzunehmen. Dabei wurde die Obergrenze einer angemessenen Altersversorgung, bei deren Überschreitung Überversorgung beginnt, danach bemessen, ob die zugesagten Leistungen aus der betrieblichen Altersversorgung (also aus der zugesagten Pension oder auch aus einer zugesagten Direktversicherung) zusammen mit der zu erwartenden Sozialversicherungsrente 75% des letzten steuerlich anzuerkennenden Arbeitslohns[76] nicht überstiegen.[77] Allerdings bereitete die Berechnung der letzten (also unmittelbar vor Beginn der Pension liegenden) Aktivbezüge erhebliche praktische Schwierigkeiten, ebenso oder noch mehr die Berechnung der künftigen (und vielleicht erst in dreißig Jahren anfallenden) Sozialversicherungsrente.[78] Dies hatte der Bundesfinanzhof erkannt. Er stellte zwar nach wie vor im Prinzip bei der Prüfung der Frage, ob und in welcher Höhe Versorgungsaufwendungen zu einer Überversorgung führen, auf die gerade dargestellten (zukünftigen) Relationen ab. Allerdings ging

---

71   BFH v. 26.10.1982, VIII R 50/80, BStBl. II 1983, 29.
72   BFH v. 15.07.1976, I R 124/73, BStBl. II 1977, 112.
73   FG Nürnberg v. 19.01.1977, V 222/74, EFG 1977, 159.
74   Vgl. Heinicke in Schmidt, § 4 Rn. 520 „Angehörige/Angehörigenverträge", b), dd).
75   Heinicke in Schmidt, § 4 Rn. 520 „Angehörige/Angehörigenverträge", b), dd) unter Hinweis auf die einschlägige BFH-Rechtsprechung.
76   Gemäß dem BMF v. 09.01.1986, BStBl. I 1986, 7 bestimmt sich der Begriff des „letzten steuerlich anzuerkennenden Arbeitslohns" nach § 19 Abs. 1 EStG und § 2 LStDV. Danach sind neben dem normalen Arbeitslohn auch steuerpflichtige sonstige Bezüge und Vorteile (zum Beispiel Weihnachtszuwendungen, Urlaubsgeld, Erfolgsprämien usw.) einzubeziehen, ebenso Zukunftssicherungsleistungen, auch wenn diese pauschal besteuert werden.
77   Vgl. etwa BFH v. 15.07.1976, I R 124/73, BStBl. II 1977, 112; BFH v. 26.10.1982, VIII R 50/80, BStBl. II 1983, 209; BFH v. 30.03.1983, I R 209/81, BStBl. II 1983, 664; BFH v. 08.10.1986, I R 220/82, BStBl. II 1987, 25.
78   Weber-Grellet in Schmidt, § 4b Rn. 29 f.

er vom Nichtvorliegen einer Überversorgung aus, kam also überhaupt nicht zu einer Prüfung im vorstehenden Sinne, wenn die laufenden Aufwendungen für die Altersvorsorge (Arbeitgeber- und Arbeitnehmeranteile zur gesetzlichen Sozialversicherung, freiwillige Leistungen des Arbeitgebers für Zwecke der Altersversorgung, Zuführungen zu einer Pensionsrückstellung, Zahlungen im Rahmen einer Direktversicherung) 30% des steuerpflichtigen Arbeitslohns nicht überstiegen.[79] Die Finanzverwaltung will nun im Hinblick auf den seit dem 01.01.2002 bestehenden Anspruch auf betriebliche Altersversorgung durch Entgeltumwandlung für lohnsteuerliche Zwecke nicht mehr an dieser 30 %-Regelung festhalten.[80] Wird bei einem steuerlich anzuerkennenden Ehegatten-Arbeitsverhältnis die betriebliche Altersversorgung über Pensionsfonds, Pensionskasse oder Direktversicherung durchgeführt, so sind die Arbeitgeberbeiträge Betriebsausgaben und die Regelungen der §§ 3 Nr. 63 und 40b EStG bis zu den jeweiligen Höchstbeträgen anwendbar.

b) Direktversicherung

Im Rahmen eines steuerlich anzuerkennenden Arbeitsverhältnisses sind Beiträge des Arbeitgebers zu einer Direktversicherung zugunsten des im Betrieb mitarbeitenden Ehegatten als Betriebsausgaben abziehbar, wenn   15

- die Verpflichtung aus der Zusage der Direktversicherung ernstlich gewollt sowie klar und eindeutig vereinbart und
- die Zusage dem Grunde nach angemessen ist.

Liegen diese Voraussetzungen vor, sind die Versicherungsbeiträge insoweit abziehbar, als sie der Höhe nach angemessen sind.[81] Vergleicht man diese Voraussetzungen mit denen für die steuerliche Anerkennung einer Pensionszusage an den Arbeitnehmer-Ehegatten, so fällt auf, dass die beiden ersten Voraussetzungen praktisch identisch sind, während die dritte Voraussetzung bei der Direktversicherung fehlt, nämlich die, dass der Arbeitgeber-Ehegatte tatsächlich mit der Inanspruchnahme aus der gegebenen Pensionszusage rechnen muss. Die Erklärung ist einfach: Bei der Direktversicherung werden definitionsgemäß Ansprüche nicht gegen den Arbeitgeber-Ehegatten begründet,[82] sondern gegenüber der jeweiligen Versicherungsgesellschaft. Hier wird man die tatsächliche (spätere) Inanspruchnahme der Versicherung von vornherein nicht in Zweifel stellen können. Abgesehen davon kann im Hinblick auf die Anerkennung der Direktversicherung weitgehend auf die obigen Ausführungen zur Pensionsrückstellung verwiesen werden.

Besonderheiten ergeben sich allerdings im Hinblick auf die Zusage einer Witwen- bzw. Witwerversorgung:[83] Während letzteres bei der Pensionszusage durch einen Einzelunternehmer[84] bekanntlich ausgeschlossen ist, weil hier Anspruch und Verpflichtung in einer Person zusammenfielen, gilt dies naturgemäß nicht bei einer Direktversicherung, da dort Anspruchsberechtigter der Arbeitgeber-Ehegatte (also der Witwer des verstorbenen Arbeitnehmers) wäre, während Verpflichteter die Versicherungsgesellschaft ist.

---

79 Vgl. hierzu insbesondere BFH v. 16.05.1995, XI R 87/93, BStBl. II 1995, 873, 875; kritisch dazu Weber-Grellet in Schmidt, § 4b Rn. 30.
80 Erlass FinMin Saarland v. 07.03.2005, DStR 2005, 829.
81 So wörtlich das BMF v. 04.09.1984, BStBl. I 1984, 495, dort Ziffer III Abs. 1.
82 Nach der Rechtsprechung des BAG – vgl. etwa BAG v. 07.03.1995, 3 AZR 282/94, DB 1995, 2020 – soll allerdings den Arbeitgeber in diesen Fällen eine Subsidiärhaftung für den Fall treffen, dass der eingeschaltete Versorgungsträger die versprochenen Leistungen nicht erfüllen kann oder will; vgl. dazu jetzt auch § 1 Abs. 1 S. 2 BetrAVG.
83 S. Fn 81
84 Entgegen dem BMF v. 04.09.1984, BStBl. I 1984, 495 (dort I Abs. 1 letzter Satz) kommt eine Witwer- bzw. Witwenversorgung bei einer Pensionszusage allerdings durchaus auch dann in Betracht, wenn eine Personengesellschaft die Zusage erteilt und der Mitunternehmer-Ehegatte dort eine beherrschende Stellung innehat; so etwa für die Ein-Mann-GmbH & Co. KG BFH v. 21.04.1988, IV R 80/96, BStBl. II 1988, 883.

D.   Darlehensverträge

2

I.   Beratungssituation: Steuerlicher Abzug der Zinszahlungen an die eigenen Kinder

16   Darlehensverträge werden hauptsächlich zwischen Eltern und Kindern geschlossen. Die Kinder überlassen den Eltern oder deren Betrieb darlehensweise einen Geldbetrag – den sie nicht selten zuvor von den Eltern geschenkt erhalten haben – gegen angemessenen Zins. Solche Angehörigendarlehen wurden vor allem mit Einführung des Sparerfreibetrages von damals noch DM 6.000 (Ehegatten gemeinsam: DM 12.000) zu einem beliebten Gestaltungsmittel zur Einkünfteverlagerung von den Eltern auf die Kinder. Im Zuge der letzten Steuerreformen wurde der Freibetrag jedoch immer weiter auf heute € 750 (€ 1.500 für Verheiratete) abgeschmolzen. Dennoch bleibt die Gestaltung interessant. Denn hinzu kommen bei minderjährigen Kindern ohne eigenes Einkommen noch der Grundfreibetrag und der Sonderausgaben- und Werbungskostenpauschbetrag. Nach Einführung einer Abgeltungsteuer im Rahmen der Unternehmensteuerreform 2008 ab dem 01.01.2009 wird man jedoch über die Vor- und Nachteile derartiger Steuergestaltungen neu nachdenken müssen, nach den derzeitigen Plänen sind Darlehen zwischen nahen Angehörigen vom Anwendungsbereich der Abgeltungssteuer allerdings ausgenommen. Die nachfolgenden Ausführungen orientieren sich an noch – voraussichtlich bis zum 31.12.2008 – geltendem Recht.

1.   Grundvoraussetzungen der steuerlichen Anerkennung

17   Bei Darlehensverträgen sind genauso wie bei sonstigen Verträgen die bereits genannten drei Grundvoraussetzungen für die steuerliche Anerkennung von Verträgen zwischen nahen Angehörigen zu beachten:

■   Der Vertrag muss zivilrechtlich wirksam zustande gekommen sein und klare, eindeutige und ernsthafte Vereinbarungen enthalten.

■   Der Vertrag muss entsprechend dem Vereinbarten tatsächlich durchgeführt werden.

■   Die Vertragsgestaltung und seine Durchführung müssen dem zwischen Fremden Üblichen entsprechen (sog. Fremdvergleich).

Sie gelten sowohl für Darlehensverträge, denen eine Schenkung vorangegangen ist, als auch für so genannte „reine Darlehensverträge".[85]

---

85   A.A. Söffing, NWB, Fach 3, 8575: „Soweit mit der Verwaltungsanweisung in Tz. 2 des BMF-Schr. v. 01.12.92 gemeint sein sollte, dass die Voraussetzungen der Klarheit, Ernsthaftigkeit, tatsächlichen Durchführung des Fremdvergleichs bei allen Darlehensverhältnissen zwischen Angehörigen vorliegen müssen, kann dem mangels Übereinstimmung dieser Ansichten mit der BFH-Rechtsprechung nicht zugestimmt werden." – Die Finanzverwaltung jedenfalls hat in BMF v. 09.05.1994, DB 1994, 1058, klargestellt, dass die steuerliche Anerkennung von Darlehensverträgen zwischen Angehörigen stets voraussetze, dass diese Verträge dem unter fremden Dritten Üblichen entsprechen und lediglich Erleichterungen des Fremdvergleichs in eng begrenzten Fällen in Betracht kommen.

2.   Erleichterung des Fremdvergleichs

Eine Erleichterung des Fremdvergleiches kommt jedoch unter folgenden Voraussetzungen in Betracht: 18

- Bei den Parteien des Darlehensvertrages muss es sich um volljährige, voneinander wirtschaftlich unabhängige[86] Angehörige handeln.
- Die Darlehensmittel müssen aus Anlass der Herstellung oder Anschaffung von Vermögensgegenständen gewährt werden (z. B. Bau- oder Anschaffungsdarlehen).
- Die Darlehensmittel hätten ansonsten bei einem fremden Dritten aufgenommen werden müssen.

Bei Erfüllung dieser Voraussetzungen sieht die Erleichterung des Fremdvergleiches so aus, dass nicht alle Regelungspunkte des Vertrages dem zwischen Fremden Üblichen entsprechen müssen, insbesondere kann die Regelung der Darlehenstilgung vom Fremdüblichen abweichen und es kann auf eine Besicherung verzichtet werden. Unverzichtbar ist nach Auffassung der Finanzverwaltung hingegen, dass die getroffenen Vereinbarungen tatsächlich vollzogen, insbesondere die Darlehenszinsen regelmäßig gezahlt werden.[87]

3.   Maßstab des Fremdvergleichs

Maßstab des Fremdvergleiches sind Vertragsgestaltungen, wie sie zwischen Darlehensnehmern und Kreditinstituten üblich sind. Nicht maßgeblich sind somit für den Fremdvergleich Verträge, wie sie üblicherweise unter fremden Privatpersonen abgeschlossen werden. Dies gilt, obwohl die Kreditinstitute weitaus strengeren gesetzlichen Vorschriften unterliegen als Private und angesichts der Gewerblichkeit und des Umfangs ihrer Tätigkeit anders wirtschaften und kalkulieren können, was sich letztlich auch auf die Modalitäten der jeweiligen Kredit- bzw. Darlehensverträge auswirken muss. Die Übung bei Kreditinstituten ist insbesondere auch dann maßgeblich, wenn Familiengesellschaften Partei eines Darlehensvertrages sind. Nach Auffassung des Bundesfinanzhofs würde ein Fremdvergleich, der allein auf die Verhältnisse bei Familienbetrieben mit all ihren Besonderheiten abstellt, keine sachgerechte Abgrenzung bieten.[88]   19

4.   Steuerliche Vor- und Nachteile

Der Darlehensvertrag bringt dem Darlehensnehmer (in der Regel ein Elternteil) in erster Linie ertragsteuerliche Vorteile. Mit der Übertragung von Einkunftsquellen an Familienangehörige kann zumindest in begrenztem Rahmen ein „faktisches Familiensplitting" erreicht werden. Die Schenkung eines Geldbetrages (beispielsweise vom Vater an den Sohn) mit anschließender   20

---

86 BMF v. 09.05.1994, DB 1994, 1058: „Angehörige sind voneinander wirtschaftlich unabhängig, wenn jeder für sich seinen Unterhalt und seine für die Lebensführung benötigten Aufwendungen aus eigenen Mitteln bestreiten kann. Das ist bei einem Ehegatten, der keine eigenen Einkünfte bezieht und auch kein nennenswertes eigenes Vermögen hat, aus dem er seinen Unterhalt bestreiten könnte, nicht der Fall. Auch ein volljähriges Kind, das noch auf die Unterhaltsleistungen anderer, z. B. seiner Eltern, angewiesen ist, ist wirtschaftlich nicht unabhängig."

87 Grundlage der Gewährung dieser Erleichterung durch die Finanzverwaltung ist die Entscheidung des BFH v. 04.06.1991, IX R 150/85, BStBl. II 1991, 838; hierzu Kemmer, DStR 1991, 1619.

88 BFH v. 18.12.1990, VIII R 52/84, BFH/NV 1991, 732, 734.

Darlehensrückgewähr (des Sohnes an den Betrieb des Vaters ist dabei von besonderem steuerlichen Reiz. Die Zinszahlungen an das Kind stellen bei dem Vater Betriebsausgaben dar und mindern so das zu versteuernde Einkommen.

Soweit die Darlehensinanspruchnahme betrieblich veranlasst ist und die Zinsen somit bei dem Elternteil Betriebsausgaben darstellen, mindern sie den Gewinn seines Gewerbebetriebes und damit auch die Gewerbesteuer.[89]

Die Minderung der Gesamteinkünfte der Eltern können im Einzelfall aber noch zu weiteren Steuerentlastungen und Vergünstigungen führen:

So gestattet § 33 Einkommensteuergesetz dem Steuerpflichtigen den Abzug von ihm zwangsläufig erwachsenen,[90] außergewöhnlichen[91] Belastungen.[92] Dies jedoch nur in dem Maße, als sie eine zumutbare Eigenbelastung überschreiten. Die zumutbare Eigenbelastung aber bestimmt sich – neben den Kriterien Kinderzahl und Zusammenveranlagung – nach dem Gesamtbetrag der Einkünfte.[93] Mit einer Reduzierung der Gesamteinkünfte sinkt die zumutbare Eigenbelastung und erhöht sich somit der Abzug außergewöhnlicher Belastungen.

Das durch Einkünfteverlagerung erzielbare Unterschreiten von Einkommensgrenzen ist weiterhin von Bedeutung für beispielsweise die Inanspruchnahme von Elterngeld, Erziehungsgeld und Kindergeldzuschlägen sowie für den Erhalt von Bausparprämien.

Allerdings kann die Verlagerung von Einkünften auf die Kinder auch Nachteile mit sich bringen. Dies vor allem im Hinblick auf den Ausbildungsfreibetrag[94] und den Kinderfreibetrag bzw. das Kindergeld[95]. Diese mindern sich nämlich, wenn die eigenen Einkünfte der Kinder bestimmte Beträge überschreiten. Für das Kind als Darlehensgeber sind die Zinseinnahmen grundsätzlich steuerpflichtige Einkünfte aus Kapitalvermögen, das heißt, sie sind genauso zu versteuern, wie etwa die Zinseinnahmen aus einem Festgeldkonto oder einem Sparbuch bei einer Bank. Neben dem Sparerfreibetrag von € 750 / 1.500 (§ 20 Abs. 4 EStG) werden die Kapitaleinkünfte durch einen Werbungskosten-Pauschbetrag von € 51 / € 102 (§ 9a S. 1 Nr. 2 EStG) gemindert. Im Ergebnis bedeutet dies, dass Zinseinkünfte des (ledigen) Kindes bis zu einem Betrag von € 801 nicht der Besteuerung unterliegen.

Doch selbst wenn die Darlehenseinkünfte des Kindes diese Freibeträge übersteigen, werden im Regelfall, wenn nämlich das Kind keine sonstigen Einkünfte hat, keine Steuern anfallen. Dem Kind steht nämlich wie jedem Steuerpflichtigen ein Grundfreibetrag zur Sicherung seines

---

89 Vgl. aber § 8 Nr. 1 GewStG, wonach die Hälfte der Zinsen für Dauerschulden dem Gewinn wieder hinzuzurechnen sind; nach der Unternehmensteuerreform 2008 gelten differenzierte Vorschriften. Nach Abschn. 47 Abs. 4 S. 9 GewStR 1998 ist ein Darlehen als Dauerschuld zu qualifizieren, wenn eine Laufzeit von über einem Jahr vereinbart ist.

90 § 33 Abs. 2 EStG: Aufwendungen erwachsen dem Steuerpflichtigen zwangsläufig, wenn er sich ihnen aus rechtlichen (zum Beispiel Scheidungskosten), tatsächlichen (zum Beispiel Krankheitskosten) oder sittlichen (zum Beispiel Aufnahme Angehöriger in akuten Notlagen) Gründen nicht entziehen kann.

91 § 33 Abs. 1 EStG: Wenn sie der überwiegenden Mehrzahl der Steuerpflichtigen nicht entstehen.

92 Ausführlich hierzu Jakob/Jüptner, StuW 1983, 206 ff.

93 § 33 Abs. 3 EStG.

94 Durch das 2. FamFördG v. 16.08.2001 wurde der Kinderfreibetrag mit Wirkung ab dem 01.01.2002 um eine Ausbildungs- und Erziehungskomponente erweitert. Einen Ausbildungsfreibetrag gibt es deshalb nur noch für volljährige Kinder, die sich in Berufsausbildung befinden und auswärtig untergebracht sind (§ 33 a Abs. 2 EStG). Er beträgt jährlich 924 €.

95 Im Zuge des Jahressteuergesetzes 1996 ist der Familienleistungsausgleich und insbesondere die steuerliche Berücksichtigung des Existenzminimums eines Kindes neu geregelt worden. Der Steuerpflichtige erhält – je nach dem, was für ihn günstiger ist – entweder den Kinderfreibetrag nach § 32 EStG oder Kindergeld nach den §§ 62 ff. EStG. In der Folgezeit ist die Regelung mehrmals geändert worden. Das 2. FamFördG hat den Kinderfreibetrag ab dem VZ 2002 auf 1.824 € bzw. 3.648 € für Zusammenveranlagte erhöht. Ferner wurde ein einheitlicher Freibetrag von 1.080 € bzw. 2.160 € für den Betreuungs-, Erziehungs- und Ausbildungsbedarf vorgesehen. Das alternativ gewährte Kindergeld beträgt für die ersten drei Kinder je 154 € pro Monat und für weitere Kinder je 179 € pro Monat.

Existenzminimums zu. Dieser beträgt seit dem 01.01.2004 € 7.664.[96] Sofern also dem Kind außer den Kapitaleinkünften keine Einkünfte zufließen, bleiben Zinseinnahmen bis zu einem Betrag von € 8.465 derzeit steuerfrei. Bei einem Zinssatz von 5% entspricht dies einer Darlehenssumme von € 169.300.

5.   Familiengesellschaften als Vertragspartner

Unter den Begriff des nahen Angehörigen fallen nur natürliche Personen, wie zum Beispiel Eltern   21
und Kinder, Ehegatten, Geschwister, Verschwägerte (siehe oben § 2 Rn. 3). Gerade aber Darlehen
für betriebliche Zwecke werden häufig nicht den unternehmerisch tätigen Familienangehörigen
selbst, sondern den das Unternehmen betreibenden Gesellschaften gewährt. Handelt es sich um
eine Personengesellschaft, so wird ein Fremdvergleich durchgeführt, wenn der Gesellschafter,
mit dessen Angehörigen der Vertrag geschlossen wird, die Gesellschaft beherrscht.[97] Von einer
solchen Beherrschung ist auszugehen, wenn er die Stimmacht, insbesondere also mehr als 50%
der Stimmrechte, in der Gesellschaft inne hat und so die Geschicke der Gesellschaft bestimmen
und über den Abschluss des Darlehensvertrages mit seinem Angehörigen entscheiden kann.
Sind mehrere Angehörige des Darlehensgebers Gesellschafter der Personengesellschaft, so sind
für die Frage der Beherrschung deren Stimmrechte zusammenzurechnen.[98] Schließlich findet
die Angehörigenrechtsprechung Anwendung, wenn zwei Gesellschafter jeweils lediglich zu 50%
an den Gesellschaften beteiligt sind und die Gesellschaft aufeinander abgestimmte Verträge
mit Angehörigen beider Gesellschafter abschließt, von denen diese jeweils entsprechend ihrer
Gesellschafterbeteiligung getroffen werden.[99]

Die vorstehenden Grundsätze gelten auch für den umgekehrten Fall, dass die Personengesellschaft
nicht ein Darlehen aufnimmt, sondern dem Angehörigen eines Gesellschafters ein Darlehen
gewährt. Der Fremdvergleich entscheidet hier über die Zugehörigkeit der Darlehensforderung
der Gesellschaft zum Betriebs- oder Privatvermögen. Gewährt die Personengesellschaft einem
nahen Angehörigen eines beherrschenden Gesellschafters somit ein Darlehen, welches dem
Fremdvergleich nicht standhält, so darf die Darlehensforderung nicht als Betriebsvermögen
erfasst werden. Sie gehört vielmehr zum privaten Gesamthandsvermögen der Gesellschafter. Die
Darlehensgewährung stellt eine Entnahme dar, die allen Gesellschaftern anteilig unter Minderung
ihrer Kapitalkonten zuzurechnen ist. Im Falle der Uneinbringlichkeit der Darlehensforderung
haben die Gesellschafter keine Möglichkeit, den Verlust der Darlehensforderung steuerlich
geltend zu machen.[100]

---

96 §§ 32a Abs. 1, 52 Abs. 41 EStG.
97 BFH v. 15.04.1999, IV R 60/98, BStBl. II 1999, 524; BFH v. 20.09.1990, IV R 17/89, BFHE 162, 90.
98 Nach BFH v. 14.04.1983, IV R 198/80, BStBl. II 1983, 555, 558 ist es unerheblich, wenn es wegen ungleicher
    Auswirkungen der Darlehensverträge auf verschiedene Familienstämme an einer Gleichrichtung der Interessen
    gefehlt hat.
99 BFH v. 18.01.2001, IV R 58/99, BStBl. II 2001, 393 sowie bereits BFH v. 20.10.1983, IV R 116/83, BStBl. II 1984, 298,
    betreffend Arbeitsverträge.
100 Hierzu BFH v. 09.05.1996, IV R 64/93, BStBl. II 1996, 642. Zwar ist dort ein Fall entschieden, in dem die
    Personengesellschaft einem Gesellschafter ein Darlehen gewährt. Zur Frage der Anwendbarkeit des Fremdvergleiches
    führt der BFH jedoch aus: „Entsprechendes gilt für Verträge mit einer Personengesellschaft, die von nahen Angehörigen
    des anderen Vertragspartners beherrscht wird. Nur so ist gewährleistet, dass die vertraglichen Beziehungen tatsächlich
    im betrieblichen (§ 4 EStG) und nicht im privaten Bereich (§ 12 EStG) wurzeln. Davon ist bei Darlehensverträgen
    nicht nur auszugehen, wenn es darum geht, ob Zahlungen des Darlehensnehmers bei dessen Einkunftsermittlung als
    Betriebsausgaben oder Werbungskosten abzuziehen sind, sondern auch dann, wenn es, wie im Streitfall, darum geht,
    ob die Überlassung von Geld an einen nahen Angehörigen beim Darlehensgeber zur Entstehung einer betrieblich
    veranlassten Darlehensforderung führt."

Wenn auch die Angehörigenrechtsprechung auf Verträge zwischen einer juristischen Person, beispielsweise einer GmbH, und einem Angehörigen eines an der juristischen Person beteiligten Gesellschafters unmittelbar keine Anwendung findet, so steht sich dennoch der GmbH-Gesellschafter im Ergebnis nicht besser als der Personengesellschafter. Soweit nämlich der Gesellschafter, mit dessen Angehörigen der Darlehensvertrag geschlossen wird, die Gesellschaft beherrscht, entscheidet der Fremdvergleich über die Zurechnung der Darlehensforderung und der Zinsen im Verhältnis der Gesellschaft zum Gesellschafter. Die Finanzverwaltung nennt als Beispiel den Fall, dass ein Elternteil seinem Kind Geldbeträge mit der Maßgabe schenkt, sie der von dem Elternteil beherrschten GmbH als Darlehen zur Verfügung zu stellen. Die Finanzverwaltung stellt hierzu klar, dass die GmbH zwar die vereinbarungsgemäß geleisteten Zinszahlungen als Betriebsausgaben abziehen kann. Jedoch seien die Darlehensforderung und die Zinseinnahmen dem Schenker, also dem Elternteil, zuzurechnen.[101]

Die Finanzverwaltung führt einen Fremdvergleich auch dann durch, wenn ein vom Gesellschafter an die Gesellschaft hingegebenes Darlehen zu einem späteren Zeitpunkt an einen nicht beteiligten Angehörigen abgetreten wird.[102] In solchen Fällen sei nämlich zu vermuten, dass die Darlehensforderung gegen die Gesellschaft von Anfang an nur zu dem Zweck begründet werde, sie später an die Kinder abzutreten.[103] Die Finanzverwaltung wurde durch den Bundesfinanzhof jedenfalls für den Fall bestätigt, dass im Zusammenhang mit der Abtretung der Darlehensforderung auch inhaltliche Änderungen der Darlehensbedingungen vorgenommen wurden.[104] Vorsorglich sollte man deshalb heute generell davon ausgehen, dass Darlehensverträge, die ein Gesellschafter mit einer von ihm beherrschten Gesellschaft abschließen und später an einen Angehörigen abtreten will, steuerlich nur anerkannt werden, wenn sie einem Fremdvergleich standhalten.[105]

II.   Darlehensgewährung eines geschenkten Geldbetrages

22   Wesentlicher Akt der tatsächlichen Durchführung des Darlehensvertrages ist die Hingabe des Darlehens durch Übereignung des Darlehensgegenstandes. Hierzu – und damit zur Erfüllung der zweiten der oben genannten Anerkennungsvoraussetzungen – ist aber nur derjenige in der Lage, der unbeschränkte Verfügungsmacht über den Darlehensgegenstand hat.

Da ein Minderjähriger in der Regel nicht Eigentümer eines Geldbetrages von (beispielsweise) € 100.000 ist, wird ihm die tatsächliche Durchführung des im Darlehensvertrag Vereinbarten nur möglich sein, wenn die Schenkung tatsächlich vollzogen wurde und er hierdurch die unbeschränkte Verfügungsmacht über den Geldbetrag erlangt hat.[106] Der Rechtsprechung und Finanzverwaltung

---

101 BMF v. 09.05.1994, DB 1994, 1058; das FG Münster v. 22.06.2001, 11 K 2209/00 E, EFG 2001, 1202, hat die Darlehensgewährung eines vom Vater geschenkten Geldbetrages an die von diesem beherrschte GmbH anerkannt, weil eine endgültige Vermögensverschiebung stattgefunden habe.

102 BMF v. 11.04.1985, BStBl. I 1985, 180.

103 Anderes gilt jedoch nach H 4.8 „Personengesellschaften-Abtretung" EStR 2005 im Anschluss an BFH v. 15.12.1988, IV R 29/86, BStBl. II 1989, 500, wenn ein nichtbeherrschender Gesellschafter eine Darlehensforderung gegen die Personengesellschaft zur Ablösung von Pflichtteilsansprüchen abtritt.

104 BFH v. 20.09.1990, IV R 17/89, BStBl. II 1991, 18.

105 Vgl. hierzu Bitz, GmbHR 1993, 711, 713 f; Märkle, BB 1993, Beilage 2, 4.

106 In der zivilrechtlichen Literatur wird streitig die Frage behandelt, ob es zum Vollzug der Schenkung als Voraussetzung der Heilung des Formmangels genügt, wenn der Schenker alle seinerseits zur Herbeiführung des Vollzugs erforderlichen Leistungshandlungen vorgenommen hat (so Weidenkaff in Palandt, § 518 Rn. 9; Mühl/Teichmann in Soergel, § 518 Rn. 9; BGH NJW 1970, 941 f.) oder ob auch der Leistungserfolg eingetreten sein muss (so Kohlhosser in MüKo-BGB, § 518 Rn. 12 ff.; Gehrlein in Bamberger/Roth, § 518 Rn. 6, § 518 Rn. 7, Herrmann, MDR 1990, 883 f.) Für die steuerliche Frage der Erfüllung der Voraussetzung der tatsächlichen Durchführung des Darlehensvertrages wird es hingegen wesentlich auf den Leistungserfolg ankommen.

genügt dabei nicht allein die rechtliche Verfügungsmacht über den Darlehensgegenstand, gefordert wird vielmehr eine nach außen hin erkennbare Trennung der Vermögens- und Einkommenssphären von Schenker und Beschenktem.[107] Der Schenkungsgegenstand muss vollständig in den Verfügungsbereich des Beschenkten übergegangen sein. Dies ist – in den Worten der Finanzverwaltung – der Fall, wenn der Schenker „endgültig, tatsächlich und rechtlich entreichert und der Empfänger entsprechend bereichert" ist.[108]

Fehlt es an einem Vollzug der Schenkung, so ist dem Beschenkten mangels Verfügungsmacht über den Darlehensgegenstand eine Darlehenshingabe und somit die tatsächliche Durchführung des Darlehensvertrages schlicht nicht möglich.[109] Eine steuerliche Anerkennung des Darlehensvertrages kommt dann ebenso wenig in Betracht wie die Behandlung der Darlehenszinsen als Betriebsausgaben.

Je nach Gestaltung des Schenkungs- und Darlehensvertrages kann es trotz Übertragung des Schenkungsgegenstandes (hier: Überweisung und Gutschrift des Geldes) an einem Schenkungsvollzug fehlen. Immer dann nämlich, wenn der Schenker sich durch bestimmte Vertragsklauseln oder Vertragsgestaltungen absichert, dass ihm der Beschenkte den Geldbetrag wieder zur Verfügung stellt. In solchen Fällen erhält der Empfänger gerade nicht die alleinige und unbeschränkte Verfügungsmacht über die Geldmittel. Diese verbleibt nach dem wirtschaftlichen Gehalt der Vertragsabreden vielmehr beim Schenker. Konsequenz solcher vollzugshindernder Vertragsgestaltungen ist, dass die Verträge trotz Bezeichnung als „Schenkung" und „Darlehen" nicht als solche qualifiziert werden. Stattdessen ist allein eine Schenkung des (lediglich so genannten) Darlehensbetrages, nämlich im Zeitpunkt der Rückgewähr des Darlehens, sowie eine Schenkung der (ebenfalls lediglich so genannten) Darlehenszinsen im Laufe der vermeintlichen Darlehenszeit gegeben. Mangels Abschluss eines Darlehensvertrages (der als solcher bezeichnete stellt ja gerade keinen Darlehensvertrag dar) kann es somit auch nicht zur Anerkennung von Darlehenszinsen als Betriebsausgaben oder Werbungskosten kommen.

Die Finanzverwaltung geht von einer vollzugshindernden Vertragsgestaltung immer dann aus, wenn Schenkung und Darlehen voneinander abhängig sind.[110] Sie vermutet eine solche Abhängigkeit unwiderleglich bei

- Vereinbarung von Schenkung und Darlehen in ein und derselben Urkunde oder
- einer Schenkung unter der Auflage der Rückgabe als Darlehen sowie
- einem Schenkungsversprechen unter der aufschiebenden Bedingung der Rückgabe als Darlehen.

---

107 Vgl. BFH v. 30.03.1999, VIII R 19/98, BFH/NV 1999, 1325; BFH v. 25.06.2002, X B 30/01, BFH/NV 2002, 1303: hier wurden die Gelder noch vor Abschluss der Schenkungs- und Darlehensverträge unmittelbar vom privaten auf ein betriebliches Konto überwiesen.

108 BMF v. 01.12.1992, BStBl. I 1992, 729 – Der BFH v. 10.04.1984, VIII R 134/81, BStBl. II 1984, 705 f., formuliert in ausdrücklicher Anlehnung an die zivilrechtliche Kommentierung zu § 516 BGB: „Voraussetzung einer Schenkung ist nach dieser Vorschrift (scil. § 516 BGB), dass jemand einen anderen durch eine Zuwendung aus seinem Vermögen bereichert. Dies setzt eine ‚Vermögensverschiebung' in der Weise voraus, dass sich ein Rechtsobjekt zum Vorteil eines anderen eines Vermögensbestandteils tatsächlich und rechtlich entäußert (. . .). Dieser vermögensrechtliche Charakter der Schenkung erfordert es, dass sie auf Seiten des Empfängers eine endgültige und materielle, nicht nur vorübergehende oder formale Vermögensmehrung zum Gegenstand hat."

109 So auch der u.E. zutreffende dogmatische Ansatz von Weber-Grellet, DStR 1993, 1010, 1012: „Dieser Fremdvergleich verlangt u.a., dass nur tatsächlich durchgeführte Rechtsgeschäfte der Besteuerung zugrunde gelegt werden. Daran fehlt es z.B., wenn der Stpfl. das zweite Geschäft (z. B. eine Darlehenshingabe) noch gar nicht ausführen konnte, weil das erste vorausgehende Rechtsgeschäft (Schenkung) noch nicht abschließend zu Ende gebracht war. (. . .) Bei einer vorausgehenden Schenkung musste dementsprechend der Gegenstand der Schenkung vollständig in den Vermögensbereich des Beschenkten übergegangen sein . . ."

110 BMF v. 01.12.1992, BStBl. I 1992, 729.

Die Abhängigkeit von Schenkung und Darlehen wird gleichfalls vermutet bei

- einem Vereinbarungsdarlehen,

- wenn das Darlehen nur mit Zustimmung des Schenkers gekündigt werden kann oder

- wenn Entnahmen durch den Beschenkten zu Lasten des Darlehenskontos nur mit Zustimmung des Schenkers zulässig sind.

In diesen letzten drei Fallgruppen besteht allerdings die Möglichkeit, die Vermutung durch den Nachweis zu widerlegen, dass Schenkung und Darlehen sachlich und zeitlich unabhängig voneinander vorgenommen und der Schenker endgültig, tatsächlich und rechtlich zu Lasten des Beschenkten entreichert wurde.

Die Finanzverwaltung vermutete noch in ihrem Schreiben vom 01.12.1992 eine gegenseitige Abhängigkeit von Schenkung und Darlehen auch in dem Fall, dass beides zwar in unterschiedlichen Urkunden, aber innerhalb kurzer Zeit vereinbart wurde.[111] Die Vermutung der Abhängigkeit sollte in diesem Fall sogar unwiderlegbar sein. Dem hat der Bundesfinanzhof mit Urteil vom 18.01.2001[112] widersprochen, weshalb auch die Finanzverwaltung mit Schreiben vom 30.05.2001[113] ihre Auffassung hierzu geändert hat. Hiernach kann die Abhängigkeit von innerhalb kurzer Zeit vereinbarten Schenkungs- und Darlehensverträgen nicht mehr vermutet werden, sondern ist anhand der gesamten Umstände des jeweiligen Einzelfalls zu beurteilen.

Das Risiko der Nichtanerkennung wegen fehlenden Schenkungsvollzugs lässt sich deutlich verringern, wenn die folgenden Gestaltungsempfehlungen beachtet werden:

- Schenkungsversprechen und Darlehensvertrag sollten in getrennten Urkunden aufgenommen werden.

- Der Darlehensvertrag sollte erst abgeschlossen werden, wenn die Schenkung vollzogen ist, das heißt der Beschenkte das Geld erhalten hat und frei darüber verfügen kann. Einer Anerkennung förderlich ist auch, wenn sich der Darlehensbetrag deutlich von dem geschenkten Betrag unterscheidet.

- Der Abschluss des Darlehensvertrages sollte dem Schenkungsvollzug mit zeitlichem Abstand nachfolgen. Eine die steuerliche Anerkennung garantierende Zeitspanne zwischen Schenkungsvertrag und Darlehensvereinbarung kann allerdings nicht ausgemacht werden. Jedoch gilt: Je größer die Zeitspanne desto wahrscheinlicher die steuerliche Anerkennung.

- Abgesehen werden sollte von jeglicher vertraglichen Sicherung der späteren Darlehensgewährung, beispielsweise durch Auflagen oder Bedingungen. Wer auf das geschenkte Geld wirtschaftlich noch nicht verzichten will, sich aber unsicher ist, ob seine stille Erwartung der späteren Darlehensrückgewähr erfüllt wird, sollte von einer Schenkung gänzlich absehen.

- Die Schenkung sollte möglichst aus Anlass eines besonderen privaten Ereignisses, beispielsweise eine bestandene Prüfung, oder aus sonstigen außersteuerlichen Motiven heraus, beispielsweise der Gleichstellung unter den Kindern, erfolgen. Der außersteuerliche Grund für die Schenkung sollte im Schenkungsvertrag ausdrücklich mitgeteilt werden.

III. Formalien

23   Der Darlehensvertrag bedarf keiner besonderen Form. Jedoch ist aus Beweisgründen eine schriftliche Abfassung des Darlehensvertrages dringend anzuraten. Wenn der Bundesfinanzhof

---

111 BMF v. 01.12.1992, BStBl. I 1992, 729.
112 BFH v. 18.01.2001, IV R 58/99, DStR 2001, 479.
113 BMF v. 30.05.2001, BStBl. I 2001, 348.

auch in bestimmten Fällen schon mündliche Darlehensabreden anerkannt hat,[114] so wird man doch für den Regelfall davon ausgehen müssen, dass ohne einen schriftlichen Darlehensvertrag der Nachweis gegenüber dem Finanzamt, eine dem Fremdvergleich standhaltende Vereinbarung geschlossen zu haben, kaum gelingen wird.

In der Praxis scheitern viele Gestaltungen mit Angehörigendarlehen an der Nichtbeachtung besonderer Vorschriften zum Schutz minderjähriger Vertragspartner.

Bekanntlich können Geschäftsunfähige – das sind insbesondere Kinder unter 7 Jahren – nur Verträge abschließen, wenn sie dabei von ihren gesetzlichen Vertretern vertreten werden. Beschränkt Geschäftsfähige, insbesondere also Kinder über 7 und unter 18 Jahren dürfen zwar schon selbst Verträge schließen. Soweit der Vertrag für sie jedoch nicht von lediglich rechtlichem Vorteil ist, was bei Darlehensverträgen der Fall ist, wird er nur wirksam, wenn die gesetzlichen Vertreter ihre Zustimmung erteilen.

Problematisch wird dies in Fällen, in denen die Minderjährigen mit den Eltern selbst den Darlehensvertrag abschließen möchten. Es handelt sich nämlich dann um ein sog. In-sich-Geschäft, welches der Vertreter wegen der naheliegenden Gefahr, dass er den Vertretenen übervorteilen könnte, nicht vornehmen darf, §§ 1629 Abs. 2, 181 BGB. Beachtenswert ist insoweit, dass der eine Elternteil auch dann an der Vertretung des minderjährigen Kindes beim Abschluss des Darlehensvertrages bzw. der Zustimmung zum Vertragsabschluss gehindert ist, wenn dieser zwischen dem Kind und dem anderen Elternteil abgeschlossen wird.

Damit solche Verträge dennoch zustande kommen können, sieht § 1909 BGB vor, dass die Minderjährigen für Angelegenheiten, an deren Besorgung die Eltern verhindert sind, einen Ergänzungspfleger erhalten.[115]

Für Geldanlagen, die nicht den in §§ 1806, 1807 BGB genannten besonderen Voraussetzungen entsprechen, also keine so genannten mündelsicheren Anlagen[116] darstellen, hat der Ergänzungspfleger seinerseits eine Erlaubnis des Vormundschaftsgerichts einzuholen. Nach § 1811 BGB soll die Erlaubnis allerdings nur verweigert werden, wenn die beabsichtigte Art der Anlegung nach Lage des Falles den Grundsätzen einer wirtschaftlichen Vermögensverwaltung zuwiderlaufen würde.[117]

Die Nichtbeachtung der Form – etwa die versäumte Bestellung eines Ergänzungspflegers – führt 24 nach Auffassung des Bundesfinanzhof[118] zwar nicht zwingend zur Versagung der steuerlichen Anerkennung des Vertrages.[119] Wohl aber ist in der zivilrechtlichen Formwirksamkeit ein gewichtiges Indiz gegen die Ernsthaftigkeit der Vereinbarung zu sehen, welches im Rahmen der notwendigen Gesamtwürdigung auch regelmäßig zur Nichtanerkennung führen wird. Anderes kann aber gelten, wenn den Vertragsbeteiligten der Formmangel gar nicht bewusst war und sie ihn, nachdem sie ihn erkannt haben, unverzüglich durch Nachholung der Form geheilt haben.

Wird beispielsweise ein Darlehensvertrag durch einen nachträglich bestellten Ergänzungspfleger genehmigt, so wird zwar zivilrechtlich das bis dahin „schwebend unwirksame" Geschäft rückwirkend wirksam, steuerlich entfaltet eine solche Genehmigung jedoch nach Auffassung der

---

114 BFH v. 10.08.1988, IX R 220/84, BStBl. II 1989, 137
115 Vgl. zur steuerlichen Notwendigkeit H 4.8 „Minderjährige Kinder" EStR 2005 m.w.N. aus der Rechtsprechung.
116 Gemäß § 1807 Abs. 1 Nr. 1 BGB gehört ein Angehörigendarlehen zu den mündelsicheren Anlagen, wenn es durch eine Hypothek, Grundschuld oder Rentenschuld an einem inländischen Grundstück gesichert ist.
117 Carlé, KÖSDI 1993, 9442, weist darauf hin, dass die Bestimmung des § 1811 S. 2 BGB von den Vormundschaftsgerichten restriktiv ausgelegt wird.
118 BFH v. 07.06.2006, IX R 4/04, DStRE 2006, 1372; BFH v. 22.02.2007, IX R 45/06, DStR 2007, 986.
119 So aber die Finanzverwaltung in ihrem Nichtanwendungserlass zu BFH v. 07.06.2006: BMF v. 02.04.2007, DStR 2007, 85.

Finanzverwaltung generell keine Rückwirkung, nach Auffassung des Bundesfinanzhof nur unter besonderen Umständen.[120]

Der Mitwirkung eines Ergänzungspflegers bedarf es nicht, wenn eine bestehende Darlehensforderung schenkweise an den Minderjährigen abgetreten wird und der Minderjährige auf diese Weise zum Darlehensgeber wird. Der unentgeltliche Erwerb der Darlehensforderung ist für den Minderjährigen von lediglich rechtlichem Vorteil.[121]

IV. Inhaltliches

1. Verzinsung

25 Ähnlich wie bei den Vergütungsregelungen in Arbeitsverträgen führen unüblich hohe oder niedrige Zinsen nicht zur vollständigen Nichtanerkennung des Vertrags. Unüblich hohe Zinsen sind vielmehr nur bis zur Höhe des üblichen abziehbar.[122] Soweit unüblich niedrige Zinsen vereinbart werden, ist dies für die steuerliche Anerkennung des Angehörigendarlehens grundsätzlich unschädlich.[123] Beides kann allerdings zu einer Schenkungsteuer führen.

Besondere Aufmerksamkeit ist allerdings auch hier der tatsächlichen Durchführung des Vereinbarten zu widmen. Der Darlehensvertrag hält dem Fremdvergleich nämlich nur stand, wenn die Zinsen zu den vereinbarten Fälligkeitsterminen tatsächlich entrichtet werden.[124] Dazu ist erforderlich, dass dem Darlehensgeber die Verfügungsmacht über die Zinsen eingeräumt wird. Auch betreffend die Zinszahlungen ist nämlich eine klare Trennung der Einkommens- und Vermögensverhältnisse des Darlehensgebers auf der einen und des Darlehensnehmers auf der anderen Seite erforderlich. Schädlich, weil unüblich, ist es insoweit, wenn die Auszahlung der Zinsen an den Darlehensgeber von der Zustimmung des Darlehensnehmers abhängig gemacht wird,[125] der Darlehensnehmer also darüber entscheiden kann, ob die Zinsen ausgezahlt oder gutschrieben werden.[126]

Ist der Darlehensgeber ein minderjähriges Kind, so wird es für die Trennung der Vermögensverhältnisse als ausreichend angesehen, wenn die Zinsen auf ein Sparbuch des Kindes geleistet werden, welches die Eltern entsprechend den Vorschriften über die elterliche Vermögenssorge verwalten.[127] Heben allerdings die Eltern von einem solchen Sparbuch Beträge ab, so dürfen sie darüber nur im Namen und für Rechnung des Kindes verfügen.[128] Auch ist darauf zu achten, dass die Zinsen in der vereinbarten Höhe entrichtet werden. So hatte der Bundesfinanzhof

---

120 BFH v. 23.04.1992, IV R 46/91, BStBl. II 1992, 1024.
121 BFH v. 10.08.1988, XI R 220/84, BStBl. II 1989, 137 mit Hinweis auf BGH v. 16.04.1975, V ZB 15/74, NJW 1975, 1885 und v. 27.09.1972, IV ZR 225/69, BGHZ 59, 236, 240.
122 Fichtelmann, Beteiligung von Angehörigen, Rn. 1931; Söffing, NWB, Fach 3, 8579, a. A. wohl Bruschke, DStZ 1992, 475, 477, der meint, ein stark überhöhter Zins lasse auf ein Umgehungsgeschäft schließen und führe zur Nichtberücksichtigung der gesamten Zinszahlungen.
123 Söffing, NWB, Fach 3, 8579, mit Hinweis auf BFH v. 04.06.1991, VIII R 150/85, BStBl. II 1991, 838 und auf Abschnitt 23 Abs. 1 Nr. 1 S. 3 und Abs. 4 S. 1 EStR 1990; Fichtelmann, Beteiligung von Angehörigen, Rn. 1931.
124 BFH v. 07.11.1990, X R 126/87, BStBl. II 1991, 291; BFH v. 18.12.1990, VIII R 290/82, BStBl. II 1991, 391; BFH v. 18.12.1990, VIII R 138/85, BStBl. II 1991, 581; BFH v. 18.12.1990, VIII R 134/86, BStBl. II 1991, 882; BFH v. 12.02.1992, X R 121/88, BStBl. II 1992, 468.
125 BFH v. 18.12.1990, VIII R 138/85, BStBl. II 1991, 581, 584.
126 BFH v. 20.09.1990, IV R 17/89, BStBl. II 1991, 18.
127 BFH v. 03.11.1976, VIII R 137/74, BStBl. II 1977, 205 rät bei Errichtung des Sparbuchs zu dem klarstellenden Vermerk, dass eine Verfügungsbefugnis der Eltern nur auf dem elterlichen Sorgerecht i. S. von §§ 1629 ff. BGB beruht.
128 BFH v. 10.08.1988, XI R 220/84, BStBl. II 1989, 137; Söffing, NWB, Fach 3, 8578; Carl, WiB 1995, 809, 818.

einen Darlehensvertrag mangels tatsächlicher Durchführung nicht anerkannt, in dem ein Zinssatz von 2% über dem jeweiligen Landeszentralbank-Diskontsatz vereinbart worden war, tatsächlich aber jährlich 8% Zinsen gezahlt wurden.[129] Weiterhin muss für die termingerechte Entrichtung der Zinsen Sorge getragen werden. Unpünktliche Zinszahlungen können dazu führen, dass dem Darlehensvertrag insgesamt, also nicht nur im Umfang der verspäteten Zinszahlungen, die steuerliche Anerkennung versagt wird.[130]

Schließlich ist darauf zu achten, dass die Zinserträge der Kinder nicht für deren Unterhalt verwendet werden. So hat der Bundesfinanzhof entschieden, dass der tatsächlichen Durchführung eines Darlehensvertrages entgegensteht, wenn die an das Kind überwiesenen Zinsen von den Eltern wieder für den Unterhalt des Kindes, seiner Geschwister oder die eigene Lebenshaltung verbraucht werden.[131] Soweit es nach der bürgerlich rechtlichen Vorschrift des § 1649 BGB den Eltern im Rahmen ihrer elterlichen Vermögenssorge gestattet ist, die Erträge des Kindesvermögens zu deren Unterhalt zu verwenden, habe das einkommensteuerrechtliche Abzugsverbot des § 12 Nr. 2 EStG Vorrang. In einer jüngeren Entscheidung betont der Bundesfinanzhof[132] die zur steuerlichen Anerkennung erforderliche Trennung der Vermögenssphären,[133] die bei Verwendung der Zinseinkünfte der Kinder für die gemeinsame Lebensführung gerade nicht gewährleistet sei. Die Verwendung auch nur eines kleinen Teils zur gemeinsamen Lebensführung hält der Bundesfinanzhof bereits für schädlich.

2.   Laufzeit, Kündigung, Rückzahlung

Die ausdrückliche Regelung der Laufzeit, Kündigung und der Art und Zeit der Rückzahlung   26
des Darlehens im Darlehensvertrag ist unerlässliche Voraussetzung für dessen steuerliche Anerkennung. Nach Auffassung des Bundesfinanzhofs genügt selbst die ausdrückliche Bezugnahme
der gesetzlichen Regelung grundsätzlich nicht den steuerlichen Anforderungen.[134] Bei der
Regelung der Kündigung ist darauf zu achten, dass die Ausübung des Kündigungsrechts nicht von
der Zustimmung des Darlehensnehmers abhängig gemacht wird. Dies gilt vor allem dann, wenn
der Darlehensnehmer dem Darlehensgeber den Darlehensbetrag zuvor geschenkt hat.

Darüber hinaus bestimmt die Regelung der Kündigung auch die Laufzeit des Darlehens, was für
die Frage der Stellung von Sicherheiten relevant ist.[135]

---

129 BFH v. 22.01.1991, VIII R 321/83, BFH/NV 1991, 667; s. auch BFH v. 09.10.2001, VIII R 5/01, BFH/NV 2002, 334.
130 Schoor, INF 1994, 588, 590 mit Hinweis auf BFH v. 05.02.1988, III R 216/84, BFH/NV 1988, 553 für nicht termingerechte
    Pachtzahlungen.
131 BFH v. 10.08.1988, IX R 220/84, BStBl. II 1989, 137.
132 BFH v. 30.03.1999, VIII R 19/98, BFH/NV 1999, 1325.
133 Eine solche Trennung ist freilich auch dann nicht gegeben, wenn die Erträge auf ein Konto der Eltern überwiesen
    werden, BFH v. 14.10.2002, VIII R 42/01, DStRE 2003, 337; s. auch BFH v. 25.06.2002, X B 30/01, BFH/NV 2002,
    133.
134 BFH v. 28.01.1993, IV R 109/91, BFH/NV 1993, 590; a.A. BFH v. 04.06.1991, VIII R 150/85, BStBl. II 1991, 838,
    der sich jedoch auf einen Darlehensvertrag mit wirtschaftlich unabhängigen Angehörigen zur Finanzierung eines
    Einfamilienhauses bezieht, für einen Fall also, bei dem der Fremdvergleich gelockert ist; siehe hierzu aber auch BFH
    v. 31.10.1989, VIII R 293/84, BFH/NV 1990, 759, in dem der BFH ein Arbeitsverhältnis unter nahen Angehörigen
    mit Darlehensvereinbarungen über einen Teil des Arbeitslohnes auch ohne besondere Vereinbarung über die
    Darlehensrückzahlung mit der Begründung anerkannt hat, dass die für solche Fälle vorgesehene gesetzliche Regelung
    des § 609 BGB (a.F.) zum Zuge komme, was ausreichend sei; das Fehlen einer konkreten Rückzahlungsvereinbarung
    beanstandet auch BFH v. 09.10.2001, VIII R 5/01, BFH/NV 2002, 334.
135 BFH v. 28.01.1993, IV R 109/91, BFH/NV 1993, 590; s. auch BFH v. 22.01.2002, VIII R 46/00, BStBl. II, 2002, 685
    betr. – neben anderen Besonderheiten – Kündigungsrecht des Darlehensgebers erst nach 10 Jahren und dann nur in
    Teilbeträgen ohne Besicherung.

Die Regelung der Rückzahlungsmodalitäten sollte so ausgestaltet werden, dass die Rückzahlung nach Kündigung in angemessener Zeit erfolgt[136] und nicht hinsichtlich Art und Höhe der Willkür des Darlehensnehmers überlassen wird.

So versagte der Bundesfinanzhof[137] beispielsweise im folgenden Fall die steuerliche Anerkennung: Die Parteien hatten vereinbart, dass die Darlehensnehmerin, eine von Angehörigen beherrschte Kommanditgesellschaft, die Rückzahlung eines gekündigten Darlehens ratenweise vornehmen konnte, wenn ansonsten der Bestand oder die Liquidität des Unternehmens durch die sofortige Zahlung gefährdet werden würde. Über die Frage der Bestands- oder Liquiditätsgefährdung sollte der Steuerberater der Darlehensnehmerin verbindlich entscheiden. Nach Auffassung des Bundesfinanzhof bedeutete die Regelung, dass nach dem Willen der Vertragsparteien die Art und Weise der Darlehensrückzahlung an den Bedürfnissen und Möglichkeiten der Darlehensnehmerin ausgerichtet war und das Interesse der Darlehensgeber an einer möglichst problemlosen Realisierung ihrer Darlehensforderung nicht berücksichtigt wurde. Der Bundesfinanzhof hielt es für ausgeschlossen, dass ein fremder Darlehensgeber sich in dieser Weise in die Hand des Darlehensnehmers begeben würde. Auch die Übertragung der Entscheidung über die Bestands- oder Liquiditätsgefährdung auf den Steuerberater der Darlehensnehmerin führte zu keinem abweichenden Ergebnis.

3.   Sicherheiten

27   Nach Auffassung der Finanzverwaltung und auch der Rechtsprechung ist eine langfristige Kapitalhingabe ohne Bestellung von Sicherheiten bei Darlehensverträgen zwischen Fremden unüblich. Bei Darlehensverträgen mit minderjährigen Kindern als Darlehensgebern begründet der Bundesfinanzhof das Erfordernis der Darlehenssicherung außerdem mit den bürgerlich rechtlichen Vorschriften über die elterliche Vermögenssorge.

Daraus kann jedoch nicht geschlossen werden, dass langfristige Darlehensverträge mit volljährigen Kindern oder sonstigen nahen Angehörigen keiner Sicherheit bedürfen.[138] Lediglich in dem Sonderfall der Darlehenshingabe an einen wirtschaftlich unabhängigen Angehörigen aus Anlass der Herstellung oder Anschaffung eines Vermögensgegenstandes ist, wenn das Darlehen ansonsten bei einem Dritten hätte aufgenommen werden müssen, der Fremdvergleich erleichtert und es kann auf eine übliche Besicherung verzichtet werden.[139]

Auch günstige Vermögensverhältnisse des Darlehensnehmers im Zeitpunkt der Darlehenshingabe machen das Erfordernis der Besicherung nicht entbehrlich. Die günstige Vermögenslage im Zeitpunkt der Darlehenshingabe kann nämlich nicht gewährleisten, dass der Darlehensnehmer auch noch im Zeitpunkt der Fälligkeit des Darlehens seiner Rückzahlungsverpflichtung nachkommen kann.[140] Selbst den Einwand, dass dem Darlehensnehmer aufgrund seiner günstigen Vermögensverhältnisse auch andere Kreditinstitute Kredite ohne Gestellung von Sicherheiten eingeräumt hätten, ließ der Bundesfinanzhof in dieser Allgemeinheit nicht gelten. Er verwies darauf, dass mit diesem Hinweis noch nicht geklärt sei, ob die Kreditinstitute ein Darlehen zu gleichen Bedingungen gewährt hätten.[141]

---

136 Autenrieth, DStZ 1992, 86, 88 hält pauschalierend einen Tilgungszeitraum von zehn Jahren für unangemessen. In der Praxis werde eine Tilgungsfrist von drei Jahren anerkannt.
137 BFH v. 14.04.1983, IV R 198/80, BStBl. II 1983, 556.
138 BFH v. 09.10.2001, VIII R 5/01, BFH/NV 2002, 334.
139 BFH v. 29.11.2002, IX B 69/02, n.v.
140 BFH v. 29.06.1993, IX R 44/89, BFH/NV 1994, 460; BFH v. 18.12.1990, VIII R 134/86, BStBl. II 1991, 882 m.w.N.
141 BFH v. 14.04.1983, IV R 189/80, BStBl. II 1983, 556.

Langfristig ist nach dem Bundesfinanzhof jedenfalls ein Darlehen mit einer Laufzeit von mehr als 4 Jahren.[142] Allerdings kann auch bei einem kurzfristigen Darlehen die Stellung von Sicherheiten geboten sein, insbesondere wenn die wirtschaftliche Lage des Angehörigen auch ein Kreditinstitut veranlassen würde, auf die Bestellung einer Sicherheit zu bestehen. Insoweit wird auch die Höhe des Darlehens besondere Relevanz für die Frage der Erforderlichkeit einer Besicherung haben.

Für die Laufzeit kommt es nicht auf die Beendigung des Darlehens etwa durch Zeitablauf oder Kündigung an, sondern auf den Abschluss der dann zu erfolgenden Tilgung.[143] Vorsicht ist darüber hinaus bei Kündigungsdarlehen mit minderjährigen Kindern geboten. So hat der Bundesfinanzhof einen Darlehensvertrag, der beiderseitig mit einer Frist von 6 Monaten zum Ende eines Kalenderjahres gekündigt werden konnte, als langfristig qualifiziert, weil die darlehensgewährenden Kinder erst sieben, fünf und drei Jahre alt waren. Nach Auffassung des Bundesfinanzhofs war faktisch während der Minderjährigkeit der Kinder mit einer Kündigung nicht zu rechnen. Er ging deshalb von einer mehr als 10-jährigen Dauer des Darlehens aus und beanstandete die fehlende Besicherung.[144]

Zu einer ausreichenden Besicherung des Darlehensvertrages sind banküblich Sicherheiten zu gewähren. Dazu gehören nach Auffassung der Finanzverwaltung vornehmlich die dingliche Absicherung durch Hypothek oder Grundschuld, darüber hinaus aber auch Bankbürgschaften, Sicherungsübereignungen, Forderungsabtretungen sowie die Schuldmitübernahme oder der Schuldbeitritt eines fremden Dritten oder eines Angehörigen, sofern dieser über entsprechende ausreichende Vermögenswerte verfügt.[145]

Zwar hat der Bundesfinanzhof die Gewährung eines Anspruchs auf Besicherung, wenn Drittgläubiger eine solche verlangen, für ausreichend angesehen. Dies jedoch nur, wie der Bundesfinanzhof betont, „unter den Umständen des Streitfalles". Man wird daher aus der Entscheidung nicht die Zulässigkeit einer solchen Klausel als allgemeine Grundregel ableiten können. So hat er denn auch in einer nachfolgenden Entscheidung die vertragliche Gestattung, „jederzeit Sicherstellung zu Lasten des Betriebsgrundstücks . . . im jeweils bereiten Range verlangen" zu können, zur Sicherung eines langfristigen Darlehens (zehn Jahre Laufzeit mit Verlängerungsoption) ausdrücklich als unzureichend angesehen. Von solchen Klauseln als Sicherheitenersatz sollte daher abgesehen werden.

Umstritten, aber im Ergebnis vorsorglich abzulehnen,[146] ist die Frage, ob anstelle verkehrsüblicher Sicherheiten auch ein Zinssatz mit Risikoaufschlag vereinbart werden kann.

142 BFH v. 25.01.2000, VIII R 50/97, BStBl. II 2000, 393 („ständige Rechtsprechung").
143 BFH v. 09.05.1996, IV R 64/93, BStBl. II 1996, 642. In dem vom BFH entschiedenen Fall sollte das Darlehen bereits nach Ablauf eines tilgungsfreien Zeitraumes von sechs Monaten durch monatliche Rückzahlung in festgelegter Höhe innerhalb von drei Jahren getilgt werden. Für die Frage der Langfristigkeit ging der BFH von einer Laufzeit von drei Jahren und sechs Monaten aus; BFH v. 28.01.1993, IV R 109/91, BFH/NV 1993, 590, hier hatten die Parteien vertraglich die Möglichkeit einer ordentlichen Kündigung bereits zum 31.12. des auf das Jahr der Darlehensgewährung folgenden Jahres und sodann jeweils zum Jahresende vereinbart, jedoch sollte sich die Kündigung zum Ende eines jeden Jahres lediglich auf einen Teilbetrag von höchstens 10 % der Darlehenssumme beziehen.
144 BFH v. 12.01.1989, IV R 47/87, BFH/NV 1990, 163. – Zu Recht kritisch hierzu Heißenberg, KÖSDI 1991, 8537, 8546, mit dem Hinweis, dass der BFH die fremdnützige Vermögenssorgeverpflichtung der Eltern nicht hinreichend beachtet.
145 BMF v. 25.05.1993, BStBl. I 1993, 410.
146 BFH v. 20.09.1990, IV R 17/89, BStBl. II 1991, 18; Söffing, NWB, Fach 3, 8579; hingegen meint Carl, WiB 1995, 809, 818, dass in bestimmten Fällen das Fehlen von Sicherheiten auch durch einen höheren Zinssatz kompensiert werden könne.

E. Gesellschaftsverträge

2

I. Allgemeines

28 Familienangehörige können Gesellschaftsverträge aus unterschiedlichsten Anlässen und in vielfältigen Gestaltungen schließen. Mit der Wahl der Rechtsform (hierzu § 1 Rn. 1 ff.) und der konkreten Ausgestaltung des Gesellschaftsvertrages werden häufig auch steuerliche Weichen gestellt.

Die folgenden Ausführungen beschränken sich auf den praktisch häufigsten, aber auch fehleranfälligsten Fall der Beteiligung von Familienangehörigen an einer Personengesellschaft, die steuerlich als Mitunternehmerschaft zu qualifizieren ist, also entweder ganz oder teilweise gewerblich tätig ist oder aufgrund ihrer Rechtsform gewerbliche Einkünfte erzielt. Dabei ist nicht nur der Gesellschaftsvertrag selbst, sondern darüber hinaus auch der der Aufnahme des Familienangehörigen in die Gesellschaft regelmäßig zu Grunde liegende Schenkungsvertrag in den Blick zu nehmen.

II. Außersteuerliche und steuerliche Motive

29 Die Aufnahme von Familienangehörigen in ein Einzelunternehmen oder eine Gesellschaft kann zahlreiche Gründe haben. Bei operativ tätigen Unternehmen wird hierdurch meist eine lebzeitige Unternehmensnachfolge eingeleitet, die gegenüber der Übertragung von Unternehmen von Todes wegen zahlreiche Vorteile hat. Zum einen verläuft sie im Gegensatz zur Unternehmensübertragung auf Grund eines plötzlichen und unerwarteten Erbfalls geplant, nämlich auf Grundlage einer mehr oder weniger sorgfältig ausgearbeiteten Konzeption. Zum anderen bietet die lebzeitige Übergabe den Vorteil, dass die Unternehmenskontinuität gewahrt bleibt.

Daneben spielt die Beteiligung von Familienangehörigen aber auch bei rein vermögensverwaltenden Gesellschaften eine nicht unbedeutende Rolle. Der Ehefrau soll schon zu Lebzeiten eine hinreichende Altersversorgung aufgebaut werden, die Kinder sollen langsam mit der Verwaltung eigenen Vermögens vertraut gemacht werden. Die gesellschaftsrechtliche Bindung hat dabei den Vorteil, dass die wirtschaftlich unerfahrenen Kinder das Vermögen nicht so leicht verschleudern können, vielmehr können die Eltern über ihre gesellschaftliche Beteiligung immer noch die Hand auf das Vermögen halten.

Besonders groß ist der Gestaltungsspielraum bei der Kommanditgesellschaft, wobei aber zu berücksichtigen ist, dass eine Ausschöpfung dieses Spielraums immer auch das Risiko der steuerlichen Nichtanerkennung begründet. Doch auch nach dem gesetzlichen Regelstatut ist die Kommanditgesellschaft eine für die Aufnahme passiver Familienangehöriger durchaus geeignete Rechtsform. Als Kommanditisten sind die passiven Gesellschafter zum einen in ihrer Haftung beschränkt, was nur ihrem eigenen Schutz dient, zum anderen aber sind sie von der Geschäftsführung und (zwingend) der Vertretung der Gesellschaft ausgeschlossen, was dem Senior weitgehende Freiheiten bei der Gestaltung der laufenden Geschäfte belässt. Allerdings können die Kommanditisten Handlungen der persönlich haftenden Gesellschafter widersprechen, soweit diese über den gewöhnlichen Betrieb des Handelsgewerbes der Gesellschaft hinausgehen (§ 164 HGB), und das Gesetz gewährt ihnen Informations- und Kontrollrechte (§ 166 HGB).

Dennoch sind auch bei Aufnahme von Angehörigen in Kommanditgesellschaften häufig gesellschaftsvertragliche Sonderregelungen angezeigt. Dies gilt insbesondere bei schenkweiser Aufnahme von minderjährigen oder zumindest wirtschaftlich unerfahrenen Familienangehörigen. So will der Schenker regelmäßig gewährleistet wissen, dass die Kinder nicht kurzfristig den geschenkten Anteil zu Liquidität machen können, indem sie das Gesellschaftsverhältnis mit der gesetzlich vorgesehenen 6-monatigen Kündigungsfrist zum Jahresende kündigen und eine Abfindung in Geld zum Verkehrswert verlangen. Auch die von der Gesellschaft erwirtschafteten Gewinne sollen jedenfalls von jüngeren Familienangehörigen nicht frei entnommen und ebenso frei ausgegeben werden können. Schließlich werden die meisten Eltern auch darauf achten, dass ihnen nach wie vor die Stimmmacht in der Gesellschaft erhalten bleibt und die Geschäftsentwicklung nicht von den Kindern dominiert oder blockiert werden kann. Dennoch wird mit jeder Schenkung auch ein Stück Vermögens- und Machtverlust zu Gunsten des beschenkten Familienangehörigen verbunden sein. Wer hierzu tatsächlich nicht bereit ist oder meint, dies (noch) nicht verantworten zu können, sollte anstelle des Vorbehalts unzähliger Sonderrechte lieber gänzlich auf eine Schenkung verzichten. Denn nur derjenige, der bereit ist, einen Teil seiner bisherigen Machtposition zu Gunsten der Beschenkten aufzugeben, wird auch mit einer steuerlichen Anerkennung der Gestaltung rechnen können.

Steuerliches Motiv der Gründung einer Familiengesellschaft und insbesondere der schenkweisen Beteiligung von Kindern ist die Herstellung eines faktischen Familiensplittings. Durch die Aufteilung der Einkunftsquelle „Gesellschaftsvermögen" unter den Familienangehörigen, kann die Progression gemindert und können die den Beschenkten zustehenden Freibeträge zusätzlich genutzt werden. Auch vor einer Veräußerung eines Unternehmens oder eines Gesellschaftsanteils kann sich die Beteiligung von Familienmitgliedern anbieten. Die dadurch nämlich erreichte Verteilung des Veräußerungsgewinns auf mehrere Köpfe führt häufig zu Einkommensteuerersparnissen bei Anwendung der Fünftel-Regelung des § 34 EStG, die bekanntlich nur noch bei relativ geringen Veräußerungsgewinnen und niedrigen laufenden Einkünften im Jahr der Veräußerung einen Entlastungseffekt bietet. Mit einer Beteiligung der Ehefrau kann der ermäßigte Steuersatz über die Betragsgrenze von € 5 Mio. (§ 34 Abs. 3 EStG) hinaus nochmals in gleicher Höhe in Anspruch genommen werden, sofern auch die Ehefrau die persönlichen Voraussetzungen für die Inanspruchnahme des ermäßigten Steuersatzes erfüllt.

Neben diesen ertragsteuerlichen Vorteilen ist die lebzeitige Übertragung von Gesellschaftsbeteiligungen aber vor allem ein geeignetes Mittel zur Reduzierung der Erbschaftsteuer. Aufgrund der in § 14 ErbStG angeordneten Zusammenfassung von Erwerben innerhalb eines 10-Jahres-Zeitraumes, führen Schenkungen im Abstand von mehr als 10 Jahren zur mehrmaligen Ausnutzung der persönlichen Freibeträge nach § 16 ErbStG – das sind für Kinder immerhin € 205.000 und für den Ehegatten € 307.000 – und – sofern es sich um Betriebsvermögen handelt – (noch) des Betriebsvermögensfreibetrages nach § 13a ErbStG, der € 225.000 beträgt, allerdings auf mehrere Erwerber zu verteilen ist. Auch die Progression kann durch die Aufteilung in kleinere Erwerbseinheiten häufig gesenkt werden. Darüber hinaus bleiben Wertsteigerungen des bereits lebzeitig übertragenen Vermögens von der Erbschaftsteuer verschont.

III.   Voraussetzungen der steuerlichen Anerkennung

30   Die Rechtsprechung hat schon sehr früh klargestellt, dass die Gründung einer Familiengesellschaft zum Zwecke der Steuerersparnis keineswegs missbräuchlich ist.[147] Ungeachtet dessen trägt sie auch hier dem Umstand Rechnung, dass es zwischen Familienangehörigen an einem natürlichen Interessengegensatz fehlt. Ähnlich wie bei sonstigen Verträgen unter Familienangehörigen müssen daher auch Gesellschaftsverträge zwischen Familienangehörigen zu ihrer steuerlichen Anerkennung die drei bekannten Voraussetzungen erfüllen:

- Der Gesellschaftsvertrag muss zivilrechtlich wirksam zu Stande gekommen sein und klare, eindeutige und ernsthafte Vereinbarungen enthalten.
- Der Vertrag muss entsprechend dem Vereinbarten tatsächlich durchgeführt werden.
- Die Vertragsgestaltung und ihre Durchführung muss dem zwischen Fremden Üblichen entsprechen.

Der Fremdvergleich reduziert sich dabei allerdings meist auf die Prüfung der Angemessenheit der Gewinnverteilung.

Die eigentlichen steuerlichen Probleme stellen sich bei Familiengesellschaften aber vor allem dann, wenn es sich bei der Gesellschaft steuerlich um eine Mitunternehmerschaft handelt. Die Finanzverwaltung prüft hier mit besonderer Sorgfalt, ob der jeweilige Familienangehörige als Mitunternehmer zu qualifizieren ist.

Neben der direkten Beteiligung von Familienangehörigen in einer gewerblich tätigen oder geprägten Personengesellschaft sind im Hinblick auf die Anerkennung des Familienangehörigen als Mitunternehmer von praktischer Bedeutung vor allem auch Innengesellschaften, insbesondere in Form der atypisch stillen Gesellschaft (vgl. § 3 Rn. 22) und der atypischen Unterbeteiligung. Im Mittelpunkt der Prüfung von Gesellschaftsverträgen der vorgenannten Mitunternehmerschaften (vor allem also Kommanditgesellschaft, GmbH & Co. KG, atypisch stille Gesellschaft, atypische Unterbeteiligung) und der diesen meist vorangegangenen Schenkungsverträgen, steht somit die Frage, ob den Familienangehörigen eine Mitunternehmerstellung eingeräumt wurde, was immer dann der Fall ist, wenn ihre Rechtsposition zumindest annähernd dem Regelstatut des HGB entspricht.

Die Prüfung der Mitunternehmerstellung der Familienangehörigen erfolgt dabei allerdings grundsätzlich entsprechend der gleichen Kriterien, wie sie auch unter Fremden gelten, d.h. sie müssen Mitunternehmerrisiko tragen und Mitunternehmerinitiative entfalten (hierzu noch unten). Die Besonderheiten liegen bei Familiengesellschaften also nicht darin, dass für sie andere Maßstäbe für die Qualifizierung als Mitunternehmer anzuwenden wären als bei sonstigen Gesellschaften. Lediglich werden in Gesellschaftsverträgen von Familiengesellschaften und in den diesen vorangehenden Aufnahmeverträgen häufiger Regelungen vereinbart, die dazu führen, dass die aufgenommenen Gesellschafter nicht als Mitunternehmer anerkannt werden.

Allerdings kann es im Einzelfall auch durchaus besondere außersteuerliche Gründe geben, die insbesondere Eltern dazu veranlassen, ihre Kinder frühzeitig am Unternehmen oder sonstigen Familienvermögen zu beteiligen, sich gleichzeitig aber die Ausübung umfänglicher Gesellschaftsrechte noch vorzubehalten. So hat der Bundesfinanzhof das Ziel der Sicherung der Unternehmensnachfolge als rechtfertigendes Motiv für die frühzeitige Beteiligung von Kindern

---

147 BFH v. 22.08.1951, IV 246/50, BStBl. III 1952, 181 mit dem Leitsatz: „Einer OHG und einer KG kann die steuerliche Anerkennung nicht lediglich mit der Begründung versagt werden, dass außerbetriebliche, z.B. steuerliche und familienrechtliche Gesichtspunkte den Abschluss des Gesellschaftsvertrages veranlasst haben.“

am Familienunternehmen unter Vorbehalt von Mitgliedschaftsrechten anerkannt.[148] Den Eltern kann es nicht verwehrt werden, ihre Kinder dadurch an das Unternehmen heranzuführen, dass sie diese über eine Beteiligung einbinden, um sie frühzeitig mit wirtschaftlichen Fragen vertraut zu machen und sie dazu anzuweisen, zunächst das Unternehmen zusammen mit den Eltern fortzuführen und es später zu übernehmen.[149] Insoweit ist etwa eine Einschränkung des Kündigungsrechts einer Förderung und Sicherung der Unternehmensnachfolge durchaus dienlich und auch eine Beschränkung des Entnahmerechts kann ein geeignetes Mittel sein, die nachfolgende Generation zur Bildung von Betriebskapital zu zwingen, um sie in stärkerem Maße unter dem Gesichtspunkt der Betriebsnachfolge an den Betrieb zu binden.[150] Schließlich wird man auch bei der Beurteilung von Familiengesellschaftsverträgen die Grundsätze der Oder-Konto-Entscheidung des Bundesverfassungsgerichts zu berücksichtigen haben, wonach eben nicht mehr jede geringfügige Abweichung vom Fremdüblichen ohne Weiteres zur Versagung der steuerlichen Anerkennung führen kann (vgl. § 2 Rn. 4). Entsprechend hat der Bundesfinanzhof eine gesellschaftsvertragliche Entnahmebeschränkung auf die für Unterhalt und Ausbildung erforderlichen Beträge anerkannt, obwohl derartige Regelungen unter Fremden nicht üblich sind und vom Regelstatut des HGB abweichen.[151]

Dennoch bleibt bei allen vom Fremdüblichen und vom Regelstatut des HGB abweichenden Klauseln Zurückhaltung geboten. Denn weder lässt sich aus der Rechtsprechung des Bundesfinanzhof und der Finanzgerichte, noch aus Verlautbarungen der Finanzverwaltung eine klare Richtschnur ableiten, wie weit sich die Familienangehörigen bei der Gestaltung der Schenkungs- und Gesellschaftsverträge vom Regelstatut des HGB entfernen dürfen. Lediglich lassen sich aus der mittlerweile fast unüberschaubar gewordenen Kasuistik Gefahrenpunkte ausmachen.

Neuralgische Punkte in Schenkungsverträgen sind meist Rückfallklauseln (Widerruf, Rücktritt, auflösende Bedingung) oder der Vorbehalt eines Nießbrauchs, insbesondere wenn er sich auch auf außerordentliche Erträge erstrecken soll oder sich der Schenker als Vorbehaltsnießbraucher auch das Stimmrecht für Beschlüsse in außergewöhnlichen Angelegenheiten vorbehält. In Gesellschaftsverträgen sind es vor allem beschränkende Regelungen zu den Widerspruchs- und Kontrollrechten, zum Kündigungsrecht, zur Abfindung und zum Stimmrecht.

IV. Folgen der Nichtanerkennung

Ist eine der vorgenannten Voraussetzungen nicht erfüllt, so hat dies unterschiedliche steuerliche Konsequenzen.   31

Ertragsteuerlich gilt Folgendes: Fehlt es bereits an der zivilrechtlichen Wirksamkeit des Aufnahme- oder Gesellschaftsvertrages, wird die Einkunftsquelle und werden die Einkünfte hieraus in der Regel weiterhin dem Schenker zugerechnet. Gleiches gilt, wenn das Vereinbarte tatsächlich nicht vollzogen wird. Hingegen führt eine unangemessene Gewinnverteilung lediglich dazu, dass der das Fremdübliche übersteigende Teil des Gewinns steuerlich nicht anerkannt und nach wie vor dem Schenker zugerechnet wird.

---

148 BFH v. 10.11.1987, VIII R 166/84, BStBl. II 1989, 758; BFH v. 06.04.1979, V R 116/77, BStBl. II 1979, 620.
149 Bitz in Bitz/Littmann/Pust, § 15 Rn. 108; Westerfalhaus, DB 1997, 2033.
150 BFH v. 10.11.1987, VIII R 166/84, BStBl. II 1989, 758; BFH v. 06.04.1979, V R 116/77, BStBl. II 1979, 620; BFH v. 7.11.2000, VIII R 16/97, BStBl. II, 2001, 186.
151 BFH v. 7.11.2000, VIII R 16/97, BStBl. II 2001, 186 im Anschluss an BFH v. 07.05.1996, IX R 69/94, BStBl. II 1997, 196; BFH v. 29.10.1997, I R 24/97, BStBl. II 1998, 573 und BFH v. 10.11.1998, VIII R 28/97, BFH/ NV 1999, 616.

Hingegen bedeutet die Nichtanerkennung der Mitunternehmerstellung der Familienangehörigen zunächst nur, dass sie keine gewerblichen Einkünfte i.S.d. § 15 Abs. 1 S. 1 Nr. 2 EStG erzielen. Statt dessen können ihnen durchaus nichtgewerbliche Einkünfte, etwa solche aus Kapitalvermögen, zuzurechnen sein. Die Beteiligung müsste dann allerdings als typisch stille Gesellschaftsbeteiligung oder als partiarisches Darlehen zu qualifizieren sein. Die Rechtsprechung ist zu einer derartigen Umdeutung jedoch nur in sehr seltenen Fällen bereit. So wird die Umdeutung in ein partiarisches Darlehen mit der Begründung abgelehnt, die Beteiligten hätten eben nur einen Gesellschaftsvertrag vereinbart, an dessen Stelle aber nicht ein tatsächlich gerade nicht vereinbarter Darlehensvertrag gesetzt werden könne.[152] Statt dessen behandelt die Rechtsprechung § 15 Abs. 1 S. 1 Nr. 2 EStG wie eine Zurechnungsnorm, d.h. sie rechnet die Gewinnanteile in vollem Umfang dem ursprünglichen Gesellschafter – also etwa dem schenkenden Vater – zu und qualifiziert die gesellschaftsvertraglich angeordnete Gewinnzuweisung an die Kinder als nach § 12 EStG steuerlich unbeachtliche Einkommensverwendung des Vaters. Der angestrebte ertragsteuerliche Effekt wird damit verfehlt.

32   In schenkungsteuerlicher Hinsicht wird die zivilrechtliche Unwirksamkeit regelmäßig dazu führen, dass eine Schenkung noch nicht vollzogen und damit noch keine Schenkungsteuer entstanden ist. Hingegen dürfte eine abweichende Durchführung vom gesellschaftsvertraglich Vereinbarten schenkungsteuerlich unbeachtlich sein. Eine unangemessene Gewinnverteilung kann im Rahmen des § 7 Abs. 6 ErbStG Bedeutung erlangen. Hiernach wird eine übermäßige Gewinnbeteiligung als selbstständige Schenkung besteuert. Der Steuerpflicht unterliegt der Kapitalwert des überhöhten Teils des Gewinns in Höhe des 9,3-fachen des Jahreswertes. Dass aufgrund der ertragsteuerlichen Nichtanerkennung der Schenker die Ertragsteuer auf den dem Beschenkten zufließenden überhöhten Teil des Gewinns, also quasi für diesen, zu versteuern hat, bleibt hingegen schenkungsteuerlich unbeachtlich.[153] Die Versagung der Mitunternehmerschaft kann zwar nicht die Schenkungsteuerpflicht verhindern. Sie wirkt sich aber dadurch nachteilig aus, dass die Gesellschaftsbeteiligungen wie anteilig erworbenes Privatvermögen zu bewerten sind und die Betriebsvermögensprivilegien (derzeit noch Bewertungsabschlag, Betriebsvermögensfreibetrag und ggf. Steuerklassenprivileg) nicht in Anspruch genommen werden können.

V.   Wirksamkeitsvoraussetzungen

1.   Formerfordernisse

33   Der Abschluss von Personengesellschaftsverträgen ist grundsätzlich formfrei möglich. Allerdings ist zumindest eine schriftliche Form nicht nur empfehlenswert, sondern für eine steuerliche Anerkennung nahezu unerlässlich.

Eine notarielle Beurkundung ist zudem erforderlich, wenn eine stille Beteiligung und eine Unterbeteiligung schenkweise zugewendet werden. Zwar bedarf auch die schenkweise Aufnahme eines Familienangehörigen in eine Kommanditgesellschaft – wie jede andere Schenkung – grundsätzlich nach § 518 Abs. 1 S. 1 BGB der notariellen Form. Jedoch wird bekanntlich der Mangel der Form durch Vollzug der Schenkung geheilt (§ 518 Abs. 2 BGB). Zum Vollzug der Schenkung eines Kommanditanteils genügt aber bereits der Abschluss des Gesellschaftsvertrages

---

152 BFH v. 06.07.1995 IV R 79/94, BStBl. II 1996, 269 (273).
153 Moench in Moench, § 7 Rn. 242.

und die Umbuchung[154] vom Kapitalkonto des Schenkers auf das Kapitalkonto des Beschenkten.[155] Mit der Einbuchung ist die Schenkung vollzogen und ein eventueller Formmangel geheilt. Anderes gilt hingegen bei Innengesellschaften. Soll also insbesondere eine stille Beteiligung oder eine Unterbeteiligung schenkweise begründet werden, stellt die Umbuchung keinen heilenden Vollzug dar.[156] Für die steuerliche Anerkennung ist in diesem Fall der schenkweise abgeschlossene Gesellschaftsvertrag der stillen Gesellschaft zu beurkunden.[157]

2.   Ergänzungspfleger

Die Übertragung einer Kommanditbeteiligung auf einen Minderjährigen bedarf der Bestellung   34
eines Ergänzungspflegers nach § 1909 BGB.[158] Dies ergibt sich aus dem Selbstkontrahierungsverbot der §§ 181, 1629 Abs. 2, 1795 Abs. 2 BGB. Der Abschluss eines Gesellschaftsvertrages ist regelmäßig nicht lediglich rechtlich vorteilhaft. Nach Übertragung der Gesellschaftsbeteiligung dürfen jedoch die Eltern als gesetzliche Vertreter die Gesellschaftsrechte ihrer Kinder ausüben. Der Begründung einer Dauerpflegschaft bedarf es demnach nicht. Lediglich bei (wesentlichen) Änderungen des Gesellschaftsvertrages ist erneut die Bestellung eines Ergänzungspflegers erforderlich. Entsprechendes gilt bei Begründung einer atypisch stillen Gesellschaft und einer atypischen Unterbeteiligung mit minderjährigen Kindern, soweit der Stille oder Unterbeteiligte zur Verlusttragung über seine Einlage hinaus verpflichtet wird.

3.   Vormundschaftsgerichtliche Genehmigung

Die Aufnahme eines Minderjährigen in eine Kommanditgesellschaft bedarf nach h.M. auch dann   35
der vormundschaftsgerichtlichen Genehmigung, wenn die Aufnahme schenkweise erfolgt und der Minderjährige in die haftungsbeschränkte Stellung eines Kommanditisten eintritt. Gleiches gilt für Gesellschaftsverträge mit Minderjährigen als stille Gesellschafter und Unterbeteiligte, wenn eine Beteiligung am Verlust vereinbart wurde. Nicht genehmigungsbedürftig ist hingegen die schenkweise Beteiligung an einer Gesellschaft, die reine Vermögensverwaltungszwecke verfolgt. Für Änderungen des Gesellschaftsvertrages ist die vormundschaftsgerichtliche Genehmigung nur dann erforderlich, wenn die Änderungen wesentlich sind und wenn sie den Minderjährigen mit Beitragspflichten (Nachschüssen) belasten.[159] Die vormundschaftsgerichtliche Genehmigung wirkt auf den Zeitpunkt des Vertragsschlusses zurück. Dies gilt auch für steuerliche Zwecke, soweit sie zeitnah nach dem Vertragsschluss beantragt und in angemessener Frist erteilt wurde.[160]

Die vormundschaftsgerichtliche Genehmigung ist als zivilrechtliches Formerfordernis Voraussetzung der steuerlichen Anerkennung. Zwar ist es gemäß § 41 Abs. 1 S. 1 AO für Steuerzwecke grundsätzlich unbeachtlich, ob ein Rechtsgeschäft wirksam ist, solange nur die Beteiligten das wirtschaftliche Ergebnis eintreten und bestehen lassen. Jedoch wendet die Finanzverwaltung diese

---

154 Die buchmäßige Darstellung der Beteiligungsverhältnisse ist nicht nur Wirksamkeitsvoraussetzung, sondern als tatsächlicher Vollzug der Schenkung weiterhin Voraussetzung seiner steuerlichen Anerkennung.
155 Der BGH hat hierzu in seiner berühmten Benteler-Entscheidung v. 02.07.1990, BGHZ 112, 40 = NJW 1990, 2616, klargestellt, dass in solchen Einbuchungsfällen der Gesellschaftsanteil und nicht etwa die Einlageleistung Schenkungsgegenstand ist.
156 BGH v. 24.09.1952, II ZR 136/51, BGHZ 7, 174, 179; BFH v. 24.07.1986, IV R 103/83 (V), BStBl. II 1987, 54.
157 BFH v. 19.09.1974, IV R 95/73, BStBl. II 1975, 141.
158 Wälzholz, INF 2007, 231; Rust, DStR 2005, 1942 und 1992; Hohaus/Eickmann, BB 2004, 177.
159 Streitig, vgl. Fn. 158.
160 BFH v. 01.02.1973, IV R 49/68, BStBl. II 1973, 307; H 15.9 Abs. 2 EStR 2005.

Vorschrift auf Familienpersonengesellschaften grundsätzlich nicht an.[161] Dies erscheint vor allem in den Fällen unangemessen, in denen sich die Beteiligten bemüht haben, den zivilrechtlichen Formerfordernissen nachzukommen und einen fremdüblichen Gesellschaftsvertrag tatsächlich vollzogen haben. So hat auch der Bundesfinanzhof bereits in einer Entscheidung von 1999[162] im Anschluss an den Beschluss des Bundesverfassungsgerichts vom 07.11.1995[163] ausgeführt, dass jedenfalls dann, wenn für die Vertragspartner nicht erkennbar war, dass bestimmte zivilrechtliche Erfordernisse zu beachten waren, nicht allein wegen der Nichtbeachtung der Formvorschriften im Vertrag die steuerliche Anerkennung versagt werden dürfe. In zwei jüngeren Entscheidungen hat der Bundesfinanzhof dies nochmals bestätigt und klargestellt, dass er den Mangel der Form lediglich als Indiz fehlender Ernsthaftigkeit sehe, allerdings als ein schwerwiegendes.[164] Allerdings ist die Finanzverwaltung dieser Auffassung durch einen Nichtanwendungserlass entgegengetreten.[165] Darüber hinaus ist zu beachten, dass auch die Anforderungen des Bundesfinanzhof an eine solche ausnahmsweise Anerkennung eines formunwirksamen Vertrages durchaus sehr hoch sind.[166]

Wie auch bei sonstigen Verträgen zwischen Familienangehörigen ist es für die steuerliche Anerkennung des Gesellschaftsverhältnisses unerlässlich, dass die Gesellschafter die im Aufnahme- und Gesellschaftsvertrag geschlossenen Regelungen auch tatsächlich vollziehen. Hierzu gehört nach der Aufnahme des Familienangehörigen in die Gesellschaft an erster Stelle die zutreffende buchmäßige Darstellung der neuen Beteiligungsverhältnisse. Für die Angehörigen sind also eigene Kapital- und Privatkonten zu führen und der auf sie entfallende Gewinn ist ihnen und nicht etwa nach wie vor den Eltern gutzuschreiben.[167] Wird in der Folgezeit auf die Auszahlung von zugewiesenen Gewinnanteilen verzichtet, ist dies allerdings dann unschädlich, wenn die wirtschaftliche Lage des Unternehmens solches erfordert und alle Gesellschafter in gleicher Weise auf Entnahmen verzichten. Auch eine günstige Verzinsung stehengelassener Gewinne kann unterlassene Entnahmen rechtfertigen.[168]

---

161 Hierzu Bitz in Littmann/Bitz/Pust, § 15 Rn. 17.
162 BFH v. 13.07.1999, VIII R 29/97, BStBl. II 2000, 386.
163 BVerfG v. 07.11.1995, 2 BvR 802/90, BStBl. II 1996, 34.
164 BFH v. 07.06.2006, IX R 4/04, BStBl. II 2007, 294; BFH v. 22.02.2007, IX R 45/06, DB 2007, 1287; hierzu und zum Nichtanwendungserlass der Finanzverwaltung Heuermann, DB 2007, 1267.
165 BMF v. 02.04.2007, DB 2007, 945.
166 BFH v. 13.07.1999, VIII R 29/97, BStBl. II 2000, 386: „Das bedeutet, dass tatsächlich durchgeführte Verträge zwischen nahen Angehörigen, bei deren Abschluss Formvorschriften nicht beachtet worden sind, ausnahmsweise dann von vornherein steuerlich zu berücksichtigen sind, wenn aus den besonderen übrigen Umständen des konkrete Einzelfalles zweifelsfrei abgeleitet werden kann, dass die Vertragspartner einen ernsthaften Bindungswillen hatten. Erste und notwendige Voraussetzung dafür ist, dass den Vertragspartner die Nichtbeachtung der Formvorschriften nicht angelastet werden kann. Dieses Erfordernis ist jedenfalls dann erfüllt, wenn sich für den konkreten Fall die Anwendbarkeit der Formvorschriften nicht aus dem Gesetzeswortlaut, sondern nur im Wege erweiternder Auslegung oder eines Analogieschlusses ergibt, diese Auslegung oder Analogie sich nicht ohne Weiteres aufdrängt, keine veröffentlichte Rechtsprechung existiert, die eine derartige Auslegung oder Analogie bejaht und die analoge Anwendung der Formvorschriften auf vergleichbare Fälle auch in der allgemein zugänglichen Literatur nicht erörtert wird. Außerdem muss hinzukommen, dass die Angehörigen zeitnah nach dem Erkennen der Unwirksamkeit oder dem Auftauchen von Zweifeln an der Wirksamkeit des Vertrages die erforderlichen Maßnahmen eingeleitet haben, um die Wirksamkeit herbeizuführen oder klarzustellen.“
167 BFH v. 18.03.1964, IV R 86/63, BStBl. III 1964, 429.
168 BFH v. 29.01.1976, IV R 102/73, BStBl. II 1976, 328; wie aber BFH v. 18.10.1989, I R 203/84, BStBl. II 1990, 68, mit dem Leitsatz: „Ein Vertrag über eine stille Beteiligung zwischen Familienangehörigen ist nur dann durchgeführt, wenn die Gewinnanteile entweder ausbezahlt werden oder im Falle einer Gutschrift eindeutig bis zur Auszahlung jederzeit abrufbar gutgeschrieben bleiben. Ein Darlehensvertrag steht der Auszahlung nur dann gleich, wenn er zivilrechtlich wirksam zu Stande kommt.“

VI. Gewinnverteilung

Mit der Prüfung der Angemessenheit der Gewinnverteilung soll festgestellt werden, ob es sich bei dem Gewinnbezug aus dem geschenkten Gesellschaftsanteil tatsächlich um eigene, vom Familienangehörigen selbst voll zu versteuernde Einkünfte oder aber um steuerlich unbeachtliche, aus außerbetrieblichen Erwägungen veranlasste, unentgeltliche Zuwendungen künftiger laufender Gewinne des Schenkers oder Veräußerers des Anteils handelt. ↵ **36**

Ein Fremdvergleich im eigentlichen Sinne kann hingegen nur bei entgeltlich erworbenen Beteiligungen vorgenommen werden. Entsprechend kommt es hier auch entscheidend darauf an, welcher Gewinnanteil einem Fremden zugestanden worden wäre. Dabei sind alle üblicherweise im kaufmännischen Verkehr herangezogenen und zum Zeitpunkt des Vertragsabschlusses erkennbaren Umstände zu berücksichtigen. Hierzu gehören der Kapitalbedarf der Gesellschaft, die Bedeutung des Kapitaleinsatzes für den Betrieb, Renditen in anderen Anlagen im Zeitpunkt des Vertragsabschlusses oder die Leistung einer Arbeitseinlage. Eine besondere Bedeutung kommt der Beteiligung des Gesellschafters am Verlust zu. Wer mit einer Verlustbeteiligung ein erhöhtes Risiko eingeht, soll auch die Chance auf eine höhere Rendite haben. Der Bundesfinanzhof hält bei entgeltlich erworbenen Gesellschaftsbeteiligungen ohne Verlustbeteiligung in der Regel eine Rendite von bis zu 25 % für angemessen.[169] Ist der Familienangehörige hingegen als Gesellschafter am Verlust beteiligt, so soll eine Rendite bis zu 35 % noch angemessen sein.[170] Die vorgenannten Renditesätze sind allerdings nur dann heranzuziehen, wenn sich ein angemessener Gewinnanteil nicht durch einen konkreten Fremdvergleich ermitteln lässt,[171] was aufgrund der besonderen Konstellationen bei nahen Angehörigen als Gesellschafter aber regelmäßig der Fall ist.

Nahezu unmöglich ist ein Fremdvergleich aber bei unentgeltlich erworbenen Beteiligungen, denn Fremde pflegen sich gerade nicht mit Unternehmensbeteiligungen zu beschenken. Dennoch haben sich auch für die Fälle der unentgeltlichen Beteiligungen von Familienangehörigen an Personengesellschaften auf Grundlage einer Entscheidung des Großen Senats des Bundesfinanzhofs von 1972[172] Richtsätze herausgebildet. Hiernach darf der Gewinnanteil maximal 15 % des tatsächlichen Wertes der Beteiligung[173] betragen, bei Ausschluss der Verlustbeteiligung sogar nur höchstens 12 %.[174] Die Finanzverwaltung wendet die vorgenannten Richtsätze ebenfalls an.[175] **37**

Zu ermitteln ist somit zweierlei: Zunächst der tatsächliche Wert des Anteils und sodann anhand des gesellschaftsvertraglichen Gewinnverteilungsschlüssels der zukünftig zu erwartende Gewinn auf diesen Anteil. Bereits die Ermittlung des tatsächlichen Beteiligungswertes wirft in der Praxis einige Probleme auf. Der Bundesfinanzhof empfiehlt zunächst das gesamte Unternehmen zu bewerten. Dabei sind die stillen Reserven und ein etwaiger Geschäftswert zu berücksichtigen. Das heute gängige Unternehmensbewertungsverfahren ist das Ertragswertverfahren. Wertbestimmender

---

169 BFH v. 14.02.1973, I R 131/70, BStBl. II 1973, 395 für eine typisch stille Gesellschaft; BFH v. 27.03.2001, I R 52/00, BFH NV 2002, 537; BFH v. 09.06.1994, IV R 47-48/92, IV R 47/92, IV R 48/92, BFH/NV 1995, 103 mit ausführlicher Begründung.
170 BFH v. 16.12.1981, I R 167/78, BStBl. II 1982, 387; BFH v. 21.09.2000, IV R 50/99, BStBl. II 2001, 299.
171 BFH v. 21.09.2000, IV R 50/99, BStBl. II 2001, 299.
172 BFH v. 29.05.1972, GrS 4/71, BStBl. II 1973, 5.
173 Nicht auf den tatsächlichen Wert der Beteiligung, sondern lediglich auf den Buchwert soll hingegen abzustellen sein, wenn der Schenker den beschenkten Familienangehörigen jederzeit zum Buchwert aus der Gesellschaft hinauskündigen kann; BFH v. 27.09.1973, IV R 33/71, BStBl. II 1974, 51; BFH v. 29.01.1976, IV R 89/75, BStBl. II 1976, 374; BFH v. 13.03.1980, IV R 59/76, BStBl. II 1980, 437.
174 BFH v. 29.05.1972, GrS 4/71, BStBl. II 1973, 5; BFH v. 29.03.1973, IV R 56/70, BStBl. II 1973, 650; BFH v. 21.09.1989, IV R 126/88, BFH/NV 1990, 692.
175 H 15.9 Abs. 3 und 4 EStR 2005.

Faktor ist hiernach der zukünftige Ertrag (Einnahme-Überschuss) aus dem Unternehmen, der auf den Bewertungsstichtag, den Zeitpunkt des Vertragsschlusses, zu diskontieren ist. Es bedarf daher der Ermittlung des nachhaltig erzielbaren Zukunftsertrages und der Bestimmung des Kapitalisierungszinsfußes. Beides ist mit erheblichen Unsicherheiten behaftet. Der ermittelte Gesamtwert des Unternehmens muss dann auf die einzelnen Gesellschafter aufgeteilt werden. Dies kann, je nach gesellschaftsvertraglicher Regelung, nach Bruchteilen, nach festen Kapitalanteilen, nach variablen Kapitalanteilen oder nach Köpfen erfolgen. Soweit, wie häufig in Familienpersonengesellschaften, jedoch hinsichtlich einzelner Gesellschafter Sonderregelungen bestehen (etwa keine Beteiligung an den stillen Reserven und/oder am Geschäftswert bei vorzeitigem Ausscheiden oder im Falle der Liquidation), sind Abschläge zu machen. Gleiches gilt bei Entnahmebeschränkungen oder bei gesellschaftsvertraglichen Sonderrechten zu Gunsten anderer Gesellschafter.[176]

Wie bei der Bestimmung des tatsächlichen Anteilswerts ist auch bei der Ermittlung des auf den Anteil entfallenden Gewinns eine Prognose vorzunehmen. Denn maßgeblich ist nicht der tatsächliche Gewinn der folgenden Jahre, sondern es ist auf den fiktiven Gewinn abzuheben, der nach den zum Zeitpunkt der Gewinnverteilungsvereinbarung bekannten Umständen und der sich aus ihnen für die Zukunft – in der Regel den nächsten fünf Jahren – ergebenden wahrscheinlichen Entwicklung zu erwarten ist. Die Gewinnverteilung wird nicht nachträglich unangemessen, wenn sich aufgrund günstiger Geschäftsentwicklung später herausstellt, dass der Gewinn tatsächlich höher lag und insbesondere die 15 %-Grenze überschritten hat. Andererseits kann auch eine besonders ungünstige Entwicklung eine entsprechend der Schätzung als unangemessen erkannte Gewinnverteilung nicht nachträglich rechtfertigen. Der Bundesfinanzhof[177] nennt hierzu (allerdings in DM) folgendes Beispiel:

wahrer Wert des Anteils eines Kommanditisten	€ 10.000
15 % des Wertes des Anteils somit	€ 1.500
nachhaltig zu erwartender jährlicher Gewinn	€ 100.000
höchst möglicher Gewinnanteil an zu erwartenden Gewinnen (€ 1.500 von € 100.000 =)	1,5 %
tatsächlich erzielter Gewinn	€ 200.000
	x 1,5%
anzuerkennender Gewinn	€ 3.000

Der nach vorstehender Rechnung ermittelte angemessene Gewinnanteil (1,5 %) bleibt dann solange maßgeblich, bis eine wesentliche Veränderung der Verhältnisse dergestalt eintritt, dass auch bei einer Gesellschaft zwischen fremden Personen die Gewinnverteilung neu geregelt würde.

38   Führt der vereinbarte Gewinnverteilungsschlüssel hingegen zu einer höheren, somit unangemessenen Rendite, so ist der Gewinn einkommensteuerrechtlich so zuzurechnen, als ob ein angemessener Gewinnanteilssatz vereinbart worden wäre, d.h. es erfolgt eine Herabsetzung auf den angemessenen Betrag. Der überschießende, unangemessene Gewinnanteil ist somit vom Schenker (Veräußerer) zu versteuern, obwohl er dem Beschenkten (Erwerber) zufließt. Auch hierzu nennt der Bundesfinanzhof ein Beispiel:

---

176 Vgl. hierzu BFH v. 29.03.1973, IV R 158/68, BStBl. II 1973, 489.
177 BFH v. 29.03.1973, IV R 158/68, BStBl. II 1973, 489.

15 % des wahren Beteiligungswertes	€ 1.500
zu erwartender Gewinn	€ 100.000
vereinbarte Gewinnbeteiligung	10 %
zu erwartender Gewinnanteil	€ 10.000
./. angemessene (fiktive) Gewinnbeteiligung	
(1,5 % vom zu erwartenden Gewinn =)	€ 1.500
unangemessener Gewinnanteil	€ 8.500

Im Beispiel hat somit der Beschenkte (Erwerber) € 1.500 und der Schenker (Veräußerer) € 8.500 zu versteuern. Es sei allerdings nochmals betont, dass man mit einem Gewinnanteil von unter 15 % keineswegs auf der sicheren Seite ist. Auf die geringere Angemessenheitsgrenze von 12 % bei unentgeltlichem Erwerb ohne Verlustbeteiligung wurde bereits hingewiesen. Darüber hinaus kann die Angemessenheitsgrenze unter 15 % liegen, wenn Mitgesellschafter ohne angemessene Vergütung Sonderleistungen (z.B. Geschäftsführung, erhöhtes Haftungsrisiko) übernehmen. So muss bspw. dem Komplementär unter Berücksichtigung seiner Vorabvergütungen für Geschäftsführung und Haftungsrisiko wenigstens eine Rendite aus dem tatsächlichen Wert seines Anteils verbleiben, die ebenso hoch ist wie die Rendite aus dem geschenkten Kommanditanteil.[178]

Die vorgenannten Grundsätze sind grundsätzlich nicht anzuwenden auf die Schenkung eines Kommanditanteils an einer Kommanditgesellschaft, deren übrige Gesellschafter Fremde sind.[179] Auch findet die 15 %-Grenze keine Anwendung, wenn der mit dem Anteil Beschenkte selbst eine unternehmerische Leistung erbringt, es sei denn, er arbeitet nur in untergeordneter Stellung mit oder erhält für seine Leistungen eine angemessene Vergütung.[180] Allerdings ist dann eine Angemessenheitsprüfung nach den für entgeltlich erworbene Anteile maßgeblichen Grundsätzen vorzunehmen.

VII. Mitunternehmerstellung des Angehörigen

1. Allgemeines

Die mit der Beteiligung von nahen Angehörigen an Unternehmen oder Gesellschaften angestrebten steuerlichen Ziele können, sofern es sich um gewerblich tätige oder geprägte Personengesellschaften handelt, nur erreicht werden, wenn der Angehörige Mitunternehmer wird. Zwar entscheidet, wie oben ausgeführt, die Qualifizierung des aufgenommenen Familienangehörigen als Mitunternehmer zunächst nur über die Art seiner Einkünfte, jedoch versteht die Rechtsprechung die Qualifizierung als Mitunternehmer, von wenigen Ausnahmen abgesehen, als Zurechnungsvoraussetzung. Zur Erreichung der ertragsteuerlichen Ziele kommt es aber wesentlich darauf an, ob die auf den übertragenden Anteil entfallenden Einkünfte dem Beschenkten oder nach wie vor dem Schenker steuerlich zuzurechnen sind. Nach § 2 Abs. 1 EStG sind Einkünfte demjenigen zuzurechnen, der sie erzielt, d.h. den Tatbestand einer Einkunftsart verwirklicht. Gewerbliche Einkünfte nach § 15 Abs. 1 EStG sind dem Unternehmer, bei einer Beteiligung an einer Personengesellschaft, dem Mitunternehmer zuzurechnen.

39

---

178 BFH v. 05.11.1985, VIII R 275/81, BFH/NV 1986, 327.
179 BFH v. 06.11.1991, XI R 35/88, BFH/NV 1992, 452.
180 BFH v. 05.11.1985, VIII R 275/81, BFH/NV 1986, 327; BFH v. 27.09.1979, IV R 33/71, BStBl. II 1974, 51.

Deshalb konzentriert sich bereits das Problem der subjektiven Einkünftezurechnung auf die Frage, ob der aufgenommene Familienangehörige Mitunternehmer geworden ist. Dies aber ist nur der Fall, wenn er Mitunternehmerinitiative entfaltet, insbesondere an unternehmerischen Entscheidungen aktiv mitwirken kann, und Mitunternehmerrisiko trägt, also insbesondere am wirtschaftlichen Erfolg oder Misserfolg des Unternehmens der Gesellschaft teilnimmt. Beide Voraussetzungen sind regelmäßig erfüllt, wenn der aufgenommene Familienangehörige als Gesellschafter zumindest annähernd die Rechte hat, die nach dem Regelstatut des HGB auch einem Kommanditisten zustehen. Hierzu zählen insbesondere die unmittelbare Beteiligung am laufenden Gewinn und die mittelbare Teilnahme am Verlust der Gesellschaft durch Minderung zukünftiger Gewinnanteile, weiterhin die Beteiligung an stillen Reserven und Firmenwerten bei Ausscheiden, Gesamtveräußerung oder Liquidation, das Stimmrecht in der Gesellschafterversammlung, das Widerspruchsrecht gegenüber außergewöhnlichen Handlungen der Geschäftsführung und schließlich besondere Kontrollrechte, wie insbesondere die abschriftliche Mitteilung des Jahresabschlusses durch die Gesellschaft und deren Prüfung.

Zur Anerkennung der Mitunternehmerstellung wird allerdings nicht vorausgesetzt, dass sämtliche der vorstehenden Rechte gewährt sind. Beschränkungen sind vielmehr möglich. Auch kann ein Weniger an Mitunternehmerinitiative durch ein Mehr an Mitunternehmerrisiko ausgeglichen werden, gleiches gilt umgekehrt. Andererseits kann eine Stärkung des einen Merkmals nicht das völlige Fehlen des anderen Merkmals ersetzen.[181]

Dem Familienangehörigen kann sowohl die Mitunternehmerinitiative als auch das Mitunternehmerrisiko zum einem im Schenkungsvertrag, zum anderen im Gesellschaftsvertrag vorenthalten werden. Die insoweit neuralgischen Regelungen in beiden Verträgen sollen im Folgenden kurz behandelt werden.

2.   Schenkungsvertrag

a)   Schenkung unter Vorbehalt eines Nießbrauchsrechts

40   Ein beliebtes Mittel zur Sicherung der Erträge für die abgebenden Senioren war gerade in den letzten Jahren die Schenkung unter Vorbehalt eines Nießbrauchsrechts. In steuerlicher Hinsicht stellt sich dann die Frage, ob der Schenker (Nießbrauchberechtigte) oder der Beschenkte (Nießbrauchbesteller) oder sogar beide als Mitunternehmer zu qualifizieren sind. Die Finanzverwaltung hat sich hierzu noch nicht klar geäußert, wohl aber der Bundesfinanzhof in einer Entscheidung vom 1. März 1994.[182] Er prüft darin im Wesentlichen, ob der Beschenkte trotz des vom Schenker vorbehaltenen Nießbrauchs Mitunternehmerrisiko trägt und Mitunternehmerinitiative ausübt.

aa)   Mitunternehmerrisiko

41   Für die Frage der Verteilung des Mitunternehmerrisikos hatte der Bundesfinanzhof zu untersuchen, inwieweit der Nießbraucher auf der einen Seite und der Nießbrauchbesteller auf der anderen Seite am Erfolg oder Misserfolg des Unternehmens teilnehmen. Diese Aufteilung kann – vereinfacht – nach der Grundregel erfolgen, dass dem Beschenkten Wertveränderungen der Substanz zuzurechnen sind und dem Nießbraucher (Schenker) die Früchte zustehen. Im Einzelnen sieht die Verteilung wie folgt aus.[183]

---

181 BFH v. 27.05.1993, IV R 1/92, BStBl. II 1994, 700.
182 BFH v. 01.03.1994, VIII R 35/92, BStBl. II 1995, 241.
183 Einzelheiten hierzu sind streitig, können an dieser Stelle aber nicht behandelt werden.

Gesellschafter/Nießbrauchbesteller	Nießbraucher
Ertrag aus der Realisierung stiller Reserven des Anlagevermögens	Entnahmefähiger Gewinn im Rahmen der Fruchtziehung
Ertrag aus der Realisierung stiller Reserven und des Geschäftswerts bei Gesamtveräußerung oder Liquidation in Form des Auseinandersetzungsguthabens	Mittelbare Verlustteilnahme durch entsprechende Reduzierung laufender Gewinne
Verlusttragung spätestens bei Gesamtveräußerung oder Liquidation (evtl. Haftung für Gesellschaftsverbindlichkeiten)	

Die Aufteilung zeigt, dass jedenfalls im gesetzlichen Regelfall sowohl der Gesellschafter als auch der Nießbraucher am Erfolg und Misserfolg des Unternehmens teilnehmen und damit beide Mitunternehmerrisiko tragen.

Die Erfolgsbeteiligung ändert sich jedoch, wenn durch besondere vertragliche Vereinbarung dem Nießbraucher auch die Erträge aus der Realisierung stiller Reserven des Anlagevermögens und auch der Ertrag und der Verlust im Falle einer Gesamtveräußerung oder Liquidation zugewiesen werden. Geschieht dies uneingeschränkt, bleibt dem Gesellschafter nahezu keine Erfolgsbeteiligung mehr und von der Übernahme eines Mitunternehmerrisikos wird man nicht mehr sprechen können.

Offen ist die Bewertung in dem Fall, dass nur ein Teil der Erträge aus der Realisierung stiller Reserven und eines Geschäftswerts bei Einzel- oder Gesamtveräußerung dem Nießbraucher zugewiesen wird. In diesem Fall bleibt dem Gesellschafter eine Erfolgsbeteiligung, er trägt also Mitunternehmerrisiko, jedoch in deutlich geringerem Maße. Ob dies ausreicht, wird letztlich nur im Rahmen einer Gesamtbeurteilung zu klären sein, da, wie ausgeführt, ein Defizit an Mitunternehmerrisiko durchaus durch ein höheres Maß an Mitunternehmerinitiative ausgeglichen werden kann.

bb)   Mitunternehmerinitiative

Für die Frage, ob Nießbraucher und Nießbrauchbesteller auch Mitunternehmerinitiative ausüben, 42 hatte der Bundesfinanzhof in vorgenannter Entscheidung eine Verteilung der dem Gesellschafter zustehenden Mitgliedschaftsrechte, insbesondere der Stimm-, Kontroll- und Widerspruchsrechte zwischen Nießbrauchbesteller und Nießbraucher vorzunehmen. Der Bundesfinanzhof folgte dabei der herrschenden zivilrechtlichen Auffassung, dass mit der Nießbrauchbestellung nicht einzelne Mitgliedschaftsrechte von der Mitgliedschaft abgespalten werden, sondern die Ausübung dieser Mitgliedschaftsrechte auf den Gesellschafter und den Nießbraucher verteilt werden. Diese Verteilung sieht, sofern keine abweichenden vertraglichen Regelungen getroffen sind, wie folgt aus.[184]

Gesellschafter/Nießbrauchbesteller	Nießbraucher
Ausschließliches Stimmrecht bei Kernbereichsbeschlüssen	Stimmrecht bei Beschlüssen über laufende Angelegenheiten (nicht bei Kommanditanteil, da Kommanditist von laufender Geschäftsführung ausgeschlossen)

---

184 Auch hier sind Einzelheiten freilich streitig.

Stimmrecht bei Beschlüssen über Grundlagengeschäfte und außergewöhnliche Geschäfte (hier aber Zustimmungsrecht des Nießbrauchers, soweit betroffen)	Informations- und Kontrollrechte zur Sicherung des Fruchtziehungsrechts
Auf vorgenannte Beschlussgegenstände bezogene Informations- und Kontrollrechte	Zustimmungsrecht bei Maßnahmen des Bestellers, die das Nießbrauchsrecht beeinträchtigen könnten (vergleichbar dem Widerspruchsrecht des Kommanditisten)

Auch hier zeigt die vorstehende Übersicht, dass beiden die Möglichkeit verbleibt, Mitgliedschaftsrechte auszuüben, der Nießbrauchbesteller im Wesentlichen diejenigen, welche die Substanz betreffen, der Nießbraucher diejenigen, welche sein Fruchtziehungsrecht betreffen.

Für den gesetzlichen Regelfall kann damit festgestellt werden, dass sowohl der Beschenkte (Nießbrauchbesteller) als auch der Schenker (Nießbraucher) als Mitunternehmer zu qualifizieren sind. Ertragsteuerliche Folge hiervon ist, dass dem Nießbraucher der ihm zivilrechtlich zustehende entnahmefähige Gewinnanteil auch steuerlich zugerechnet wird. Der Nießbrauchbesteller hat als Gesellschafter den darüber hinausgehenden Gewinn zu versteuern, insbesondere also solchen aus Substanzverwertung. Hingegen sind jegliche Abweichungen vom gesetzlichen Regelungsmodell, die den Beschenkten weiter beschränken, mit dem Risiko seiner Nichtanerkennung als Mitunternehmer behaftet, was zur Konsequenz hat, dass auch der nichtentnahmefähige Steuerbilanzgewinnanteil nach wie vor dem Schenker zugerechnet wird.[185]

b)   Rückfallklauseln

43   Ein weiteres in Schenkungsverträgen oft zu findendes Gestaltungsinstrument sind Rückfallklauseln.

Als Gestaltungsinstrumente kommen hierzu in Betracht:

■   die auflösende Bedingung,

■   das vorbehaltene Rücktrittsrecht und

■   der Widerrufsvorbehalt.

Auch sie können Einfluss auf die einkommensteuerliche Qualifizierung des Beschenkten als Mitunternehmer haben. Allerdings ist keineswegs jede Rückfallklausel schädlich. Vereinfachend kann man sagen, dass grundsätzlich solche Rückfallklauseln die Mitunternehmerschaft nicht gefährden, bei denen der Schenker nicht ohne weiteres selbst die Möglichkeit hat, die Voraussetzung des Rückfalls herbeizuführen. Hierzu gehört bspw. der Rückfall bei Vorversterben des Beschenkten, eine Scheidungsklausel[186] sowie die gesetzlichen Rückfallklauseln des Notbedarfs und des groben Undanks.[187] Weiterhin dürften nach vorgenannten Kriterien die Vereinbarung des Rückfalls bei Insolvenz des Beschenkten oder bei Vollstreckung in den Schenkungsgegenstand unschädlich sein. Problematisch kann hingegen die Kombination mehrerer Rückfallklauseln werden. In diesen Fällen wird eine Gesamtwürdigung der Umstände des Einzelfalls notwendig. Demgegen-

---

185 Ein steuerlicher Ausgleich soll erst bei Beendigung des Nießbrauchs stattfinden; Wacker in Schmidt, § 15 Rn. 37.
186 Vgl. BFH v. 04.02.1998, XI R 35/97 (V), BStBl. I 1998, 542 zur Qualifizierung einer beschenkten Ehefrau als auch wirtschaftliche Eigentümerin.
187 BFH v. 27.01.1994, IV R 114/91 (V), BStBl. II 1994, 635 zur Schenkung einer atypischen Unterbeteiligung vom Vater an seine vier minderjährigen Kinder mit vereinbartem Rücktrittsrecht im Fall des Notbedarfs, des groben Undanks und im Fall des Vorversterbens des jeweils beschenkten Kindes ohne Hinterlassung von leiblichen ehelichen Abkömmlingen.

über ist bei Vereinbarung eines freien Widerrufsvorbehalts generell davon auszugehen, dass der Beschenkte nicht Mitunternehmer wird, mit der Folge, dass die Einkünfte aus der Beteiligung nach wie vor dem Schenker zuzurechnen sind.[188]

3.   Gesellschaftsvertrag

Auch bei der Gestaltung des Gesellschaftsvertrages ist darauf zu achten, dass der in die Gesellschaft aufgenommene Familienangehörige am Erfolg und Misserfolg des Unternehmens beteiligt wird (Mitunternehmerrisiko) und annähernd die Stimm-, Kontroll- und Widerspruchsrechte eines Kommanditisten entsprechend dem Regelstatut des HGB gewährt erhält (Mitunternehmerinitiative). Auf dem Prüfstand stehen damit sämtliche Klauseln zu denjenigen Mitgliedschaftsrechten, welche nach dem Gesetz die Kommanditistenstellung ausmachen. Die neuralgischen Punkte in Gesellschaftsverträgen sind damit alle beschränkenden Regelungen zu den Widerspruchs- und Kontrollrechten, zum Kündigungsrecht, zur Abfindung und zum Stimmrecht. Eine Besonderheit gilt allerdings bei atypischen Unterbeteiligungen. Hier kann eine Mitunternehmerstellung trotz weitgehender Beschränkungen anzuerkennen sein, wenn bereits der Hauptbeteiligte diesen Beschränkungen unterliegt, denn der Hauptbeteiligte kann nicht mehr Rechte weitergeben als ihm selbst zustehen.[189]

44

Da die Rechtsprechung über die Anerkennung des Familienangehörigen als Mitunternehmer immer einzelfallbezogen und im Rahmen einer Gesamtwürdigung entscheidet, lässt sich für einzelne Regelungsbereiche isoliert nur für Extremfälle eine klare Zulässigkeitsgrenze ziehen. So steht – ungeachtet der meist gesellschaftsrechtlichen Unzulässigkeit – einer Mitunternehmerstellung des Angehörigen insbesondere entgegen, wenn er jederzeit und ohne wichtigen Grund oder etwa mit Erreichen der Volljährigkeit aus der Gesellschaft hinausgekündigt werden kann und nur zum Buchwert abgefunden wird.[190] Gleiches gilt, wenn die Gesellschafterstellung nur auf Zeit begründet ist und bei Ausscheiden keine angemessene Abfindung gewährt wird,[191] oder wenn Anteile nur zur bereits geplanten kurzfristigen Weiterveräußerung geschenkt werden und die Beschenkten in der kurzen Zwischenzeit keine Mitunternehmerinitiative entfalten konnten.[192]

Schädlich ist auch eine erhebliche Einschränkung des Entnahmerechts ohne angemessene Verzinsung der stehengelassenen Gewinnanteile sowie der gänzliche Ausschluss des Entnahmerechts.[193] Eine hinausgeschobene Begründung der Mitunternehmerschaft nimmt der Bundesfinanzhof an, wenn der Familienangehörige im Zeitpunkt seiner Aufnahme keine Einlage leistet, sondern die Einlage durch Stehenlassen zukünftiger Gewinne erbringt.[194] Ebenso steht einer Anerkennung des Familienangehörigen als Mitunternehmer entgegen, wenn nicht nur sein Widerspruchsrecht ausgeschlossen ist, sondern darüber hinaus auch sein Stimmrecht betreffend Gesellschafterbeschlüsse, die in seine Rechtsstellung eingreifen.[195] Entsprechendes gilt, wenn die Beschenkten zwar ihr Stimmrecht selbst ausüben, bei Kernbereichsbeschlüssen aber an die

---

188 Siehe aber jüngst FG Münster v. 10.11.2005, 3 K 5635/03 Erb, ZErb 2006, 207 m. Anm. Jülicher, das einen auf sechseinhalb Monate zeitlich begrenzten freien Widerrufsvorbehalt als unschädlich qualifiziert hat.
189 BFH v. 24.07.1986, IV R 103/83, BStBl. II 1987, 54.
190 BFH v. 06.07.1995, IV R 79/94, BStBl. II 1996, 269.
191 BFH v. 29.01.1976, IV R 73/73, BStBl. II 1976, 324.
192 BFH v. 15.07.1986, VIII R 154/85, BStBl. II 1986, 896.
193 BFH v. 10.11.1987, VIII R 166/84, BStBl. II 1989, 758; BFH v. 7.11.2000, VIII R 16/97, BStBl. II 2001, 186.
194 BFH v. 1.02.1973, IV R 9/68, BStBl. II 1973, 221; BFH v. 01.02.1973, IV R 138/67, BStBl. II 1973, 526, bei dem das Kind die Bareinlage aus einem vom Vater gewährten und mit zukünftigen Gewinnanteilen zu tilgenden Darlehen leistete.
195 BFH v. 10.11.1987, VIII R 166/84, BStBl. II 1989, 758.

Weisungen des Schenkers gebunden sind.[196] Mangels der Übernahme von Mitunternehmerrisiko wird der Beschenkte nicht Mitunternehmer, wenn er weder am Verlust noch an den stillen Reserven des Anlagevermögens einschließlich eines Geschäftswerts beteiligt wird oder wenn er als Kommanditist weder am laufenden Gewinn, noch am Liquidationserlös beteiligt wird, sondern statt dessen seine Kommanditeinlage mit festem Zinssatz verzinst und im Ausscheidens- und Liquidationsfall lediglich diese ausgezahlt erhält.

Neben derartigen Extremregelungen, die meist den gänzlichen Ausschluss eines Mitgliedschaftsrechtes vorsehen, kann aber auch eine Kumulation von Beschränkungen verschiedener Mitgliedschaftsrechte zur Versagung der steuerlichen Anerkennung des Familienangehörigen als Mitunternehmer führen. Hierzu – stichwortartig – einige Beispiele aus der Rechtsprechung:

- schenkweise Aufnahme von fünf minderjährigen Kindern in die von den Eltern gehaltenen Kommanditgesellschaft mit folgenden gesellschaftsvertraglichen Sonderregelungen:
  - Geschäftsführung und Vertretung allein beim Vater
  - Entnahmen nur zulässig mit Einwilligung des Vaters
  - Hinauskündigungsrecht des Vaters mit Abfindung lediglich zum Buchwert,[197]
- im Vertrag der aus Vater und zwei volljährigen und zwei minderjährigen Kindern bestehenden Kommanditgesellschaft war zu Lasten der Kinder Folgendes vereinbart:
  - freie Entnahmen nur in Höhe der Zinsen aus den Guthaben auf Privatkonten und in Höhe der auf die Beteiligung entfallenden Steuern
  - Hinauskündigungsrecht des Vaters gegen Buchwertabfindung zzgl. 10 % zur pauschalen Abgeltung stiller Reserven
  - eigene zustimmungsfreie Kündigung erst mit 30. Lebensjahr
  - Ausschluss des Widerspruchsrechts;[198]
- im Gesellschaftsvertrag einer GmbH & Co. KG bestehend aus von den Eltern beherrschter GmbH und den Kindern als Kommanditisten waren folgende Regelungen vorgesehen:
  - Ausschluss des Rechts auf Einsichtnahme in Bücher und Geschäftspapiere bei Aufstellung des Jahresabschlusses durch einen Wirtschaftsprüfer oder Steuerberater
  - Entnahmen faktisch nur mit Zustimmung der GmbH,[199]
- der Gesellschaftsvertrag einer aus Vater und drei minderjährigen Kindern bestehenden Kommanditgesellschaft enthielt folgende Regelungen:
  - Ausschluss des Widerspruchsrechts
  - mehrdeutige Entnahmeregelung mit der Auslegungsmöglichkeit, dass Entnahmen der Zustimmung des Vaters bedürfen
  - Buchwertabfindung bei Ausscheiden
  - Gesellschaftsvertragsänderungen mit einfacher Stimmenmehrheit, die beim Vater lag,[200]

---

196 FG Brandenburg v. 08.07.1999, K 1549/98, EFG 2000, 16.
197 BFH v. 22.01.1970, IV R 178/68, BStBl. II 1970, 416.
198 BFH v. 21.02.1974, IV B 28/73, BStBl. II 1974, 44.
199 BFH v. 29.01.1976, IV R 97/74, BStBl. II 1976, 332.
200 BFH v. 29.01.1976, IV R 102/73, BStBl. II 1976, 328.

- der Gesellschaftsvertrag einer GmbH & Co. KG mit Kindern als Kommanditisten und zunächst vom Vater, dann von der Mutter beherrschter GmbH als Komplementärin enthielt folgende Regelungen:

  - Sonderstimmrecht von 52 % zu Gunsten des am Vermögen der KG nicht beteiligten Vaters bzw. der Komplementär-GmbH

  - Widerspruchsrecht faktisch ausgeschlossen

  - Entnahmen auf Lebensunterhalt und Steuerschulden beschränkt

  - Vater bzw. Komplementär-GmbH vom Wettbewerbsverbot befreit

  - weitere Besonderheit: GmbH & Co. KG betrieb vom Vater gepachtetes Unternehmen, das mangels Regelungen zur Pachtdauer mit halbjähriger Frist zum Ende eines jeden Pachtjahres kündbar war,[201]

- im Gesellschaftsvertrag der aus vier minderjährigen Kindern als Kommanditisten und deren Vater und Großvater als Komplementären bestehenden Kommanditgesellschaft war Folgendes vorgesehen:

  - statt anteiliger Beteiligung am laufenden Gewinn angemessene Verzinsung der Kommanditeinlage

  - Abfindung ausscheidender Kommanditisten zum Buchwert und ausscheidender Komplementäre zum Zeitwert

  - Ausschluss des Widerspruchsrechts

  - Vorbehalt der Geltendmachung eines Nießbrauchsrechts,[202]

- eine aus Eltern und deren vier minderjährigen Kindern als Kommanditisten und der allein vom Vater gehaltenen GmbH als Komplementärin bestehende GmbH & Co. KG enthielt folgende gesellschaftsvertraglichen Regelungen:

  - Ausschluss des Widerspruchsrechts der Kommanditisten

  - Stimmmacht beim Vater

  - Entnahmebeschränkung auf jährlich 5 % bzw. 4 % der Beträge auf den Darlehenskonten zzgl. Bedarf für Steuern auf Beteiligungen, hingegen unbeschränktes Entnahmerecht für Vater

  - Gewinnanteile der Kinder bleiben bis zum 30. Lebensjahr auf dem nicht verzinsten Darlehenskonto

  - faktisches Hinauskündigungsrecht des Vaters

  - Abfindung ausscheidender Gesellschafter zum Buchwert in 20 Jahresraten.[203]

---

201 BFH v. 05.06.1986, IV R 53/82, BStBl. II 1986, 798.
202 BFH v. 26.02.1987, IV R 147/85, BFH/NV 1989, 363, mit dem Hinweis, dass ein Kommanditist, der aufgrund von Beschränkungen seiner Gesellschaftsrechte nicht die Stellung eines Mitunternehmers erlangt, steuerlich gleichwohl wie ein typisch stiller Gesellschafter behandelt werden könne; vgl. hierzu auch BFH v. 29.04.1981, IV R 131/78, BStBl. II 1981, 663.
203 BFH v. 11.07.1989, VIII R 41/84, BFH/NV 1990, 92

§ 3 Finanzierung

A. Beratungssituation: Zweckmäßige Auswahl der Finanzierungsmittel

1   Unternehmen benötigen Kapital. Das Kapital kann entweder von den Gesellschaftern oder von Dritten zur Verfügung gestellt werden. Wird es von den Gesellschaftern zur Verfügung gestellt, so kann es als Eigen- oder Fremdkapital überlassen werden. Wird das Kapital von Dritten zur Verfügung gestellt, so kommt grundsätzlich nur Fremdkapital in Betracht. Es findet sich jedoch eine ganze Reihe von Möglichkeiten, die Kapitalüberlassung durch Dritte in einzelnen Punkten der Überlassung von Eigenkapital anzunähern und damit eine Reihe von wirtschaftlichen Vorteilen zu erzielen. Kapital, das einen Charakter zwischen Eigen- und Fremdkapital hat, wird als Mezzanine-Kapital bezeichnet.

B. Darstellung der einzelnen Finanzierungsmöglichkeiten

I. Eigenkapital

2   Als Eigenkapital bezeichnet man eine Überlassung von Kapital durch die Gesellschafter, bei der das Kapital unbefristet überlassen wird, an laufenden Verlusten teilnimmt und zu Mitsprache- und Kontrollrechten führt.

II. Fremdkapital

3   Fremdkapital kann sowohl von Dritten als auch von Gesellschaftern überlassen werden. Es wird befristet überlassen, haftet nicht für laufende Verluste und gewährt weder Mitsprache- noch Kontrollrechte.

Wird das Fremdkapital durch Gesellschafter überlassen oder durch Personen, die Gesellschaftern nahe stehen oder mit diesen durch bestimmte rechtsgeschäftliche Beziehungen verbunden sind, so gelten einige Besonderheiten: Unter bestimmten Voraussetzungen wird das Fremdkapital als eigenkapitalersetzendes Darlehen behandelt, sodass die Rückzahlungsmodalitäten und die Haftung dem Eigenkapital angenähert sind. Aus steuerlicher Sicht sind der eingeschränkte Betriebsausgabenabzug sowie der Umstand zu beachten, dass die ab dem 01.01.2008 geltende Abgeltungsteuer nach dem Unternehmensteuerreformgesetz nicht für Gesellschafterdarlehen gilt.

1. Eigenkapitalersetzende Darlehen

a) Voraussetzungen

Eigenkapitalersetzende Darlehen sind Darlehen, die einer Gesellschaft während einer Krise der Gesellschaft durch einen Gesellschafter oder durch Personen, die Gesellschaftern nahe stehen oder mit diesen durch bestimmte rechtsgeschäftliche Beziehungen verbunden sind,[1] gewährt werden.

Eine Krise ist eine Situation, in der dem Gesellschafter die Entscheidung abverlangt wird, entweder die Gesellschaft mit neuem Eigenkapital auszustatten oder die Gesellschaft aufzulösen. Hierzu gehören die Fälle, in denen die Gesellschaft insolvenzreif oder kreditunwürdig ist.[2]

Eigenkapitalersetzend sind Darlehen aber nicht nur dann, wenn sie während einer Krise der Gesellschaft gewährt werden, sondern auch dann, wenn das Darlehen trotz einer Krise stehen gelassen wird[3] oder wenn der Gesellschafter (konkludent) auf das Recht verzichtet hat, das Darlehen im Falle der Krise zu kündigen.[4]

Wird die Krise der Gesellschaft, d.h. ihre Insolvenzreife oder Kreditunwürdigkeit nachhaltig wieder beseitigt, verliert das Gesellschafterdarlehen seinen eigenkapitalersetzenden Charakter wieder.

b) Rechtsfolgen

Bei den Rechtsfolgen ist zwischen den Rechtsfolgen außerhalb eines Insolvenzverfahrens und den Rechtsfolgen im Insolvenzverfahren zu unterscheiden.

aa) Rechtsfolgen außerhalb eines Insolvenzverfahrens

Die Rechtsprechung unterstellt eigenkapitalersetzende Gesellschafterdarlehen wie echtes Eigenkapital den allgemeinen Kapitalerhaltungsvorschriften der §§ 30, 31 GmbHG:[5]

Auch außerhalb der Insolvenz der Gesellschaft können bis zur Beseitigung der Krise der Gesellschaft die Befugnisse als Darlehensgeber nicht geltend gemacht werden (so genannte Durchsetzungssperre, vergleiche § 30 Abs. 1 GmbHG). Diese Bindung ist aber beschränkt auf den zur Erhaltung des Stammkapitals erforderlichen Betrag, d.h. auf den Betrag, der verlorenes Stammkapital oder eine darüber hinausgehende Überschuldung abdeckt.[6] Der Charakter als Darlehen bleibt jedoch bestehen. Folge ist, dass während der Krise der Rückzahlungsanspruch nicht geltend gemacht werden kann und die Zinsansprüche gestundet werden. Die Ansprüche bestehen jedoch weiterhin; sie sind nicht erloschen.

Alle Zahlungen auf eigenkapitalersetzende Darlehen, die unter Verstoß gegen diese Durchsetzungssperre erfolgen, sind der Gesellschaft zu erstatten, soweit die Zahlung eine Unterbilanz oder Überschuldung bewirkt oder verstärkt (vgl. § 31 GmbHG). Der Erstattungsanspruch verjährt in

---

1 Vgl. hierzu Hueck/Fastrich in Baumbach/Hueck, § 32a Rn. 20 ff. m.w.N.
2 Hueck/Fastrich in Baumbach/Hueck, § 32a Rn. 48 ff. m.w.N.
3 BGH v. 7.11.1994, II ZR 270/93, BGHZ 127, 336, 340 ff.
4 BGH v. 9.10.1986, II ZR 58/86, MDR 1987, 295; Goette, Die GmbH, § 4 Rn. 57.
5 BGH v. 26.03.1984, II ZR 14/84, BGHZ 90, 370 ff. Zur Anwendung dieser Grundsätze auf die AG vgl. BGH v. 26.03.1984, II ZR 171/83, BGHZ 90, 381, 385 ff. sowie Hüffer, § 57 Rn. 16 ff. Zur Anwendung auf die GmbH & Co. KG vgl. Gummert in MüHdbGesR II, § 54 Rn. 19 ff.
6 BGH v. 8.11.2004, II ZR 300/02, GmbHR 2005, 232, 233.

zehn Jahren (vgl. § 31 Abs. 5 GmbHG). Soweit die Erstattung von dem Darlehensgeber nicht erlangt werden kann, kann sich eine summenmäßig begrenzte Ausfallhaftung der Mitgesellschafter analog § 31 Abs. 3 GmbHG ergeben.[7]

Zudem sind solche Zahlungen pflichtwidrig. Daher haften auch die organschaftlichen Vertreter der Kapitalgesellschaft für die Rückzahlung.

3

Nach dem Ende der Krise ist das Darlehen wieder wie reines Fremdkapital zu behandeln. Alle Befugnisse können wieder geltend gemacht werden. Voraussetzung ist aber weiterhin, dass das Stammkapital nicht angetastet wird. Ist ein Darlehen eigenkapitalersetzend, darf eine Rückzahlung oder eine Zinszahlung erst dann erfolgen, wenn wieder so viel Gesellschaftsvermögen vorhanden ist, dass das zur Deckung des Stammkapitals erforderliche Vermögen durch die Zahlung nicht angegriffen wird.[8]

Wurden während der Krise unzulässige Tilgungs- oder Zinszahlungen geleistet und ist damit ein Erstattungsanspruch entstanden, so bleibt dieser Erstattungsanspruch auch nach dem Ende der Krise bestehen.[9] Es ist aber möglich, dass die GmbH gegen diesen Erstattungsanspruch aufrechnet. Eine Aufrechnung durch den Gesellschafter ist hingegen nicht möglich (§ 19 Abs. 2 S. 2 GmbHG analog).

Zudem kann ein Gesellschaftsgläubiger, der in der Einzelzwangsvollstreckung mit einer fälligen Forderung gegen die Gesellschaft ausgefallen ist, Zahlungen auf das eigenkapitalersetzende Darlehen, die im letzten Jahr vor der Anfechtung erfolgt sind, anfechten (§§ 6, 2, 11 Abs. 1 AnfG).

Nach dem Referentenentwurf zum MoMiG sollen eigenkapitalersetzende Darlehen nur noch Rechtsfolgen innerhalb der Insolvenz herbeiführen.

bb) Rechtsfolgen im Insolvenzverfahren

7 Im Insolvenzverfahren über das Vermögen der Gesellschaft kann der Darlehensgeber seine Ansprüche auf Darlehensrückzahlung nur als nachrangige Forderung geltend machen (§ 32a Abs. 1 S. 1 GmbHG, §§ 129a, 172a HGB, § 39 Abs. 1 Nr. 5 InsO). Er erhält also erst dann etwas aus der Insolvenzmasse, wenn alle vorrangigen Forderungen vollständig befriedigt worden sind. Zudem ist der Darlehensgeber als nachrangiger Gläubiger nur dann zur Anmeldung seiner Forderung beim Insolvenzverwalter befugt, wenn das Insolvenzgericht zur Anmeldung nachrangiger Forderungen auffordert (§ 174 Abs. 3 InsO).

Die Nachrangigkeit erstreckt sich auf den gesamten Rückzahlungsanspruch und erfasst auch den Anspruch des Darlehensgebers auf Zahlung von Zinsen (§ 39 Abs. 3 InsO). Zinsen für den Zeitraum, in dem die Hauptforderung eigenkapitalersetzend war, können daher wie die Hauptforderung in der Insolvenz nur nachrangig geltend gemacht werden.

Sind vor Eintritt der Insolvenz Zahlungen auf das als eigenkapitalersetzend einzustufende Darlehen geleistet worden, so kann der Insolvenzverwalter diese Zahlungen anfechten (§ 135 Nr. 2 InsO). Der Darlehensgeber muss dann die Zahlungen zurückgewähren (§ 143 Abs. 1 InsO). Das Anfechtungsrecht des Insolvenzverwalters ist nur nach Eröffnung des Insolvenzverfahrens und nur dann möglich, wenn die Zahlung innerhalb des letzten Jahres vor dem Antrag auf Eröffnung des Insolvenzverfahrens geleistet worden ist.

7 Vgl. hierzu Heidinger in Michalski, §§ 32a, 32b Rn. 272 f.
8 BGH v. 08.11.2004, II ZR 300/02, GmbHR 2005, 232, 233.
9 BGH v. 29.05.2000, II ZR 118/98, MDR 2000, 1082; Habersack in Ulmer, §§ 32a/b Rn. 220.

2.   Steuerliche Besonderheiten

a)   Einschränkungen des Betriebsausgabenabzugs (§ 8a KStG)

Vergütungen auf Fremdkapital, die ein Anteilseigner oder eine dem Anteilseigner nahe stehende   8
Person erhalten hat, werden – bis Ende 2007 – unter bestimmten Voraussetzungen nicht als Zinsen anerkannt:

- Der Anteilseigner muss zu mehr als 25 % unmittelbar oder mittelbar an der Kapitalgesellschaft beteiligt sein (§ 8a Abs. 3 KStG).
- Das überlassene Darlehen überschreitet einen Betrag in Höhe von 150 % des Eigenkapitals, das auf den Anteilseigner entfällt, so genannter safe haven (§ 8a Abs. 1 S. 1 Nr. 2 KStG). Dieses Erfordernis entfällt, wenn die Vergütung nicht fix ist (§ 8a Abs. 1 S. 1 Nr. 1 KStG).
- Die Vergütungen betragen insgesamt mehr als € 250.000.

In diesen Fällen werden die Zinszahlungen der Kapitalgesellschaft nicht als Betriebsausgaben anerkannt. Dabei werden aber nur solche Zahlungen nicht anerkannt, die auf das Fremdkapital entfallen, das 150 % des anteiligen Eigenkapitals überschreitet (so genannter safe haven).

Bei dem Anteilseigner werden die Zinszahlungen steuerlich nicht wie Zinszahlungen, sondern wie Ausschüttungen behandelt. Dies führt dazu, dass auf die Ausschüttungen Kapitalertragsteuer einzubehalten ist.

b)   Keine Abgeltungsteuer

Nach dem Unternehmensteuerreformgesetz werden Zinszahlungen auf Darlehen grundsätzlich   9
der Abgeltungsteuer unterworfen. Der Steuersatz beträgt bei Kirchensteuerpflicht rund 28 % und ohne Kirchensteuerpflicht rund 26 %. Die Abgeltungsteuer gilt nicht für Darlehen, die der Gesellschaft von Gesellschaftern oder diesen nahe stehenden Personen überlassen werden (§ 32d Abs. 2 Nr. 1 b) EStG i.d.F. des Unternehmensteuerreformgesetzes 2008).

III.   Mezzanine

1.   Charakter von Mezzanine

Als Mezzanine bezeichnet man Kapital, dass zwischen Eigenkapital und Fremdkapital steht. Mez-   10
zanine weist folgende Charakteristika auf:

- Im Falle einer Insolvenz oder einer Liquidation ist das Fremdkapital zuerst zu erfüllen und das Eigenkapital zuletzt. Das Mezzanine Kapital ist nach dem Fremdkapital, aber vor dem Eigenkapital zu erfüllen (so genannte Nachrangigkeit).
- Fremdkapital wird typischerweise nur gegen Sicherheiten überlassen. Mezzanine wird ebenso wie Eigenkapital regelmäßig ohne Sicherheiten überlassen.

- Für das Fremdkapital besteht ein fester Auszahlungsplan bezüglich der Zinsen und Hauptforderung. Für Eigenkapital besteht kein Auszahlungsplan. Für Mezzanine besteht typischerweise ein Auszahlungsplan mit variablen Elementen.

- Die Vergütungen für Mezzanine sind ebenso wie die Vergütungen für Fremdkapital steuerlich abzugsfähig. Vergütungen für Eigenkapital sind dagegen steuerlich nicht abzugsfähig.

- Ebenso wie Fremdkapital wird Mezzanine nur befristet überlassen, jedoch langfristig.

- Fremdkapital gewährt weder Mitsprache- noch Kontrollrechte; beides ist dem Eigenkapital vorbehalten. Bei Mezzanine werden üblicherweise Kontrollrechte eingeräumt.

- Fremdkapital muss im Gegensatz zum Eigenkapital nicht für laufende Verluste einstehen. Bei Mezzanine ist unter Umständen eine Beteiligung an den laufenden Verlusten vorgesehen.

2. Vorteile von Mezzanine

11 Mezzanine hat gegenüber reinem Eigen- oder Fremdkapital folgende Vorteile:

- Durch seine Nachrangigkeit ist Mezzanine als wirtschaftliches Eigenkapital zu klassifizieren. Dies führt zu Vorteilen bei der Kreditwürdigkeit.

- Indem bei Mezzanine auf Sicherheiten verzichtet wird, wird das Sicherungspotential für weitere Kreditfinanzierungen geschont. Bei Mezzanine sind flexible Vergütungsstrukturen möglich, sodass die Auszahlungen an die jeweilige Liquiditätssituation angepasst werden können.

- Mezzanine ist steuerlich als Fremdkapital zu qualifizieren, sodass die Kapitalvergütung als Betriebsausgabe abzugsfähig ist.

- Mezzanine wird längerfristig überlassen und ist damit für das Unternehmen längerfristig nutzbar.

- Mezzanine gewährt im Gegensatz zum Eigenkapital keine Mitspracherechte, sondern es werden lediglich besondere Informations- und Kontrollrechte vereinbart. Dies führt dazu, dass der wesentliche Einfluss beim Unternehmensinhaber verbleibt. Dies ist insbesondere bei Familienunternehmen von Bedeutung.

- Wenn das Mezzanine so ausgestaltet ist, dass es für laufende Verluste haftet, so gibt dies die Möglichkeit, in Verlustjahren den Rückzahlungsanspruch zu reduzieren und einen außerordentlichen Ertrag auszuweisen. Üblich ist, dass der Rückzahlungsanspruch bei Gewinnen in den Folgejahren wieder zugeschrieben wird (so genannte Besserungsabrede).

3. Voraussetzungen für die bilanzielle Behandlung als Fremdkapital

12 Nach dem Hauptfachausschuss der Wirtschaftsprüfer (Stellungnahme 1/1994)[10] bestehen folgende vier Voraussetzungen dafür, dass Mezzanine-Kapital in der Handelsbilanz als Eigenkapital ausgewiesen und damit nach außen hin deutlich gemacht werden kann, dass das Unternehmen über eine breite Eigenkapitalbasis verfügt:

- Nachrangigkeit im Insolvenz- oder Liquidationsfall gegenüber allen Gläubigern,

- Erfolgsabhängigkeit der Vergütung,

---

10 Abgedruckt in WPg 1994, 419.

- Laufzeit von mindestens fünf Jahren,
- Teilnahme am Verlust bis zur vollen Höhe.

4.   Abgrenzung der einzelnen Formen

Mezzanine bewegt sich zwischen Eigenkapital und Fremdkapital. Je nach Ausgestaltung der ein-   13
zelnen Parameter lassen sich verschiedene Formen unterscheiden:

a)   Stille Gesellschaft

Bei einer stillen Gesellschaft besteht eine Innengesellschaft zwischen dem Kapitalgeber und dem   14
Kapitalnehmer. Der Kapitalgeber erhält einerseits gewisse Mitwirkungsrechte in Form von Ein-
sichts- und Kontrollrechten und andererseits Vermögensrechte in Form einer Beteiligung an den
Gewinnen und gegebenenfalls auch an der Wertsteigerung des Unternehmens. Die stille Gesellschaft ist in den §§ 230 ff. HGB geregelt.

b)   Genussrechte / -scheine

Bei den Genussrechten bestehen im Gegensatz zu einer Gesellschaft keine Mitwirkungsrechte.   15
Der Genussrechtsinhaber hat lediglich Vermögensrechte, etwa in der Form einer Beteiligung an
den laufenden Gewinnen. Regelmäßig ist auch der Rückzahlungsanspruch von der Entwicklung
des Unternehmens abhängig, sodass auch eine Beteiligung an den laufenden Verlusten vorliegt.
Werden Genussrechte verbrieft, so spricht man von Genussscheinen.

c)   Partiarische Darlehen

Partiarische Darlehen sind Darlehen, bei denen die Höhe der Verzinsung von der Gewinnent-   16
wicklung des Darlehensnehmers abhängt. Im Gegensatz zu der stillen Gesellschaft oder Genussrechten nehmen partiarische Darlehen niemals am Verlust teil. Zum Ende der Laufzeit erhält der
Darlehensgeber stets seinen Darlehensanspruch ausgezahlt.

d)   Nachrangdarlehen

Nachrangdarlehen sind Darlehen, die erst nach den übrigen Fremdkapitalgebern befriedigt wer-   17
den müssen.

e)   Wandelschuldverschreibungen

Wandelschuldverschreibungen sind verbriefte Darlehen, bei denen während der Laufzeit oder   18
zum Ende der Laufzeit dem Darlehensgeber die Option eingeräumt ist, anstelle der Kapitalrück-
zahlung eine Auszahlung in Anteilen an dem das Darlehen aufnehmenden Unternehmen zu verlangen. Das Wahlrecht zur Wandelung kann auch dem Darlehensnehmer eingeräumt werden, so
dass der Darlehensnehmer anstelle der Rückzahlung des Darlehens eigene Anteile leisten darf.

5.   Stille Gesellschaft

a)   Zivilrecht

19   Bei einer Aktiengesellschaft ist eine stille Gesellschaft als Teilgewinnabführungsvertrag zu qualifizieren. Es sind daher die Voraussetzungen eines Teilgewinnabführungsvertrages einzuhalten (§§ 291 ff. AktG). Insbesondere wird der Teilgewinnabführungsvertrag nur wirksam, wenn er im Handelsregister eingetragen wird (§ 294 Abs. 2 AktG).

Bei der GmbH sind die aktienrechtlichen Vorschriften über den Teilgewinnabführungsvertrag nach herrschender Meinung nicht analog anwendbar.[11]

b)   Steuerrecht

20   Steuerlich ist zwischen typisch stillen und atypisch stillen Gesellschaften zu unterscheiden.

aa)   Steuerliche Behandlung typisch stiller Gesellschaften

21   Bei typisch stillen Gesellschaften ist die Vergütung des stillen Gesellschafters als Betriebsausgabe steuerlich abzugsfähig; dies gilt jedoch nicht bei der Gewerbesteuer (§ 8 Nr. 3 GewStG). Beim typisch stillen Gesellschafter stellen die Einnahmen Einkünfte aus Kapitalvermögen dar (§ 20 Abs. 1 Nr. 4 EStG).

Durch die Unternehmensteuerreform ergeben sich ab 2008 Änderungen im Bereich der typisch stillen Gesellschaft: Die Vergütungen sind grundsätzlich weiterhin als Betriebsausgaben bei der Gesellschaft abzugsfähig. Bei der Gewerbesteuer werden sie in Höhe von 75 % abzugsfähig sein (§ 8 Nr. 1c GewStG i.d.F. der Unternehmensteuerreform). Bei dem Gesellschafter unterliegen die Vergütungen der Abgeltungsteuer. Der Steuersatz beträgt bei Kirchensteuerpflicht rund 28 % und ohne Kirchensteuerpflicht rund 26 %.

bb)   Steuerliche Behandlung atypisch stiller Gesellschaften

22   Bei atypisch stillen Gesellschaften sind die gesetzlichen Regelungen über die stille Gesellschaft gesellschaftsvertraglich abgeändert, sodass dem Gesellschafter über die reinen Kontrollrechte hinaus eine weitere Unternehmerinitiative zukommt. Zudem sind die Vermögensrechte so abgeändert, dass der Gesellschafter nicht nur an den laufenden Gewinnen, sondern auch an den stillen Reserven des Unternehmens beteiligt wird. Im Einzelfall ist eine Abwägung unter Berücksichtigung aller Merkmale vorzunehmen.[12]

Ist eine Gesellschaft als atypisch stille Gesellschaft zu qualifizieren, so wird sie steuerlich so behandelt, als sei der atypisch stille Gesellschafter Mitgesellschafter, so genannter Mitunternehmer. Sein Gewinnanteil ist ebenso zu qualifizieren, wie der Gewinnanteil der übrigen Gesellschafter. Dies führt dazu, dass die Gewinnanteile des atypisch stillen Gesellschafters bei der Gesellschaft nicht steuerlich abzugsfähig sind. Beim Gesellschafter stellen die Gewinnanteile Einkünfte aus Gewerbebetrieb dar (§ 15 Abs. 1 S. 1 Nr. 2 EStG).

---

11   Koller in Koller/Roth/Morck, § 230 Rn. 12; Karsten Schmidt in MüKoHGB, § 230 Rn. 114; ausführlich zum Meinungsstand auch Bezzenberger/Keul in MüHdb GesR II, § 76 Rn. 76.
12   Vgl. H 15.8 „Stiller Gesellschafter" EStH 2006.

Weiterführende Literaturhinweise:

Bösl/Sommer (Hrsg.), Mezzanine Finanzierung, 2006

Werner, Mezzanine-Kapital, 2. Auflage, 2007

§ 4 Änderung der Unternehmensverfassung

A. Beschränkung der Haftung: Umwandlung in eine GmbH / GmbH & Co. KG

I. Beratungssituation: Vermeidung einer unbeschränkten persönlichen Haftung

1 Unternehmen werden häufig als Einzelunternehmen oder in der Rechtsform einer Personengesellschaft gegründet. Im Zuge des Wachstums des Unternehmens, etwa bei der Aufnahme neuer Geschäftsfelder, entwickelt sich dann oftmals die Zielsetzung, dass der Einzelunternehmer bzw. die Personengesellschafter nicht mehr mit dem gesamten Privatvermögen für Verbindlichkeiten des Unternehmens haften sollen, sondern die Haftung auf das Unternehmensvermögen beschränkt werden soll.

II. Gestaltungsmöglichkeiten

2 Eine Haftungsbeschränkung kann erreicht werden, indem das bisherige Einzelunternehmen oder die bisherige Personengesellschaft in eine GmbH oder in eine GmbH & Co. KG umgewandelt wird. Beide Gestaltungsmöglichkeiten sind grundsätzlich ertragsteuerneutral möglich (§§ 20 ff. UmwStG); zu Sonderfällen siehe die nachfolgenden Randnummern. Ob eine GmbH oder eine GmbH & Co. KG zu bevorzugen ist, hängt von einer Reihe von Kriterien ab.

III. Entscheidungsrelevante Kriterien

3 Die entscheidungsrelevanten Kriterien für die Rechtsformwahl zwischen einer GmbH und einer GmbH & Co. KG sind in § 1 Rn. 90 ff. dargestellt. Im Falle der Umwandlung eines Einzelunternehmens oder einer Personengesellschaft sind darüber hinaus regelmäßig folgende Gesichtspunkte entscheidend:

1. Nutzung eigener Immobilien

4 Nutzt ein Einzelunternehmer eine eigene Immobilie oder nutzt eine Personengesellschaft eine Immobilie, die im Eigentum eines Gesellschafters oder der Gesellschaft steht, so ist eine Umwandlung in eine GmbH & Co. KG gegenüber einer Umwandlung in eine GmbH regelmäßig vorzugswürdig.[1]

---

[1] Zu der Frage, ob dies auch noch nach Inkrafttreten des SEStEG gilt, vgl. die nachfolgende Rn.

a)   Umwandlung eines Einzelunternehmens

Wenn der Einzelunternehmer im Rahmen seines Unternehmens eine eigene Immobilie nutzt, so ist die Immobilie steuerlich als Betriebsvermögen seines Unternehmens anzusehen.   5

Das bisherige Unternehmen kann nur dann ertragsteuerneutral in eine GmbH umgewandelt werden, wenn das Grundstück gleichzeitig auf die GmbH übertragen wird: Im Rahmen einer Umwandlung sind alle wesentlichen Betriebsgrundlagen auf die GmbH zu übertragen. Ein betrieblich genutztes Grundstück stellt regelmäßig eine wesentliche Betriebsgrundlage dar. Wird die Immobilie als wesentliche Betriebsgrundlage nicht auf die GmbH übertragen, so liegt aus steuerlicher Sicht eine Betriebsaufgabe vor, und alle stillen Reserven des Unternehmens sind zu versteuern (§ 16 EStG). Daher ist es aus ertragsteuerlicher Sicht oftmals zwingend, die Immobilie auf die GmbH zu übertragen. Wird die Immobilie jedoch auf die GmbH übertragen, so fällt Grunderwerbsteuer an (§ 1 Abs. 1 S. 1 Nr. 1 bzw. Nr. 3 GrEStG). Bemessungsgrundlage für die Grunderwerbsteuer ist der nach dem Bewertungsgesetz zu bestimmende Bedarfswert des Grundstücks (§ 8 Abs. 2 S. 1 Nr. 1 oder Nr. 2 GrEStG). Zudem haftet die Immobilie dann auch nach der Umwandlung für die Verbindlichkeiten des Unternehmens.

Möchte man die aufgezeigten negativen Folgen einer Umwandlung in eine GmbH vermeiden, so kommt die Umwandlung in eine GmbH & Co. KG in Betracht:

Bei einer Umwandlung in eine GmbH & Co. KG besteht die Möglichkeit, dass der Einzelunternehmer die Immobilie nicht auf die GmbH & Co. KG überträgt, sondern das Eigentum daran behält und die Immobilie an die GmbH & Co. KG vermietet. Steuerlich wird die Immobilie dann als so genanntes Sonderbetriebsvermögen des Gesellschafters bei der GmbH & Co. KG qualifiziert, so dass die Umwandlung ertragsteuerneutral möglich ist.[2] Da die Immobilie nicht auf die Gesellschaft übertragen wird, kann keine Grunderwerbsteuer anfallen, und die Immobilie haftet nicht für Gesellschaftsverbindlichkeiten. Vor dem Hintergrund der durch das SEStEG neu eingeführten abschließenden Aufzählung der Einbringungsvorgänge in § 1 Abs. 3 UmwStG ist allerdings unsicher geworden, ob eine Einbringung der Immobilie in das Sonderbetriebsvermögen des Gesellschafters bei der GmbH & Co. KG auch nach Inkrafttreten des SEStEG ausreicht, um eine ertragsteuerneutrale Umwandlung zu ermöglichen.[3]

Soll das Grundstück auf die GmbH & Co. KG übertragen werden, so ist dies ertragsteuerneutral und oftmals auch grunderwerbsteuerneutral möglich: Bei der Übertragung des Grundstücks entsteht keine Grunderwerbsteuer, soweit der Einzelunternehmer oder dessen Familienangehörige an dem Vermögen der GmbH & Co. KG beteiligt sind (§ 5 Abs. 2 i.V.m. § 3 Nr. 4 und Nr. 6 GrEStG). Überträgt der Einzelunternehmer oder ein an dem Vermögen der KG beteiligter Familienangehöriger jedoch seinen Gesellschaftsanteil innerhalb von fünf Jahren nach der Umwandlung des Einzelunternehmens in die GmbH & Co. KG ganz oder teilweise auf einen Dritten, entfällt diese Steuerbefreiung rückwirkend (§ 5 Abs. 3 GrEStG); dies gilt nicht bei einer Übertragung auf Familienangehörige i.S.d. § 3 Nr. 4 und Nr. 6 GrEStG.[4]

---

2   Tz. 24.04 Umwandlungssteuererlass.
3   Ablehnend Patt in Dötsch u.a., § 24 Rn. 16.
4   FinMin Bayern, koordinierter Ländererlass v. 17.02.1999, Beck'sche Steuererlasse, 600, § 5/4; FinMin Baden-Württemberg v. 14.02.2002, Beck'sche Steuererlasse, 600, § 5/5, Tz. 3.

b) Umwandlung einer Personengesellschaft mit Immobilien im Eigentum der Gesellschafter

6 Nutzt eine Personengesellschaft eine Immobilie, die im Eigentum eines Gesellschafters steht, so gehört diese Immobilie zum Sonderbetriebsvermögen des Gesellschafters bei der Personengesellschaft. Damit ergeben sich dieselben steuerlichen Probleme wie in dem Fall, in dem ein Einzelunternehmer im Rahmen seines Unternehmens eine eigene Immobilie nutzt (vgl. die vorstehende Randnummer): Stellt die Immobilie – wie regelmäßig – eine wesentliche Betriebsgrundlage dar und soll die Personengesellschaft in eine GmbH umgewandelt werden, muss die Immobilie auf die GmbH übertragen werden, mit der Folge der Entstehung von Grunderwerbsteuer und der künftigen Haftung der Immobilie für die Gesellschaftsverbindlichkeiten. Sollen diese negativen Folgen vermieden werden, so ist die Personengesellschaft nicht in eine GmbH, sondern in eine GmbH & Co. KG umzuwandeln.

c) Umwandlung einer Personengesellschaft mit Immobilien im Gesellschaftsvermögen

7 Eine Personengesellschaft, zu deren Gesellschaftsvermögen eine Immobilie gehört, kann sowohl in eine GmbH als auch in eine GmbH & Co. KG umgewandelt werden, ohne dass sich ertragsteuerliche Probleme ergeben oder Grunderwerbsteuer anfällt.[5]

2. Kapitalbedarf

8 Bei der Umwandlung eines Einzelunternehmens oder einer Personengesellschaft in eine GmbH muss grundsätzlich ein Vermögen (nach Abzug von Schulden) mit einem Markwert von mindestens € 25.000 vorhanden sein (§§ 135 Abs. 2, 220 Abs. 1 UmwG, § 9 Abs. 1 GmbHG). Nach dem Regierungsentwurf zum MoMiG genügt ein Vermögen von € 10.000.

Bei der Umwandlung in eine GmbH & Co. KG muss regelmäßig – sofern nicht bereits vorhanden – eine GmbH gegründet werden. Hierdurch entsteht ein Kapitalbedarf von mindestens € 12.500 (siehe § 1 Rn. 72) bzw. nach dem Regierungsentwurf zum MoMiG von € 5.000.

3. Nutzung von Verlustvorträgen

9 Bestehen einkommensteuerliche oder gewerbesteuerliche Verlustvorträge, so können diese nur dann mit künftigen Gewinnen verrechnet werden, wenn das Unternehmen in eine GmbH & Co. KG umgewandelt wird.[6]

Wird das Unternehmen in eine GmbH umgewandelt, so entfallen die gewerbesteuerlichen Verlustvorträge.[7] Die einkommensteuerlichen Verlustvorträge bleiben in der Person der Gesellschafter bestehen und können mit steuerpflichtigen Ausschüttungen oder Geschäftsführergehältern verrechnet werden.

---

5 FinMin Bayern, koordinierter Ländererlass v. 12.12.1997, Beck'sche Steuererlasse, 600, § 1/7, A.IV.02.
6 Zur Gewerbesteuer: A 68 Abs. 4 S. 6, Abs. 2 GewStR 1998.
7 A 68 Abs. 4 S. 5 GewStR 1998.

4.   Steuerliche Behandlung der Anteile an der neuen Gesellschaft

Die Umwandlung in eine GmbH ist regelmäßig ertragsteuerneutral möglich (§§ 20 ff. UmwStG).   10
Da Gewinne aus der Veräußerung von Anteilen an einer Kapitalgesellschaft nach dem Halbeinkünfteverfahren (§ 3 Nr. 40 EStG) bzw. nach der Unternehmensteuerreform mit der Abgeltungsteuer und damit grundsätzlich niedriger als Gewinne aus der Veräußerung eines Einzelunternehmens oder von Anteilen an einer Personengesellschaft besteuert werden, könnte man überlegen,
ein Einzelunternehmen oder eine Personengesellschaft vor deren Veräußerung in eine GmbH
umzuwandeln. Zu beachten ist aber, dass die durch eine steuerneutrale Umwandlung erlangten
GmbH-Anteile einen besonderen steuerrechtlichen Status haben: Veräußert der Anteilseigner die
erhaltenen Anteile innerhalb eines Zeitraums von sieben Jahren nach der Umwandlung, wird die
Veräußerung in steuerlicher Hinsicht ähnlich wie die Veräußerung des Einzelunternehmens bzw.
der Anteile an der Personengesellschaft behandelt (§§ 22, 23 UmwStG).[8] Dieser steuerliche Nachteil verringert sich mit jedem Jahr, das zum Zeitpunkt der Veräußerung seit der Umwandlung
vergangen ist.

IV.   Ablauf der Umwandlung

1.   Umwandlung eines Einzelunternehmens in eine GmbH

a)   Gestaltungsalternativen

Ein Einzelunternehmen kann insbesondere auf zwei Wegen in eine GmbH umgewandelt werden: 11
In der ersten Variante wird eine GmbH im Wege der Sachgründung errichtet. Gegenstand der
Sacheinlage ist das Einzelunternehmen. Zur Erbringung der Sacheinlage werden die einzelnen
Wirtschaftsgüter des Einzelunternehmens im Wege der Einzelübertragung auf die GmbH über-
tragen. Auch Verbindlichkeiten und Verträge werden auf die GmbH übertragen. Hierzu bedarf es
jedoch der Zustimmung der Gläubiger und Vertragspartner.

Die zweite Alternative ist ein Vorgang nach dem Umwandlungsgesetz, eine so genannte Ausgliederung. In diesem Fall geht das Unternehmen im Rahmen einer Gesamtrechtsnachfolge auf eine
bereits bestehende GmbH (sog. Ausgliederung zur Aufnahme) oder neu zu gründende GmbH
(sog. Ausgliederung zur Neugründung) über.

b)   Entscheidungsrelevante Kriterien

Bei einer Sachgründung bedarf es zu dem Übergang der Verbindlichkeiten und Vertragsverhält-   12
nisse der Zustimmung der jeweiligen Gläubiger und Vertragspartner. Bei einer Ausgliederung
bedarf es dieser Zustimmung nicht. Bei einer Ausgliederung haftet der bisherige Einzelunternehmer jedoch für eine Übergangszeit von fünf Jahren für die übertragenen Verbindlichkeiten und
Vertragsverhältnisse fort (§§ 156 f., 158 UmwG).

---

8   Vgl. hierzu im Einzelnen Carlé u.a., Umwandlungen, Rn. 184 ff.

Eine Ausgliederung bedarf eines Jahresabschlusses, der nicht länger als acht Monate zurückliegen darf (§§ 125 S. 1, 17 Abs. 2 UmwG).

Die Ausgliederung ist nur möglich, wenn das Unternehmen von einem Einzelkaufmann betrieben wird, dessen Firma im Handelsregister eingetragen ist (§ 152 S. 1 UmwG).

Eine Ausgliederung ist darüber hinaus ausgeschlossen, wenn der Einzelunternehmer überschuldet ist (§ 152 S. 2 UmwG), d.h. wenn die in seinem Unternehmen begründeten Verbindlichkeiten zusammen mit seinen privaten Verbindlichkeiten das gesamte Vermögen des Einzelunternehmers (Unternehmensvermögen und privates Vermögen) übersteigen. Ist die Überschuldung evident, hat das Handelsregister die Eintragung der Ausgliederung abzulehnen (§§ 154, 160 Abs. 2 UmwG). Eine trotz Überschuldung eingetragene Ausgliederung ist aber dennoch wirksam.[9]

c)   Einzelne Schritte der Umwandlung

aa)   Sachgründung

13   Die Sachgründung einer GmbH ist in den §§ 1 ff. GmbHG geregelt. Bei einer Sachgründung sind folgende Schritte vorzunehmen:

- Abschluss des Gesellschaftsvertrages der neuen GmbH mit der Festsetzung, dass eine Sacheinlage in Form des Einzelunternehmens zu erbringen ist (§ 5 Abs. 4 GmbHG).
- Bestellung des oder der Geschäftsführer (§ 6 Abs. 3 GmbHG).
- Erstellung eines Sachgründungsberichts (§ 6 Abs. 4 S. 2 GmbHG).
- Aufstellung einer zeitnahen Einbringungsbilanz zum Nachweis der Werthaltigkeit der Sacheinlage (§ 8 Abs. 1 Nr. 5 GmbHG). Diese Einbringungsbilanz reicht als Wertnachweis aus, wenn die Einbringung zu Buchwerten erfolgt und die Bilanz von einem Angehörigen der wirtschaftsprüfenden oder steuerberatenden Berufe bestätigt ist. Erfolgt die Einbringung zu anderen Werten, sind neben einer Vermögensaufstellung ergänzende Nachweise über die Werthaltigkeit (z.B. Kaufverträge, Rechnungen oder Sachverständigengutachten) erforderlich.
- Abschluss eines Übertragungsvertrages zwischen dem Einzelunternehmer und der GmbH, in dem die Einzelheiten der Übertragung geregelt werden.
- Ggf. Zustimmung des Ehegatten zu dem Übertragungsvertrag (§ 1365 Abs. 1 BGB).
- Übertragung der einzelnen Wirtschaftsgüter vom Einzelunternehmer auf die GmbH.
- Übertragung der Verbindlichkeiten und Vertragsverhältnisse auf die GmbH.
- Einholung der Zustimmung der Gläubiger und Vertragspartner zu der Übertragung auf die GmbH (vgl. § 415 BGB).
- Anmeldung der Gesellschaft zum Handelsregister (§§ 7, 8 GmbHG; siehe § 1 Rn. 125).

Weiterführende Literaturhinweise:

T. Carlé in Carlé_Korn_Stahl_Strahl, Umwandlungen, 2007, Rn. 243 ff.

bb)   Ausgliederung zur Neugründung

14   Die Ausgliederung zur Neugründung ist in den §§ 123 ff. UmwG geregelt. Es sind folgende Schritte vorzunehmen:

---

9   Zimmermann in Kallmeyer, § 154 Rn. 10.

- Soweit nicht bereits vorhanden, Erstellung eines Jahresabschlusses, der nicht länger als acht Monate zurückliegen darf (§§ 125 S. 1, 17 Abs. 2 UmwG).

- Erstellung eines notariell zu beurkundenden Ausgliederungsplans (§ 136 UmwG) nebst dem Gesellschaftsvertrag der neuen GmbH (§ 125 S. 1 i.V.m. § 37 UmwG).

- Ggf. Zustimmung des Ehegatten zu dem Ausgliederungsplan (§ 1365 Abs. 1 BGB).

- Ggf. Zuleitung des Ausgliederungsplans bzw. seines Entwurfs an den Betriebsrat, spätestens einen Monat vor Anmeldung der Ausgliederung zum Handelsregister[10] oder – nach anderer Ansicht – bereits einen Monat vor Beurkundung des Ausgliederungsplans[11] (§ 126 Abs. 3 UmwG).

- Erstellung eines Sachgründungsbericht für die neue GmbH (§§ 135 Abs. 2, 159 UmwG i.V.m. § 5 Abs. 4 S. 2 GmbHG).

- Nachweis der Werthaltigkeit des ausgegliederten Unternehmens (§ 135 Abs. 2 UmwG, § 8 Abs. 1 Nr. 5 GmbHG). Der nach den §§ 125 S. 1, 17 Abs. 2 UmwG erforderliche Jahresabschluss reicht als Wertnachweis aus, wenn die Einbringung zu Buchwerten erfolgt und die Bilanz von einem Angehörigen der wirtschaftsprüfenden oder steuerberatenden Berufe bestätigt ist. Erfolgt die Einbringung zu anderen Werten, sind neben einer Vermögensaufstellung ergänzende Nachweise über die Werthaltigkeit (z.B. Kaufverträge, Rechnungen oder Sachverständigengutachten) erforderlich.

- Anmeldung der Ausgliederung zum Handelsregister des übertragenden Einzelkaufmanns und der neuen Gesellschaft (§§ 160, 137 UmwG).

Weiterführende Literaturhinweise:

T. Carlé in Carlé_Korn_Stahl_Strahl, Umwandlungen, 2007, Rn. 231 ff.

Ein Muster findet sich bei Siegmund in Sagasser/Bula/Brünger, Umwandlungen, 3. Aufl. 2002, N 175.

2.   Umwandlung eines Einzelunternehmens in eine GmbH & Co. KG

a)   Gestaltungsalternativen

Ebenso wie bei der Umwandlung eines Einzelunternehmens in eine GmbH gibt es auch bei der Umwandlung eines Einzelunternehmens in eine GmbH & Co. KG die Möglichkeit, die einzelnen Wirtschaftsgüter, Verbindlichkeiten und Vertragsverhältnisse im Wege der Einzelübertragung auf die GmbH & Co. KG überzuleiten oder sie im Wege der Gesamtrechtsnachfolge durch eine Ausgliederung nach dem Umwandlungsgesetz auf die GmbH & Co. KG zu übertragen. 15

Zu beachten ist, dass die Ausgliederung nicht auf eine neue GmbH & Co. KG (Ausgliederung zur Neugründung) erfolgen kann (§ 152 S. 1 UmwG): bei Personengesellschaften gibt es keine 1-Mann-Gründungen und der Beitritt eines zusätzlichen Gesellschafters im Zuge der Ausgliederung wird nicht zugelassen. Soll die Ausgliederung auf eine neue GmbH & Co. KG erfolgen, ist daher zunächst eine GmbH & Co. KG zu gründen und anschließend eine Ausgliederung zur Aufnahme auf diese Gesellschaft durchzuführen.

---

10   Vgl. zum Zeitpunkt Maier-Reimer in Semler/Stengel, § 158 Rn. 9.
11   Hörtnagl in Schmitt/Hörtnagl/Stratz, vor §§ 152-160 UmwG, Rn. 5.

b)   Entscheidungsrelevante Kriterien

16   Die Ausgliederung nach dem Umwandlungsgesetz hat den Vorteil, dass nicht die Zustimmung der Gläubiger und der Vertragspartner eingeholt werden muss. Allerdings haftet der bisherige Einzelunternehmer in einem bestimmten Umfang fort (§§ 156 f. UmwG). Zudem muss eine Bilanz vorliegen, die auf einen Stichtag lautet, der nicht länger als acht Monate vor der Umwandlung liegt (§§ 17 Abs. 2, 125 S. 2 UmwG). Die Ausgliederung ist nur möglich, wenn das Unternehmen von einem im Handelsregister eingetragenen Einzelkaufmann betrieben wird (§ 152 S. 1 UmwG) und der Einzelkaufmann nicht überschuldet ist (§§ 152 S. 2, 154 UmwG).

c)   Einzelne Schritte der Umwandlung

aa)   Übertragung auf eine GmbH & Co. KG im Wege der Einzelrechtsnachfolge

17   Soll die Übertragung auf die GmbH & Co. KG im Wege der Einzelrechtsnachfolge stattfinden, so ist zunächst eine GmbH & Co. KG zu gründen. Sodann sind die einzelnen Wirtschaftsgüter, Verbindlichkeiten und Vertragsverhältnisse des Einzelunternehmens auf die GmbH & Co. KG zu übertragen. Es sind dabei folgende Schritte vorzunehmen:

- Gründung einer GmbH.
- Abschluss des Gesellschaftsvertrages der neuen GmbH & Co. KG mit der Festsetzung, dass der Kapitalanteil des Einzelunternehmers durch Einbringung seines Handelsgeschäfts zu erbringen ist.
- Ggf. Zustimmung des Ehegatten zu dem Gesellschaftsvertrag (§ 1365 Abs. 1 BGB).
- Anmeldung der GmbH & Co. KG zum Handelsregister (siehe § 1 Rn. 128).
- Abschluss eines Übertragungsvertrages zwischen dem Einzelunternehmer und der GmbH & Co. KG, in dem die Einzelheiten der Übertragung geregelt werden.
- Übertragung der einzelnen Wirtschaftsgüter, Verbindlichkeiten und Vertragsverhältnisse vom Einzelunternehmer auf die GmbH & Co. KG.
- Einholung von Zustimmungen der Gläubiger und Vertragspartner zu der Übertragung auf die GmbH & Co. KG.

Weiterführende Literaturhinweise:

D. Carlé/T. Carlé in Carlé_Korn_Stahl_Strahl, Umwandlungen, 2007, Rn. 522 ff.

bb)   Ausgliederung zur Aufnahme auf eine GmbH & Co. KG

18   Die Ausgliederung zur Aufnahme ist in den §§ 123 ff., 152 ff. UmwG geregelt. Es sind folgende Schritte notwendig:

- Soweit nicht bereits vorhanden, Erstellung eines Jahresabschlusses des Einzelunternehmens, der nicht länger als acht Monate zurückliegen darf (§§ 125 S. 1, 17 Abs. 2 UmwG).
- Notariell zu beurkundender Abschluss des Ausgliederungs- und Übernahmevertrags zwischen dem Einzelunternehmer und der übernehmenden GmbH & Co. KG.
- Ggf. Zustimmung des Ehegatten zu dem Ausgliederungs- und Übernahmevertrag (§ 1365 Abs. 1 BGB).

- Ggf. Zuleitung des Ausgliederungs- und Übernahmevertrages bzw. seines Entwurfs an den Betriebsrat der übernehmenden GmbH & Co. KG spätestens einen Monat vor der Gesellschafterversammlung der GmbH & Co. KG, die über die Zustimmung zu dem Ausgliederungs- und Übernahmevertrag beschließen soll (§ 126 Abs. 3 UmwG).

- Ggf. Zuleitung des Ausgliederungs- und Übernahmevertrages bzw. seines Entwurfs an den Betriebsrat des übertragenden Einzelunternehmens (§ 126 Abs. 3 UmwG); zu welchem Zeitpunkt die Zuleitung an den Betriebsrat zu erfolgen hat, ist umstritten: nach einer Ansicht soll sie spätestens einen Monat vor Abschluss des Ausgliederungs- und Übernahmevertrages erfolgen, nach anderer Ansicht spätestens einen Monat vor der Beschlussfassung bei der übernehmenden GmbH & Co. KG. [12]

- Erstellung eines Ausgliederungsberichts durch die geschäftsführenden Gesellschafter der übernehmenden GmbH & Co. KG (§ 127 S. 1 UmwG), es sei denn, alle Gesellschafter verzichten hierauf in notarieller Form (§ 127 S. 2 i.V.m. § 8 Abs. 3 UmwG) oder alle Gesellschafter der übernehmenden GmbH & Co. KG sind zur Geschäftsführung berechtigt (§§ 125 S. 1, 41 UmwG).

🛑 **Praxishinweis:**

Ob ein Ausgliederungsbericht auch dann nach §§ 125 S. 1, 41 UmwG entbehrlich ist, wenn sämtliche Kommanditisten einer GmbH & Co. KG gleichzeitig Geschäftsführer der Komplementär-GmbH sind, ist umstritten und wird von der wohl herrschenden Meinung abgelehnt. [13]

Ein Ausgliederungsbericht für den Einzelunternehmer ist nicht erforderlich (§ 153 UmwG).

- Sofern die Gesellschafter hierauf nicht verzichten: Information der von der Geschäftsführung ausgeschlossenen Gesellschafter der GmbH & Co. KG über die Ausgliederung durch Übersendung des Ausgliederungs- und Übernahmevertrags oder seines Entwurfs und des Ausgliederungsberichts (soweit erforderlich), in der Regel zusammen mit der Einberufung der Gesellschafterversammlung, die über die Zustimmung zu dem Ausgliederungs- und Übernahmevertrag beschließen soll (§§ 125 S. 1, 42 UmwG).

- Zustimmung des Einzelkaufmanns und der Gesellschafter der GmbH & Co. KG zu der Ausgliederung (notariell zu beurkunden), §§ 125 S. 1, 13, 43 UmwG.

- Anmeldung der Ausgliederung zum Handelsregister des Einzelkaufmanns und der GmbH & Co. KG (§§ 129, 125 S. 1, 16 Abs. 1 UmwG).

Weiterführende Literaturhinweise:

D. Carlé/T. Carlé in Carlé_Korn_Stahl_Strahl, Umwandlungen, 2007, Rn. 514 ff.

J. Hegemann, T. Querbach, Umwandlungsrecht, 2007

---

12   Vgl. hierzu Maier-Reimer in Semler/Stengel, § 153 Rn. 5; Hörtnagl in Schmitt/Hörtnagl/Stratz, Vor §§ 152-160 UmwG Rn. 5.
13   Vgl. hierzu Kallmeyer in Kallmeyer, § 127 Rn. 3 und § 41 Rn. 2.

3.   Umwandlung einer Personengesellschaft in eine GmbH

a)   Formwechsel

19   Soll eine Personenhandelsgesellschaft in eine GmbH umgewandelt werden, so ist dies mittels eines Formwechsels möglich. Bei einem Formwechsel ändert sich lediglich die Unternehmensform. Die bisherigen Forderungen, Verbindlichkeiten und Vertragsverhältnisse bleiben unverändert bestehen. Eine Zustimmung der Gläubiger und Vertragspartner der Personenhandelsgesellschaft zu dem Formwechsel muss daher nicht eingeholt werden. Den Gläubigern der formwechselnden Personenhandelsgesellschaft ist jedoch unter den Voraussetzungen des § 22 UmwG Sicherheit zu leisten, sofern sie die Gefährdung ihrer Forderung durch den Formwechsel glaubhaft machen können (§§ 204, 22 UmwG).

Bei der Umwandlung einer Personenhandelsgesellschaft in eine GmbH entfällt die persönliche Haftung der Gesellschafter für zukünftige Verbindlichkeiten. Dafür kommen beim Formwechsel das Erfordernis der Kapitalaufbringung und damit insbesondere die Grundsätze der Gründerhaftung zur Anwendung (§ 197 UmwG, § 9a GmbHG, siehe § 1 Rn. 17 ff.). Voraussetzung für den Formwechsel einer Personenhandelsgesellschaft in eine GmbH ist zudem, dass das Vermögen der formwechselnden Gesellschaft nach Abzug der Schulden mindestens dem Betrag des Stammkapitals der künftigen GmbH entspricht (§ 220 Abs. 1 UmwG). Außerdem ist zu beachten, dass diejenigen Gesellschafter, die bislang mit ihrem Privatvermögen gehaftet haben, auch für eine Übergangszeit von fünf Jahren mit ihrem Privatvermögen forthaften (§ 224 UmwG).

Die Umwandlung einer BGB-Gesellschaft in eine GmbH mittels eines Formwechsels ist nicht möglich (§ 191 Abs. 1 UmwG). Eine BGB-Gesellschaft kann aber gegebenenfalls durch Eintragung im Handelsregister (§ 105 Abs. 2 HGB) zunächst zur offenen Handelsgesellschaft werden und sodann im Wege des Formwechsels in eine GmbH umgewandelt werden.

b)   Einzelne Schritte der Umwandlung

20   Der Formwechsel einer Personenhandelsgesellschaft in eine GmbH ist in den §§ 190 ff., 214 ff. UmwG geregelt und vollzieht sich in folgenden Schritten:

- Aufstellung einer Schlussbilanz (nur steuerrechtlich erforderlich, §§ 25 S. 2, 9 S. 2 und 3 UmwStG). Da die Erstellung der Schlussbilanz nach dem Umwandlungsrecht nicht erforderlich ist, kann die steuerliche Schlussbilanz auch noch nach Abschluss der Umwandlung erstellt werden.

- Erstellung eines Nachweises der Deckung des Stammkapitals der zukünftigen GmbH durch das Vermögen der formwechselnden Personenhandelsgesellschaft (erforderlich, da das Registergericht die Ordnungsmäßigkeit des Formwechsels und damit die Voraussetzungen des § 220 Abs. 1 UmwG prüft). Die nach den §§ 25 S. 2, 9 S. 2 und 3 UmwStG erforderliche Steuerbilanz reicht als Wertnachweis aus, wenn sich das erforderliche Reinvermögen bereits aus den dort ausgewiesenen Buchwerten ergibt; reichen die Buchwerte nicht aus, ist der Nachweis in anderer Form, z.B. durch eine Werthaltigkeitsbescheinigung eines Wirtschaftsprüfers, zu erbringen.

- Entwurf des Umwandlungsbeschlusses einschließlich des Gesellschaftsvertrages der zukünftigen GmbH (§§ 192 Abs. 1 S. 3, 194 Abs. 1, 218 UmwG).

- Ggf. Zuleitung des Entwurfs des Umwandlungsbeschlusses an den Betriebsrat der Personenhandelsgesellschaft spätestens einen Monat vor der Gesellschafterversammlung der Personenhandelsgesellschaft, die den Formwechsel beschließen soll (§ 194 Abs. 2 UmwG).

- Erstellung eines Umwandlungsberichts durch die persönlich haftenden Gesellschafter (§ 192 Abs. 1 UmwG), es sei denn, alle Gesellschafter verzichten hierauf in notarieller Form (§ 192 Abs. 2 UmwG) oder alle Gesellschafter sind zur Geschäftsführung berechtigt (§ 215 UmwG).

❗ Praxishinweis:

Das bisherige Erfordernis, dem Umwandlungsbericht eine Vermögensaufstellung beizufügen (§ 192 Abs. 2 UmwG a.F.), ist durch das Zweite Gesetz zur Änderung des UmwG vom 19.4.2007 (BGBl. 2007, S. 542 ff.) gestrichen worden.

- Sofern der Gesellschaftsvertrag eine Fassung des Umwandlungsbeschlusses durch qualifizierte Mehrheitsentscheidung zulässt (§ 194 Abs. 1 Nr. 6 UmwG): Prüfung der Angemessenheit des in den Umwandlungsbeschluss aufzunehmenden Barabfindungsangebots, wenn ein Gesellschafter dies ausdrücklich verlangt (§§ 225, 208, 30 Abs. 2 UmwG); ein Barabfindungsangebot ist entbehrlich, wenn alle Gesellschafter hierauf in notarieller Form verzichten.[14]

- Erstellung eines Sachgründungsbericht (§§ 220, 197 UmwG i.V.m. § 5 Abs. 4 S. 2 GmbHG).

- Sofern die Gesellschafter hierauf nicht verzichten: Information der von der Geschäftsführung ausgeschlossenen Gesellschafter der Personenhandelsgesellschaft über den Formwechsel und Übersendung des Umwandlungsberichts und des Barabfindungsangebots (soweit erforderlich), spätestens zusammen mit der Einberufung der Gesellschafterversammlung, die den Formwechsel beschließen soll (§ 216 UmwG).

- Notariell zu beurkundender Umwandlungsbeschluss der Gesellschafter, der grundsätzlich die Zustimmung aller Gesellschafter erfordert, sofern der Gesellschaftsvertrag nicht eine Mehrheit von mindestens drei Vierteln der abgegebenen Stimmen ausreichen lässt, sowie gegebenenfalls Zustimmungserklärungen einzelner Gesellschafter (§§ 193, 217 UmwG).

- Bestellung der Geschäftsführer im Gesellschaftsvertrag oder durch Gesellschafterbeschluss, zweckmäßigerweise zusammen mit dem Umwandlungsbeschluss (§ 197 S. 1 UmwG i.V.m. § 6 GmbHG).

- Ggf. Bestellung des Aufsichtsrats (§§ 197 UmwG i.V.m. § 52 GmbHG bzw. den mitbestimmungsrechtlichen Vorschriften), zweckmäßigerweise zusammen mit dem Umwandlungsbeschluss; ist der Aufsichtsrat mitbestimmt, sind die Arbeitnehmervertreter nach den maßgeblichen mitbestimmungsrechtlichen Vorschriften zu wählen.

- Anmeldung des Formwechsels und der Geschäftsführer zum Handelsregister der Personenhandelsgesellschaft (§§ 198 Abs. 1 und 3, 222, 197 S. 1 UmwG, § 8 GmbHG).

Weiterführende Literaturhinweise:

Sagasser/Sickinger in Sagasser/Bula/Brünger, Umwandlungen, 3. Aufl. 2002, R 71 ff.

Muster finden sich bei Schmidt-Diemitz/Moszka in: Münchener Vertragshandbuch zum Gesellschaftsrecht, 6. Aufl. 2005, XIII.1 bis 10 und 27.

J. Hegemann, T. Querbach, Umwandlungsrecht, 2007

---

14 Vgl. zu dieser Verzichtsmöglichkeit: Meister/Klöcker in Kallmeyer, § 194 Rn. 46.

4. Umwandlung einer Personengesellschaft in eine GmbH & Co. KG

a) Aufnahme einer GmbH als Komplementär

21 Soll eine Gesellschaft des bürgerlichen Rechts oder eine offene Handelsgesellschaft in eine GmbH & Co. KG umgewandelt werden, so ist die Gesellschaft in eine Kommanditgesellschaft umzuwandeln, und gleichzeitig ist eine bestehende oder neu gegründete GmbH als persönlich haftende Gesellschafterin aufzunehmen.

Soll eine Kommanditgesellschaft, deren persönlich haftender Gesellschafter eine natürliche Person ist, in eine GmbH & Co. KG umgewandelt werden, so ist der bisherige Gesellschaftsvertrag dahin abzuändern, dass die GmbH die Funktion der persönlich haftenden Gesellschafterin und der bisherige persönlich haftende Gesellschafter künftig die Stellung eines Kommanditisten mit einer bestimmten Hafteinlage einnimmt

b) Einzelne Schritte der Umwandlung einer Gesellschaft des bürgerlichen Rechts oder einer offenen Handelsgesellschaft

22 Zu der Umwandlung einer Gesellschaft des bürgerlichen Rechts oder einer offenen Handelsgesellschaft in eine GmbH & Co. KG sind die folgenden Schritte auszuführen:

- Ggf. Gründung einer GmbH.
- Änderung des Gesellschaftsvertrages: Der Gesellschaftsvertrag der bisherigen Personengesellschaft ist dahin abzuändern, dass die Gesellschaft in der Rechtsform einer Kommanditgesellschaft betrieben wird. Es ist aufzunehmen, dass die GmbH die Funktion der persönlich haftenden Gesellschafterin einnimmt. Der Gesellschaftsvertrag kann formlos abgeändert werden; zu empfehlen ist jedoch Schriftform.
- Der Beitritt der GmbH und die Änderung der Rechtsform sind zum Handelsregister anzumelden (§ 162 HGB).

c) Einzelne Schritte der Umwandlung einer Kommanditgesellschaft

23 Zu der Umwandlung einer Kommanditgesellschaft in eine GmbH & Co. KG sind die folgenden Schritte auszuführen:

- Ggf. Gründung einer GmbH.
- Änderung des Gesellschaftsvertrages: Der bisherige Gesellschaftsvertrag ist dahin abzuändern, dass die GmbH die Funktion der persönlich haftenden Gesellschafterin und der bisherige persönlich haftende Gesellschafter künftig die Stellung eines Kommanditisten mit einer bestimmten Hafteinlage einnimmt. Der Gesellschaftsvertrag kann formlos abgeändert werden; zu empfehlen ist jedoch Schriftform.

■ Der Beitritt der GmbH und der Wechsel des persönlich haftenden Gesellschafters in die Stellung eines Kommanditisten samt dessen Hafteinlage sind zum Handelsregister anzumelden (§ 162 HGB).

Weiterführende Literaturhinweise:
Muster für den Änderungsvertrag und für die Anmeldung bei Riegger/Götze, Münchener Vertragshandbuch zum Gesellschaftsrecht, 6. Aufl. 2005, III. 11 und 12.

B.   Vermeidung der Mitbestimmung der Arbeitnehmer

I.   Beratungssituation: Arbeitnehmervertreter im Aufsichtsrat

Ein Charakteristikum des deutschen Rechts ist es, dass den Arbeitnehmern eine Mitbestimmung   24
in den Unternehmen eingeräumt wird. Gerade bei Familienunternehmen möchten die Unternehmer jedoch häufig ungebunden von ihren Arbeitnehmern handeln können. Daher stellt sich häufig die Frage, wie eine solche Mitbestimmung der Arbeitnehmer vermieden werden kann.

II.   Grundlagen der Mitbestimmung

Arbeitnehmer werden im deutschen Recht in zweierlei Weise an der Mitbestimmung des Unter-   25
nehmens beteiligt: Ab einer bestimmten Größenordnung ist ein Betriebsrat zu bilden. Bei Kapitalgesellschaften kommt Arbeitnehmern zudem eine Mitbestimmung im Aufsichtsrat zu: Eine bestimmte Anzahl von Aufsichtsratssitzen ist durch die Arbeitnehmer zu besetzen. Man unterscheidet hierbei die so genannte kleine Mitbestimmung und die so genannte große Mitbestimmung.

1.   Sog. kleine Mitbestimmung

Bei Kapitalgesellschaften mit in der Regel mehr als 500 Arbeitnehmern haben die Arbeitnehmer   26
ein Mitbestimmungsrecht im Aufsichtsrat (§ 1 DrittelbG). Bei einer GmbH mit in der Regel mehr als 500 Arbeitnehmern ist daher ein Aufsichtsrat zu bilden (§ 1 Abs. 1 Nr. 3 S. 2 DrittelbG). Bei Aktiengesellschaften, die vor dem 10. August 1994 eingetragen worden sind, haben die Arbeitnehmer unabhängig von der Anzahl der Arbeitnehmer ein Mitbestimmungsrecht im Aufsichtsrat; dies gilt jedoch gerade nicht für Gesellschaften, deren Aktionäre untereinander verwandt oder verschwägert sind (§ 1 Abs. 1 Nr. 1 S. 2 und 3 DrittelbG). Nach der kleinen Mitbestimmung muss der Aufsichtsrat zu einem Drittel aus Arbeitnehmervertretern bestehen (§ 4 Abs. 1 DrittelbG).

4

2.   Sog. große Mitbestimmung

27   Bei Kapitalgesellschaften mit in der Regel mehr als 2.000 Arbeitnehmern besteht die so genannte große Mitbestimmung (§ 1 Abs. 1 MitbestG). Danach muss die Hälfte der Aufsichtsratsmitglieder aus Arbeitnehmervertretern bestehen (§ 7 MitbestG).

III.   Vermeidung der Mitbestimmung

28   Die Mitbestimmung bei einer Aktiengesellschaft mit in der Regel weniger als 500 Mitarbeitern, die vor dem 10. August 1994 eingetragen worden ist und keine Familiengesellschaft ist, kann vermieden werden, indem die Aktiengesellschaft in eine GmbH umgewandelt wird.

Bei jeder Kapitalgesellschaft kann die Mitbestimmung vermieden werden, indem die Kapitalgesellschaft in eine Personengesellschaft umgewandelt wird.

Zudem kann die Mitbestimmung durch den Einsatz ausländischer Rechtsformen vermieden werden. Insbesondere ist zu prüfen, ob die Mitbestimmung vermieden werden kann, wenn die Gesellschaft in eine Societas Europaea umgewandelt wird, bevor sie mehr als 500 Arbeitnehmer hat.[15]

C.   Umwandlung in eine Aktiengesellschaft

I.   Beratungssituation: Aktiengesellschaft als Königin der Kapitalgesellschaften

29   Im Laufe des Wachstums eines Unternehmens kann aus verschiedenen Gründen der Wunsch aufkommen, das bisherige Unternehmen in eine Aktiengesellschaft umzuwandeln. Der klassische Grund ist, dass das Unternehmen soviel Eigenkapital benötigt, dass es Kapital am organisierten Kapitalmarkt aufnehmen möchte, also an einer Börse. Ein anderer Grund kann jedoch auch darin bestehen, dass die Gesellschaftsanteile als leicht handelbar ausgestaltet werden sollen: Im Gegensatz zu Anteilen an Personengesellschaften oder zu GmbH-Anteilen sind Aktien im Regelfall ohne Zustimmung der anderen Gesellschafter oder der Gesellschaft und ohne Einhaltung einer besonderen Form übertragbar. Ein anderer Grund für die Wahl einer Aktiengesellschaft kann darin bestehen, dass der Geschäftsleitung im operativen Geschäft Unabhängigkeit von den Gesellschaftern verschafft werden soll: Im Gegensatz etwa zu dem Geschäftsführer einer GmbH ist ein Vorstand nicht weisungsgebunden (§§ 76 Abs. 1, 117 AktG).

II.   Voraussetzungen und Folgen der Umwandlung

30   Die Voraussetzungen und Folgen der Umwandlung hängen davon ab, ob das bisherige Unternehmen in Form eines Einzelunternehmens, einer Personengesellschaft oder einer GmbH betrieben wurde. Da die Umwandlung eines Einzelunternehmens in eine Aktiengesellschaft ein äußerst seltener Fall ist, sollen im Folgenden nur die beiden letzten Fälle dargestellt werden.

---

15   Vgl. zu dieser Frage Wollburg/Banerjea, ZIP 2005, 277, 282 ff.; Grobys, NZA 2005, 84, 91.

1.   Umwandlung einer Personengesellschaft

Soll eine Personenhandelsgesellschaft in eine Aktiengesellschaft umgewandelt werden, so ist dies   31
mittels eines Formwechsels möglich. Bei einem Formwechsel ändert sich lediglich die Unternehmensform. Die bisherigen Forderungen, Verbindlichkeiten und Vertragsverhältnisse bleiben unverändert bestehen. Eine Zustimmung der Gläubiger und Vertragspartner der Personenhandelsgesellschaft zu dem Formwechsel muss daher nicht eingeholt werden. Den Gläubigern der formwechselnden Personenhandelsgesellschaft ist jedoch unter den Voraussetzungen des § 22 UmwG Sicherheit zu leisten, sofern sie die Gefährdung ihrer Forderungen durch den Formwechsel glaubhaft machen können (§§ 204, 22 UmwG).

Bei der Umwandlung einer Personenhandelsgesellschaft in eine Aktiengesellschaft entfällt die persönliche Haftung der Gesellschafter für zukünftige Verbindlichkeiten. Dafür kommen beim Formwechsel das Erfordernis der Kapitalaufbringung und damit insbesondere die Grundsätze der Gründerhaftung zur Anwendung (§ 197 UmwG, § 46 AktG, siehe § 1 Rn. 17 ff.). Voraussetzung für den Formwechsel einer Personenhandelsgesellschaft in eine Aktiengesellschaft ist zudem, dass das Vermögen der formwechselnden Gesellschaft nach Abzug der Schulden mindestens dem Betrag des Grundkapitals der künftigen Aktiengesellschaft entspricht (§ 220 Abs. 1 UmwG). Außerdem ist zu beachten, dass diejenigen Gesellschafter, die bislang mit ihrem Privatvermögen gehaftet haben, auch für eine Übergangszeit von fünf Jahren mit ihrem Privatvermögen forthaften (§ 224 UmwG).

Die Umwandlung einer BGB-Gesellschaft in eine Aktiengesellschaft mittels eines Formwechsels ist nicht möglich (§ 191 Abs. 1 UmwG). Eine BGB-Gesellschaft kann aber gegebenenfalls durch Eintragung im Handelsregister (§ 105 Abs. 2 HGB) zunächst zur offenen Handelsgesellschaft werden und sodann im Wege des Formwechsels in eine Aktiengesellschaft umgewandelt werden.

Zu steuerlichen Fragen im Zusammenhang mit der Umwandlung in eine Aktiengesellschaft gelten die Ausführungen zur Umwandlung einer Personenhandelsgesellschaft in eine GmbH (siehe § 4 Rn. 6 ff.) entsprechend.

2.   Umwandlung einer GmbH

Soll eine GmbH in eine Aktiengesellschaft umgewandelt werden, so ist dies ebenfalls mittels eines   32
Formwechsels möglich. Hierbei ändert sich lediglich die Unternehmensform.

Bei der Umwandlung einer GmbH in eine Aktiengesellschaft kommen grundsätzlich die für die Aktiengesellschaft geltenden Gründungsvorschriften und damit insbesondere auch die Grundsätze der Gründerhaftung zur Anwendung (§§ 197, 254 Abs. 1 UmwG i.V.m. § 46 AktG, siehe § 1 Rn. 17 ff.). Die Vorschriften über die Nachgründung sind anzuwenden, wenn die GmbH vor dem Wirksamwerden des Formwechsels noch nicht länger als zwei Jahre im Handelsregister eingetragen war (§§ 197 S. 1, 220 Abs. 3, 245 Abs. 1 UmwG i.V.m. § 52 AktG).

Zusätzliche Voraussetzung für den Formwechsel einer GmbH in eine Aktiengesellschaft ist, dass das Vermögen der formwechselnden Gesellschaft nach Abzug der Schulden mindestens dem Betrag des Grundkapitals der künftigen Aktiengesellschaft entspricht (§§ 245 Abs. 1 S. 2, 220 Abs. 1 UmwG). Für die Umwandlung einer GmbH in eine Aktiengesellschaft muss also grundsätzlich ein Vermögen (nach Abzug von Schulden) mit einem Markwert von mindestens € 50.000 vorhanden sein.

Die Umwandlung einer GmbH in eine Aktiengesellschaft ist steuerneutral möglich.

III. Ablauf der Umwandlung

1. Umwandlung einer Personengesellschaft

33 Der Formwechsel einer Personenhandelsgesellschaft in eine Aktiengesellschaft ist in den §§ 190 ff., 214 ff. UmwG geregelt und vollzieht sich in folgenden Schritten:

- Aufstellung einer Schlussbilanz für steuerliche Zwecke (§§ 25 S. 2, 9 S. 2 und 3 UmwStG). Da die Erstellung der Schlussbilanz nach dem Umwandlungsrecht nicht erforderlich ist, kann die steuerliche Schlussbilanz auch noch nach Abschluss der Umwandlung erstellt werden.

- Erstellung eines Nachweises, dass das Grundkapital der zukünftigen Aktiengesellschaft durch das Vermögen der formwechselnden Personenhandelsgesellschaft gedeckt ist. Dieser Nachweis ist erforderlich, da das Registergericht die Ordnungsmäßigkeit des Formwechsels und damit die Voraussetzungen des § 220 Abs. 1 UmwG prüft. Die nach den §§ 25 S. 2, 9 S. 2 und 3 UmwStG erforderliche Steuerbilanz reicht als Wertnachweis aus, wenn sich das erforderliche Reinvermögen bereits aus den dort ausgewiesenen Buchwerten ergibt. Reichen die Buchwerte nicht aus, ist der Nachweis in anderer Form zu erbringen, z.B. durch eine Werthaltigkeitsbescheinigung eines Wirtschaftsprüfers.

- Entwurf des Umwandlungsbeschlusses einschließlich der Satzung der zukünftigen Aktiengesellschaft (§§ 192 Abs. 1 S. 3, 194 Abs. 1, 218 UmwG).

- Ggf. Zuleitung des Entwurfs des Umwandlungsbeschlusses an den Betriebsrat der Personenhandelsgesellschaft, spätestens einen Monat vor der Gesellschafterversammlung der Personenhandelsgesellschaft, die den Formwechsel beschließen soll (§ 194 Abs. 2 UmwG).

- Erstellung eines Umwandlungsberichts durch die persönlich haftenden Gesellschafter (§ 192 Abs. 1 UmwG), es sei denn, alle Gesellschafter verzichten hierauf in notarieller Form (§ 192 Abs. 2 UmwG) oder alle Gesellschafter sind zur Geschäftsführung berechtigt (§ 215 UmwG).

> 🛇 **Praxishinweis:**
> *Das bisherige Erfordernis, dem Umwandlungsbericht eine Vermögensaufstellung beizufügen (§ 192 Abs. 2 UmwG a.F.), ist durch das Zweite Gesetz zur Änderung des UmwG vom 19.4.2007 (BGBl. 2007, S. 542 ff.) gestrichen worden.*

- Sofern der Gesellschaftsvertrag eine Fassung des Umwandlungsbeschlusses durch qualifizierte Mehrheitsentscheidung zulässt (§ 194 Abs. 1 Nr. 6 UmwG): Prüfung der Angemessenheit des in den Umwandlungsbeschluss aufzunehmenden Barabfindungsangebots, wenn ein Gesellschafter dies ausdrücklich verlangt (§§ 225, 208, 30 Abs. 2 UmwG); ein Barabfindungsangebot ist entbehrlich, wenn alle Gesellschafter hierauf in notarieller Form verzichten.[16]

- Erstellung eines Berichts über den Hergang des Formwechsels durch die Gründer (Gründungsbericht, §§ 197 S. 1, 220 Abs. 2, 219 UmwG i.V.m. § 32 AktG).

- Sofern die Gesellschafter hierauf nicht verzichten: Information der von der Geschäftsführung ausgeschlossenen Gesellschafter der Personenhandelsgesellschaft über den Formwechsel und Übersendung des Umwandlungsberichts und des Barabfindungsangebots (soweit erforder-

---

16 Vgl. zu dieser Verzichtsmöglichkeit: Meister/Klöcker in Kallmeyer, § 194 Rn. 46.

lich), spätestens zusammen mit der Einberufung der Gesellschafterversammlung, die den Formwechsel beschließen soll (§ 216 UmwG).

■ Notariell zu beurkundender Umwandlungsbeschluss der Gesellschafter, der grundsätzlich die Zustimmung aller Gesellschafter erfordert, sofern der Gesellschaftsvertrag nicht eine Mehrheit von mindestens drei Vierteln der abgegebenen Stimmen ausreichen lässt, sowie gegebenenfalls Zustimmungserklärungen einzelner Gesellschafter (§§ 193, 217 UmwG).

■ Bestellung des Aufsichtsrats (§ 197 UmwG i.V.m. § 31 AktG), zweckmäßigerweise zusammen mit dem Umwandlungsbeschluss; ist der Aufsichtsrat mitbestimmt, sind die Arbeitnehmervertreter nach den maßgeblichen mitbestimmungsrechtlichen Vorschriften zu wählen.

■ Bestellung der Abschlussprüfer (§ 197 S. 1 UmwG i.V.m. § 30 Abs. 1 AktG) durch die als Gründer geltenden Anteilseigner (§§ 197 S. 1, 219 UmwG), zweckmäßigerweise zusammen mit dem Umwandlungsbeschluss.

■ Bestellung des Vorstands durch den Aufsichtsrat (§ 197 S. 1 UmwG i.V.m. § 30 Abs. 4 AktG).

■ Bestellung der Gründungsprüfer durch das zuständige Registergericht (§ 220 Abs. 3 S. 1 UmwG i.V.m. § 33 Abs. 3 bis 5 AktG).

■ Prüfung des Hergangs des Formwechsels durch die Mitglieder des Vorstands und des Aufsichtsrats (§ 197 Abs. 1 UmwG i.V.m. §§ 33, 34 AktG) sowie durch einen Gründungsprüfer (§ 220 Abs. 3 S. 1 UmwG i.V.m. §§ 33 Abs. 2 bis 4, 34 AktG).

■ Anmeldung des Formwechsels und der Vorstandsmitglieder zum Handelsregister der Personenhandelsgesellschaft (§§ 198 Abs. 1 und 3, 222, 197 S. 1 UmwG, § 37 Abs. 2 und 3 AktG).

Weiterführende Literaturhinweise:

Sagasser/Sickinger in Sagasser/Bula/Brünger, Umwandlungen, 3. Aufl. 2002, R 71 ff.

Muster finden sich bei Schmidt-Diemitz/Moszka in: Münchener Vertragshandbuch zum Gesellschaftsrecht, 6. Aufl. 2005, XIII.11 bis 18 und 28.

2. Umwandlung einer GmbH

Die Umwandlung einer GmbH in eine Aktiengesellschaft erfolgt ebenfalls im Wege des Formwechsels. Rechtsgrundlage sind die §§ 190 ff., 226 f., 238 ff. UmwG. Es sind folgende Schritte vorzunehmen:

■ Nachweis, dass das Stammkapital der zukünftigen Aktiengesellschaft durch das Vermögen der formwechselnden GmbH gedeckt ist. Eine zeitnahe Jahresbilanz kann als Wertnachweis ausreichen, wenn sich das erforderliche Reinvermögen bereits aus den dort ausgewiesenen Buchwerten ergibt. Reichen die Buchwerte nicht aus, ist der Nachweis in anderer Form zu erbringen, z.B. durch eine Werthaltigkeitsbescheinigung eines Wirtschaftsprüfers. Ein solcher Nachweis ist erforderlich, da das Registergericht die Ordnungsmäßigkeit des Formwechsels und damit die Voraussetzungen des §§ 245 Abs. 1 S. 2, 220 Abs. 1 UmwG prüft.

■ Entwurf des Umwandlungsbeschlusses einschließlich der Satzung der zukünftigen Aktiengesellschaft (§§ 192 Abs. 1 S. 3, 194 Abs. 1, 243, 218 UmwG).

■ Ggf. Zuleitung des Entwurfs des Umwandlungsbeschlusses an den Betriebsrat der GmbH spätestens einen Monat vor der Gesellschafterversammlung, die den Formwechsel beschließen soll (§ 194 Abs. 2 UmwG).

34

- Erstellung eines Umwandlungsberichts durch die Geschäftsführer (§ 192 Abs. 1 UmwG), es sei denn, es handelt sich bei der formwechselnden Gesellschaft um eine Ein-Mann-GmbH oder alle Gesellschafter verzichten in notarieller Form auf die Erstattung eines Umwandlungsberichts (§ 192 Abs. 2 UmwG).

- Prüfung der Angemessenheit des in den Umwandlungsbeschluss aufzunehmenden Barabfindungsangebots (§§ 208, 30 Abs. 2 UmwG), sofern nicht alle Gesellschafter auf die Prüfung in notarieller Form verzichten (§ 30 Abs. 2 S. 3 UmwG); ein Barabfindungsangebot ist entbehrlich, wenn der Formwechselbeschluss zu seiner Wirksamkeit der Zustimmung aller Gesellschafter bedarf, an der formwechselnden GmbH nur ein Gesellschafter beteiligt ist (§ 194 Abs. 1 Nr. 6 UmwG) oder alle Gesellschafter in notarieller Form auf ein Barabfindungsangebot verzichten.[17]

- Erstellung eines Berichts über den Hergang des Formwechsels durch die Gründer (§§ 197 S. 1, 245 Abs. 1, 220 Abs. 2 UmwG i.V.m. § 32 AktG).

- Sofern die Gesellschafter hierauf nicht verzichten: Information der Gesellschafter der GmbH über den Formwechsel und Übersendung des Umwandlungsberichts und des Barabfindungsangebots (soweit erforderlich), spätestens zusammen mit der Einberufung der Gesellschafterversammlung, die den Formwechsel beschließen soll (§§ 238, 230 Abs. 1, 231 UmwG).

- Notariell zu beurkundender Umwandlungsbeschluss der Gesellschafter, der einer Mehrheit von mindestens drei Vierteln der abgegebenen Stimmen bedarf, sofern der Gesellschaftsvertrag nicht eine größere Mehrheit oder weitere Erfordernisse vorsieht, sowie gegebenenfalls Zustimmungserklärungen einzelner Gesellschafter (§§ 193, 240 Abs. 1, 241, 244 Abs. 1 UmwG); der Umwandlungsbericht ist in der Gesellschafterversammlung auszulegen (§ 239 Abs. 1 UmwG).

- Bestellung des Aufsichtsrats (§ 197 UmwG i.V.m. § 31 AktG), zweckmäßigerweise zusammen mit dem Umwandlungsbeschluss; ist der Aufsichtsrat mitbestimmt, sind die Arbeitnehmervertreter nach den maßgeblichen mitbestimmungsrechtlichen Vorschriften zu wählen.

- Bestellung der Abschlussprüfer (§ 197 S. 1 UmwG i.V.m. § 30 Abs. 1 AktG) durch die als Gründer geltenden Anteilseigner (§§ 197 S. 1, 245 Abs. 1 UmwG), zweckmäßigerweise zusammen mit dem Umwandlungsbeschluss.

- Bestellung des Vorstands durch den Aufsichtsrat (§ 197 S. 1 UmwG i.V.m. § 30 Abs. 4 AktG).

- Bestellung der Gründungsprüfer durch das zuständige Registergericht (§ 220 Abs. 3 UmwG i.V.m. § 33 Abs. 3 bis 5 AktG).

- Prüfung des Hergangs des Formwechsels durch die Mitglieder des Vorstands und des Aufsichtsrats (§ 197 Abs. 1 UmwG i.V.m. §§ 33, 34 AktG) sowie durch einen Gründungsprüfer (§§ 245 Abs. 1 S. 2, 220 Abs. 3 S. 1 UmwG i.V.m. §§ 33 Abs. 2 bis 4, 34 AktG).

- Anmeldung des Formwechsels und der Vorstandsmitglieder zum Handelsregister der GmbH (§§ 198 Abs. 1 und 3, 246 UmwG).

Weiterführende Literaturhinweise:

Sagasser/Sickinger in Sagasser/Bula/Brünger, Umwandlungen, 3. Aufl. 2002, R 24 ff.

Muster finden sich bei Schmidt-Diemitz/Moszka in: Münchener Vertragshandbuch zum Gesellschaftsrecht, 6. Aufl. 2005, XIII.48 bis 54.

J. Hegemann, T. Querbach, Umwandlungsrecht, 2007

---

17 Vgl. zu dieser Verzichtsmöglichkeit: Meister/Klöcker in Kallmeyer, § 194 Rn. 46.

§ 5 Beteiligung von Fremdgeschäftsführern / Arbeitnehmern am Unternehmen

A. Beratungssituation: Motivation eines Externen

Es kann die Situation entstehen, dass Fremdgeschäftsführer oder Arbeitnehmer an dem Famili- 1
enunternehmen beteiligt werden sollen. Insbesondere liegt dieser Beteiligung die Zielsetzung zu
Grunde, den Fremdgeschäftsführer oder Arbeitnehmer an einer künftigen Wertsteigerung des
Unternehmens zu beteiligen und damit seine Motivation zu fördern, an dieser Wertsteigerung
mitzuwirken. In manchen Branchen stellt eine solche Beteiligung die primäre Vergütung dar. Dies
ist insbesondere dann der Fall, wenn die Unternehmen in einer Startphase noch nicht genügend
Gewinne abwerfen, um einen Fremdgeschäftsführer marktüblich zu entlohnen. Der Fremdgeschäftsführer wird hier nur dann einen Vertrag mit dem Unternehmen abschließen, wenn ihm die
Entlohnung auf andere Art und Weise, insbesondere im Rahmen einer Beteiligung an den künftigen Wertsteigerungen des Unternehmens, zugesagt wird.

Ein weiteres Motiv für die Beteiligung von Fremdgeschäftsführern oder Arbeitnehmern am Unternehmen kann die Entlohnung für geleistete Dienste sein: Dem Fremdgeschäftsführer oder Arbeitnehmer wird eine Beteiligung am Unternehmen zu einem Wert unter dem Marktwert überlassen.

Schließlich wird dem Unternehmen im Rahmen der Beteiligung vom Fremdgeschäftsführern
oder Arbeitnehmern regelmäßig neues Kapital zugeführt. Bei der entsprechenden Ausgestaltung
der Arbeitnehmerbeteiligung ist dieses Kapital als Eigenkapital zu qualifizieren.

B. Gestaltungsmöglichkeiten

Bei der Beteiligung von Fremdgeschäftsführern oder Arbeitnehmern am Unternehmen bestehen 2
im Wesentlichen drei Gestaltungsmöglichkeiten:

In der ersten Variante erhält der Fremdgeschäftsführer oder Arbeitnehmer sofort einen Gesellschaftsanteil. Er wird damit vollwertiger Gesellschafter. Allerdings bestehen regelmäßig für eine
bestimmte Zeit Restriktionen bezüglich der Veräußerbarkeit der Anteile. Hierdurch soll einerseits erreicht werden, dass die Gesellschaftsanteile nicht in die Hände Dritter gelangen. Andererseits soll sichergestellt werden, dass die Zielsetzung der Mitarbeiterbeteiligung gewahrt bleibt,
den Mitarbeiter für eine langfristig positive Entwicklung des Unternehmens zu motivieren. Damit
wäre es nicht zu vereinbaren, wenn der Mitarbeiter seine Beteiligung schon kurz nach der Überlassung veräußern könnte.

Eine zweite Variante besteht darin, die Mitarbeiter nicht sofort an dem Unternehmen zu beteiligen, sondern ihnen nur das Recht einzuräumen, für einen bestimmten Preis Anteile an dem
Unternehmen zu erwerben, sogenannte Option. Bei einer positiven Entwicklung des Unterneh-
menswertes erhält der Mitarbeiter damit die Möglichkeit, die im Wert gestiegene Unternehmensbeteiligung zu einem günstigen Kaufpreis zu erwerben. Vorerst ist der Mitarbeiter aber an dem
Unternehmen noch nicht beteiligt und hat damit auch keine Gesellschafterrechte.

Eine dritte Möglichkeit besteht darin, dem Mitarbeiter bereits sofort eine Beteiligung am Unternehmen einzuräumen, ihm jedoch keine vollwertigen Gesellschaftsanteile zu übertragen, sondern ihn als sogenannten stillen Gesellschafter aufzunehmen. In diesem Fall erbringt der Mitarbeiter eine Geldeinlage an die Gesellschaft. Er erhält gewisse Kontrollrechte und er ist am Gewinn und – je nach Ausgestaltung – auch am Verlust des Unternehmens beteiligt. Zudem kann vorgesehen werden, dass der stille Gesellschafter auch an einer Wertsteigerung des Unternehmens teilnimmt.

Die einzelnen Gestaltungsmöglichkeiten unterscheiden sich sowohl in zivilrechtlicher Hinsicht als auch in steuerrechtlicher Hinsicht.

C.   Darstellung der einzelnen Gestaltungsmöglichkeiten

I.   Sofortige Einräumung von Unternehmensbeteiligungen

3 In der ersten Variante wird dem Mitarbeiter sofort ein Gesellschaftsanteil übertragen. Der Mitarbeiter wird damit unmittelbar Gesellschafter. Im Folgenden sollen einige typische Regelungen dargestellt werden, die mit dem Mitarbeiter regelmäßig vereinbart werden, bevor auf die steuerlichen Folgen eingegangen wird.

1.   Typische Regelungen

a)   Vergünstigte Überlassung der Gesellschaftsbeteiligung

4 Typischerweise muss der Mitarbeiter für den Erhalt der Gesellschaftsbeteiligung ein Entgelt bezahlen, das unter dem Marktwert der Gesellschaftsbeteiligung liegt. Dies soll einerseits die Entscheidung des Mitarbeiters fördern, sein privates Kapital in das Unternehmen zu investieren. Andererseits sollen mit dieser Vergünstigung häufig die Dienste in der Vergangenheit entlohnt werden.

b)   Verfügungsbeschränkungen

5 Regelmäßig soll verhindert werden, dass der Mitarbeiter in den ersten Jahren nach seiner Beteiligung oder sogar während des gesamten Zeitraumes, in dem er Geschäftsführer oder Arbeitnehmer der Gesellschaft ist, seine Beteiligung verkauft. Hierdurch soll sichergestellt werden, dass der Mitarbeiter dauerhaft mit dem Schicksal des Unternehmens verbunden bleibt. Er soll über einen möglichst langen Zeitraum daran interessiert sein, den Unternehmenswert zu steigern.

Solche Verfügungsbeschränkungen können im Wesentlichen auf drei Arten abgesichert werden:

■ Es kann vorgesehen werden, dass die Anteile nur mit der Zustimmung der anderen Gesellschafter oder der Gesellschaft veräußert werden können. Bei Personengesellschaften ist dies der Regelfall, bei GmbHs und Aktiengesellschaften kann dies im Gesellschaftsvertrag vereinbart werden (§ 15 Abs. 5 GmbHG; § 68 Abs. 2 AktG).

■ Es kann vorgesehen werden, dass die Anteile in einem Sperrdepot zu halten sind.

■ Es kann vorgesehen werden, dass alle Mitarbeiter ihre Anteile über eine Gesellschaft des bürgerlichen Rechts halten müssen. Die Entscheidung in der Gesellschaft des bürgerlichen Rechts, ob die Anteile verkauft werden, kann nur mit Zustimmung aller Gesellschafter getroffen werden.

c)   Vorkaufsrecht

Regelmäßig wird ein Vorkaufsrecht zu Gunsten der übrigen Gesellschafter oder der Gesellschaft vereinbart, um zu verhindern, dass die Anteile in dritte Hände gelangen können.   6

d)   Regelungen für die Beendigung des Arbeitsverhältnisses während der Sperrzeit

Endet das Arbeitsverhältnis während der Sperrzeit, so wird regelmäßig vorgesehen, dass die anderen Gesellschafter oder die Gesellschaft die Unternehmensbeteiligung zurückkaufen können.   7
Die Höhe des Kaufpreises hängt von dem Umstand ab, aufgrund dessen das Arbeitsverhältnis beendet wurde. Scheidet der Mitarbeiter aus, weil ihm außerordentlich gekündigt wurde, so erhält er regelmäßig nur seinen Einstandspreis zurück, gegebenenfalls zuzüglich einer Verzinsung. Scheidet der Mitarbeiter aus betriebsbedingten Gründen, aufgrund Todes oder Berufsunfähigkeit oder aufgrund eigener außerordentlicher Kündigung aus, so erhält er regelmäßig den Marktwert der Beteiligung.

Mit seinem Ausscheiden aus den Diensten des Unternehmens verliert der Mitarbeiter seine Stellung als Gesellschafter wieder. Wie der Bundesgerichtshof in zwei Entscheidungen vom 19. September 2005[1] festgestellt hat, sind solche Klauseln, die im Rahmen von Mitarbeiterbeteiligungen (Mitarbeiter- bzw. Managermodell) vorsehen, dass die Gesellschafterstellung des Mitarbeiters mit Beendigung seiner Tätigkeit für die Gesellschaft ebenfalls endet, zulässig und verstoßen nicht gegen § 138 BGB.

Zwar sind so genannte Hinauskündigungsklauseln, die einem Gesellschafter, einer Gruppe von Gesellschaftern oder der Gesellschaftermehrheit das Recht einräumen, einen Mitgesellschafter ohne sachlichen Grund aus der Gesellschaft auszuschließen, grundsätzlich nach § 138 BGB nichtig; dies gilt jedoch nicht, wenn sie wegen besonderer Umstände sachlich gerechtfertigt sind.[2] Eine solche sachliche Rechtfertigung ist nach der neueren Rechtsprechung des Bundesgerichtshofs im Falle von Mitarbeiterbeteiligungen in aller Regel gegeben: Die gesellschaftsrechtliche Beteiligung soll den Mitarbeiter stärker an das Unternehmen binden, seine Motivation steigern und ihn für einen erfolgreichen Einsatz belohnen. Endet die Tätigkeit des Mitarbeiters für das Unternehmen, verliert somit die weitere Beteiligung als Gesellschafter ihren Sinn. Zudem wird nur durch die Rückübertragung des Gesellschaftsanteils der Gesellschaft ermöglicht, auch den Nachfolger des Mitarbeiters in gleicher Weise zu beteiligen und dieses Beteiligungsmodell damit auf Dauer fortzuführen.

---

1   BGH v. 19.09.2005, II ZR 173/04, GmbHR 2005, 1558 und II ZR 342/03, GmbHR 2005, 1561.
2   Das Gleiche gilt für eine neben dem Gesellschaftsvertrag getroffene schuldrechtliche Vereinbarung, die zu demselben Ergebnis führen soll, vgl. BGH v. 19.09.2005, II ZR 173/04, GmbHR 2005, 1558, 1559. Hintergrund ist, dass verhindert werden soll, dass der betroffene Gesellschafter wegen des jederzeit drohenden Ausschlusses aus der Gesellschaft seine Gesellschafterrechte nicht frei ausüben kann bzw. wird.

Der Bundesgerichtshof hat grundsätzlich auch eine vertragliche Vereinbarung anerkannt, nach welcher der Mitarbeiter bei der Rückübertragung des Gesellschaftsanteils nur den Betrag zurück erhält, den er für den Erwerb des Anteils gezahlt hat, und damit von etwaigen zwischenzeitlichen Wertsteigerungen ausgeschlossen ist.[3]

e)   Drag Along Right / Tag Along Right

8   Für den Fall, dass der Mehrheitsgesellschafter seine Anteile an einen Dritten veräußert, wird regelmäßig vorgesehen, dass der Mitarbeiter auf Wunsch des Mehrheitsgesellschafters seine Anteile zu gleichen Bedingungen an den Dritten veräußern muss, sog. Drag Along Right. Damit wird ein Verkauf des Unternehmens auch in den Fällen ermöglicht, in denen der Erwerber alle Anteile an dem Unternehmen erwerben möchte.

Als Tag Along Right bezeichnet man das Recht des Mitarbeiters, seine Beteiligung mit verkaufen zu können, wenn der Mehrheitsgesellschafter seine Beteiligung an einen Dritten verkaufen sollte.

2.   Steuerliche Folgen

a)   Vergünstige Überlassung der Unternehmensbeteiligung

9   Muss der Mitarbeiter für die Beteiligung nur eine Gegenleistung unter dem Marktwert der Beteiligung erbringen, so hat er die Differenz, den so genannten geldwerten Vorteil, als Arbeitslohn zu versteuern. Es besteht ein Freibetrag von € 135 im Kalenderjahr, wenn der Mitarbeiter mindestens 50 % des Marktwertes zu zahlen hat (§ 19a Abs. 1 EStG).

b)   Veräußerung der Unternehmensbeteiligung

10   Veräußert der Mitarbeiter zu einem späteren Zeitpunkt die erhaltene Unternehmensbeteiligung, so ist der Veräußerungsgewinn im Rahmen der nachstehenden Grundsätze steuerpflichtig:

Der Veräußerungsgewinn ist zu berechnen, indem die Anschaffungskosten dem Veräußerungspreis gegenüberzustellen sind. Die vom Mitarbeiter tatsächlich gezahlten Anschaffungskosten sind im Falle einer verbilligten Überlassung um den Betrag des geldwerten Vorteils zu erhöhen (siehe § 5 Rn. 9).[4] Ist der Mitarbeiter aufgrund der vertraglichen Regelung gezwungen, seine Beteiligung unter dem Marktwert zurückzugeben (siehe oben § 5 Rn. 7), so ist als Veräußerungspreis dennoch der Marktwert anzusetzen. Die Differenz zwischen dem Marktwert und dem tatsächlich erzielten Veräußerungspreis kann der Mitarbeiter als negative Einkünfte aus nichtselbstständiger Tätigkeit geltend machen.

Ob der Veräußerungsgewinn steuerpflichtig ist, bestimmt sich wie folgt:

■ Hält der Mitarbeiter 1 % oder mehr an dem Unternehmen, so ist der Veräußerungsgewinn unabhängig von der Haltedauer zu 50 % steuerpflichtig (§§ 3 Nr. 40 c), 3c Abs. 2 EStG); ab dem 01.01.2009 aufgrund der Unternehmensteuerreform 2008 zu 60 %.

---

3   BGH v. 19.09.2005, II ZR 342/03, GmbHR 2005, 1561.
4   BFH v. 20.06.2001, VI R 105/99, BStBl. II 1999, 689.

- Hält der Mitarbeiter weniger als 1 %, so hängt die Steuerpflicht von der Haltedauer und dem Anschaffungszeitpunkt ab:

  - Hat der Mitarbeiter die Beteiligung vor dem 01.01.2009 erworben, so kann er die Beteiligung steuerfrei veräußern, wenn er sie über ein Jahr lang gehalten hat. Bei einer vorherigen Veräußerung hat der Mitarbeiter 50 % des Veräußerungsgewinns zu versteuern (§§ 22 Nr. 2, 23 Abs. 1 S. 1 Nr. 2, 3 Nr. 40 j), 3c Abs. 2 EStG).

  - Hat der Mitarbeiter die Beteiligung nach dem 31.12.2008 erworben, so findet die sogenannte Abgeltungsteuer der Unternehmensteuerreform Anwendung: Der Veräußerungsgewinn ist immer steuerpflichtig. Der Steuersatz beträgt bei Kirchensteuerpflicht rund 28 % und ohne Kirchensteuerpflicht rund 26 %.

Voraussetzung für die dargestellte steuerliche Begünstigung ist, dass der Mitarbeiter bereits zum Zeitpunkt der Überlassung der Unternehmensbeteiligung das wirtschaftliche Eigentum an der Unternehmensbeteiligung erlangt. Erlangt der Mitarbeiter das wirtschaftliche Eigentum erst zu einem späteren Zeitpunkt, so hat er die bis dahin eingetretene Wertsteigerung als Arbeitslohn zu versteuern, und damit zu 100 %.

Die Überlassung von Unternehmensbeteiligungen an Mitarbeiter unter Verfügungsbeschränkungen stellt immer einen Grenzfall dar, bei dem anhand aller Besonderheiten des Einzelfalles abzuwägen ist, ob das wirtschaftliche Eigentum auf den Mitarbeiter übergegangen ist oder nicht. Wesentliche Kriterien für den Übergang des wirtschaftlichen Eigentums sind, dass dem Mitarbeiter bereits das Dividendenrecht und das Stimmrecht zustehen und er auch während der Zeit der Verfügungsbeschränkung ein gewisses Maß an den Wertsteigerungschancen und an den Wertminderungsrisiken trägt.[5]

II.   Optionen

Bei einer Option erhält der Mitarbeiter nur einen Anspruch darauf, sofort oder zu einem späteren Zeitpunkt eine Unternehmensbeteiligung zu einem bestimmten Wert zu erwerben. Steigt der Unternehmenswert, so ist der Mitarbeiter damit in der Lage, die Unternehmensbeteiligung zu einem Kaufpreis unter dem Marktwert zu erwerben. Mit einer Option kann damit erreicht werden, dass der Mitarbeiter an den Wertsteigerungen teilnimmt, aber gerade noch nicht als Gesellschafter beteiligt ist. Die Fälle, in denen der Mitarbeiter nicht mehr am Unternehmen beteiligt werden soll, etwa wenn dem Mitarbeiter aus außerordentlichem Grund gekündigt wird, können dadurch gelöst werden, dass die Option entschädigungslos wegfällt. Für die Einräumung der Option hat der Mitarbeiter regelmäßig kein Entgelt zu leisten.

Die steuerliche Beurteilung von Optionen hängt davon ab, ob die Option handelbar oder nicht handelbar ist. Handelbar in diesem Sinne ist ein Aktienoptionsrecht, das an einer Wertpapierbörse gehandelt wird. Andere Optionsrechte gelten auch dann als nicht handelbar in diesem Sinne, wenn sie außerhalb einer Börse gehandelt werden. Irrelevant ist, ob die Optionsrechte übertragbar oder vererbbar sind oder einer Sperrfrist unterliegen.[6]

11

---

5   Vgl. BFH v. 16.11.1984, VI R 39/80, BStBl. II 1985, 136; BFH v. 17.02.2004, VIII R 26/01, BStBl. II 2004, 651; Salzmann in Münchener Anwaltshandbuch Unternehmenssteuerrecht, § 5 Rn. 47.
6   FinMin Nordrhein-Westfalen, Erlass vom 27.03.2003, DStR 2003, 689.

1.   Handelbare Optionen

12   Bei einer handelbaren Option ist der Marktwert der Option als Arbeitslohn zu versteuern. Ein eventuell gezahltes Entgelt ist abzuziehen.[7]

2.   Nicht handelbare Optionen

13   Bei einer nicht handelbaren Option führt erst die Überlassung der Unternehmensbeteiligung zu dem Lohnzufluss. Der Zeitpunkt der Gewährung der Optionen oder der erstmaligen Ausübbarkeit der Option ist irrelevant.[8]

Die Höhe des Arbeitslohns ist so zu berechnen, dass dem Marktwert der Unternehmensbeteiligung das vom Arbeitnehmer im Rahmen der Option zu zahlende Entgelt gegenübergestellt wird. Maßgeblich für die Berechnung der Marktwerte ist der Tag der Übertragung der Unternehmensbeteiligung. Liegen zwischen der Beschlussfassung über die Gewährung der Option und dem Tag der Übertragung der Unternehmensbeteiligung nicht mehr als neun Monate, so ist bei Optionen auf Aktien oder GmbH-Geschäftsanteile der Tag der Überlassung der Option maßgeblich (§ 19a Abs. 2 S. 5 EStG).

Überschreitet der Zeitraum zwischen der Gewährung und der Ausübung der Option mehr als zwölf Monate, so wird davon ausgegangen, dass es sich bei der Einräumung der Option um die Vergütung für eine mehrjährige Tätigkeit handelt. Damit unterliegt der Arbeitslohn einer besonderen Tarifvergünstigung:[9] Es ist die sogenannte Fünftelungsregelung des § 34 Abs. 1 i.V.m. Abs. 2 Nr. 4 EStG anzuwenden. Danach ist der Steuersatz so zu berechnen, als hätte sich das laufende Einkommen nur um ein Fünftel des geldwerten Vorteils erhöht. Dieser Steuersatz ist jedoch sodann auf den kompletten geldwerten Vorteil anzuwenden. In Anbetracht des progressiven Einkommensteuertarifs können sich hierdurch Begünstigungen ergeben. Keine Begünstigung ergibt sich, wenn der Arbeitnehmer durch sein laufendes Einkommen ohnehin schon den Spitzensteuersatz erreicht hat.

III.   Stille Gesellschaft

14   Bei einer stillen Gesellschaft (§§ 230 ff. HGB) erhält der Mitarbeiter keine Gesellschaftsbeteiligung an dem Unternehmen. Er leistet eine Geldeinlage an das Unternehmen und erhält dafür gewisse Kontrollrechte und bestimmte Vermögensrechte. Die Einzelheiten einer stillen Beteiligung sind unter § 3 Rn 19 ff. dargelegt.

Ein Vorteil gegenüber den beiden anderen Varianten ist, dass es sich bei den Einnahmen aus einer stillen Gesellschaft um Einkünfte aus Kapitalvermögen handelt. Hierdurch kann der Mitarbeiter seinen Sparerfreibetrag (§ 20 Abs. 4 EStG) nutzen. Ab dem Jahr 2009 wird die Abgeltungsteuer gelten; der Steuersatz wird bei Kirchensteuerpflicht rund 28 % und ohne Kirchensteuerpflicht rund 26 % betragen.

---

7   FinMin Nordrhein-Westfalen, Erlass vom 27.03.2003, DStR 2003, 689.
8   BFH v. 20.06.2001, IV R 155/99, BStBl. II 2001, 689; BFH v. 24.01.2001, I R 100/98, BStBl. II 2001, 509; BFH v. 24.01.2001, I R 119/98, BStBl. II 2001, 512; FinMin Nordrhein-Westfalen, Erlass vom 27.03.2003, DStR 2003, 689.
9   BFH v. 19.12.2006, VI R 136/01, BB 2007, 326, 362 f.

§ 6 Nachfolge

A. Die Gestaltungsziele einer Unternehmensnachfolge

Im Rahmen der Gestaltung des Generationenwechsels in Familienunternehmen werden regelmä- 1
ßig mehrere Ziele verfolgt. Im Wesentlichen geht es um

- den Erhalt des Unternehmens und des Familienvermögens,
- den Schutz vor unnötigen Liquiditätsbelastungen,
- die Vermeidung von Streit innerhalb der Familie sowie
- die Sicherung der Altersversorgung der abgebenden Senioren.

Auf Grund unterschiedlicher Familienverhältnisse und vielfältiger Unternehmens- und Vermö-
genskonstellationen erhalten diese Ziele in den verschiedenen Beratungssituationen regelmäßig
unterschiedliches Gewicht. Auch die Wege zur Zielerreichung differieren notwendigerweise von
Fall zu Fall. Nachfolgeberatung erfordert daher immer ein großes Maß an Individualität und Kre-
ativität.

Bei der Gestaltung lebzeitiger Maßnahmen sollte die Sicherung der Altersversorgung der Senioren höchste Priorität genießen. Die Alterssicherung kann trotz Übergabe des Unternehmens
oder von Unternehmensbeteiligungen erfolgen durch Vorbehalt von Substanz, Macht und Ertrag
(hierzu § 6 Rn. 35).

Der Vorbehalt von Substanz kann erfolgen durch Zurückbehaltung einer Minderbeteiligung am
Gesamtunternehmen oder durch die Separierung und den Rückbehalt werthaltigen, versorgungssichernden Betriebsvermögens, wie etwa der Betriebsimmobilie. Mit dem Vorbehalt einer Minderbeteiligung kann neben dem Erhalt von Informations- und Kontrollrechten, gleichzeitig auch
ein Stück Macht im Unternehmen vorbehalten werden. So ist auch der Minderheitsgesellschafter
bei Kernbereichsbeschlüssen stimmberechtigt. Darüber hinaus können durch die Vereinbarung
gesellschaftsvertraglicher Sonderstimmrechte oder den Abschluss von Stimmbindungsverträgen
entweder generell oder für bestimmte Maßnahmen den abgebenden Senioren die Stimmmacht
belassen werden. Um so weiter der Vorbehalt von Substanz und Macht freilich geht, um so mehr
muss bezweifelt werden, ob der Generationenwechsel tatsächlich schon ernstlich gewollt ist. Wei-
tergehender können hingegen Gestaltungen zum Vorbehalt von versorgungssichernden Erträgen
gehen. Mittel hierzu sind neben den bereits oben behandelten Sondergewinnbezugs- und Sonde-
rentnahmerechten, die gesellschaftsvertraglich vorbehalten werden, vor allem die Vereinbarung
von Nießbrauchrechten und die Verpflichtung des Unternehmensnachfolgers zur Übernahme
von Rentenverpflichtungen gegenüber den Senioren.

Dem Erhalt des Unternehmens und des übrigen Familienvermögens dient zum einen die früh-
oder besser rechtzeitige Unternehmensnachfolge. Das ist den meisten Unternehmern bewusst,
bedarf aber dennoch ständiger Erinnerung. Eine weitere gestalterische Aufgabe zum Erhalt des
Unternehmens ist die Integration passiv beteiligter Familienangehöriger im Unternehmen, die insbesondere erforderlich wird, wenn, wie in vielen mittelständischen Unternehmerfamilien, nicht
ausreichend Privatvermögen zur Verfügung steht, um die Geschwister des Unternehmensnachfolgers annähernd gleichzustellen. Hier geht es vor allem darum, einerseits den Versorgungs- und
Kapitalanlageinteressen der passiven Gesellschafter Rechnung zu tragen, andererseits aber gleich-

zeitig dem Unternehmensnachfolger die notwendige Freiheit bei unternehmerischen Entscheidungen zu belassen. Dem Ziel des Unternehmenserhalts dient schließlich auch die Installation von Kontrollinstrumenten und, soweit notwendig, die Zulassung von Fremdeinfluss. Dies reicht von dem Einsatz und der Einarbeitung eines Fremdgeschäftsführers, der, wie im Mittelstand nicht selten, über eine Erfolgsbeteiligung hinaus auch nach substantiellen Beteiligungen strebt, um insoweit auch an Wertsteigerungen des Unternehmens teilzunehmen (hierzu § 5), bis zur Schaffung von Kontroll- und Beratungsorganen in Gestalt eines Beirats oder Aufsichtsrates.

Von zentraler Bedeutung im Rahmen der Nachfolgeplanung ist schließlich der Schutz des Unternehmens und der Familie vor unnötigen Liquiditätsbelastungen. Hierzu gehören neben gesellschaftsvertraglichen oder erbrechtlichen Abfindungsansprüchen vor allem Liquiditätsbelastungen durch die Geltendmachung von Pflichtteilsansprüchen durch vor allem zu kurz kommende Geschwister des Unternehmensnachfolgers, durch Zugewinnausgleichsansprüche des Ehegatten bei Scheidung oder auch Beendigung der Ehe durch Tod und schließlich durch Ansprüche, die der Fiskus in Form von Erbschaftsteuern und Ertragsteuern geltend macht. Fast alle diese Ansprüche haben gemeinsam, dass sie sofort in einem Betrag fällig werden, in Geld zu leisten sind und nicht ertragsteuermindernd geltend gemacht werden können. Sie erweisen sich deshalb häufig als „Liquiditätskiller" fürs Unternehmen und wirken deshalb nicht selten existenzbedrohend. Für die Nachfolgeplanung erlangen sie deshalb besondere Bedeutung.

Im Folgenden geht es zunächst um die genannten „Liquiditätskiller" Pflichtteil, Zugewinnausgleich und Steuern. Sodann folgen Ausführungen zur Gestaltung des Übergabevertrages, insbesondere im Hinblick auf die Sicherung der Altersversorgung der abgebenden Senioren. Da jedoch der Generationenwechsel nicht immer planbar ist, vielmehr durch vorzeitigen Tod des Unternehmers auch zwangsweise eingeleitet werden kann, gehört als flankierende Maßnahme zur Nachfolgeplanung auch immer ein Testament. Hierzu werden in einem letzten Abschnitt die erbrechtlichen Instrumentarien vorgestellt.

B. Schutz vor unnötigen Liquiditätsbelastungen

I. Reduzierung von Pflichtteilsgefahren

1. Beratungssituation: Die allgegenwärtige Pflichtteilsgefahr

2 Bei vielen Unternehmern lässt sich die Gefahr nicht ausschließen, dass bei ihrem Ableben Pflichtteilsansprüche geltend gemacht werden. Insbesondere besteht diese Gefahr, wenn ein Unternehmer mehrere Kinder hat, jedoch nicht alle Kinder das Unternehmen übernehmen sollen.

2. Der gesetzliche Pflichtteilsanspruch

3 Das gesetzliche Pflichtteilsrecht begründet für den Unternehmensnachfolger Gefahr gleich in mehrfacher Hinsicht. Je nach dem, wie der Unternehmenssenior testiert, schafft er Liquiditätsbelastungen und erhöhtes Streitpotenzial. Das gesetzliche Pflichtteilsrecht sichert den Abkömmlingen des Erblassers, seinem Ehegatten und, sofern keine Abkömmlinge vorhanden sind, sei-

nen Eltern eine Mindestteilhabe am Nachlass. Der Erblasser bleibt zwar – anders als in manchen ausländischen Erbrechtsordnungen – in der gegenständlichen Verteilung seines Nachlasses frei. Im Hinblick auf die wertmäßige Verteilung seines Vermögens wird er jedoch durch das Pflichtteilsrecht korrigiert. Wer seine pflichtteilsberechtigten Familienangehörigen nicht mindestens in Höhe der Hälfte des Wertes ihres gesetzlichen Erbteils am Nachlass beteiligt, verschafft diesen einen Anspruch auf Geldausgleich gegen den oder die Erben. Es findet insofern also keine automatische Umverteilung statt, wohl aber werden die Pflichtteilsberechtigten in die Lage versetzt, eine wertmäßige Umverteilung durchzusetzen. Ob sie von diesem Recht Gebrauch machen, bleibt ihnen überlassen. Sie können auch auf die Beanspruchung des Pflichtteils verzichten, sei es ausdrücklich, was häufig gegen eine Abfindung geschieht, sei es durch Nichtstun. In letzterem Falle kann der Unternehmenserbe sich aber auch erst nach drei Jahren nach dem Erbfall bzw. Kenntnis der Pflichtteilsberechtigten hiervon sicherfühlen, da nach dieser Frist der Pflichtteilsanspruch verjährt.

a)   Liquiditätsbelastung für den Mittelständler

Gerade im Mittelstand fällt es besonders schwer, allen pflichtteilsberechtigten Familienmitgliedern die gesetzlich garantierte Mindestteilhabe zu verschaffen. Das gilt vor allem, wenn nur einer von ihnen zur Unternehmensnachfolge zur Verfügung steht. Denn das Vermögen des Mittelständlers besteht im Regelfall überwiegend aus unternehmerischem Vermögen. Erträge aus dem Unternehmen werden meist reinvestiert, so dass nur in geringem Umfang Privatvermögen geschaffen werden kann, welches zur Vererbung an diejenigen Familienangehörigen zur Verfügung steht, die nicht am Unternehmen beteiligt werden sollen. **4**

Als sofort fälliger und in Geld zu leistender Anspruch begründet der Pflichtteilsanspruch weiterhin erhebliche Liquiditätsrisiken für den Unternehmensnachfolger, die im Falle ihrer Realisierung durchaus existenzbedrohend für das Unternehmen werden können. Denn unternehmerisches Vermögen ist in der Regel gebundenes und nur sehr schwer liquidierbares und auch keineswegs einfach finanzierbares Vermögen. Das Liquiditätsproblem verschärft sich nochmals dadurch, dass der Pflichtteilsanspruch als Privatschuld ertragsteuerlich keine Berücksichtigung findet, er ist vielmehr „nach Steuern" zu erfüllen. Auch Finanzierungszinsen können aus diesem Grunde steuerlich in keiner Weise effektuiert werden.

b)   Streitherd für die Angehörigen

Schließlich birgt das Pflichtteilsrecht, gerade wenn es um betriebliches Vermögen geht, ein hohes Streitpotenzial. Der Pflichtteilsanspruch bestimmt sich nämlich nach dem Verkehrswert des Nachlasses. Über den Verkehrswert gerade von Unternehmen oder Gesellschaftsbeteiligungen bestehen aber zwischen Unternehmensnachfolgern und Pflichtteilsberechtigten extrem unterschiedliche Vorstellungen. Eine gerichtliche Klärung des Streits mit aufwendigen Gerichts- und Sachverständigenkosten ist in diesen Fällen nur selten vermeidbar. Für den Unternehmensnachfolger ist der Ausgang einer prozessualen Auseinandersetzung über die Bewertung von Unternehmen und Gesellschaftsbeteiligungen und damit die letztlich auf ihn zukommende Liquiditätsbelastung kaum prognostizierbar. Offen ist bereits, welche Bewertungsmethode das Gericht der Bewertung zu Grunde legt. Gängig ist mittlerweile das sog. Ertragswertverfahren. Die Rechtsprechung betont **5** aber immer wieder, dass es keine bestimmte rechtlich vorgegebene Bewertungsmethode gebe.[1] Andere immer wieder diskutierte Fragen betreffen die Anerkennung des Liquidationswertes als Wertuntergrenze, die Berücksichtigung latenter Steuerbelastungen und gesellschaftsvertraglicher Abfindungsbeschränkungen bei Unternehmensfortführung. Nach Klärung solcher grundsätzlicher Fragen, kommt es weiterhin darauf an, von welchen nachhaltig erzielbaren Zukunftserträgen, welchem Kapitalisierungszins, welchem Substanz- oder Liquidationswert das Gericht oder der hinzugezogene Sachverständige ausgehen. Auch der dem Unternehmensnachfolger entstehende Arbeits- und Kostenaufwand zur Erfüllung der dem Pflichtteilsberechtigten zustehenden Ansprüche auf Auskunft und Wertermittlung, ist nicht zu unterschätzen. Zwar trägt der Pflichtteilsberechtigte die als Nachlassverbindlichkeiten den Nachlasswert mindernden Kosten in Höhe seiner Pflichtteilsquote mit, jedoch ist der regelmäßig mit einer höheren Quote am Nachlass beteiligte Erbe entsprechend höher an diesen Kosten beteiligt.

c) Reformbestrebungen

6 Das Bundesverfassungsgericht hat erst jüngst klargestellt, dass aus Art. 14 Abs. 1 GG eine grundsätzlich unentziehbare und bedarfsunabhängige wirtschaftliche Mindestbeteiligung der Kinder des Erblassers an dessen Nachlass folge. Auch steht das Pflichtteilsrecht in einem engen Sinnzusammenhang mit dem durch Art. 6 Abs. 1 GG gewährleisteten Schutz des Verhältnisses zwischen dem Erblasser und seinen Kindern. Der Gesetzgeber habe deshalb die Aufgabe, die gegensätzlichen Grundrechtspositionen des Erblassers (Testierfreiheit) und des Kindes (Nachlassteilhabe) zu einem schonenden Ausgleich zu bringen. Nach Auffassung des Bundesverfassungsgerichts werden diese Anforderungen durch das gegenwärtige Pflichtteilsrecht des BGB erfüllt. Im Rahmen der derzeit diskutierten Reform des Pflichtteilsrechts werden daher wohl eher keine radikalen Änderungen zu erwarten sein. Die Überlegungen gehen derzeit dahin, die Testierfreiheit des Erblassers durch eine moderate Erleichterung der Pflichtteilsentziehung und die Ermöglichung einer auch nachträglichen Anrechnungsbestimmung im Rahmen einer letztwilligen Verfügung zu stärken. Auch soll die starre Ausschlussfrist in § 2325 BGB durch eine Pro rata-Regelung abgelöst und die Stundung von Pflichtteilsansprüchen dem Erben unter erleichterten Voraussetzungen ermöglicht werden.[2] Doch selbst wenn diese Reformbemühungen in einer Gesetzesänderung münden, wird das Pflichtteilsrecht zentrales Gestaltungsthema bei der Regelung von Unternehmensnachfolgen bleiben.

d) Ausschlagung und Pflichtteilsgeltendmachung

7 Eine besondere Verschärfung der durch das Pflichtteilsrecht drohenden Gefahren schafft die Regelung des § 2306 BGB. Hiernach nämlich können auch Abkömmlinge, die als Erben eingesetzt wurden, und dies sogar mit einem über ihrer Pflichtteilsquote liegenden Erbteil, das Erbe ausschlagen und ihren Pflichtteil beanspruchen, wenn sie in irgendeiner Weise, etwa durch ein Vermächtnis, die Anordnungen einer Testamentsvollstreckung oder durch eine Nacherbenbelastung, beschränkt oder beschwert werden. Eine ausdifferenzierte Testamentsgestaltung erfordert aber häufig solche Belastungen. Dem längerlebenden Ehegatten ist es sogar ohne derartige Beschrän-

---

1 BGH v.24.10.1990, XII ZR 101/89, NJW 1991, 1547 f.; Diekmann in Soergel, § 2311 Rn. 20; Johannsen in RGRK, § 2311 Rn. 20.
2 Vgl. die Tagungsberichte über das Symposium „Reformfragen des Pflichtteilsrechts" der Business Law School v. 30.11.2006 bis 02.12.2006 von Wiegand, DNotZ 2007, 97 und Tanck, ZErb 2007, 63.

kungen und Beschwerungen gestattet, die Erbschaft auszuschlagen und stattdessen seinen Pflichtteil in Geld zu verlangen. Lebte er im gesetzlichen Güterstand der Zugewinngemeinschaft, kann die Liquiditätsbelastung sehr weit gehen. Denn der Ehegatte erhält in diesem Fall den Zugewinnausgleich und den sog. kleinen Pflichtteil, also ein Achtel des um die Zugewinnausgleichsforderung geminderten Nachlasswertes.

e)   Pflichtteilsergänzung

Auch durch lebzeitige Übertragungen lässt sich die Pflichtteilsgefahr nicht ohne Weiteres beseitigen. Vielmehr ist all dasjenige Vermögen, welches der Erblasser innerhalb der letzten zehn Jahre vor dem Erbfall verschenkt hat, dem Nachlass zur Pflichtteilsberechnung wieder hinzuzurechnen (§ 2325 BGB); bei Ehegatten sogar ohne Frist. Mit einer frühzeitigen Beteiligung des Unternehmensnachfolgers im Unternehmen wird die Chance, die zehn Jahre noch zu überstehen und auf den schon übertragenen Unternehmensteil das Pflichtteilsrisiko zu beseitigen, aber ungleich größer.   8

3.   Gestaltungsmaßnahmen zur Reduzierung von Pflichtteilsgefahren

a)   Pflichtteilsverzichtsvertrag

Neben der unbelasteten und unbeschwerten Erbeinsetzung des Pflichtteilsberechtigten in einer seine Pflichtteilsquote übersteigenden Höhe ist der sicherste Weg zum Ausschluss oder zur Reduzierung von Pflichtteilsansprüchen der Abschluss eines notariellen Pflichtteilsverzichtsvertrages. Dies bedarf jedoch der Mitwirkung und Zustimmung des jeweiligen Pflichtteilsberechtigten. Wer wirtschaftlich denkt, wird aber zu einem umfänglichen Pflichtteilsverzicht nicht ohne Weiteres bereit sein. Zur Vermeidung von Irritationen oder sogar Streit sollte man sich, bevor man sich an den Ehegatten und die Kinder mit dem Anliegen wendet, einen Pflichtteilsverzichtsvertrag schließen zu wollen, der mit einem solchen Vertrag verfolgten Ziele bewusst werden. Nur selten ist es notwendig, die Abkömmlinge oder den Ehegatten vollständig von jeglicher Teilhabe am Nachlass auszuschließen. Oft geht es auch nur um die Vermeidung der Liquiditätsbelastungen oder um eine Reduzierung auf ein vom Nachfolger zu bewältigendes Maß oder auch nur um die Vermeidung von Streit.   9

Will der Erblasser durch einen umfassenden Pflichtteilsverzicht volle Testierfreiheit erlangen, so kann er dem Pflichtteilsberechtigten hierfür auch ein wirtschaftliches Äquivalent in Form einer Abfindung anbieten. Der Pflichtteilsverzicht ist dann mit einer Schenkung zu koppeln. Umgekehrt sollte bei anstehenden Schenkungen deshalb auch immer an die Möglichkeit der gleichzeitigen Vereinbarung eines Pflichtteilsverzichts des Beschenkten gedacht werden. Wer zu einer sofortigen Abfindung noch nicht in der Lage ist, kann auch mit Wirkung auf den Todesfall schenken oder – für den Pflichtteilsberechtigten freilich noch etwas unsicherer – erbvertragliche Zusagen machen.

Soll lediglich die Unternehmensnachfolge gesichert werden, reicht es oft aus, den Pflichtteilsverzicht gegenständlich auf das unternehmerische Vermögen zu beschränken. Damit bleibt den Verzichtenden eine Mindestteilhabe am privaten Nachlass des Erblassers gesichert. Zur Vorbeugung der Geltendmachung von Pflichtteilsergänzungsansprüchen kann es sich bei lebzeitigen Übertragungen unternehmerischen Vermögens auf den Unternehmensnachfolger zudem anbieten, bezüglich des geschenkten Vermögens mit den übrigen pflichtteilsberechtigten Familienmitgliedern einen Pflichtteilsverzicht zu vereinbaren.

Neben derartigen gegenständlichen Beschränkungen des Pflichtteilsverzichts, die erhebliche Abgrenzungsprobleme schaffen und deshalb höchst missbrauchsanfällig sind, kommt auch eine betragsmäßige Beschränkung des Pflichtteils in Betracht. Bei der Bestimmung des maximal als Pflichtteil zu leistenden Betrages kann man sich zum Schutz des Unternehmens vor Liquiditätsabflüssen an dem vorhandenen kurzfristig liquidierbaren Privatvermögen orientieren. Da jedoch auch dessen Entwicklung nicht sicher prognostizierbar ist, bleiben für beide Seiten erhebliche Risiken. Der Verzichtende wird jedenfalls durch eine Wertsicherungsklausel vor Inflationsrisiken zu schützen sein. Der Erblasser wird zum Schutz des Unternehmens und seines Nachfolgers langfristig eine Liquiditätsreserve vorhalten müssen. Statt einer betragsmäßigen Beschränkung kann auch eine Reduzierung der Pflichtteilsquote vereinbart werden.

Fürchtet der Erblasser und der Unternehmensnachfolger lediglich die durch das Pflichtteilsrecht geschaffenen Liquiditätsrisiken, so kann statt einer wertmäßigen Reduzierung des Pflichtteils vereinbart werden, dass sich der Pflichtteilsberechtigte Vermögen, das er vom Erblasser lebzeitig oder von Todes wegen übertragen erhält, auf seinen Pflichtteil anrechnen zu lassen hat. Hinsichtlich des von Todes wegen Zugewandten, macht eine solche Anrechnungsverpflichtung allerdings nur Sinn, wenn sie auch für Zuwendungen gilt, die der Pflichtteilsberechtigte ausschlägt.

Geht es dem Erblasser lediglich darum, flexibel testieren zu können, etwa den Pflichtteilsberechtigten mit einer Testamentsvollstreckung oder einer Nacherbschaft zu beschweren, so kann es ausreichend sein, im Rahmen eines Pflichtteilsverzichts lediglich die Rechtsfolgen des § 2306 BGB abzubedingen. In manchen Fällen kann es auch genügen, den Verzicht auf eine Modifizierung der Zahlungsmodalitäten zu beschränken, etwa die Gestattung einer ratierlichen Zahlung bei niedriger Verzinsung und gleichzeitigem Verzicht auf Sicherheiten.

Der Vorbeugung von Streit kann es bereits dienen, wenn sich Erblasser und Pflichtteilsberechtigter vertraglich auf bestimmte Verfahren zur Bewertung des Nachlassvermögens verständigen oder hierfür einen Schiedsgutachter bestimmen, der verbindlich über Bewertungsfragen entscheidet. Um zu vermeiden, dass unternehmerische Daten öffentlich werden, könnte sich darüber hinaus generell die Aufnahme einer Schiedsgerichtsklausel in den Pflichtteilsverzichtsvertrag empfehlen. Geht es nur um die Absicherung des durch ein Berliner Testament begünstigten längerlebenden Ehegatten, reicht es meist aus, von den Abkömmlingen einen Pflichtteilsverzicht lediglich auf den ersten Erbfall zu verlangen. Hierzu sind die meisten Abkömmlinge zum Schutz des längerlebenden Elternteils in der Regel bereit. Ergänzend könnte man ihnen noch die Zusage geben, spätestens beim Tode des Längerlebenden Vermögen in pflichtteilsübersteigender Höhe zu erhalten.

b)   Testamentarische Regelungen

10   Die zweite, ebenfalls sichere Gestaltung zur Vermeidung von Pflichtteilsgefahren ist in der Erbeinsetzung des Pflichtteilsberechtigten mindestens in Höhe seiner Pflichtteilsquote zu sehen. Jedoch hat eine solche testamentarische Regelung den Nachteil, dass damit auch der zum Erben eingesetzte Pflichtteilsberechtigte am Unternehmen beteiligt wird.

Ein weiteres, allerdings keineswegs sicheres testamentarisches Mittel zur Reduzierung von Pflichtteilsgefahren ist die Aufnahme einer Pflichtteilsstrafklausel in die letztwillige Verfügung. Sie gehört zum Standard in gemeinschaftlichen Testamenten. Hierzu wird derjenige der Abkömmlinge, der im ersten Erbfall den Pflichtteil beansprucht, auch im zweiten Erbfall auf den Pflichtteil gesetzt. Jedoch kann mit einer solchen Klausel die Geltendmachung von Pflichtteilsansprüchen nicht verhindert werden, sie wird lediglich wirtschaftlich unattraktiver gemacht.[3]

In praktisch sehr seltenen Fällen, nämlich wenn der Pflichtteilsberechtigte dem Erblasser, dessen Ehegatten oder einem Abkömmling nach dem Leben trachtet, sich eines Verbrechens oder schweren vorsätzlichen Vergehens gegen den Erblasser schuldig macht, seine dem Erblasser gegenüber gesetzlich obliegenden Unterhaltspflicht gröblich verletzt oder aber einen ehrlosen oder unsittlichen Lebenswandel wider den Willen des Erblassers führt, kann ihm einseitig der Pflichtteil entzogen werden (§ 2333 BGB). Hierzu müssen die Pflichtteilsentziehungsgründe ausdrücklich im Testament genannt werden.

Die durch § 2306 BGB bewirkte Einschränkung der Testierfreiheit lässt sich bei verschwenderischen oder überschuldeten Abkömmlingen durch eine Pflichtteilsbeschränkung in guter Absicht (§ 2338 BGB) wieder herstellen. In diesen ebenfalls eher seltenen Fällen ist es dem Erblasser gestattet, den Abkömmling lediglich als Vorerben oder Vorvermächtnisnehmer und gesetzliche Erben zu Nacherben oder Nachvermächtnisnehmern zu berufen und ihn mit einer Verwaltungstestamentsvollstreckung zu belasten. Die Belastungen bleiben trotz § 2306 BGB auch dann bestehen, wenn der Erbteil des Abkömmlings nicht größer als sein Pflichtteil ist und bei einem Erbteil, der seinen Pflichtteil übersteigt, verschafft ihm die Ausschlagung keinen Geldanspruch.

Wird die Geltendmachung von Pflichtteilsansprüchen im nächsten Erbfall, also beim Tod des Erben, befürchtet – etwa durch die Schwiegertochter oder einen Enkel –, kann sich zur Pflichtteilsreduzierung die Anordnung einer Vor- und Nacherbschaft empfehlen. Entsprechendes gilt bei befürchteter Wiederverheiratung des längerlebenden Ehegatten.

c) Maßnahmen vorweggenommener Erbfolge

Neben derartigen testamentarischen Regelungen kommen auch zahlreiche lebzeitige Maßnahmen zur Pflichtteilsreduzierung in Betracht. Wer es sich leisten kann, das Damoklesschwert des Pflichtteilsergänzungsanspruchs zehn Jahre über sich zu sehen, sollte frühzeitig mit Maßnahmen vorweggenommener Erbfolge beginnen. Dabei ist allerdings zu beachten, dass der Vorbehalt eines Nießbrauchs den Lauf der Zehn-Jahresfrist hindert[4] und bei Ehegattenschenkungen der Lauf der Zehn-Jahresfrist erst mit Beendigung der Ehe beginnt (§ 2325 Abs. 3 S. 2 BGB).

11

---

3   Im Einzelnen hierzu: Nieder, Handbuch der Testamentsgestaltung, Rn. 839, J. Mayer in Reimann/Bengel/Mayer, Testament und Erbvertrag, 262 ff.; derselbe ZEV 1995, 137 f.

4   Allerdings ist bei der Berechnung des Pflichtteilsergänzungsanspruchs der Kapitalwert des Nießbrauchs vom Wert des Schenkgegenstandes abzuziehen, wenn der inflationsbereinigte Wert des Schenkgegenstandes im Zeitpunkt des Schenkungsvollzugs geringer ist als der Wert im Zeitpunkt des Erbfalls (BGH v. 27.04.1994, IV ZR 132/93, BGHZ 125, 395, 399; BGH v. 27.04.1994, Az. IV ZR 132/93, NJW 1994, 1791; ebenso Edenhofer in Palandt, § 2325 Rn. 20); a.A. Reiff, ZEV 1998, 241, 243 (keine Berücksichtigung des Nießbrauchs); J. Mayer, FamRZ 1994, 739, 743 (Abzug des Nießbrauchswertes vom Wert des Schenkgegenstandes im Zeitpunkt sowohl der Schenkung als auch des Erbfalls); zutreffend u.E. Diekmann in Soergel, § 2325 Rn. 35 ff. (Abzug des Nießbrauchs vom Schenkungswert, auch wenn dieser über dem Erbfallwert liegt). Insoweit kann der vorbehaltene Nießbrauch durchaus zu einer Minderung des Pflichtteilsergänzungsanspruchs führen.

Bei Maßnahmen vorweggenommener Erbfolge sollte auch vorausschauend das sich erst im Erbfall ergebende Pflichtteilsrisiko in den Blick genommen werden. So sollte insbesondere bei Schenkungen an Pflichtteilsberechtigte die Bestimmung der späteren Anrechnung des Geschenks auf den Pflichtteil nicht vergessen werden, da diese später nicht mehr einseitig nachgeholt werden kann.

d)   Entgeltliche Geschäfte

12   Da sich der Pflichtteilsergänzungsanspruch nach § 2325 BGB nur auf lebzeitige Schenkungen des Erblassers bezieht, können entgeltliche Geschäfte, insbesondere der lebzeitige Verkauf des Unternehmens oder von Unternehmensteilen an den potenziellen Unternehmensnachfolger ebenfalls Gestaltungsmittel zur Pflichtteilsreduzierung sein.

aa)   Verkauf unter Wert

13   Wird unter Wert verkauft, so kann zwar eine pflichtteilsergänzungsrelevante gemischte Schenkung vorliegen, jedoch hat hierzu der Pflichtteilsberechtigte zumindest ein grobes Missverhältnis zwischen Leistung und Gegenleistung nachzuweisen. Gelingt ihm dies, so geht allerdings die Rechtsprechung davon aus, dass die Kaufvertragsparteien auch über die Unentgeltlichkeit der Wertdifferenz einig waren.[5] Bis zur Grenze des Missverhältnisses zwischen Leistung und Gegenleistung[6] kann ein entgeltliches Geschäft aber pflichtteilsreduzierende Auswirkungen haben.

bb)   Wechsel des Güterstandes

14   Eine weitere Möglichkeit der Reduzierung von Pflichtteilsansprüchen durch ein entgeltliches Geschäft bietet auch das eheliche Güterrecht. Leben die Eheleute im Güterstand der Zugewinngemeinschaft, kann mit einem Wechsel in den Güterstand der Gütertrennung und der Erfüllung des dadurch entstehenden Zugewinnausgleichsanspruchs Vermögen auf den anderen Ehegatten verlagert werden. Zwar ist bisher von der Rechtsprechung noch nicht ausdrücklich entschieden worden, ob in der Erfüllung des Zugewinnausgleichsanspruchs nach Güterstandswechsel eine Schenkung i.S.d. § 2325 BGB gesehen werden kann. Jedoch kann es für die Frage des Vorliegens eines entgeltlichen oder unentgeltlichen Geschäfts nur darauf ankommen, ob die Leistungen freiwillig – dann Schenkung – oder in Erfüllung eines durch Rechtsgeschäft oder Gesetz begründeten Anspruchs – dann entgeltliches Geschäft – erfolgt. Auch bei freiwilligem Güterstandswechsel ist der dabei entstehende Zugewinnausgleichsanspruch gesetzlich begründet und damit letztlich unfreiwillig. Der vorzeitige Ausgleich des Zugewinns anlässlich des Güterstandswechsels ist daher nicht als Schenkung zu qualifizieren und begründet somit keinen Pflichtteilsergänzungsanspruch.[7] Allerdings ist zu berücksichtigen, dass die Eheleute auch in einer anderen als der erwarteten Reihenfolge sterben können und so durch die Verlagerung von Vermögen auf den vermeintlich länger lebenden Ehegatten sich die Pflichtteilsrisiken nach dessen Tod sogar erhöhen. Auch ist zu beachten, dass bei Vorhandensein von zwei oder mehr Kindern der Wechsel zur Gütertrennung zu einer Erhöhung der Pflichtteilsquote der Kinder führt, weshalb sich grundsätzlich ein späterer Wechsel wieder zur Zugewinngemeinschaft empfehlen kann. Jedoch setzt man sich mit einer sol-

---

5   BGH v. 27.05.1981, IVa ZR 132/80, NJW 1981, 2458, 2459; BGH v. 15.03.1989, IVa ZR 338/87, FamRZ 1989, 732; Lange-Frank in MüKo-BGB, § 2325 Rn. 14 m.w.N.
6   Kerscher/Tanck, Pflichtteilsrecht, 122, sehen ein solches Missverhältnis bereits bei einer Wertdifferenz von 20 bis 25 %.
7   Lange in MüKo-BGB, § 2325 Rn. 26. „Mehr als fraglich" ist die Ergänzungsfestigkeit des Zugewinnausgleichs nach Güterstandswechsel allerdings Mayer in Mayer/Süß/Tanck/Bittler/Wälzholz, Handbuch Pflichtteilsrecht, § 2325, 262 ff.

chen Güterstandsklausel leicht dem Vorwurf des Rechtsmissbrauchs aus und gefährdet insoweit die pflichtteilsreduzierende Wirkung des ersten Güterstandswechsels.[8]

cc)   Gesellschaftsrechtliche Gestaltungen

Auch mit gesellschaftsrechtlichen Gestaltungen lassen sich Pflichtteilsansprüche reduzieren, indem im Gesellschaftsvertrag für den Fall des Ausscheidens eines Gesellschafters durch Tod ein Abfindungsausschluss vereinbart wird. In diesem Fall wächst der Anteil des Ausscheidenden den übrigen Gesellschaftern, also beispielsweise dem Ehegatten oder auch anderen Familienmitgliedern an, ohne dass darin eine ergänzungspflichtige Schenkung zu sehen ist. Dies gilt nach höchstrichterlicher Rechtsprechung jedenfalls dann, wenn der Abfindungsausschluss bei Ausscheiden durch Tod für alle Gesellschafter vereinbart wurde. In diesem Fall gehen nämlich alle Gesellschafter das Risiko ein, den eigenen Anteil ohne Abfindung zu verlieren, was der Bundesgerichtshof offenbar als Gegenleistung für die Chance qualifiziert, den Gesellschaftsanteil der anderen Gesellschafter ohne Abfindungsverpflichtung zu erwerben.[9] Allerdings hat diese so genannte Wagnisrechtsprechung des Bundesgerichtshofs im Schrifttum erhebliche Kritik erfahren. So wurde eingewandt, dass die Qualifizierung des allseitigen Abfindungsausschlusses als entgeltliches Geschäft dem wirtschaftlichen Sinn der Vereinbarung nicht gerecht wird und mit dem Grundgedanken des Pflichtteilsrechts kollidiere.[10] Dennoch eröffnet die gegenwärtige Rechtsprechung zumindest Gestaltungschancen.[11]

e)   Internationale Gestaltungen

Bei entsprechender Mobilität des Erblassers oder seines Vermögens lassen sich schließlich durch internationale Gestaltungen Pflichtteilsgefahren reduzieren. Mit einem Wechsel der Staatsangehörigkeit hin zu einem Staat, der kein oder ein weniger beschränkendes Pflichtteilsrecht kennt, kann versucht werden, sich ganz dem deutschen Pflichtteilsrecht zu entziehen.[12] Leichter fällt es, lediglich Teile des Nachlasses in einem Staat zu investieren, der einerseits keine Pflichtteilsrechte kennt und andererseits das dort belegene Nachlassvermögen dem eigenen Recht unterstellt (Herstellung einer Nachlassspaltung).[13]

---

8   Mayer in Mayer/Süß/Tanck/Bittler/Wälzholz, Handbuch Pflichtteilsrecht, § 2325, 264, hält „Güterstandsschaukeln" gar für unseriös.
9   BGH v. 22.11.1956, II ZR 225/55, BGHZ 22, 186, 194; BGH v. 26.03.1981, IVa ZR 154/80, NJW 1981, 1956, 1957; zustimmend Lorz in Ebenroth/Boujong/Jost,§ 131 Rn. 120; Olshausen in Staudinger, § 2325 Rn. 34; Lange in MüKo-BGB, § 2325 Rn. 19 f..
10   J. Mayer in Bamberger/Roth, § 2325 Rn. 15; Dieckmann in Soergel, § 2325 Rn. 27.
11   Von einer gemischten Schenkung geht der BGH v. 26.03.1981, IV a ZR 154/80, NJW 1981, 1956, 1957, allerdings aus, wenn die Beteiligten bei Abschluss des Gesellschaftsvertrages von unterschiedlichen Lebenserwartungen ausgegangen sind. Eine unterschiedliche Lebenserwartung kann einmal durch das unterschiedliche Lebensalter der Gesellschafter, weiterhin durch den schlechten Gesundheitszustand eines Gesellschafters begründet sein. Allerdings fehlen Hinweise dazu, welcher Altersunterschied die Qualifizierung als Schenkung rechtfertigen kann.
12   Ausführlicher hierzu von Oertzen/Pawlytta in Scherer, Münchener Anwaltshandbuch Erbrecht, § 39 Rn. 44 ff., 139 ff. m.w.N.
13   Ausführlicher hierzu von Oertzen, ErbStB 2005, 71, 74 f.

II. Der richtige Güterstand

1. Beratungssituation: Schutz vor Liquiditätsbelastung durch Ehevertrag

17   Es steht außer Frage, dass Ehekrisen und Scheidungen ein Unternehmen erschüttern und sogar seinen Bestand gefährden können. Dabei ist die Gefahr einer Scheidung nicht nur in den bestehenden Liquiditätsbelastungen zu sehen. Gewiss kann ein spätestens mit der Scheidung fällig werdender und grundsätzlich in Geld zu leistender Zugewinnausgleichsanspruch für das Unternehmen zum existenzgefährdenden Liquiditätsproblem werden. Hinzu kommen oft noch erhöhte Unterhaltslasten wegen der getrennten Haushaltsführung und der Verlust von Rentenanwartschaften im Rahmen des Versorgungsausgleichs.

Allerdings konzentrieren sich auch die meisten vorbeugenden Maßnahmen auf die Vermeidung dieser Belastungen. Am sichersten fühlt sich der Unternehmer, der seiner Ehefrau möglichst viele der vorgenannten Ansprüche in einem Ehevertrag abgerungen hat. Am besten erscheint vielen nach wie vor ein Globalverzicht, in dem die Eheleute Gütertrennung vereinbaren und gegenseitig auf jeglichen Unterhalt und Versorgungsausgleich verzichten.

Derart weitgehende Eheverträge aber haben zwei wesentliche Nachteile. Mit der Vereinbarung der Gütertrennung wird Gestaltungspotenzial zur Reduzierung von Erbschaftsteuerlasten verschenkt und mit der Verbindung der Gütertrennung mit dem Verzicht auf Unterhalt und Versorgungsausgleich wird der rechtliche Bestand des Ehevertrages insgesamt gefährdet.

2. Grundsätzliches

18   Rechtliche Unwirksamkeits- oder zumindest Anpassungsrisiken ergeben sich insbesondere aus der bereits 2001 durch das Bundesverfassungsgericht[14] eingeleiteten Rechtsprechungsänderung zur Inhaltskontrolle von Eheverträgen. So hat der Bundesgerichtshof[15] in einer grundlegenden Entscheidung im Februar 2004 zwar einerseits entsprechend seiner bisherigen Rechtsprechung die Ehevertragsfreiheit betont, andererseits aber auch klargestellt, dass diese durch den Schutzzweck der gesetzlichen Regelung begrenzt sei. Dabei sah er nicht alle gesetzlichen Regelungen als gleichwertig an, sondern entwickelte eine familienrechtliche Kernbereichslehre mit einer nach der jeweiligen Bedeutung der gesetzlichen Regelung geordneten Stufenfolge. Nach Auffassung des Bundesgerichtshofs bedarf der Ausschluss einer gesetzlichen Regelung in einem Ehevertrag um so mehr der Rechtfertigung, je unmittelbarer sie den Kernbereich des gesetzlichen Scheidungsfolgenrechts berührt. Auf der ersten Stufe steht dabei für den Bundesgerichtshof der Betreuungsunterhalt, der zu zahlen ist, solange der geschiedene Ehegatte wegen der Erziehung der gemeinsamen Kinder nicht selbst Geld verdienen kann. Danach kommt auf der zweiten Stufe der Krankheitsunterhalt, der Unterhalt wegen Alters und der Versorgungsausgleich. Es folgen weitere Unterhaltsarten, und am Ende – auf der letzten Stufe – steht der Zugewinnausgleich. Der Bundesgerichtshof nimmt hierzu eine zweistufige Prüfung vor. In einem ersten Schritt prüft er, ob der

---

14   BVerfG v. 06.02.2001, 1 BvR 12/92, NJW 2001, 957 und BVerfG v. 29.03.2001, 1 BvR 1966/92, NJW 2001, 2248.
15   BGH v. 11.02.2004, XII ZR 265/02, NJW 2004, 930; hierzu bspw. Langenfeld, ZEV 2004, 311; Bergschneider, FamRZ 2004, 807; Rakete-Dombek, NJW 2004, 1273; Brambring, FGPrax 2004, 175; Grziwotz, FamRB 2004, 106 und 199; Mayer, FPR 2004, 363; Rauscher, DNotZ, 2004, 524.

Ehevertrag schon im Zeitpunkt seines Abschlusses sittenwidrig war – was der Fall sein soll, wenn er einen Ehegatten unter Ausnutzung seiner schwächeren Position einseitig belastet. War dies der Fall, ist der Ehevertrag unwirksam. War dies nicht der Fall, erfolgt in einem zweiten Schritt eine Ausübungskontrolle, bei der gefragt wird, ob es auf Grund geänderter Verhältnisse rechtsmissbräuchlich wäre, wenn sich der durch den Ehevertrag begünstigte Ehegatte auf die dortigen Regelungen beruft. Hält das Gericht die Regelung für unzumutbar, passt es den Ehevertrag an die neuen Verhältnisse an.

Es ist nachvollziehbar, dass viele Unternehmer und ihre Berater diese durch die neue Rechtsprechung geschaffene Rechtsunsicherheit bedauern. Tatsächlich ist die Schwelle der Unzumutbarkeit nicht immer leicht zu prognostizieren. Positiv gewendet aber kann hierin ein Aufruf zu fairen Eheverträgen gesehen werden. Eine solche Fairness ist nicht nur rechtlich geboten, sie wirkt vielmehr auch ehefördernd und im Fall der Scheidung streitvermeidend.

Bei der Ausgestaltung des Ehevertrages lassen sich die Anforderungen der Rechtsprechung und die Interessen des Unternehmens durchaus in Einklang bringen. So empfiehlt es sich, die wenigsten Einschränkungen beim Unterhalt zu machen, was der Ehefrau eine sichere Versorgung garantiert, dem Unternehmen aber keine unzumutbare Liquiditätsbelastung bringt. Statt der gesetzlichen Regelung können auch eine standesgemäße dynamische Rente und daneben ein Dispositionsfonds vereinbart werden. Flankierend sollte schon während der Ehe auf Seiten der Ehefrau Vermögen aufgebaut werden, das ihr ein Gefühl der Unabhängigkeit und Sicherheit vermittelt. Die meisten Einschnitte erscheinen hingegen beim Zugewinnausgleich angemessen, was durchaus bis zum Ausschluss des Zugewinns im Scheidungsfall und – sofern das unternehmerische Vermögen einmal auf die Kinder übergehen soll – zu einer Beschränkung des Zugewinnausgleichs im Todesfall gehen kann. Von der Vereinbarung der Gütertrennung sollte jedoch, wie im Folgenden darzulegen ist, schon aus erbschaftsteuerlichen Gründen abgesehen werden.

3. Modifizierung des Zugewinnausgleichs

Wer Gütertrennung vereinbart, schützt das Unternehmen zwar weitestgehend vor Liquiditätsbelastungen durch Zugewinnausgleichsansprüche. Derartige Ansprüche können nämlich nicht entstehen. Er verschenkt aber erhebliches Einsparungspotenzial bei der Erbschaftsteuer. Dieses Einsparungspotenzial ist durch jüngere Entscheidungen des Bundesfinanzhofs, dem die Finanzverwaltung zwischenzeitlich folgt, gerade im Hinblick auf lebzeitige Gestaltungen noch mal ungleich größer geworden. Die Steuerfreiheit des Zugewinnausgleichsanspruchs ist geregelt in § 5 ErbStG. Die Regelung enthält mehrere Differenzierungen, die zum Verständnis der sich mit dem gesetzlichen Güterstand ergebenden Gestaltungsmöglichkeiten im Folgenden kurz darzustellen sind.

4. Die Differenzierungen des § 5 ErbStG

§ 5 ErbStG unterscheidet zwischen dem Zugewinnausgleich von Todes wegen entsprechend der sog. erbrechtlichen Lösung (§ 5 Abs. 1 ErbStG) und dem Zugewinnausgleich unter Lebenden, zu dem auch der Ausgleich im Todesfall entsprechend der sog. güterrechtlichen Lösung zählt (§ 5 Abs. 2 ErbStG).

a)   Zugewinnausgleich auf erbrechtlichem Wege

21   Erfolgt der Zugewinnausgleich auf erbrechtlichem Wege, so wird dennoch der Zugewinnausgleichsanspruch für die Zwecke der Erbschaftbesteuerung fiktiv berechnet. In Höhe des sich hiernach ergebenden Zugewinnausgleichsanspruchs ist die Erbschaft des Längerlebenden steuerfrei. Für die Berechnung sieht § 5 Abs. 1 ErbStG allerdings zwei Besonderheiten vor. Zum einen bestimmt sich der Umfang der Steuerfreistellung nicht nach dem Zugewinnausgleichsanspruch, wie er sich entsprechend der gesetzlichen Regelung nach den Verkehrswerten des Vermögens ergibt, sondern, wie er sich nach Steuerwerten ergibt, die bekanntlich – derzeit noch – häufig geringer sind. Zum anderen erklärt § 5 Abs. 1 ErbStG ehevertragliche Modifikationen, wie insbesondere die rückwirkende Vereinbarung des Wechsels in die Zugewinngemeinschaft, für unbeachtlich.

b)   Zugewinnausgleich auf güterrechtlichem Wege

22   § 5 Abs. 2 ErbStG, der den Zugewinnausgleich auf güterrechtlichem Wege regelt, nennt solche Einschränkungen nicht, weshalb in diesem Fall der volle, sich nach zivilrechtlichen Bewertungsgrundsätzen ergebende Zugewinnausgleich von der Steuer freigestellt ist und dabei zu beachtende ehevertragliche Modifikationen auch steuerlich nachvollzogen werden.

Die Finanzverwaltung hatte trotz des eindeutigen Wortlauts § 5 Abs. 2 ErbStG sehr restriktiv ausgelegt und insbesondere in R 12 Abs. 2 ErbStR 2003 ausgeführt, dass, soweit durch ehevertragliche Modifikationen einem Ehegatten eine erhöhte güterrechtliche Ausgleichsforderung verschafft wird, von einer steuerpflichtigen Schenkung auf den Todesfall oder einer Schenkung unter Lebenden auszugehen sei, wenn mit dem Vereinbarten in erster Linie nicht güterrechtliche, sondern erbrechtliche Wirkungen herbeigeführt werden sollen. Dabei ging die Finanzverwaltung von einer überhöhten Ausgleichsforderung insbesondere dann aus, wenn im Rahmen eines Güterstandswechsels von der Gütertrennung zur Zugewinngemeinschaft letztere rückwirkend auf einen Zeitpunkt vor Vereinbarung des Güterstandswechsels, etwa auf den Zeitpunkt des Beginns der Ehe, vereinbart wurde.

Dagegen führte der Bundesfinanzhof zunächst in seiner Entscheidung vom 12.07.2005[16] aus, dass die bürgerlich-rechtliche Gestaltungsfreiheit auch durch das Schenkungsteuerrecht anzuerkennen sei, wenn es tatsächlich zu einer güterrechtlichen Abwicklung komme. Im Rahmen der zivilrechtlichen Vorschriften könnten die Ehegatten den Umfang der Nicht-Steuerbarkeit bestimmen. Dies finde seine Grenze erst dort, wo einem Ehepartner eine überhöhte Ausgleichsforderung dergestalt verschafft werde, dass der Rahmen einer güterrechtlichen Vereinbarung überschritten werde. Noch deutlicher wurde der Bundesfinanzhof dann in seiner Entscheidung vom 18.1.2006,[17] in der es heißt: „Eheleute haben nämlich trotz der Neuregelung (von 1994) verschiedene Möglichkeiten, den güterrechtlichen Zugewinnausgleich durchzuführen und so die Schenkungsteuerfreiheit auch für die von den Regelungen des BGB abweichenden Vereinbarungen einschließlich der abweichenden (rückwirkenden) Bestimmung des Anfangsvermögens zu erreichen". In konsequenter Fortführung dieser Aussage hat schließlich das Finanzgericht Düsseldorf am 14.06.2006[18] entschieden, dass die rückwirkende Vereinbarung der Zugewinngemeinschaft entgegen der Auffassung der Finanzverwaltung keine erbschaftsteuerpflichtige Schenkung des erstversterbenden

---

16   BFH v. 12.07.2005, II R 29/02, BStBl. II 2006, 63.
17   BFH v. 18.01.2006, II R 64/04, BFH/NV 2006, 948.
18   FG Düsseldorf v. 14.06.2006, 4 K 7107/02 Erb, DStRE 2006, 1470.

Ehegatten auf den Todesfall darstelle. § 5 Abs. 1 S. 4 ErbStG sei im Fall des güterrechtlichen Zugewinnausgleichs nicht anzuwenden.

Die Finanzverwaltung ist dem jüngst gefolgt. Nach einer Verfügung des Bayerischen Landesamtes für Steuern vom 05.10.2006[19] will auch sie die rückwirkende Vereinbarung der Zugewinngemeinschaft nicht länger als steuerpflichtige Schenkung qualifizieren. Die Erbschaftsteuerrichtlinien sollen entsprechend geändert werden.

5.   Gestaltungsbeispiele

a)   Güterstandsschaukeln

Das derzeit beliebteste und in der Literatur ausführlich behandelte Gestaltungsmittel zur Ausnutzung der Steuerbefreiung nach § 5 Abs. 2 ErbStG ist die sog. Güterstandsschaukel.[20] Hierbei handelt es sich um die bewusste lebzeitige Änderung des Ehegüterstandes zur Erreichung eines steuerlichen oder auch zivilrechtlichen Gestaltungsziels, häufig kombiniert mit der Rückkehr in den Ausgangsgüterstand. In zivilrechtlicher Hinsicht kann die Güterstandsschaukel zur Reduzierung der Pflichtteilsquote der Abkömmlinge genutzt werden oder zur Begründung güterrechtlicher Ausgleichsansprüche, mit denen das Vermögen des Pflichtteilsverpflichteten geschmälert wird. Schließlich kann sie auch als Maßnahme zur asset protection dienen.[21] In den meisten Fällen wird die Güterstandsschaukel jedoch als steuerliches Gestaltungsinstrument, insbesondere zur Inanspruchnahme der Steuerbefreiung des § 5 Abs. 2 ErbStG genutzt. Mit dem Wechsel von der Zugewinngemeinschaft in die Gütertrennung wird die nach § 5 Abs. 2 ErbStG steuerfreie Ausgleichsforderung geschaffen und durch Erfüllung dieser Forderung Vermögen von einem Ehegatten zum anderen steuerfrei transferiert. Anschließend wird wieder in die Zugewinngemeinschaft zurückgewechselt, um neues Freibetragspotenzial aufzubauen. Der Bundesfinanzhof hat die Gestaltung mit seiner Entscheidung vom 12.7.2005[22] abgesegnet. Allerdings ist darauf zu achten, dass der Güterstand auch tatsächlich gewechselt wird. So hat der Bundesfinanzhof in seiner Entscheidung vom 24.8.2005[23] klargestellt, dass der sog. fliegende Zugewinnausgleich nicht in den Anwendungsbereich des § 5 Abs. 2 ErbStG fällt und somit als freigebige Zuwendung schenkungsteuerbar ist.

Der lebzeitige Zugewinnausgleich kann noch weitere steuerliche Vorteile bringen. So dient er zur Vermeidung der in § 5 Abs. 1 S. 5 ErbStG vorgeschriebenen Kürzung des an sich nach Verkehrswerten zu ermittelnden Zugewinnausgleichs auf den Steuerwert. Auch kann die steuerfreie Verlagerung von Vermögenswerten auf den Ehegatten vorbereitende Maßnahme für eine anschließende Schenkung oder Vererbung an die Kinder oder Enkel sein. In einer solchen Umwegschenkung oder Umwegvererbung über den Ehegatten lassen sich zum einen die Kinder- und Enkelfreibeträge doppelt nutzen und zum anderen lässt sich die vom Wert des Erwerbs abhängige Progression senken.

23

6

---

19   ZEV 2007, 48.
20   S. hierzu beispielsweise jüngst Schlünder/Geißler, FamRZ 2006, 1655, 1656; dies., FPR 2006, 158, 160; Münch, ZEV 2005, 94; Wachter, FR 2006, 41; Geck, ZEV 2006, 62; Kensbock/Menhorn, DStR 2006, 1073; Ponath, ZEV 2006, 49; von Oertzen, ErbStB 2005, 71; von Oertzen/Cornelius, ErbStB 2005, 349.
21   Ponath, ZEV 2006, 49-55; von Oertzen, Asset Protection im deutschen Recht, S. 11 ff..
22   BFH v. 12.07.2005, II R 29/02, BStBl. II 2005, 843.
23   BFH v. 24.08.2005, II R 28/02, ZEV 2006, 41.

6

b)   Ertragsteuerrisiken des lebzeitigen Zugewinnausgleichs und Vermeidungsstrategien

24   Der Zugewinnausgleichsanspruch ist vom Gesetz als Geldforderung ausgestaltet. Wird die Geldforderung durch Übertragung eines anderen Wirtschaftsguts erfüllt, so handelt es sich hierbei um eine Leistung an Erfüllungs statt (§ 364 BGB). Da der Ausgleichspflichtige für das an Erfüllungs statt hingegebene Wirtschaftsgut von seiner Zugewinnausgleichsschuld befreit wird, stellt der Vorgang für ihn ein entgeltliches Geschäft dar. Er „verkauft" sein Wirtschaftsgut und erhält als Gegenleistung die Befreiung von der Verbindlichkeit seiner Zugewinnausgleichsschuld. Werden also steuerverstrickte Wirtschaftsgüter übertragen – Betriebsvermögen, Wertpapiere oder Immobilien innerhalb der Spekulationsfrist, § 17 EStG-Beteiligungen, einbringungsgeborene Anteile und alle nach dem 31.12.2008 erworbenen Aktien und Kapitalforderungen –, so hat der Übertragende den ihm entstehenden Gewinn, also die Differenz aus Zugewinnausgleichsschuld und Buchwert oder (durch Abschreibung reduzierten) Anschaffungskosten zu versteuern. Auch eine Nutzungsüberlassung – etwa einer Immobilie – zur sukzessiven Erfüllung der Zugewinnausgleichsschuld kann Ertragsteuern – etwa aus Einkünften aus Vermietung und Verpachtung – auslösen.[24] Wird ein Grundstück an Erfüllungs statt übertragen, so kann dieses als Zählobjekt i.S.d. gewerblichen Grundstückhandels zu qualifizieren sein, mit den entsprechenden steuerlichen Folgen auch für die vorangegangenen Grundstücksveräußerungen.

Zur Vermeidung ertragsteuerlicher Belastungen kommen folgende Möglichkeiten in Betracht:

- ■   Übertragung nicht steuerverstrickter Wirtschaftsgüter oder solcher Wirtschaftsgüter, die nach Anschaffung eine Wertminderung erfahren haben und deren Veräußerung lediglich zu einem Verlust führen würde.

- ■   Statt einer Erfüllung des Zugewinnausgleichsanspruchs mit Sachwerten kann Liquiditätsengpässen auch dadurch begegnet werden, dass die Zugewinnausgleichsforderung teilweise gestundet und immer erst dann erfüllt wird, wenn wieder Liquidität oder nicht steuerverstrickte Wirtschaftsgüter vorhanden sind.

- ■   Soweit Einvernehmen unter den Eheleuten besteht, kann die Zugewinnausgleichsforderung auch vor dem Güterstandswechsel durch ehevertragliche Vereinbarung auf einen Maximalbetrag in Höhe der voraussichtlich freien Liquidität gekappt werden.

- ■   Gestaltungsspielraum bietet schließlich auch § 1380 BGB i.V.m. § 29 Abs. 1 Nr. 3 ErbStG. Hiernach können sich die Ehegatten zunächst schenkungsteuerpflichtig Vermögen in Höhe des voraussichtlichen Zugewinnausgleichsanspruchs zuwenden und sich beim späteren Güterstandswechsel die auf die anzurechnende Zuwendung entfallende Schenkungsteuer wieder erstatten lassen.[25] Was bleibt, ist die Schenkungsteuer auf den zwischenzeitlichen Nutzungsvorteil. Vereinzelt wird die Schenkung auf Grund der Anrechnungsbestimmung des § 1380 BGB allerdings als lediglich auflösend bedingt unentgeltlich qualifiziert, mit der Folge, dass im Zeitpunkt des Güterstandswechsels auf Grund der vorzunehmenden Anrechnung ein steuerpflichtiges entgeltliches Geschäft entsteht.[26] Jedenfalls schwebt über solchen Maßnahmen immer das Damoklesschwert des Gestaltungsmissbrauchs, weshalb sie möglichst durch außersteuerliche Gründe veranlasst sein sollten.

---

24   BFH v. 08.03.2006, VIII R 34/04, BFH/NV 2006, 1280.
25   Hierzu Hermanns, DStR 2002, 1065; Griesel, Erbfolgebesteuerung 2003, 65; Strahl, KÖSDI 2003, 13918; Götz, DStR 2001, 417.
26   Holländer/Schlüter, DStR 2002, 1932; vgl. auch Söffing/Thoma, ErbStB 2003, 318.

6.   Folgerungen für die güterstandsrechtlichen Regelungen im Ehevertrag

Bei der Gestaltung der güterstandsrechtlichen Regelungen im Ehevertrag sollten also zwei Ziele   25
im Blick behalten werden:

- Den Schutz des Unternehmers und damit des Unternehmens selbst vor Liquiditätsbelastungen durch die Geltendmachung von Zugewinnausgleichsansprüchen.
- Den weitestgehenden Erhalt des Zugewinnausgleichsanspruchs als Erbschaftsteuerfreibetragspotenzial.

Im Ergebnis empfiehlt sich daher Folgendes:

- Für den Fall der Beendigung der Ehe durch Scheidung sollte der Zugewinnausgleich soweit wie möglich ausgeschlossen werden.
- Für den Fall der Beendigung der Ehe durch Tod, kann sich zumindest eine Begrenzung des Zugewinnausgleichsanspruchs empfehlen. Dies insbesondere dann, wenn – etwa auf Grund gesellschaftsvertraglicher Vorgaben – Unternehmensbeteiligungen nicht an die Ehefrau, sondern ausschließlich an Abkömmlinge gehen dürfen und der Nachlass voraussichtlich überwiegend aus unternehmerischem Vermögen besteht. Ansonsten besteht die Gefahr, dass die Ehefrau auch im Erbfall, ggf. nach Ausschlagung ihrer Erbschaft den Zugewinnausgleich und ihren kleinen Pflichtteil beansprucht.
- Für Fälle einvernehmlicher Beendigung des Güterstands der Zugewinngemeinschaft sollte es hingegen zur Erhaltung des aufgezeigten Gestaltungspotenzials zur Einsparung von Erbschaftsteuern im Rahmen lebzeitigen Zugewinnausgleichs bei den gesetzlichen Regelungen bleiben.

III.   Vermeidung unnötiger steuerlicher Belastungen

1.   Beratungssituation

Sowohl die Erbschaftsteuer als auch die Ertragsteuern können zu – oftmals ungeplanten – Liqui-   26
ditätsabflüssen führen. Auch ohne konkreten Beratungsanlass sollte die Struktur des Familienunternehmens regelmäßig auf erbschaft- und ertragsteuerliche Fallen und Optimierungsmöglichkeiten überprüft werden.

2.   Reduzierung der Erbschaftsteuer

a)   Überblick: Geltendes Recht

Die Höhe der Erbschaftsteuer bemisst sich im Wesentlichen nach drei Faktoren: 27

- dem Wert des steuerpflichtigen Erwerbs,
- seiner Minderung durch Freibeträge und sonstige Begünstigungen und

- dem – progressiv gestalteten – Steuersatz.

Die Höhe des Steuersatzes ist wiederum abhängig vom Umfang des steuerpflichtigen Erwerbs und – wie auch die Höhe der persönlichen Freibeträge – von der Steuerklasse. Letztere wird bestimmt durch das verwandtschaftliche Verhältnis des Erblassers zum Erben.

Sämtliche der für die Höhe der Erbschaftsteuer maßgeblichen Faktoren sind durch entsprechende Gestaltungsmaßnahmen beeinflussbar, so dass bei der Nachfolgeplanung gerade betreffend die Erbschaftsteuer erhebliches Einsparungspotenzial besteht, das genutzt werden sollte.

Im betrieblichen Bereich geht es dabei vor allem um die je nach Rechtsform unterschiedlichen Wertansätze. Während sich der Wert von Einzelunternehmen und Personengesellschaften (derzeit noch) an steuerbilanziellen Werten orientiert, bestimmt sich der Wert von (nicht börsennotierten) Kapitalgesellschaften in der Regel nach dem sog. Stuttgarter Verfahren. Welche Bewertung für das jeweilige Unternehmen günstiger ausfällt, ist individuell zu ermitteln und je nach Einsparungspotenzial kann sich ein Rechtsformwechsel vor der Übertragung von Unternehmensbeteiligungen empfehlen. Neben der Ausnutzung von Bewertungsvorteilen geht es bei der Übertragung unternehmerischen Vermögens vor allem um die Sicherung der Inanspruchnahme der besonderen Betriebsvermögensprivilegien:

- ein Betriebsvermögensfreibetrag von € 225.000,
- ein 35 %iger Bewertungsabschlag und,
- wenn entfernte oder nicht verwandte Unternehmensnachfolger vorhanden sind, das sog. Steuerklassenprivileg, wonach die Mehrsteuer, die sich durch die Anwendung einer ungünstigeren Steuerklasse als der Steuerklasse I ergibt, zu 88 % erlassen wird.

Daneben bestehen freilich auch im unternehmerischen Bereich all diejenigen Gestaltungsmöglichkeiten, die auch bei der Übertragung privaten Vermögens genutzt werden können. Hierzu gehört die Ausnutzung von Steuerbefreiungen – bspw. durch Einsatz gemeinnütziger Stiftungen – genau so wie die regelmäßige Inanspruchnahme der persönlichen Freibeträge und die Spaltung der Progressionen durch Vermögensübertragungen im 10-Jahres-Rhythmus.

b)   Ausblick: Erbschaftsteuerreform

28   Da jedoch abzusehen ist, dass sich insbesondere die derzeit für unternehmerisches Vermögen bestehenden erbschaftsteuerlichen Begünstigungen bis spätestens zum 31.12.2008 wesentlich ändern, soll an dieser Stelle auf eine umfänglichere Darstellung der erbschaftsteuerlichen Gestaltungsmöglichkeiten verzichtet werden und statt dessen einer nachfolgenden Auflage vorbehalten bleiben. In seiner grundlegenden Entscheidung vom 07.11.2006[27] hat nämlich das Bundesverfassungsgericht entschieden, dass das gegenwärtige deutsche Erbschaftsteuergesetz verfassungswidrig ist. Die bei wesentlichen Gruppen von Vermögensgegenständen – Betriebsvermögen, Immobilien, land- und forstwirtschaftliches Vermögen, Kapitalvermögen – unterschiedlichen Bewertungsmethoden verstoßen nach Auffassung des Bundesverfassungsgerichts gegen den Gleichheitssatz des Art. 3 Abs. 1 GG. Es hat deshalb den Gesetzgeber verpflichtet, bis spätestens zum 31.12.2008 eine Neuregelung zu treffen. Gleichzeitig hat es klargestellt, dass bis zu einer gesetzlichen Neuregelung das – verfassungswidrige – Erbschaftsteuerrecht weiter Anwendung findet.

---

27   BVerfG v. 07.11.2006, 1 BvL 10/02, BStBl. II 2007, 192; hierzu beispielsweise Crezelius, DStR 2007, 415; Piltz, ZEV 2007, 76; Seer, GmbHR 2007, 281, 101; Wachter, DNotZ 2007, 173; Wälzholz, ZErb 2007, 111.

Wie die Neuregelung aussieht, ist derzeit allerdings noch völlig offen. Die Bundesregierung hatte schon vor der Bundesverfassungsgerichtsentscheidung den Entwurf eines Unternehmensnachfolgeerleichterungsgesetzes[28] vorgelegt, zu dessen Umsetzung es aber bis heute nicht gekommen ist. Hiernach soll die auf sog. produktives Betriebsvermögen entfallende Steuer zunächst für zehn Jahre gestundet und bei Fortführung des Betriebes in vergleichbarem Umfang jedes Jahr in Höhe von einem Zehntel erlassen werden. Bei zehnjähriger Betriebsfortführung könnte damit produktives Betriebsvermögen gänzlich erbschaftsteuerfrei erworben werden. Insbesondere hatten die Bundesländer, denen die Erträge aus der Erbschaft- und Schenkungsteuer zustehen und ohne die deshalb eine Erbschaftsteuerreform nicht umgesetzt werden kann, beschlossen, vor Verabschiedung eines solchen Gesetzes die Entscheidung des Bundesverfassungsgerichts zum aktuellen Erbschaftsteuergesetz und insbesondere zu den darin zu findenden Begünstigungen für den Erwerb von Betriebsvermögen abzuwarten.

Die zwischenzeitlich ergangene Entscheidung des Bundesverfassungsgerichts bietet jedoch im Hinblick auf die Durchführbarkeit und Gestaltung des geplanten Unternehmensnachfolgeerleichterungsgesetzes nur wenig Hilfe. Denn eine klare Aussage trifft das Bundesverfassungsgericht lediglich zu einer der zahlreichen Begünstigungen des Erwerbs von Betriebsvermögen, nämlich zur Bewertung. Das Bundesverfassungsgericht hält die aktuellen Bewertungsvorschriften für verfassungswidrig. Wenn aber bereits dieser erste Schritt im Rahmen der Steuerermittlung verfassungswidrig ausgestaltet ist, so steht fest, dass das gesamte Ergebnis, nämlich die am Ende ermittelte Steuerbelastung ebenfalls verfassungswidrig sein muss. Da es zu den arbeitsökonomischen Grundsätzen unserer Gerichte gehört, in der Regel nur die Dinge genauer zu prüfen, die auch entscheidungsrelevant sind, äußert sich das Bundesverfassungsgericht zu den verfassungsrechtlichen Anforderungen, die an Betriebsvermögensprivilegien zu stellen sind, nicht oder zumindest nicht abschließend. Allerdings finden sich im Urteil durchaus auch Aussagen, die die Verwirklichung der mit dem Unternehmensnachfolgeerleichterungsgesetz verfolgten Grundidee einer völligen Steuerfreistellung des Erwerbs unternehmerischen Vermögens zumindest möglich erscheinen lassen. An den derzeitigen Regelungen zur Bewertung beanstandet das Bundesverfassungsgericht nämlich, dass mit diesen – versteckt – Förderungs- und Lenkungsziele verfolgt würden, indem nämlich bestimmte Vermögensarten, wie insbesondere das betriebliche Vermögen, deutlich unter ihrem tatsächlichen Verkehrswert bewertet werden. Das Problem dabei ist nicht die Verfolgung außerfiskalischer Förderungs- und Lenkungsziele als solche, lediglich hält das Bundesverfassungsgericht die Bewertungsebene hierfür für ungeeignet. Es verlangt deshalb die Schaffung von Wertermittlungsvorschriften, die bei allen Vermögensarten zu Werten führen, die annähernd dem tatsächlichen Verkehrswert des jeweiligen Vermögens entsprechen. Die angestrebten Förderungs- und Lenkungszwecke könne der Gesetzgeber dann auf der nächsten Ebene verfolgen, nämlich in Form steuerlicher „Verschonungsregelungen" wie beispielsweise Bewertungsabschlägen oder Freibeträgen oder differenzierenden Steuersätzen, wozu das Gericht die derzeitigen Betriebsvermögensprivilegien (Betriebsvermögensfreibetrag, Bewertungsabschlag und Steuerklassenprivileg) ausdrücklich zählt.

Allerdings müssen derartige Begünstigungen durch besondere Gemeinwohlgründe gerechtfertigt sein. In der Begründung zum Entwurf des Unternehmensnachfolgeerleichterungsgesetzes wurde als Zweck der Begünstigung die „Erhaltung der Unternehmen als Garanten von Arbeitsplätzen, als Stätten des produktiven Wachstums und in ihrer gesellschaftlichen Funktion als Ort beruflicher und sozialer Qualifikation" genannt. Ob die Verfolgung eines solchen Zwecks auch eine vollständige Steuerfreistellung rechtfertigt, lässt die Entscheidung zwar offen. Da das Bundes-

---

28 Hierzu beispielsweise Crezelius, DB 2006, 2252; Hannes, DStR 2006, 2058; Wachter, ZErb 2006, 391.

verfassungsgericht dem Gesetzgeber aber in seiner Entscheidung, welche Personen oder Unternehmen gefördert werden sollen, weit gehende Freiheit zubilligt, würde es keineswegs waghalsig erscheinen, wenn an dem mit dem Unternehmensnachfolgeerleichterungsgesetz eingeschlagenen Weg festgehalten wird.

Fraglich bleibt allerdings, ob dieser Weg für alle Unternehmer der bessere ist. Das Unternehmensnachfolgeerleichterungsgesetz enthält nämlich durchaus einige „Kröten", welche die Unternehmer für die grundsätzliche Stundung und Freistellung schlucken müssen. Zur verfassungsrechtlichen Rechtfertigung wird die Begünstigung nämlich zum einen an die langfristige, nämlich zehnjährige Fortführung des Betriebes in einem nach dem Gesamtbild der wirtschaftlichen Verhältnisse vergleichbaren Umfang gekoppelt und zum anderen auf lediglich produktives Betriebsvermögen beschränkt. Es steht zu erwarten, dass der Gesetzgeber nach den Ausführungen des Bundesverfassungsgerichts hieran festhält. Dieses fordert nämlich ausdrücklich eine weit gehende Zielgenauigkeit von Begünstigungsnormen und hält es für angemessen, die Verfehlung des Lenkungszwecks über Nachversteuerungsvorbehalte Rechnung zu tragen.

Unternehmen, bei denen bis zur Verabschiedung eines neuen Gesetzes eine Nachfolge aktuell ansteht, ist deshalb zu empfehlen, einen Belastungsvergleich zwischen aktuellem und voraussichtlichem neuen Erbschaftsteuerrecht anzustellen. Insbesondere solche Unternehmen, die zur Verwirklichung ihres Geschäftsbetriebes auf einen hohen Bestand an Liquidität angewiesen sind, die wie etwa Wohnungsbauunternehmen zahlreich fremdvermietete Immobilien in ihrem Betriebsvermögen halten, oder die in Drittländern, also außerhalb des EU- und EWR-Raums ihr Geld verdienen und hierzu z.B. in den USA, Südamerika und Asien ansässige Drittlandsgesellschaften halten, werden mit den noch geltenden Begünstigungen möglicherweise besser bedient sein. Entsprechendes gilt für Gesellschafter, die an Kapitalgesellschaften mit 25 % oder weniger beteiligt sind oder Unternehmen, die derartige Minderheitsbeteiligungen im Betriebsvermögen halten.

Nicht nur Unternehmen mit stark volatilen Umsätzen und Erträgen müssen sich zudem fragen, ob sie über viele Jahre das Damokles-Schwert des Fälligwerdens der gestundeten Steuer über sich schweben sehen wollen, das ihnen eine Fortführung des Betriebs in vergleichbarem Umfang nicht gelingt. Greift die Fälligkeitsregelung, so wird die hierdurch entstehende Liquiditätsbelastung immer zur Unzeit kommen. Denn wer Umsatzreduzierungen und geringe Auftragsvolumina zu verkraften hat und im Zuge dessen zur notwendigen Kostenreduzierung Betriebsvermögen veräußert und Arbeitsplätze abbaut, wird nicht noch zusätzlich die dann fälligen Erbschaftsteuern verkraften können. Allein unter diesem Gesichtspunkt könnte es sich sogar empfehlen, eine nach heutigem Recht etwas höhere, aber berechenbare und derzeit auch liquiditätsmäßig verkraftbare Steuer zu zahlen.

Bei den Überlegungen darf insbesondere nicht unberücksichtigt bleiben, dass durch die vom Bundesverfassungsgericht geforderte Anhebung der Werte des unternehmerischen Vermögens auch die Sofortsteuer auf das Privatvermögen und nicht produktive Vermögen erheblich steigen wird. Gleiches gilt für die zunächst gestundete, möglicherweise aber mit einem Restbetrag später noch fällig werdende Steuer. Dies nicht nur auf Grund der Erhöhung der Bemessungsgrundlage, sondern darüber hinaus auch durch die höhere Progression.

3.   Vermeidung ertragsteuerlicher Belastungen

a)   Allgemeines

Die Schenkung oder Vererbung eines Einzelunternehmens, einer Beteiligung an einer Perso-   29
nengesellschaft sowie eines (im Privatvermögen gehaltenen) Anteils an einer Kapitalgesellschaft
führt grundsätzlich zu keinen ertragsteuerlichen Belastungen. Bei der Übertragung von Einzelunternehmen ist jedoch darauf zu achten, dass das gesamte Einzelunternehmen mit sämtlichen
wesentlichen Betriebsgrundlagen übertragen wird. Die Zurückbehaltung wesentlicher Betriebsgrundlagen führt nicht nur zu deren Entnahme, sondern zur steuerpflichtigen Betriebsaufgabe
des gesamten Unternehmens.

Die Schenkung eines Personengesellschaftsanteils und grundsätzlich auch eines Teilanteils erfolgt
ebenfalls steuerneutral. Der Beschenkte hat die Buchwerte des Schenkers zwingend fortzuführen. Besonderheiten ergeben sich jedoch dann, wenn zum Anteil Sonderbetriebsvermögen gehört
(hierzu im Folgenden).

Eine teilentgeltliche Übertragung (gemischte Schenkung) bleibt ebenfalls steuerneutral, solange
das Entgelt den Buchwert des Anteils (steuerliches Kapitalkonto) nicht übersteigt (sog. Einheits-
theorie). Die Übernahme eines negativen Kapitalkontos durch den Beschenkten ist unschädlich,
wenn ansonsten keine Gegenleistung (Gleichstellungsgeld, Abstandszahlung, Übernahme einer
privaten Schuld – auch nicht „€ 1") vereinbart ist.[29]

b)   Besonderheiten bei vorhandenem Sonderbetriebsvermögen

Probleme können sich bei der unentgeltlichen Anteilsübertragung allerdings in Zusammenhang   30
mit Sonderbetriebsvermögen[30] ergeben:

aa)   Übertragung des gesamten Mitunternehmeranteils

Wird der gesamte Anteil des Mitunternehmers unentgeltlich übertragen, setzt § 6 Abs. 3 S. 1 EStG   31
voraus, dass neben dem Anteil am Gesamthandsvermögen auch sämtliche Wirtschaftsgüter des
Sonderbetriebsvermögens übertragen werden, soweit diese für die Funktion des Betriebes von
Bedeutung sind (funktional wesentliches Sonderbetriebsvermögen – rein funktionale Betrach-
tungsweise). Dies deshalb, weil der steuerliche Mitunternehmeranteil sowohl den Gesellschaftsanteil (den Anteil am Gesamthandsvermögen) als auch das wesentliche Sonderbetriebsvermögen
umfasst.

Die Buchwertfortführung ist deshalb unzulässig, wenn derartiges funktional wesentliches Sonderbetriebsvermögen zurückbehalten und in das Privatvermögen des Übertragenden überführt
wird. In diesem Fall handelt es sich um eine insgesamt tarifbegünstigte Aufgabe des gesamten
Mitunternehmeranteils.[31] Der Rechtsnachfolger unterliegt dann freilich auch nicht der fünfjäh-
rigen Veräußerungsbeschränkung des § 6 Abs. 3 S. 2 EStG, da bereits sämtliche stillen Reserven
aufgedeckt sind.

---

29   BMF v. 13.01.1993, BStBl. I 1993, 80, Rn. 30 f.; BFH v. 23.04.1971, IV 201/65, BStBl. II 1971, 686; BFH v. 24.08.1972,
VIII R 36/66, BStBl. II 1973, 111; BFH v. 16.12.1992, XI R 34/92, BStBl. II 1993, 436.
30   Hierzu BMF v. 03.03.2005, BStBl. I 2005, 458.
31   BFH v. 31.08.1995, VIII B 21/93, BStBl. II 1995, 890.

6

Wird anlässlich der unentgeltlichen Anteilsübertragung (Gesamthandsvermögen) funktional wesentliches Sonderbetriebsvermögen entweder steuerneutral nach § 6 Abs. 5 S. 3 EStG zum Buchwert übertragen oder in ein anderes (Sonder-)Betriebsvermögen des Altgesellschafters überführt (§ 6 Abs. 5 Sätze 1 und 2 EStG), ist die unentgeltliche Übertragung des Anteils am Gesamthandsvermögens gleichfalls nicht nach § 6 Abs. 3 S. 1 EStG zum Buchwert möglich. Der sich aus der Aufdeckung der stillen Reserven ergebende Gewinn stellt laufenden, nicht nach §§ 16, 34 EStG begünstigten Gewinn dar.[32]

Vorsicht ist geboten, wenn man diesen nicht gewünschten Folgen durch eine zeitliche Staffelung – zunächst die Entnahme des funktional wesentlichen Sonderbetriebsvermögens oder dessen Buchwertübertragung i.S.v. § 6 Abs. 5 EStG und mit einem (kurzen) zeitlichen Abstand dann die Schenkung des (restlichen) Gesellschaftsanteils – „umgehen" möchte. Ist nicht nur ein zeitlicher[33] sondern auch ein sachlicher Zusammenhang ersichtlich, kann die Finanzverwaltung auf den Gedanken verfallen, einen Fall der sog. Gesamtplanrechtsprechung des Bundesfinanzhofs[34] anzunehmen. Dies hätte zur Konsequenz, dass die stillen Reserven des geschenkten Mitunternehmeranteils aufzudecken und als laufender Gewinn zu versteuern sind. Der (zwingende) Buchwertansatz nach § 6 Abs. 5 EStG für übertragenes/überführtes funktional wesentliches Sonderbetriebsvermögen wird hierdurch allerdings nicht berührt.

Ist das ins Privatvermögen entnommene oder in ein anderes (Sonder-)Betriebsvermögen übertragene/überführte Sonderbetriebsvermögen dagegen nicht funktional wesentlich (i.d.R. etwa bei einem Pkw), so ist die „Zurückbehaltung" unschädlich für die Anwendung des § 6 Abs. 3 S. 1 EStG. Die Schenkung des Mitunternehmeranteils erfolgt zum Buchwert und damit ohne Aufdeckung der stillen Reserven. Allenfalls ist ein Entnahmegewinn auf das entnommene Sonderbetriebsvermögen als laufender Gewinn zu versteuern.

bb)   Übertragung eines Teils eines Mitunternehmeranteils

32   Nach § 6 Abs. 3 S. 1 Hs. 2 Alt. 2 EStG kann ein Teil eines Mitunternehmeranteils zum Buchwert verschenkt werden. Im Falle des Vorhandenseins von funktional wesentlichem Sonderbetriebsvermögen setzt die Buchwertfortführung grundsätzlich voraus, dass dieses dem geschenkten Gesellschaftsanteil quotal entsprechend mitübertragen wird.[35] Überträgt also beispielsweise der Gesellschafter schenkweise die Hälfte seines 40 %-igen Gesellschaftsanteils, also 20 %, auf seinen Sohn, so hat er grundsätzlich auch die Hälfte, also 50 % seiner im Alleineigentum gehaltenen und an die Gesellschaft vermieteten Immobilie dem Sohn zu übertragen. Umfasst das Sonderbetriebsvermögen mehrere funktional wesentliche Wirtschaftsgüter, müssen alle anteilig übertragen werden.

Zu beachten ist auch, dass die Schenkung eines Teilanteils – im Gegensatz zur Schenkung des gesamten Anteils – nur an eine natürliche Person erfolgen darf, um den Vorteil der Buchwertfortführung zu erlangen. Folglich lässt sich ein Teilanteil bspw. nicht steuerneutral auf eine Familienstiftung übertragen.

Die Buchwertübertragung scheitert letztlich aber auch dann nicht, wenn „zu wenig" funktional wesentliches Sonderbetriebsvermögen (sog. unterquotale Übertragung) oder „zu viel" Sonderbetriebsvermögen (sog. überquotale Übertragung) übertragen wird. Jedoch bestehen in diesen

32   BFH v. 02.10.1997, IV R 84/96, BStBl. II 1998, 104.
33   Ein zeitlicher Zusammenhang kann im Einzelfall auch schon einmal bei einem Abstand von 25 Monaten angenommen werden – BFH v. 12.04.1989, I R 105/85, BStBl. II 1989, 653; vom FG München v. 12.11.2003, 9 K 4811/01, EFG 2004, 496 wurde ein Gesamtplan sogar bei einem Abstand von sechs Jahren bejaht.
34   BFH v. 06.09.2000, IV R 18/99, BStBl. II 2001, 229.
35   BFH v. 24.08.2000, IV R 51/98, BStBl. II 2005, 173.

Fällen weitere Kautelen, die beachtet werden müssen, um die Buchwertfortführung auch für die Zukunft sicherzustellen.

(1)   Unterquotale Übertragung von funktional wesentlichem Sonderbetriebsvermögen

Wird zusammen mit dem Teilanteil am Gesamthandvermögen (Gesellschaftsanteil) gar kein oder quotal betrachtet zu wenig funktional wesentliches Sonderbetriebsvermögens übertragen (im Beispiel: Übertragung eines 20 %-igen Gesellschaftsanteils, aber keine Anteile an der Immobilie), so erfolgt die Übertragung auch hier grundsätzlich zum Buchwert; da der Schenker nur einen Teil seines Gesellschaftsanteil übertragen hat, ist er weiterhin Mitunternehmer der Gesellschaft und das zurückbehaltene Sonderbetriebsvermögen bleibt Sonderbetriebsvermögen bei dieser Mitunternehmerschaft. Allerdings handelt es sich (insgesamt) um eine Übertragung i.S.v. § 6 Abs. 3 S. 2 EStG,[36] die an die weitere Voraussetzung geknüpft ist, dass der Rechtsnachfolger den geschenkten Gesellschaftsanteil über einen Zeitraum von fünf Jahren (ganz oder teilweise) weder veräußert noch aufgibt (Sperrfrist). Wird gegen die Veräußerungssperre verstoßen, hat dies zur Folge, dass rückwirkend auf den Zeitpunkt der Schenkung die Voraussetzungen für die steuerneutrale Buchwertübertragung beim Schenker nicht mehr vorliegen. Damit sind für die gesamte Übertragung rückwirkend[37] auf diesen Zeitpunkt die Teilwerte anzusetzen und die aufgedeckten stillen Reserven vom Schenker (!) nach § 16 Abs. 1 S. 2 EStG als laufender Gewinn zu versteuern. Die fünfjährige Behaltefrist beginnt mit Übergang des wirtschaftlichen Eigentums (Nutzungen und Lasten).

Eine Besonderheit besteht in diesem Zusammenhang, wenn der Beschenkte bereits vor der unterquotalen Teilanteilsübertragung Mitunternehmer der Gesellschaft war. In diesem Fall kann der Beschenkte unabhängig von der Behaltefrist und ohne steuerliche Konsequenzen für den Schenker Teile seines Gesellschaftsanteils veräußern oder entnehmen solange seine Beteiligung hierdurch nicht unter den geschenkten Teilanteil gemindert wird.[38]

Als schädliche Veräußerung durch den Rechtsnachfolger sind grundsätzlich auch Umwandlungsvorgänge (Einbringung in eine Kapital- oder Personengesellschaft oder der Formwechsel einer Personen- in eine Kapitalgesellschaft, §§ 20, 24, 25 UmwStG) sowie eine steuerneutrale Buchwertübertragung des übernommenen Sonderbetriebsvermögens nach § 6 Abs. 5 S. 3 EStG zu beurteilen.[39] In Fällen der Einbringung nach den §§ 20, 24 UmwStG gilt dies allerdings nur, wenn der einbringende Rechtsnachfolger dann auch die im Gegenzug erhaltene Beteiligung innerhalb der Sperrfrist (beginnend ab der ursprünglichen Übertragung) veräußert.

Unschädlich ist es, wenn der Rechtsnachfolger den Teilanteil seinerseits unentgeltlich weiter überträgt, wobei sein Rechtsnachfolger – entsprechend der „Fußstapfentheorie" – jedoch in die Sperrfrist nachfolgt.

🛑 **Praxishinweis:**

Da die Rechtsfolgen einer Sperrfristverletzung durch den Beschenkten den Schenker treffen, ist im Übergabevertrag entsprechende Vorsorge für diesen Fall zu treffen. Zu denken ist in diesem Zusammenhang bspw. an eine sog. Steuerklausel, nach der der Beschenkte zur Übernahme der Steuer aus den aufgedeckten stillen Reserven verpflichtet ist, an einen Zustimmungsvorbehalt oder auch an eine vertragliche Schadensersatzpflicht.

---

36   Die Finanzverwaltung erkennt insbesondere keine Aufteilung des Vorgangs in eine Übertragung nach § 6 Abs. 3 S. 1 EStG (soweit quotal) und eine Übertragung nach § 6 Abs. 3 S. 2 EStG an.
37   Der ursprüngliche Steuerbescheid ist nach § 175 Abs. 1 S. 1 Nr. 2 AO zu ändern.
38   Beispiel in BMF v. 03.03.2005, BStBl. I 2005, 458, Rn. 12.
39   BMF v. 03.03.2005, BStBl. I 2005, 458, Rn. 13.

(2) Überquotale Übertragung von funktional wesentlichem Sonderbetriebsvermögen

34 Überträgt der Schenker zusammen mit dem Teilanteil am Gesamthandsvermögen quotal betrachtet „zu viel" funktional wesentliches Sonderbetriebsvermögen (im Beispiel: Übertragung eines 20 %-igen Gesellschaftsanteils und der gesamten im Sonderbetriebsvermögen gehaltenen Immobilie), so führt dies dazu, dass dieser Vorgang aufgeteilt wird: Soweit Gesellschaftsanteil und Sonderbetriebsvermögen sich quotal entsprechen (im Beispiel: der 20 %-ige Gesellschaftsanteil und die Hälfte der Immobilie), ist die Übertragung nach § 6 Abs. 3 S. 1 EStG zu beurteilen; die überquotale Übertragung des Sonderbetriebsvermögens (im Beispiel: die andere Hälfte der Immobilie) beurteilt sich dagegen nach § 6 Abs. 5 S. 3 EStG. Damit erfolgt bei dieser Gestaltung die Übertragung des über der Quote liegenden Teils des Sonderbetriebsvermögens nur dann steuerneutral, wenn die Voraussetzungen des § 6 Abs. 5 S. 3 EStG erfüllt sind (z.B. nicht bei Übernahme von Verbindlichkeiten). Auch in Fällen des § 6 Abs. 5 S. 3 EStG ist ggf. eine Sperrfrist zu beachten (§ 6 Abs. 5 S. 4 EStG), die in diesem Fall zwar „nur" drei Jahre beträgt, allerdings auch erst mit Abgabe der Steuererklärung (Feststellungserklärung) des Übertragungsjahres beginnt. Die Verletzung der Sperrfrist führt hier ebenfalls insoweit (d.h. bezogen auf die Übertragung nach § 6 Abs. 5 S. 3 EStG) zum rückwirkenden Teilwertansatz. Werden die bis zu der Übertragung entstandenen stillen Reserven dem übertragenden Mitunternehmer im Wege des Teilwertansatzes in Kombination mit einer diesen neutralisierenden negativen Ergänzungsbilanz zugewiesen, ist die Sperrfrist nicht zu beachten, § 6 Abs. 5 S. 4 1. Halbs. am Ende EStG.

C. Gestaltung von Maßnahmen vorweggenommener Erbfolge

I. Beratungssituation: Schenken unter Vorbehalten

35 Im Rahmen der Gestaltung von Maßnahmen vorweggenommener Erbfolge beschränkt sich der Schenkungsvertrag in der Regel nicht auf das Versprechen der Anteilsübertragung. Vielmehr werden zusätzlich weitere Vereinbarungen getroffen, die vor allem die Altersversorgung des Schenkers sichern sollen (Nießbrauch, Versorgungsleistungen) und die häufig als unzureichend empfundenen gesetzlichen Rückforderungsrechte (Notbedarf, grober Undank) erweitern.

II. Gestaltungsmöglichkeiten

36 Im Folgenden sollen die derzeit gängigsten dieser Maßnahmen behandelt werden:

- Rückfallklauseln sehen vor, dass das Geschenk bei Eintritt bestimmter Ereignisse automatisch oder auf Anforderung an den Schenker zurückfällt.
- Der Nießbrauchsvorbehalt lässt die laufenden Erträge aus dem Geschenk noch dem Schenker zukommen.
- Die Übertragung gegen Versorgungsleistungen sichert die Versorgung des Schenkers durch Pflegeleistungen oder regelmäßige Geldleistungen.

III.   Darstellung der einzelnen Gestaltungsmöglichkeiten

1.   Schenkung mit Rückfallklauseln

a)   Allgemeines

Vielen Schenkern ist der Anwendungsbereich der gesetzlichen Rückforderungsrechte aus guten   37
Gründen zu eng. Sie möchten sich deshalb generell oder für bestimmte Fälle die Rückforderung
oder den Rückfall des Schenkungsgegenstandes vertraglich vorbehalten.

Durch die Aufnahme einer auflösenden Bedingung, eines Widerrufs- oder eines Rücktrittsrechts
in den Schenkungsvertrag[40] soll für unerwartete und unerwünschte Entwicklungen und Ereignisse Vorsorge getroffen werden. Hierzu gehören insbesondere:

- die Nichtvollendung einer zur Unternehmensnachfolge qualifizierenden Ausbildung innerhalb bestimmter Frist;
- die Heirat des Beschenkten ohne ehevertraglichen Ausschluss des Schenkungsgegenstandes vom Zugewinnausgleich;
- die Eingehung des Güterstandes der Gütergemeinschaft, ohne dass der Schenkungsgegenstand zuvor zum Vorbehaltsgut erklärt worden ist;
- die Scheidung des Beschenkten vom Schenker;
- der Eintritt der Geschäftsunfähigkeit oder auch nur der dauernden Erwerbsunfähigkeit des Beschenkten;
- die nachhaltige Einstellung der aktiven Mitarbeit des Beschenkten im Unternehmen;
- Steuerklauseln (nach jüngsten Gesetzesentwürfen problematisch).

Die Motivationen für solche Rückfallklauseln sind somit meist der Schutz des Unternehmens
vor Liquiditätsbelastungen und die Sicherung des Unternehmensvermögens in der Familie. Bei
Schenkungen gegen Versorgungsleistungen helfen solche Maßnahmen zur Sicherung des Erhalts
des Unternehmens gleichzeitig die Altersversorgung der Senioren zu sichern. Der Erhalt des Unternehmens ist nämlich ernstlich gefährdet, wenn der Juniorunternehmer wegfällt oder erheblichen Liquiditätsbelastungen ausgesetzt ist.

Besonders vorsichtige Schenker wünschen gar einen freien Widerrufsvorbehalt, der grundsätzlich
zulässig ist und einer unentgeltlichen Zuwendung auch nicht den Schenkungscharakter nimmt.
Jedoch kann die Ausübung des Widerrufsrechts bei Schenkungen von Unternehmensbeteiligungen gesellschaftsrechtlichen Schranken ausgesetzt sein. In steuerlicher Hinsicht schließt der
freie Widerrufsvorbehalt die Qualifizierung der unentgeltlichen Zuwendung als Schenkung nicht
aus. Jedoch wird der mit einer Gesellschaftsbeteiligung Beschenkte ertragsteuerlich nicht als Mitunternehmer qualifiziert, was dann wiederum auch nachteilige schenkungsteuerliche Folgen hat.

---

40   Umfassend hierzu Jülicher, ZEV 1998, 201 ff. und bereits ZGR 1996, 82 ff.

6

b)   Auflösende Bedingung

38   Wird eine Schenkung unter einer auflösenden Bedingung vorgenommen, so bestimmt § 158 Abs. 2 BGB, dass mit dem Eintritt der Bedingung die Wirkung des Rechtsgeschäfts endet und der frühere Rechtszustand wieder eintritt.

Die auflösende Bedingung löst – anders als der Vorbehalt eines Widerrufs- oder Rücktrittsrechts – einen Automatismus aus. Mit Eintritt der auflösenden Bedingung tritt der frühere Rechtszustand wieder ein, ohne dass es einer besonderen Gestaltungserklärung bedarf. Der Eintritt der Bedingung hat allerdings, wie § 159 BGB klarstellt, keine Rückwirkung.

Gelegentlich kann sich auch eine Weiterleitungsklausel empfehlen. Ein Beispiel bietet die unter der auflösenden Bedingung des Vorversterbens des Beschenkten vor dem Schenker erklärte Schenkung an den ältesten Sohn mit einer unter gleicher, jedoch aufschiebender Bedingung erklärten Schenkung an den Zweitgeborenen.

Besonders bietet sich die auflösende Bedingung an, wenn der Rückfall des Schenkungsgegenstandes an Einzelzwangsvollstreckungsmaßnahmen in das Vermögen des Beschenkten und insbesondere den Schenkungsgegenstand anknüpfen soll. Während nämlich ein vorbehaltenes Widerrufs- oder Rücktrittsrecht kein Recht zur Drittwiderspruchsklage[41] gewährt, kann die Vereinbarung einer auflösenden Bedingung jedenfalls für die Fälle der Schenkung beweglicher Sachen dem Schenker Schutz vor Zwangsvollstreckungsmaßnahmen bieten. Bei Einzelzwangsvollstreckungsmaßnahmen (z.B. Pfändung) handelt es sich nämlich um Zwischenverfügungen, die gemäß § 161 Abs. 1 Satz 2 BGB gerade unwirksam sind. Bei der Schenkung von Immobilien scheitert die Vereinbarung einer auflösenden Bedingung allerdings an der Bedingungsfeindlichkeit der Auflassung. Zum Schutz vor Zwangsvollstreckungsmaßnahmen kommt in diesen Fällen lediglich die aufschiebend bedingte Erklärung des Widerrufs bereits bei Abschluss des Schenkungsvertrages in Betracht.

c)   Vertragliches Rücktrittsrecht

39   Die Ausübung eines vertraglich vorbehaltenen Rücktrittsrechts führt zur Anwendung der §§ 346 ff BGB. Durch den Rücktritt wird das bestehende Vertragsverhältnis in ein Abwicklungsschuldverhältnis umgestaltet.

Das Rücktrittsrecht bietet gegenüber der auflösenden Bedingung den Vorteil, dass der Schenker in seiner Entscheidung, die Schenkung tatsächlich rückabzuwickeln, frei bleibt. Vom vorbehaltenen Widerrufsrecht unterscheidet sich das vertragliche Rücktrittsrecht im Wesentlichen in den Rechtsfolgen. Durch den Verweis auf die strenge Haftung des Eigentümer-Besitzer-Verhältnisses wird der Beschenkte in höherem Maße belastet, umgekehrt aber der rücktrittswillige Schenker stärker geschützt.

d)   Widerrufsvorbehalt

40   Die Ausübung des vertraglich vorbehaltenen Widerrufsrechts hat die gleichen Rechtsfolgen wie ein Schenkungswiderruf nach § 530 BGB. Die Rückabwicklung erfolgt somit nach den bereicherungsrechtlichen Vorschriften.

---

41   K. Schmidt in MüKo-ZPO, § 771 Rn. 39.

Auch der Widerrufsvorbehalt belässt – anders als der Automatismus der auflösenden Bedingung – dem Schenker die Freiheit in der Entscheidung, ob die Schenkung rückabgewickelt werden soll oder nicht. Er bietet darüber hinaus sinnvollen Ersatz für die auflösende Bedingung bei bedingungsfeindlichen Rechtsgeschäften, wie insbesondere der Auflassung nach § 925 Abs. 2 BGB.

e)   Steuerfreiheit der Rückübertragung

Kommt es zum Rückfall aufgrund vorbehaltenen Rücktritts, Widerrufs oder auflösender Bedingung, so führt dies – anders als bei einer Rückschenkung – zu keiner weiteren Steuerbelastung. Da der Beschenkte nämlich einen Rückforderungsanspruch erfüllt, erfolgt seine Zuwendung nicht freigiebig und er verwirklicht damit keinen schenkungsteuerpflichtigen Tatbestand.   41

Hingegen ist von einer freiwilligen und damit steuerpflichtigen Rückschenkung auszugehen, wenn Schenker und Beschenkter die Rückfallklausel erst nach Abschluss des Schenkungsvertrages vereinbaren oder der Beschenkte den Schenkungsgegenstand vor Ausübung eines entsprechenden Rückforderungsrechts durch den Schenker zurückgibt.

Soweit aber die Rückgabe in Erfüllung eines gesetzlichen oder vertraglichen Rückforderungsrechts erfolgt, lässt § 29 Abs. 1 ErbStG die zunächst für die Schenkung mit Rückfallklausel festgesetzte Steuer erlöschen. Die seinerzeit gezahlte Steuer ist daher vom Finanzamt zu erstatten, allerdings ohne Berücksichtigung des zwischenzeitlichen Zinsverlustes.[42] Allerdings hat der Beschenkte nach § 29 Abs. 2 ErbStG die Nutzungen, die ihm in der Zeit bis zur Rückgabe des Schenkungsgegenstandes zugestanden haben, wie ein Nießbraucher zu versteuern. Das Finanzamt wird in solchen Fällen daher den Erstattungsbetrag um die Schenkungsteuer auf den Wert des Nutzungsvorteils mindern, sofern dieser Wert über dem Freibetrag liegt.

2.   Schenkung unter Nießbrauchsvorbehalt

Im Bereich der Unternehmensnachfolge spielt vor allem die Schenkung von Einzelunternehmen und Gesellschaftsbeteiligungen unter Nießbrauchsvorbehalt eine bedeutende Rolle.[43] Im Hinblick auf die konkrete Gestaltung bestehen allerdings beachtliche gesellschaftsrechtliche, vor allem aber auch ertragsteuerliche Unsicherheiten. Eine sorgfältige und umfassende Vertragsgestaltung ist bei solchen Nießbrauchslösungen daher unerlässlich und gestaltungssicherere Alternativlösungen – etwa die Vereinbarung von Versorgungsleistungen – sollten stets in die Überlegungen mit einbezogen werden.   42

Mit einer Schenkung unter Nießbrauchsvorbehalt lassen sich allerdings – gerade bei der Übertragung von Einzelunternehmen und Personengesellschaftsbeteiligungen – erhebliche schenkungsteuerliche Effekte erzielen. Hingegen ist sie als pflichtteilsreduzierende Maßnahme nur begrenzt geeignet. Zwar ist bei der Berechnung des Pflichtteilsergänzungsanspruchs nach § 2325 BGB der Kapitalwert des Nießbrauchs vom Wert des Schenkungsgegenstandes abzuziehen, wenn der inflationsbereinigte Wert des Schenkungsgegenstandes im Zeitpunkt des Schenkungsvollzugs geringer ist als der Wert im Zeitpunkt des Erbfalls.[44] Insoweit kann der vorbehaltene Nießbrauch

---

42   Kritisch hierzu Meincke, § 29 Rn. 17.
43   Hierzu beispielsweise Petzoldt, DStR 1992, 1171; Schön, ZHR 158 (1994), 229; Milatz/Sonneborn, DStR 1999, 137; Korn, DStR 1999, 1461 und 1512; Jülicher, DStR 2001, 1200; Kruse, RNotZ 2002, 69; Mitsch, INF 2003, 388; Götz/Jorde, FR 2003, 998; Schulze zur Wiesche, BB 2004, 355; Söffing/Jordan, BB 2004, 353; Brüggemann, ErbBstg 2005, 254; Oppermann, RNotZ 2005, 453.
44   BGH v. 27.04.1994, IV ZR 132/93, BGHZ 125, 395, 399.

durchaus zu einer Minderung des Pflichtteilsergänzungsanspruchs führen. Anders aber als etwa bei einer Schenkung gegen Versorgungsleistungen hindert der Vorbehalt des Nießbrauchs den Lauf der Zehn-Jahres-Frist des § 2325 Abs. 3 BGB, so dass die Schenkung auch nach Ablauf von zehn Jahren (und beim – den Regelfall darstellenden – lebenslangen Nießbrauch bis zum Tode des Schenkers und damit "endgültig") pflichtteilsrelevant bleibt.[45]

a)   Allgemeines

43   Die Schenkung unter Nießbrauchsvorbehalt ist als eine Schenkung unter Auflage im Sinne des § 525 Abs. 1 BGB zu qualifizieren. Die Auflage liegt in der Verpflichtung des Beschenkten zur Bestellung eines Nießbrauchs zugunsten des Schenkers. Mit dem Nießbrauch wird der Schenkungsgegenstand in der Weise belastet, dass der Schenker (weiterhin) berechtigt ist, die Nutzungen aus dem Schenkungsgegenstand zu ziehen.

Hingegen ist zu Verfügungen über den Schenkungsgegenstand alleine der Beschenkte als neuer Eigentümer berechtigt. Mit der Schenkung unter Nießbrauchsvorbehalt verliert der Schenker somit die Möglichkeit, sein Vermögen durch Veräußerung kurzfristig zu Liquidität zu machen. Seiner Altersversorgung können daher nur die zukünftigen Erträge aus dem Schenkungsgegenstand dienen. Aus diesem Grunde empfiehlt es sich grundsätzlich nicht, das gesamte Vermögen im Rahmen vorweggenommener Erbfolge zu übertragen und die gesamte Altersversorgung auf vorbehaltene Nießbrauchsrechte aufzubauen.

Der Nießbrauch ist ein höchstpersönliches Recht, welches grundsätzlich nicht übertragbar und auch unvererblich ist. Lediglich die Ausübung kann gemäß § 1059 S. 2 BGB einem Dritten überlassen werden, wobei es sich im Rahmen von Maßnahmen vorweggenommener Erbfolge aufgrund der persönlichen Verbundenheit zwischen dem Schenker als Nießbrauchsberechtigtem auf der einen Seite und dem Beschenktem als Nießbrauchsverpflichtetem auf der anderen Seite empfiehlt, die Überlassung der Ausübung auszuschließen. Allerdings führt der vertragliche Ausschluss der Nießbrauchsüberlassungsbefugnis gemäß § 857 Abs. 1 und Abs. 3 i.V.m. § 851 Abs. 2 ZPO nicht zur Unpfändbarkeit des Nießbrauchsrechts. Ein solcher Pfändungsschutz könnte nur durch Bestellung eines dinglichen Wohnungsrechts (§ 1093 BGB) erreicht werden.

Der Nießbrauch kann als so genannter Bruchteilsnießbrauch nur an einem ideellen Bruchteil eines Gegenstandes und als so genannter Quotennießbrauch auf eine Quote der Nutzungen bestellt werden. Nicht möglich ist hingegen die Beschränkung des Nießbrauchsvorbehalts auf eine oder mehrere Wohnungen in einem Mehrfamilienhaus oder umgekehrt der Ausschluss der Nießbrauchsnutzung betreffend diese Wohnungen.

b)   Der Nießbrauch am Einzelunternehmen

aa)   Zivilrechtliche Besonderheiten

44   Die Bestellung des Nießbrauchs an einem Einzelunternehmen erfolgt im Rahmen einer Schenkung unter Nießbrauchsvorbehalt häufig als so genannter Ertragsnießbrauch. Dieser wird auch "unechter Unternehmensnießbrauch" genannt, weil tatsächlich keine dingliche Bestellung des Nießbrauchs erfolgt. Das Unternehmen wird vielmehr vom Eigentümer auf eigenes Risiko geführt. Der Nießbrauchsberechtigte hat keinen unmittelbaren Besitz, er ist vorbehaltlich vertrag-

---

45   BGH v. 27.04.1994, IV ZR 132/93, BGHZ 125, 395, 398; Stürner in Jauernig, § 2325 Rn. 8; Schlüter in Erman, § 2325 Rn. 1; a.A. Lange in MüKo-BGB, § 2325 Rn. 38 m.w.N.

licher Modifikationen von der Unternehmensleitung ausgeschlossen und haftet auch nicht nach außen. Dem Nießbrauchsberechtigten steht damit lediglich ein schuldrechtlicher Anspruch auf Auszahlung des Gewinns zu. Der Ertragsnießbrauch wird in der Regel als Quotennießbrauch vereinbart, d.h. der bisherige Einzelunternehmer behält sich bei der Übertragung des Unternehmens auf den Nachfolger nur eine Quote des Ertrags vor.

Seltener ist hingegen der Vorbehalt des Nießbrauchs als Vollrechtsnießbrauch, auch "echter Unternehmensnießbrauch" genannt. Hier bleibt die Unternehmensleitung und der unmittelbare Besitz an den Unternehmensgegenständen beim Nießbraucher. Dieser bleibt auch im Handelsregister als Einzelunternehmer eingetragen und behält die volle Haftung nach außen. Die Nießbrauchsbestellung kann nicht in einem einheitlichen Rechtsakt erfolgen, vielmehr muss der Nießbrauch an sämtlichen Unternehmensgegenständen entsprechend den jeweiligen gesetzlichen Bestimmungen für Grundstücke, bewegliche Sachen und Rechte begründet werden.[46]

bb) Ertragsteuerliche Besonderheiten

Für die Ertragsbesteuerung stellt sich die Frage, ob die im Einzelunternehmen erzielten Einkünfte dem Beschenkten als Nießbrauchsbesteller oder dem Schenker als Nießbrauchsberechtigtem zuzurechnen sind. Nach § 2 Abs. 1 EStG sind Einkünfte demjenigen zuzurechnen, der sie erzielt, d.h. den Tatbestand einer Einkunftsart verwirklicht. Gewerbliche Einkünfte nach § 15 Abs. 1 S. 1 Nr. 1 EStG sind dem Unternehmer zuzurechnen. Das Problem der subjektiven Einkünftezurechnung konzentriert sich damit auf die Frage, ob der Nießbrauchsberechtigte oder der Nießbrauchsbesteller oder gegebenenfalls sogar beide als Unternehmer zu qualifizieren sind, nämlich Unternehmerinitiative entfalten und Unternehmerrisiko tragen. 45

Die Rechtsprechung hat diese Frage in der Weise beantwortet, dass bei einem reinen Ertragsnießbrauch nur der Nießbrauchsbesteller Unternehmer und damit Zurechnungssubjekt gewerblicher Einkünfte ist.[47]

Hingegen wird im Rahmen eines echten Unternehmensnießbrauchs dem Nießbraucher Unternehmerinitiative und Unternehmerrisiko übertragen. Die Rechtsprechung sieht im echten Unternehmensnießbrauch eine verdinglichte Form der Unternehmenspacht und wendet deshalb die von ihr entwickelten Grundsätze zur Betriebsverpachtung entsprechend an. Hiernach besteht beim Nießbrauchsbesteller der Betrieb als ruhender Gewerbebetrieb fort, der Nießbrauchsberechtigte ist Inhaber des operativen Betriebes.[48]

c) Der Nießbrauch am Gesellschaftsanteil einer Personengesellschaft

aa) Zivilrechtliche Besonderheiten

Die Bestellung eines dinglichen Nießbrauchs an einer Personengesellschaftsbeteiligung – ohne gleichzeitige Übertragung der vollen Gesellschafterstellung – ist grundsätzlich möglich, sog. echte Nießbrauchsbestellung. Sie verstößt nach heute wohl herrschender Auffassung nicht gegen das in § 717 S. 1 BGB verankerte Abspaltungsverbot,[49] wonach die Abspaltung einzelner Teilbefugnisse an dem Gesellschaftsanteil mit dem Wesen der Gesamthandsgemeinschaft unvereinbar ist. Denn 46

---

46 Pohlmann in MüKo-BGB, § 1085 Rn. 17.
47 BFH v. 28.11.1974, I R 232/72, BStBl. II 1975, 498; Weber-Grellet in Schmidt, § 15 Rn. 145.
48 BFH v. 26.02.1987, IV R 325/84, BStBl. II 1987, 772.
49 Pohlmann in MüKo-BGB, § 1068 Rn. 25 m.w.N.

mit der Nießbrauchsbestellung werden nicht einzelne Mitgliedschaftsrechte von der Mitgliedschaft abgespalten, sondern die Ausübung dieser Mitgliedschaftsrechte wird auf den Gesellschafter und den Nießbraucher verteilt.

Solange die Zulässigkeit einer dinglichen Nießbrauchsbestellung fraglich war, behalf sich die Praxis mit Ausweichgestaltungen. So wurde dem Nießbraucher die volle Gesellschafterstellung treuhänderisch übertragen, mit der Folge, dass der Nießbraucher für die Dauer des Nießbrauchs mit allen haftungs- und registerrechtlichen Konsequenzen Gesellschafter auf Zeit wurde. Die Schwäche der Treuhandlösung lag jedoch in der fehlenden Sicherung des Nachfolgers, der nach dem Tode des Treuhänders auf die Rückübertragung der Beteiligung durch dessen Erben angewiesen war.[50]

Trotz der zwischenzeitlich anerkannten Zulässigkeit der Bestellung eines dinglichen Nießbrauchs an der Mitgliedschaft sind die Rechtsfolgen einer solchen echten Nießbrauchsbestellung äußerst umstritten. Dies gilt für die Aufteilung der mit dem Gesellschaftsanteil verbundenen Vermögensrechte und in noch höherem Maße für die Verteilung der Verwaltungs-, Mitwirkungs- und Kontrollrechte.

Zu den dem Nießbraucher zustehenden Nutzungen gehört jedenfalls der Ertrag aus der Gesellschaftsbeteiligung, also der auf den Gesellschaftsanteil entfallende entnahmefähige Handelsbilanzgewinn.[51] Darüber hinausgehende Gewinnansprüche, namentlich thesaurierte Gewinne oder Gewinne durch Realisierung stiller Reserven von Wirtschaftsgütern des Anlagevermögens kommen nicht dem Nießbraucher, sondern dem Nießbrauchsbesteller zugute.

Etwaige Liquidationserlöse oder Auseinandersetzungsguthaben sind keine Nutzungen und deshalb als Surrogate dem Nießbrauchsbesteller zuzurechnen. Dem Nießbraucher stehen lediglich die Nutzungen aus diesen Surrogaten, beispielsweise also Zinseinkünfte zu.

Verluste der Gesellschaft hat der Nießbrauchsbesteller als Anteilsinhaber zu tragen. Der Nießbraucher nimmt an diesen Verlusten allerdings insoweit mittelbar teil, als der Gewinn folgender Jahre zunächst zum Ausgleich der entstandenen Verluste zu verwenden und somit nicht entnahmefähig ist.[52] Die Haftung für Gesellschaftsverbindlichkeiten übernimmt der Nießbrauchsbesteller und Anteilsinhaber. Er ist entsprechend auch im Handelsregister einzutragen.

Die unterschiedlichsten Auffassungen werden zur Aufteilung der Verwaltungsrechte vertreten.[53] Nach einer Ansicht bleibt der Gesellschafter zuständig für Grundlagengeschäfte, während der Nießbraucher für die laufenden Angelegenheiten, soweit sie seine Rechtsstellung betreffen, verantwortlich ist.[54]

Nach einer anderen Ansicht stehen die Verwaltungsrechte dem Anteilsinhaber und dem Nießbraucher gemeinsam zu.[55]

Eine dritte Auffassung schließlich meint, dass die Verwaltungsrechte grundsätzlich beim Anteilsinhaber liegen, dem Nießbraucher jedoch ein Mitwirkungsrecht im Innenverhältnis zusteht.[56]

---

50   Brandi/Mühlmeier, GmbHR 1997, 737.
51   Pohlmann in MüKo-BGB, § 1068 Rn. 50 m.w.N.; weitergehend Schön, ZHR 158 (1994), 229, 240 ff.
52   Pohlmann in MüKo-BGB, § 1068 Rn. 67 m.w.N.
53   Pohlmann in MüKo-BGB, § 1068 Rn. 68-82 m.w.N.
54   Hopt in Baumbach/Hopt, § 105 Rn. 46; Koller in Koller/Roth/Morck, § 105 Rn. 22, K.Schmidt in MüKo-HGB, Vor § 230 Rn. 21.
55   Schön, ZHR 158 (1994), 229, 261.
56   Jauernig in Jauernig, § 1068 Rn. 4; OLG Koblenz v. 16.01.1992, 6 K 963/91, NJW 1992, 2163, in diesem Sinne wohl auch Pohlmann in MüKo-BGB, § 1063 Rn. 71 ff.

Dies bedeutet beispielsweise für die Ausübung der Stimmrechte, dass nach der ersten Auffassung der Nießbraucher in laufenden Angelegenheiten der Gesellschaft ein originäres Stimmrecht hat, während der Anteilsinhaber bei Beschlüssen über außergewöhnliche Maßnahmen und insbesondere Grundlagenentscheidungen, die seine Rechtsstellung innerhalb der Gesellschaft betreffen, stimmberechtigt ist. Nach der zweiten Auffassung müssen sich Nießbraucher und Anteilsinhaber über die Ausübung des Stimmrechts einigen; gelingt dies nicht, so entfällt die Stimme für den nießbrauchsbelasteten Anteil. Nach der letztgenannten Auffassung hat der Nießbraucher lediglich im Innenverhältnis ein Mitwirkungsrecht bei der Stimmrechtsausübung.

Der Bundesgerichtshof hat zur Stimmrechtsausübung noch nicht abschließend Stellung nehmen müssen. In seiner jüngsten zu diesem Fragenkomplex ergangenen Entscheidung hat er jedoch klargestellt, dass bei Beschlüssen, welche die Grundlagen der Gesellschaft betreffen, das Recht des Gesellschafters, selbst abzustimmen, durch die Einräumung eines Nießbrauchs an seinem Anteil nicht eingeschränkt wird.[57]

Aufgrund der äußerst vielfältigen und konträren Meinungen zu den Rechtsfolgen der Nießbrauchsbestellung an Personengesellschaftsanteilen empfiehlt es sich, die Position von Nießbraucher und Anteilsinhaber nicht dem Gesetz und seiner Auslegung durch Rechtsprechung und Schrifttum zu überlassen, sondern ausdrücklich vertraglich zu regeln.

Bevor aber eine Nießbrauchsgestaltung vertraglich entworfen werden kann, ist zu klären, ob eine solche überhaupt gesellschaftsvertraglich gestattet ist oder, wenn nicht, sämtliche Gesellschafter ihre Zustimmung zur Nießbrauchsbestellung erteilen, da ansonsten die Bestellung am (dispositiven) Verfügungsverbot des § 719 BGB scheitern würde.

bb) Ertragsteuerrechtliche Besonderheiten

Wie beim Nießbrauch an einem Einzelunternehmen beantwortet sich auch hier die Frage der subjektiven Einkünftezurechnung nach der Qualifizierung des Nießbrauchsberechtigten und Nießbrauchsbestellers als Mitunternehmer. Hierfür ist in erster Linie die Ausgestaltung des Nießbrauchsverhältnisses im Einzelfall maßgeblich.

47

Beim echten Nießbrauch sind im Regelfall sowohl der Nießbrauchsberechtigte als auch der Nießbrauchsbesteller als Mitunternehmer zu qualifizieren.[58]

Das Mitunternehmerrisiko ergibt sich für den Nießbrauchsberechtigten aus dessen mittelbarer Beteiligung am Verlust, das des Nießbrauchsbestellers durch dessen unmittelbares Verlustrisiko sowie seine Beteiligung an stillen Reserven und Geschäftswert. Mitunternehmerinitiative hat der Nießbrauchsberechtigte, wenn ihm im Rahmen der Aufteilung der Verwaltungsrechte wenigstens eine dem Kommanditisten gleichkommende Rechtsposition (§§ 164, 166 HGB) belassen wird oder er über das Widerspruchsrecht hinaus bei Beschlüssen über laufende Geschäfte der Gesellschaft stimmberechtigt ist. Der Nießbrauchsbesteller ergreift Mitunternehmerinitiative durch Ausübung der ihm verbleibenden Verwaltungsrechte, insbesondere seines Stimmrechts bei wesentlichen Gesellschaftsangelegenheiten.

Ergibt die Gesamtwürdigung der rechtlichen und tatsächlichen Verhältnisse des Einzelfalls, dass beide als Mitunternehmer zu qualifizieren sind, so ist dem Nießbraucher der ihm zivilrechtlich zustehende entnahmefähige Gewinnanteil laut Handelsbilanz auch steuerlich zuzurechnen.

---

57 BGH v. 09.11.1998, II ZR 213-97, NJW 1999, 571.
58 Wacker in Schmidt, § 15 Rn. 307 ff.

Der Nießbrauchsbesteller hat als Gesellschafter den darüber hinausgehenden Gewinn zu versteuern, insbesondere solchen aus Substanzverwertung.[59]

Verlustanteile werden dem Nießbrauchsbesteller zugerechnet, es sei denn, der Nießbrauchsberechtigte hat diese im Innenverhältnis zu tragen.

Ist der Nießbrauchsbesteller ausnahmsweise nicht als Mitunternehmer zu qualifizieren, wird auch der nicht entnahmefähige Steuerbilanzgewinnanteil dem Nießbraucher zugerechnet, ein steuerlicher Ausgleich soll erst bei Beendigung des Nießbrauchs stattfinden.

d) Nießbrauch an Kapitalgesellschaftsbeteiligungen

aa) Zivilrechtliche Besonderheiten

Die Bestellung eines Nießbrauchs an Kapitalgesellschaftsbeteiligungen bedarf nur dann der Zustimmung der übrigen Gesellschafter, wenn der Gesellschaftsvertrag eine entsprechende Vinkulierungsklausel enthält. Sofern sich das gesellschaftsvertragliche Zustimmungserfordernis nur auf die Abtretung bezieht, ist hiervon auch die Nießbrauchsbestellung erfasst.

Wie die Abtretung, bedarf auch die Nießbrauchsbestellung der notariellen Beurkundung (§ 1069 Abs. 1 BGB i.V.m. § 15 Abs. 3 GmbHG). Der Nießbrauch ist weiterhin nach § 16 GmbHG bei der Gesellschaft anzumelden.

Anders als beim Vollrechtsnießbrauch an einer Personengesellschaftsbeteiligung gehen bei der Bestellung eines Nießbrauchs am Geschäftsanteil einer GmbH nicht die volle Gesellschafterstellung, sondern lediglich die Vermögensrechte auf den Nießbraucher über.

Die aus der Gesellschafterstellung fließenden Verwaltungsrechte, wie z.B. das Teilnahmerecht an Gesellschafterversammlungen, das Auskunftsrecht nach § 51a GmbHG, die Anfechtungsbefugnis gegen Gesellschafterbeschlüsse und die Minderheitsrechte nach § 50 GmbHG werden vom Nießbrauch nicht erfasst und verbleiben beim Gesellschafter. Einem Übergang dieser Verwaltungsrechte steht nach herrschender Meinung bei der GmbH der gesellschaftsrechtliche Grundsatz entgegen, dass diese Rechte wegen ihres sozialrechtlichen Charakters nicht von der Person des Gesellschafters getrennt werden können.

Ähnlich wie beim Nießbrauch an Personengesellschaftsbeteiligungen ist auch hier die Frage der Stimmrechtsausübung umstritten, wobei die herrschende Meinung davon ausgeht, dass das Stimmrecht dem Gesellschafter zusteht. Allerdings kann dem Nießbraucher die Stimmrechtsausübung (sowie die Ausübung sonstiger Verwaltungsrechte) durch widerrufliche Vollmacht ermöglicht werden.

Der Nießbrauch an einem Geschäftsanteil an einer Kapitalgesellschaft ist hiernach nur ein vermögensrechtlicher. Der Nießbraucher hat, sobald die Gewinnverteilung beschlossen ist, einen Anspruch auf den auf den Geschäftsanteil entfallenden Jahresgewinn. Eine eventuelle Liquidationsquote, eine Abfindung oder ein Einziehungsentgelt sind Surrogate des Geschäftsanteils, an denen sich der Nießbrauch fortsetzt.[60] Das Kapital ist von beiden mündelsicher und verzinslich anzulegen, gleichzeitig ist dem Nießbraucher erneut der Nießbrauch hieran zu bestellen. Im Falle einer

---

59 Für den Beschenkten entsteht dadurch das Problem, dass er die auf den ihm zuzurechnenden Gewinn entfallende Einkommensteuer nicht durch Gewinnentnahmen begleichen kann. Münch, ZEV 1998, 8, 11 empfiehlt deshalb im Nießbrauchsvertrag ausgleichende Regelungen (so genannte "Steuerbeihilfe") zu vereinbaren; siehe hierzu auch Oldenburg in Münchener Vertragshandbuch zum Gesellschaftsrecht, II.10. Anm. 15b, mit Hinweis auf BGH v. 20.04.1972, II ZR 143/69, BGHZ 58, 316, 322.
60 Pohlmann in MüKo-BGB, § 1068 Rn. 65 f. m.w.N.

Kapitalerhöhung aus Gesellschaftsmitteln steht das Bezugsrecht dem Gesellschafter zu. Jedoch hat der Nießbraucher einen Anspruch auf Erstreckung des Nießbrauchs auf den neuen Anteil.[61]

bb)   Ertragsteuerrechtliche Besonderheiten

Auch beim Nießbrauch an Kapitalgesellschaftsanteilen stellt sich die Frage der subjektiven Einkünftezurechnung. Die Finanzverwaltung hat hierzu in einem nach wie vor gültigen Erlass von 1983 Stellung genommen. Hiernach sind jedenfalls beim Vorbehaltsnießbrauch die Kapitaleinkünfte dem Nießbrauchsberechtigten zuzurechnen.[62]   **49**

e)   Schenkungsteuerliche Behandlung

Die Übertragung eines Einzelunternehmens oder einer Gesellschaftsbeteiligung unter Nießbrauchsvorbehalt ist in aller Regel ein schenkungsteuerpflichtiger Vorgang. Obwohl der Nießbrauch für den Erwerber eine Belastung darstellt und dessen Bereicherung mindert, wird der Erwerb aufgrund der Anordnung des § 25 Abs. 1 S. 1 ErbStG ohne Berücksichtigung der Belastung durch den Nießbrauch besteuert. Jedoch ist der dem Kapitalwert des Nießbrauchs entsprechende Teil der Steuer bis zur Beendigung des Nießbrauchs – im Regelfall also bis zum Tode des Schenkers – zinslos zu stunden. Der Erwerber kann den Stundungsbetrag auch zu jeder Zeit – unter Abzinsung mit 5,5% entsprechend der statistischen Lebenserwartung des Schenkers zum Ablösezeitpunkt – vorzeitig ablösen.   **50**

Der Erwerb eines Einzelunternehmens, einer Personengesellschaftsbeteiligung sowie eines Anteils an einer Kapitalgesellschaft, an welchem der Schenker mit mehr als einem Viertel unmittelbar beteiligt ist, ist zudem nach §§ 13a und 19a ErbStG begünstigt. Voraussetzung hierfür ist allerdings, dass der Beschenkte trotz der Nießbrauchsberechtigung des Schenkers als Mitunternehmer im erbschaftsteuerlichen Sinne zu qualifizieren ist, was aber – wie oben dargestellt – in der Regel der Fall ist. Allerdings kann sich im Hinblick auf ein Vorversterben des Beschenkten eine gleichzeitige treuhänderische Rückübertragung des Anteils nachteilig auswirken. Nach Auffassung der Finanzverwaltung[63] soll der Treugeber nämlich nur einen Rückübertragungsanspruch aus dem Treuhandvertrag, nicht aber den Anteil selbst vererben können, weshalb Erwerbern der Treugeberposition die Betriebsvermögensprivilegien versagt werden und der Erwerb mit dem Wert des Rückübertragungsanspruchs, somit dem Verkehrswert des Anteils bewertet wird.[64]

Die Finanzverwaltung führt in den Erbschaftsteuerrichtlinien 2003 an, dass § 13a ErbStG nicht anwendbar sei, "wenn eine Beteiligung an eine Personengesellschaft geschenkt wird, an der sich der Schenker den Nießbrauch vorbehält, und sofern der Bedachte dabei nicht Mitunternehmer der Personengesellschaft wird" (H 51 Abs. 1 ErbStH 2003). Daher ist bei einer Schenkung von Kommanditanteilen unter Nießbrauchsvorbehalt grundsätzlich von einer Gewährung der Betriebsvermögensprivilegien auszugehen. Zur Versagung der Privilegien kann es ausnahmsweise dann kommen, wenn durch individualvertragliche Ausgestaltung das Nießbrauchsrecht derart vom gesetzlichen Regelungsmodell abgewichen wird, dass der Beschenkte nicht als Mitunternehmer qualifiziert werden kann.[65] Insoweit ist also bei der Gestaltung Zurückhaltung geboten.

---

61   Winter in Scholz, GmbHG, § 15 Rn. 191a; Stürner in Soergel, BGB, § 1068 Rn. 8.
62   BMF v. 23.11.1983, BStBl I 1983, 508, Tz 55.
63   Koordinierter Ländererlass, FinMin. Bayern v. 14.06.2005, DStR 2005, 1231 und FinMin. Baden-Württemberg v. 27.06.2005, DB 2005, 1493; teilweise, aber nicht grundlegend geändert mit Erlass v. 16.02.2007, DStR 2007, 627.
64   Kritisch hierzu Daragan, DB 2005, 2210; Rödl/Seifried, BB 2006, 20; Hannes/Otto, ZEV 2005, 464.
65   Vgl. etwa FG Niedersachsen v. 22.12.2004, 3 K 277/03, EFG 2005, 639; Hessisches FG v. 28.11.2006, 1 K 3292/05 (Rev.: II R 14/07), EFG 2007, 944.

Ist hingegen sichergestellt, dass der mit dem Nießbrauch belastete Beschenkte als Mitunternehmer anzusehen ist, so ermöglicht die Schenkung unter Nießbrauchsvorbehalt die Erlangung bedeutender Steuerspareffekte. Die Entlastung ergibt sich vor allem aus der Vorschrift des § 10 Abs. 6 S. 4 ErbStG, wonach die Nießbrauchslast in vollem Umfang abgezogen werden kann, obwohl das begünstigte Betriebsvermögen um den Betriebsvermögensfreibetrag und den Bewertungsabschlag gemindert wird. Lediglich für den Erwerb von Anteilen an Kapitalgesellschaften und land- und forstwirtschaftlichem Betriebsvermögen schreibt § 10 Abs. 6 S. 5 ErbStG eine anteilige Kürzung des Abzugsbetrages vor.[66]

51 **▶ Fall:**

Der 65-jährige U schenkt seinem Sohn unter Vorbehalt eines lebenslänglichen Nießbrauchsrechts seine Kommanditbeteiligung an der U GmbH & Co. KG im erbschaftsteuerlichen Wert von € 4 Mio. Der durchschnittliche entnahmefähige Jahresgewinn aus dem KG-Anteil beträgt € 250.000.

(1) Kapitalwert des Nießbrauchs

Jahreswert (gemäß § 16 BewG max. 1/18,6 des Substanzwertes, somit € 4.000.000 : 18,6 =)	€ 215.053,76
x Vervielfältiger für 65-jährigen Mann gemäß Anlage 9 BewG	x 9,019
= Kapitalwert	€ 1.939.569,90

(2) Steuer auf unbelasteten Erwerb

Wert des steuerpflichtigen Erwerbs	€ 4.000.000,00
./. Betriebsvermögensfreibetrag (§ 13 Abs. 1 ErbStG)	€ - 225.000,00
	€ 3.775.000,00
./. Bewertungsabschlag (§ 13 Abs. 2 ErbStG)	- 35 %
	€ 2.453.750,00
./. persönlicher Freibetrag (§ 16 ErbStG)	€ - 205.000,00
	€ 2.248.750,00
x Steuersatz (§ 19 i.V.m. § 15, eventuell ergänzt um § 19a ErbStG)	x 19 %
	€ 427.262,50

(3) Sofortsteuern

Wert des steuerpflichtigen Erwerbs nach Freibetrag und Bewertungsabschlag	€ 2.453.750,00
./. (ungekürzter) Kapitalwert des Nießbrauchs	€ -1.939.569,90
	€ 5.141.80,10
./. persönlicher Freibetrag (§ 16 ErbStG)	€ - 205.000,00
	€ 309.180,10
abgerundet auf volle € 100,00 (§ 10 Abs. 1 S. 5 ErbStG)	€ 309.100,00
Steuersatz (§§ 19, 19a ErbStG)	x 15%
Sofortsteuer	€ 46.365,00

---

66 Hierzu aber FG Düsseldorf v. 28.05.2003, 4 K 2649/01 Erb, EFG 2003, 1259 mit Anm Fumi, wonach die anteilige Kürzung nicht aus § 10 Abs. 6 S. 5 ErbStG, sondern bereits aus allgemeinen Grundsätzen erfolgen soll, eine Auffassung, die freilich auch den vollen Abzug nach § 10 Abs. 6 S. 4 ErbStG bei Ermittlung der Sofortsteuer nach § 25 ErbStG zweifelhaft erscheinen lässt. Der BFH v. 06.07.2005, II R 34/03, BStBl. II 2005, 797, hat aber inzwischen klargestellt, dass § 10 Abs. 6 ErbStG auch auf § 25 ErbStG Anwendung findet. Der Gesetzgeber hatte bereits im Entwurf für das Steuerbereinigungsgesetz 1999 die Aufhebung des § 10 Abs. 6 S. 4 ErbStG und die inhaltliche Ausweitung des Satzes 5 auf Vermögen im Sinne des § 13a Abs. 4 Nr. 1 ErbStG vorgesehen. Jedoch wurde der Entwurf seinerzeit durch den Vermittlungsausschuss abgelehnt und ist bis heute nicht umgesetzt.

(4) Zinslos zu stundende Steuer

Steuer auf unbelasteten Erwerb	€ 427.253,00
./. Sofortsteuer	€ - 46.365,00
zinslos zu stundende Steuer	€ 380.888,00
bei Sofortablösung abgezinst	
mit Abzinsungsfaktor für 65-jährigen Mann	x 0,473
Ablösebetrag	€ 180.160,00

f) Verzicht auf vorbehaltenen Nießbrauch

Stellt sich nach erfolgter Schenkung unter Nießbrauchsvorbehalt im Laufe der Zeit heraus, dass 52
der Altersversorgungsbedarf des Seniors geringer ist oder durch andere Einkunftsquellen hinreichend gedeckt werden kann, so liegt es nahe, auf den vorbehaltenen Nießbrauch ganz oder teilweise zu verzichten. Ein solcher Verzicht schafft – sofern er unentgeltlich erfolgt – zwar keine besonderen ertragsteuerlichen Belastungen. Er ist aber schenkungsteuerlich relevant.

Der Bundesfinanzhof hat jüngst[67] bestätigt, dass der Nießbrauchsverzicht den Tatbestand des § 7
Abs. 1 Nr. 1 ErbStG erfüllt und § 25 Abs. 1 ErbStG der Steuerbarkeit nicht entgegensteht. Einer
Doppelbelastung soll dadurch Rechnung getragen werden, dass der seinerzeit unberücksichtigt
gebliebene Steuerwert des Nutzungsrechts auf den Steuerwert des Nießbrauchsverzichts angerechnet wird. Dies folge aus dem in § 10 Abs. 1 Nr. 1 ErbStG verankerten Bereicherungsprinzip.
Damit aber ist der Nießbrauchsverzicht im Regelfall, insbesondere, wenn das Nießbrauchsrecht
zwischenzeitlich keine wesentlichen Wertsteigerungen erfahren hat, steuerfrei.

3. Unternehmensübertragung gegen Versorgungsleistungen

a) Allgemeines

Ein nach wie vor beliebtes Gestaltungsinstrument zur Sicherung der Altersversorgung des abge- 53
benden Seniors ist die Verpflichtung des Unternehmensnachfolgers zu Versorgungsleistungen.

Neben Pflegeverpflichtungen haben die größte praktische Relevanz im Bereich der Versorgungsleistungen heute die Geldleistungen, die unter den steuerrechtlich geprägten Begriffen der Rente
und der dauernden Last begegnen. Die Rente ist – ungeachtet der unterschiedlichen steuerlichen
Auswirkungen – grundsätzlich vereinbar als Zeit- oder Leib- (= Lebens-) Rente. Soweit die Rente die Altersversorgung des Übergebers sichern soll, ist jedoch von einer Zeitrente abzuraten, da
ansonsten der Übergeber mit der ständigen Sorge belastet ist, dass nach einer gewissen Zeit die
Rentenbezüge wegfallen werden und seine Altersversorgung erheblich beeinträchtigt wird.

Von der dauernden Last unterscheidet sich die Leibrente dadurch, dass sie eine gleich bleibende
Leistung darstellt, während die Höhe der dauernden Last bei sich ändernder Leistungsfähigkeit
des Verpflichteten oder sich änderndem Bedarf des Berechtigten abzuändern ist. Beide Arten von
Versorgungsleistungen sollten vertraglich wertgesichert werden. Die Wertsicherungsklausel bedarf nach § 2 Preisangaben- und Preisklauselgesetz der Genehmigung, welche üblichen Klauseln
vom Bundesamt für Wirtschaft regelmäßig erteilt wird. Bei Übergabe von Grundbesitz sollte eine
dingliche Sicherung durch Eintragung einer Reallast oder Rentenschuld erfolgen.

---

67 BFH v. 17.03.2004, II R 31/01, FR 2004, 603 mit Anm. Viskorf.

Die dinglich gesicherten Versorgungsleistungen bieten dem Übergeber eine größere Sicherheit als ein vorbehaltener Nießbrauch. Während beim Nießbrauch die Fruchtziehung allein von der zukünftigen Ertragskraft des Unternehmens abhängt, haftet für die Erbringung der Versorgungsleistungen der Übergeber mit seinem gesamten künftigen Einkommen und Vermögen einschließlich des Unternehmens. Mit einer Schenkung gegen Versorgungsleistungen können sowohl ertragsteuerliche als auch schenkungsteuerliche Effekte erzielt werden. Darüber hinaus mindert die Verpflichtung des Beschenkten zu Versorgungsleistungen eventuell aus der Schenkung erwachsende Pflichtteilsergänzungsansprüche.

b)   Unternehmensübertragungen gegen Versorgungsleistungen im Einkommensteuerrecht

aa)   Versorgungsleistungen

54   Die ertragsteuerlichen Auswirkungen von Versorgungsleistungen sind unterschiedlich je nachdem, ob sie als Leibrente oder dauernde Last vereinbart wurden.

Die Leibrente kann vom Leistungsverpflichteten lediglich in Höhe ihres seinerseits wiederum vom Alter der Rentenberechtigten bei Rentenbeginn abhängigen Ertragsanteils (zu dessen Berechnung siehe § 22 Nr. 1 EStG) als Sonderausgabe nach § 10 Abs. 1 Nr. 1a EStG vom Gesamtbetrag der Einkünfte abgezogen werden. Korrespondierend hierzu hat der Leistungsberechtigte auch lediglich diesen Ertragsanteil zu versteuern.

Die dauernde Last ist beim Verpflichteten in voller Höhe als Sonderausgabe abziehbar und vom Berechtigten in voller Höhe zu versteuern.

🛈 Praxishinweis:

Die konkrete Gestaltungsempfehlung hat sich daran zu orientieren, ob der Leistungsverpflichtete oder der Leistungsberechtigte zukünftig einer höheren Progression unterliegen wird. Wird der Leistungsverpflichtete aufgrund eines höheren Einkommens nach einem höheren Steuersatz besteuert, so empfiehlt sich die Vereinbarung einer dauernden Last, im umgekehrten Fall, wenn also der Leistungsberechtigte einer höheren Progression unterliegt, sollte eine Leibrente vereinbart werden. Jedenfalls aber sind die unterschiedlichen steuerlichen Auswirkungen bei der Bemessung der Versorgungsleistung zu berücksichtigen.

Die Finanzverwaltung hat in einem umfassenden Rentenerlass[68] klargestellt, unter welchen Voraussetzungen sie eine Versorgungsleistung als dauernde Last oder als Leibrente qualifiziert.

- Dauernde Lasten liegen vor, wenn eine Abänderbarkeit der Versorgungsleistung vereinbart wurde.

- Leibrenten liegen vor, wenn die Versorgungsleistungen unabänderbar sind, wobei eine stets zu empfehlende Wertsicherungsklausel eine Leibrente nicht zu einer dauernden Last macht.

Neben dieser quasi internen Differenzierung zwischen dauernder Last und Leibrente ist die Vermögensübergabe gegen Versorgungsleistungen, welche die geschilderten Steuerfolgen mit sich bringt, jedoch auch nach außen hin in zweifacher Richtung abzugrenzen: Zum einen gegenüber steuerpflichtigen entgeltlichen Geschäften und zum anderen gegen vom Sonderausgabenabzug ausgeschlossenen und nicht steuerbaren Unterhaltszahlungen nach § 12 Nr. 2 EStG.

---

68   BMF v. 16.09.2004, BStBl. I 2004, 922 (sog. III. Rentenerlass), Tz. 2 f.; hierzu Geck, DStR 2005, 85; Neufang, BB 2005, 688; Brandenberg, DB 2005,1812; ders. NWB 2005, F. 3 S. 13561; Everts, MittBayNot 2005, 13; Paus, DStZ 2005, 31; Bauschatz, KÖSDI 2005, 14596.

Von einer Vermögensübergabe gegen Versorgungsleistungen ist auszugehen, wenn sich der Übergeber im Zuge vorweggenommener Erbfolge in Form der Versorgungsleistungen Erträge seines Vermögens in der Weise vorbehält, dass der Übernehmer sich verpflichtet, aus diesen erwirtschafteten Erträgen einen Teil an den Übergeber abzuführen. Die Höhe der Versorgungsleistungen wird dabei vorrangig nach der Leistungsfähigkeit des Verpflichteten und dem Versorgungsbedürfnis des Berechtigten bemessen. Bei Vermögensübertragungen zwischen nahen Angehörigen wird solches widerlegbar vermutet.

bb) Abgrenzung zu entgeltlichen Geschäften

Von einem entgeltlichen Geschäft ist hingegen auszugehen, wenn die Versorgungsleistungen nach kaufmännischen Gesichtspunkten bemessen wurden, die Vertragsparteien also von der Gleichwertigkeit des übertragenen Anteils auf der einen Seite und der Versorgungsleistungen auf der anderen Seite ausgingen. Die Finanzverwaltung vermutet dies widerlegbar bei einer Vermögensübertragung unter Fremden. Auch wird ein entgeltliches Geschäft angenommen, wenn die Mindestlaufzeit der Versorgungsleistungen kürzer ist als die voraussichtliche durchschnittliche Lebenserwartung des Versorgungsberechtigten.[69]

Ein Anhaltspunkt für ein entgeltliches Geschäft sollte sich nach Auffassung der Finanzverwaltung schließlich auch daraus ergeben, dass die wiederkehrenden Leistungen auf Dauer die erzielbaren Erträge übersteigen (hierzu noch im Folgenden).[70]

Handelt es sich um ein entgeltliches Geschäft, sind die Versorgungsleistungen in Höhe ihres Barwertes als Kaufpreis zu qualifizieren:

Der Veräußerer hat den ihm entstehenden Gewinn grundsätzlich sofort – ggf. begünstigt nach §§ 16, 34 EStG – und die in den Rentenzahlungen enthaltenen Ertragsanteile nach § 22 Nr. 1 S. 3a EStG im Jahr des Rentenbezugs zu versteuern.

Stattdessen kann er aber auch zur Besteuerung im Zuflusszeitpunkt optieren.[71] Dann unterliegen die Versorgungsleistungen als nicht begünstigte nachträgliche Einkünfte aus Gewerbebetrieb in vollem Umfang, also nicht nur mit ihrem Ertragsanteil, der Besteuerung (§ 15 Abs. 1 i.V.m. § 24 Nr. 2 EStG). Die Steuerpflicht entsteht allerdings erst dann, wenn die gezahlten Versorgungsleistungen in der Summe den Buchwert zuzüglich Veräußerungskosten übersteigen und somit Gewinn darstellen. Der in den wiederkehrenden Bezügen enthaltene Zinsanteil stellt nach Auffassung der Finanzverwaltung allerdings schon im Zeitpunkt des Zuflusses nachträgliche Betriebseinnahmen dar. Der Erwerber und Rentenverpflichtete hat unabhängig von der Ausübung des Wahlrechts durch den Veräußerer in Höhe des Barwerts der Versorgungsleistungen Anschaffungskosten. Den in den Versorgungsleistungen enthaltenen Zinsanteil kann er als Betriebsausgaben geltend machen. Hierzu ist der Barwert der Versorgungsleistungen zu passivieren. Die Barwertminderungen stellen dann Ertrag und die laufenden Leistungen Aufwand dar, so dass der Saldo als Zinsanteil das Einkommen mindert.

cc) Abgrenzung zu Unterhaltsleistungen

Von steuerlich unbeachtlichen Unterhaltsleistungen gehen Rechtsprechung und Finanzverwaltung hingegen aus, wenn es sich bei dem übergebenen Vermögen nicht um eine die Existenz des Vermögensübergebers wenigstens teilweise sichernde Wirtschaftseinheit handelt, was schon immer bei ertraglosem Vermögen angenommen wird.

---

69 BMF v. 16.09.2004, BStBl. I 2004, 922 (sog. III. Rentenerlass), Tz. 59.
70 So noch BMF v. 26.08.2002, BStBl. I 2002, 893, Tz. 4a.
71 R 16 Abs. 11 EStR 2005.

Hingegen wurde es als nicht erforderlich angesehen, dass die Versorgungsleistungen vollständig aus den Erträgen des übertragenen Vermögens erbracht werden können. Erst wenn der Wert des Vermögens im Zeitpunkt der Vermögensübergabe selbst bei überschlägiger und großzügiger Berechnung weniger als 50 % des Kapitalwerts der Versorgungsleistungen ausmachte, qualifizierte die Finanzverwaltung dies im Anschluss an die Rechtsprechung des XI. Senats und des Großen Senats des Bundesfinanzhof als Unterhaltsleistungen.[72]

Demgegenüber hielt der X. Senat des Bundesfinanzhofs in seinem Vorlagebeschluss vom 10.11.1999[73] die 50%-Rechnung für irrelevant. Er qualifizierte die Versorgungsleistungen vielmehr bereits schon dann als Unterhaltsleistungen, sofern sie nicht aus den laufenden Nettoerträgen des übergebenen Vermögens erbracht wurden und keinen Bezug zu dem erhaltenen Vermögen aufwiesen. Standen sie hingegen in sachlichem Zusammenhang mit der erhaltenen Gegenleistung, so sollten die Grundsätze für kauf- und darlehensähnliche Rechtsgeschäfte anwendbar sein.[74] Der Große Senat ist im Wesentlichen dem X. Senat gefolgt.[75] In seinen Beschlüssen vom 12.05.2003 hat er klargestellt, dass eine Vermögensübergabe gegen Versorgungsleistungen nur dann als unentgeltlicher Vorgang angesehen werden kann, wenn die aus dem Vermögen erzielbaren Nettoerträge ausreichen, die Versorgungsleistungen zu erbringen. Nur dann könne davon ausgegangen werden, dass der Übergeber das Vermögen unentgeltlich überträgt und sich lediglich die Erträge zurückbehält, die nun der Übernehmer erwirtschaftet. Bei der Prognose der erzielbaren Nettoerträge kommt es nach Auffassung des Großen Senats auf die Verhältnisse im Zeitpunkt der Übergabe an. Werden also später die realistischen Ertragserwartungen nicht erfüllt, führt dies nicht nachträglich zur Entgeltlichkeit. Bei der Übergabe von Unternehmen besteht nach Auffassung des Großen Senats eine nur in seltenen Fällen widerlegbare Vermutung, dass die Erträge ausreichen werden. Der für die Qualifizierung von Versorgungsleistungen als Unterhalt maßgeblichen 50%-Grenze kann nach der Entscheidung des Großen Senats im Einzelfall noch indizielle Bedeutung zukommen, von großer Relevanz wird sie nicht mehr sein.[76]

Sind die wechselseitigen Leistungen als Unterhalt zu qualifizieren, bleiben sie auf beiden Seiten steuerlich unbeachtlich.

---

72   BMF v. 26.08.2002, BStBl. I 2000, 893, Tz. 18; BFH v. 23.01.1992, XI R 6/87, BStBl. II 1992, 526; BFH v. 15.07.1991, GrS 1/90, BStBl. II 1992, 78.

73   BFH v. 10.11.1999, X R 46 / 97, BStBl. II 2000, 188.

74   Kritisch hierzu Geck, ZEV 2000, 136; Spiegelberger, DStR 2000, 1074; Weber-Grellet, FR 2000, 276.

75   BFH v. 12.05.2003, GrS 1/00, DStR 2003, 1696; BFH v. 12.05.2003, GrS 2/00, DStR 2003, 1700. Die Finanzverwaltung hat den vom Großem Senat aufgestellten Grundsätzen im III. Rentenerlass v. 16.09.2004, BStBl. I 2004, 922, Rechnung getragen.

76   Weitere Neuerungen waren, dass auch bei Übertragung von Geldvermögen, Wertpapieren oder typisch stillen Beteiligungen, die bisher nicht zum existenzsichernden Vermögen gezählt wurden, ein Sonderausgabenabzug vereinbarter Versorgungsleistungen möglich ist. Gleiches gilt bei ertraglosem Vermögen, wenn im Übergabevertrag der Austausch des ertraglosen in ertragbringendes Vermögen vereinbart ist. Nach Auffassung der Finanzverwaltung führte die spätere Veräußerung des übertragenen Vermögens rückwirkend zur Gewinnrealisierung (so noch BMF v. 26.08.2002, BStBl. I 2002, 893 ff.). Ob daran festzuhalten ist, hatte der Große Senat ausdrücklich offen gelassen. Im III. Rentenerlass wird diese Auffassung aufgegeben (v. 16.09.2004, BStBl. I 2004, 922, Tz. 28 ff.)

c) Unternehmensübertragungen gegen Versorgungsleistungen im Schenkungsteuerrecht

Die Vermögensübergabe gegen Versorgungsleistungen ist als Auflagenschenkung schenkungsteuerpflichtig. Anders als bei einer Schenkung unter Duldungs- oder Nutzungsauflage (beispielsweise in Form eines Nießbrauchsvorbehalts) findet § 25 ErbStG jedoch keine Anwendung. Der Bundesfinanzhof qualifiziert die Vermögensübergabe gegen Versorgungsleistung vielmehr als Schenkung unter Leistungsauflage und stellt diese in der schenkungsteuerlichen Beurteilung der gemischten Schenkung gleich, das heißt die Versorgungsleistungen werden wie eine Gegenleistung behandelt.[77]

57

Nach den Grundsätzen zur gemischten Schenkung wird die schenkungsteuerliche Bemessungsgrundlage in der Weise ermittelt, dass der Steuerwert der Leistung des Schenkers in dem Verhältnis aufgeteilt wird, in dem der Verkehrswert der Bereicherung des Beschenkten zu dem Verkehrswert des geschenkten Vermögens steht. Die hierfür maßgebliche Berechnungsformel lautet wie folgt:

$$\text{Steuerwert der Schenkerleistung} \times \frac{\text{Verkehrswert der Bereicherung des Beschenkten}}{\text{Verkehrswert der Schenkerleistung}} = \text{Steuerwert der freigebigen Zuwendung}$$

Der Verkehrswert der Bereicherung ergibt sich aus der Differenz aus dem Verkehrswert der Schenkerleistung[78] und dem Verkehrswert (= Kapitalwert) der Versorgungsleistungen.

Fall:

58

Der 65-jährige U schenkt seinem Neffen N eine Kommanditbeteiligung im Verkehrswert von € 2.000.000 und einem Steuerwert von € 1.000.000 gegen eine lebenslängliche Leibrente von monatlich € 4.600.

	Monatliche Leibrente	€ 4.600
		x 12
=	Jahreswert	€ 55.200
	Vervielfältiger gem. Anlage 9 BewG für 65-jährigen Mann	x 9,019
	Kapitalwert der Versorgungsleistungen (aufgerundet)	€ 500.000
	Verkehrswert der Schenkerleistung[79]	€ 2.000.000
./.	Verkehrswert der Versorgungsleistungen	€ 500.000
=	Verkehrswert der Bereicherung des Beschenkten	€ 1.500.000
	Steuerwert der freigebigen Zuwendung :	1.000.000 x 1.500.000 / 2.000.000 = 750.000

---

77 BFH v. 12.04.1989, II R 37/87, BStBl. II 1989, 524.
78 Zur Bestimmung des Verkehrswertes durch die Finanzverwaltung s. R 17 Abs. 5 ErbStR 2003 (Übernahme des vom Steuerpflichtigen erklärten Werts) und R 17 Abs. 6 ErbStR 2003 (direkte und indirekte Methode der Unternehmensbewertung, Stuttgarter Verfahren); hierzu auch Schwarz, ZEV 2000, 45.
79 Moench in Moench, § 7 Rn. 85, weist zu Recht darauf hin, dass das eigentliche praktische Problem in der Aufgabe liegt, den Verkehrswert der Schenkerleistung (vorliegend der Kommanditbeteiligung) und (im Beispiel weniger) der Leistung des Beschenkten zu bestimmen.

d) Reformpläne

59 Laut dem Referentenentwurf für das Jahressteuergesetz 2008 soll das über Jahrzehnte etablierte Institut der Vermögensübertragung gegen Versorgungsleistungen einem Vorschlag des Bundesrechnungshofes folgend auf seinen „Kernbereich" beschränkt werden. Insbesondere soll die Begünstigung nur noch auf die Übertragung von land- und forstwirtschaftlichen Betrieben, Gewerbebetrieben und Betriebsvermögen Selbständiger in der Rechtsform von Einzelunternehmen oder Personengesellschaften Anwendung finden. Immobilien und Anteile an Kapitalgesellschaften sollen hingegen nicht mehr in den Anwendungsbereich des Instituts der unentgeltlichen Vermögensübergabe einbezogen werden. Die Übergabe derartigen Vermögens wird dann nach den üblichen Grundsätzen für einen Kauf auf Rentenbasis abzuwickeln sein. In diesem Bereich wird es dann keinen Sonderausgabenabzug mehr geben und die Übertragung gegen Versorgungsleistungen wird als (teil-)entgeltliches Geschäft behandelt. Bei steuerverstricktem Vermögen kommt es somit zu einer Versteuerung des Veräußerungsgewinns beim Übergeber. Die neuen Regeln sollen bereits ab dem 01.01.2008 Anwendung finden. Für bereits getroffene Vereinbarungen ist eine fünfjährige Übergangsfrist vorgesehen, so dass insoweit die Neuregelung ab 2013 greift. Wo die Begünstigung nicht gilt, soll nicht mehr zwischen Renten (Abzug und Versteuerung mit dem Ertragsanteil) und dauernden Lasten (voller Abzug, volle Versteuerung) unterschieden werden. Vielmehr sollen künftig die Versorgungsleistungen immer in vollem Umfang abzugsfähig und korrespondierend hierzu voll zu versteuern sein.

D. Übergang des Unternehmens im Rahmen der Erbfolge

I. Beratungssituation: Das Gesetz, die schlechtere Alternative

60 Wer sein Unternehmen von Todes wegen überträgt, hat entweder etwas falsch gemacht oder ist zu früh verstorben. Die erste der beiden Alternativen kann durch eine rechtzeitige Übertragung des Unternehmens oder von Unternehmensteilen auf die nächste Generation vermieden werden. Auf die zweite Möglichkeit hat der Unternehmer weniger Einfluss. Es stirbt sich nicht immer entsprechend der Statistik. Die Regelung der Erbfolge gehört daher zu den unerlässlichen Aufgaben jeden Unternehmers, egal welchen Alters. Denn gerade dem Unternehmer kann nicht gleichgültig sein, wem er sein Unternehmen und sonstiges Vermögen hinterlässt. Gerade ihm muss es wesentlich um den Erhalt seines Unternehmens über den Tod hinaus gehen. Dies nicht nur zur Sicherung der Altersversorgung seiner Angehörigen, sondern auch in Verantwortung gegenüber oft langjährigen Mitarbeitern und Kunden. Wenn er zudem sein Vermögen gerecht und somit unter Berücksichtigung seiner individuellen Vermögens- und Familienverhältnisse verteilt wissen will und Streitigkeiten in der Familie im Rahmen der Erbteilung möglichst vermeiden möchte, so wird er sich der Aufgabe einer Erbfolgegestaltung stellen müssen und darf sich nicht freiwillig der Null-Acht-Fünfzehn-Lösung des Gesetzes unterwerfen. Dieses verteilt nämlich das Familienhaus und die Ersparnisse des Beamten in gleicher Weise wie das mittelständische Unternehmen oder die Konzernbeteiligung des Großindustriellen. Es weist dem sekten- oder drogenabhängigen Sohn Unternehmensanteile genauso zu wie der zur Unternehmensnachfolge durch Studium und Berufserfahrung qualifizierten Tochter.

II.   Die gesetzliche Erbfolge

Das Gesetz nimmt nämlich keine konkrete Zuweisung von einzelnen Vermögensgegenständen **61** (Unternehmen, Immobilien, Wertpapiere) an bestimmte Familienangehörige vor. Es bestimmt vielmehr, dass der Nachlass als Ganzes – also ungeteilt – auf die Gemeinschaft der Erben übergeht und die Erben anteilig daran beteiligt werden.

1.   Bestimmung der Erben und ihrer Erbteile

Wer zur Erbengemeinschaft gehört, bestimmt sich nach einem Ordnungssystem. Alle Verwand- **62** ten des Erblassers werden in Ordnungen eingeteilt. Zur ersten, dem Erblasser verwandtschaftlich nächsten Ordnung gehören dessen Abkömmlinge (= Kinder, Enkel, Urenkel). Zur zweiten Ordnung gehören die Eltern und deren Abkömmlinge (= Geschwister, Nichten und Neffen). Die Erbfolge bestimmt sich nach folgender Grundregel: Solange ein Verwandter einer vorhergehenden Ordnung lebt, sind sämtliche Verwandten nachfolgender Ordnungen von der Erbfolge ausgeschlossen, d.h. sind zwar keine Kinder, aber ein Enkel vorhanden, schließt dieser die Eltern oder Geschwister des Erblassers von der Erbfolge aus.

Die quotale Aufteilung der Erbschaft erfolgt innerhalb der zur Erbschaft gelangten Ordnung nach einem Stammes- und Liniensystem. In der ersten Ordnung führt jedes Kind eines Erblassers einen Stamm an, zu dem alle seine Abkömmlinge gehören. In den nachfolgenden Ordnungen steht jedes Eltern- bzw. Großelternteil einer Linie vor. Die Aufteilung der Erbschaft folgt hier nach der Grundregel, dass jeder Stamm bzw. jede Linie denselben Erbteil erhält. Innerhalb des Stammes und der Linie gilt dann die Regel, dass die mit dem Erblasser näher verwandten Abkömmlinge ihre eigenen Abkömmlinge von der Erbschaft ausschließen.

Eine Sonderrolle im System der Erbordnung nimmt der Ehegatte des Erblassers ein. Sein gesetzlicher Erbteil hängt zum einen davon ab, welche Verwandten des Erblassers noch leben, zum anderen vom Güterstand, in dem er mit dem Erblasser verheiratet war. Neben Verwandten der ersten Ordnung (= Abkömmlinge) ist der Ehegatte zu ein Viertel, neben Verwandten der zweiten Ordnung (= Eltern und deren Abkömmlinge) oder neben Großeltern ist er zur Hälfte erbberechtigt. Leben nur noch Verwandte einer weitergehenden Ordnung, erbt der Ehegatte alles.

Waren die Eheleute im gesetzlichen Güterstand der Zugewinngemeinschaft verheiratet, so erhöht sich, quasi als pauschaler Ausgleich des Zugewinns, der Erbteil des Ehegatten von einem Viertel um ein weiteres Viertel auf ein Halb (§ 1371 Abs. 1 BGB). Hatten die Eheleute Gütertrennung gewählt, so bleibt es bei der obigen Grundregel, jedoch mit der Besonderheit, dass bei Vorhandensein nur eines Kindes der Ehepartner und das Kind zu je ein Halb, bei Vorhandensein von zwei Kindern alle zu je ein Drittel erben.

2.   Nachteile einer Erbengemeinschaft

Gerade bei unternehmerischem Vermögen ist von besonderer Bedeutung, dass die sich entspre- **63** chend der vorstehenden Regelungen bildende Erbengemeinschaft, welche den gesamten Nachlass erhält, diesen und damit eben auch das Unternehmen wirtschaftlich sinnvoll zu verwalten hat. Ob und in welcher Form Verwaltungsmaßnahmen getroffen werden, entscheidet die Erbengemeinschaft grundsätzlich nach dem Mehrheitsprinzip. Bei außerordentlichen Maßnahmen ist dabei ein einstimmiger Beschluss notwendig. Für ein Unternehmen, das schnell und flexibel auf

Marktveränderungen reagieren muss, ist eine Verwaltung durch Miterben meist tödlich. Zu unterschiedlich sind die wirtschaftlichen Interessen der Miterben, zu verschieden ihre Vorstellung von einer sinnvollen Unternehmensführung. Noch problematischer wird es, wenn zur Erbengemeinschaft neben dem Ehegatten minderjährige Kinder gehören. Die Ehefrau hat dann gerade bei bedeutenden Entscheidungen die Genehmigung des Vormundschaftsgerichts einzuholen.

Besondere unternehmerische Risiken schafft auch der eigentliche Zweck der Erbengemeinschaft. Diese ist nämlich an sich auf Auseinandersetzungen angelegt. Dies bedeutet, dass jeder Erbe, sei er auch mit noch so geringer Quote am Nachlass beteiligt, jederzeit die Auseinandersetzung der Erbengemeinschaft durchsetzen kann. Zwar ist eine einvernehmliche Auseinandersetzung der Erben möglich, sie scheitert aber, genauso wie eine wirtschaftlich sinnvolle Nachlassverwaltung, häufig an den unterschiedlichen Interessen der Miterben. Die Folge ist, dass die Auseinandersetzung streitig und ohne Rücksicht auf Verluste von einzelnen Miterben durchgesetzt wird. Soweit sich der Nachlass nicht ausnahmsweise in Teile (drei Kinder, drei gleichwerthaltige Mietshäuser) aufteilen lässt, die dem jeweiligen Erbteil der Miterben entsprechen, muss die Auseinandersetzung durch Veräußerung der Nachlassgegenstände und Teilung des dabei erzielten Erlöses erfolgen. Der Auseinandersetzungsantrag eines nur gering beteiligten Miterben kann so zur Liquidation eines Gewerbebetriebes oder zur Zwangsversteigerung einer Immobilie führen.

III.   Gestaltungsmöglichkeiten: Die gewillkürte Erbfolge

64   Der Erblasser kann zur Ausschaltung oder lediglich Modifizierung der gesetzlichen Erbfolge nach freiem Belieben Verfügungen von Todes wegen treffen.

1.   Formen letztwilliger Verfügung

65   Als Instrumente einer solchen gewillkürten Erbfolge stehen ihm das Testament, das gemeinschaftliche Testament und der Erbvertrag zur Verfügung.

a)   Testament

66   Das eigenhändige Testament ist die häufigste, unproblematischste, aber auch fehlerträchtigste Verfügung von Todes wegen. Fehlerträchtig deshalb, weil es auf Grund der formellen Leichtigkeit seiner Erstellung häufig spontan und ohne die notwendige rechtliche und steuerliche Beratung gefertigt wird.

An Formerfordernissen ist nämlich lediglich zu beachten, dass es eigenhändig (also handschriftlich) geschrieben und am Ende mit dem vollständigen Namenszug unterschrieben sein muss. Hilfreich, aber kein Wirksamkeitserfordernis ist die Angabe von Ort und Zeit der Errichtung. Die Angabe des Errichtungszeitpunktes ist vor allem deshalb empfehlenswert, weil mit einem jüngeren Testament das ältere widerrufen wird, soweit beide in inhaltlichem Widerspruch stehen. Die Angabe des Errichtungsorts gewinnt Bedeutung, wenn ein Deutscher im Ausland testiert und dabei zwar nicht die deutschen, wohl aber die ausländischen Formvorschriften beachtet, was zur Wirksamkeit des Testaments ausreicht.

Ist das Testament gefertigt, soll es an einem Ort aufbewahrt werden, wo es nach dem Tod des Erblassers auch gefunden werden kann. Ein sicherer Ort der Aufbewahrung ist die amtliche Hinterlegung des Testaments beim Nachlassgericht. Dieses wird, sobald es vom Tod des Erblassers Kenntnis erlangt, das Testament eröffnen und verkünden.

Gleichberechtigt neben dem eigenhändigen Testament steht das öffentliche Testament. Dieses wird in der Weise errichtet, dass entweder der Erblasser dem Notar seinen letzten Willen mündlich erklärt oder ihm eine offene oder verschlossene Schrift übergibt, die seinen letzten Willen enthält. Die Form des öffentlichen Testaments hat den Vorteil, dass durch die Einschaltung des rechtskundigen Notars Formfehler bei der Testamentserrichtung vermieden werden und durch die vom Notar zu veranlassende amtliche Verwahrung die Auffindung des Testaments beim Tod des Erblassers gesichert ist. Darüber hinaus erfährt der Erblasser durch den Notar eine Beratung, die zumindest die korrekte Verwendung von Rechtsbegriffen sicherstellt. Außerdem kann die notarielle Form in bestimmten Fällen einen Erbschein entbehrlich machen.

b) Gemeinschaftliches Testament

Ehegatten haben die Möglichkeit, ein gemeinschaftliches Testament zu errichten. Diese Testamentsform erfreut sich in der Praxis großer Beliebtheit. Hauptsächlicher Grund ist auch hier die Einfachheit seiner Errichtung. Es genügt, dass ein Ehegatte das Testament eigenhändig niederschreibt und unterzeichnet und der andere Ehegatte – möglichst unter Angabe von Ort und Zeit – seine Unterschrift beifügt. Darüber hinaus hat die Wahl des gemeinschaftlichen Testaments als Testamentsform häufig aber auch inhaltliche Gründe. Darin getroffene sog. wechselbezügliche Verfügungen der Ehegatten sind nämlich grundsätzlich gegenseitig bindend. Wechselbezüglich sind insbesondere solche Verfügungen, die so eng miteinander verbunden sind, dass die eine nicht ohne die andere getroffen worden wäre. Hierzu gehören insbesondere solche, bei denen sich die Ehegatten gegenseitig bedenken und solche, bei denen ein Ehegatte dem anderen etwas zuwendet und dieser für den Fall seines Überlebens jemanden bedenkt, der dem Erstversterbenden nahe steht oder mit ihm verwandt ist. Die Bindung drückt sich vor allem darin aus, dass mit dem Tod des einen Ehegatten dem länger lebenden Ehegatten die Möglichkeit genommen ist, seine wechselbezügliche Verfügung zu widerrufen. Wollen die Ehegatten eine solche Bindung nicht oder nur in gemilderter Form, so müssen sie eine solche Freistellung ausdrücklich ins Testament aufnehmen. Das bekannteste gemeinschaftliche Testament ist das sog. Berliner Testament. Es lautet in Kurzfassung:

„Wir setzen uns gegenseitig zu alleinigen Erben ein. Schlusserben sind unser Sohn und unsere Tochter zu gleichen Teilen."

Mit dieser Verfügung wird das Ziel verfolgt, einerseits die Altersversorgung des Ehepartners zu sichern und andererseits das Vermögen in der Familie zu halten, letztlich also den Kindern zukommen zu lassen. Bei genauerem Hinsehen stellt sich in den meisten Fällen die Gestaltung der Erbfolge durch ein Berliner Testament aber als die lediglich zweitbeste Lösung heraus. Es hat nämlich zwei entscheidende Mängel: Es erhöht in erheblichem Maße die erbschaftsteuerliche Belastung und lässt Pflichtteile der im ersten Erbfall enterbten Kinder entstehen.

c) Erbvertrag

68 Während das gemeinschaftliche Testament zu Lebzeiten beider Ehegatten noch keine Bindungs-wirkung entfaltet, jedem Ehegatten vielmehr der Widerruf seiner Verfügung gestattet ist (er hat ihn dem anderen allerdings in notarieller Form mitzuteilen), bindet der Erbvertrag die Vertrags-parteien ab Vertragsabschluss. Die vertragliche Bindungswirkung kann nur in der Weise beseitigt werden, dass die Vertragsparteien den Erbvertrag wieder einvernehmlich aufheben. Ehegatten haben es etwas leichter; sie können den Erbvertrag auch durch ein eigenhändiges gemeinschaft-liches Testament außer Kraft setzen. Die meisten Erbverträge aber werden nicht zwischen Ehegat-ten, sondern zwischen Eltern und Kindern geschlossen. So etwa zur Sicherung des Erwerbs von Unternehmensbeteiligungen zumindest im Erbwege für den im Unternehmen bereits mitarbei-tenden Sohn. Auch beim Erbvertrag können die Vertragsparteien freilich die Bindung lockern, indem sie bestimmte Verfügungen nicht „vertragsmäßig" treffen. Die Parteien eines Erbvertrages müssen keineswegs verwandt sein. Gerade für Partner einer nichtehelichen Lebensgemeinschaft ist der Erbvertrag die einzige Möglichkeit, sich bindend wechselseitig zu bedenken.

Wegen der endgültigen und weitreichenden Bindungswirkung des Erbvertrages hat das Gesetz als Form seines Abschlusses die notarielle Beurkundung vorgesehen. Dies gibt dem Notar die Gele-genheit, die Vertragsschließenden über die Folgen ihres Tuns aufzuklären und hilft so, den unbe-dachten Abschluss von Erbverträgen zu verhindern.

Wer vom Vertragserben enttäuscht wurde und mangels Rücktritts- oder Änderungsvorbehalten seine Verfügung an den Vertragserben nicht rückgängig machen kann, kommt schnell auf den nahe liegenden Gedanken, noch zu Lebzeiten sein Vermögen an andere zu verschenken, nur damit der Vertragserbe die ihm zugedachte Erbschaft nicht erhält. Derartigem Missbrauch beugt das Gesetz jedoch vor. Zwar geht die Bindungswirkung des Erbvertrages nicht soweit, dass der Erblasser zu Lebzeiten nicht über sein Vermögen verfügen, es beispielsweise verkaufen oder ver-schenken könnte. Handelt es sich aber um sog. bösliche Schenkungen, mit denen der Erblasser den alleinigen Zweck verfolgt, dem Vertragserben die Erbschaft vorzuenthalten, so kann der Ver-tragserbe von dem Beschenkten die Herausgabe des Geschenks, ggf. Wertersatz verlangen (§ 2287 BGB).

2. Das erbrechtliche Instrumentarium

69 Das Gesetz gibt demjenigen, der sich entscheidet, die Regelung seiner Erbfolge selbst in die Hand zu nehmen, das nachfolgende erbrechtliche Instrumentarium an die Hand:

Erbeinsetzung	§§ 2087 – 2099 BGB
Einsetzung eines Nacherben	§§ 2100 – 2146 BGB
Vermächtnis	§§ 2147 – 2191 BGB
Auflage	§§ 2192 – 2196 BGB
Testamentsvollstreckung	§§ 2197 – 2228 BGB

Es empfiehlt sich grundsätzlich, den Aufbau des Testaments an vorstehender gesetzlicher Reihen-folge zu orientieren.

Beginnen sollte man jedoch mit der vorsorglichen Aufhebung sämtlicher vorangegangener letzt-williger Verfügungen („Testamentshygiene"). Denn durch die Errichtung eines Testaments wird ein früheres Testament lediglich insoweit aufgehoben, als das spätere Testament mit dem früheren in Widerspruch steht (§ 2258 BGB). Von ergänzenden oder korrigierenden Testamenten ist grundsätzlich abzuraten, sie sind höchst fehlerträchtig. Bei Änderungsbedarf sollte das Testament vielmehr insgesamt neu errichtet werden.

Am Ende des Testaments wird häufig noch eine „Pflichtteilsklausel" aufgenommen (hierzu § 6 Rn. 10). Darüber hinaus können im Testament auch noch familienrechtliche Anordnungen erfolgen, z.B. die Bestimmung des Vormunds für minderjährige Kinder für den Fall des Versterbens beider Elternteile oder die Bestimmung des Betreuers für Behinderte. Auch eine Stiftung kann von Todes wegen in testamentarischer Verfügung gegründet werden.

Mit einer letztwilligen Schiedsklausel lassen sich schließlich langwierige, öffentlich geführte Erbstreitigkeiten vermeiden, hierzu kann auch die Bestimmung eines Schiedsgutachters, etwa zur verbindlichen Wertbestimmung von Nachlassgegenständen dienen.

In Ehegattentestamenten finden sich – meist am Ende – häufig noch Regeln zur Wechselbezüglichkeit und Bindung.

a)   Erbeinsetzung

aa)   Erbe

Mit der Erbeinsetzung entscheidet der Erblasser darüber, wer sein Vermögen als Ganzes erhält. Das kann ein Einzelner sein, das können aber auch mehrere in Erbengemeinschaft (= eine Gesamthandsgemeinschaft) sein. Der Erblasser kann dabei sowohl die Personen bestimmen, die Erben werden sollen als auch die Quote, mit der sie am Vermögen beteiligt sein sollen. Soweit der Erblasser im Testament keine oder nur teilweise Regelungen zur Erbeinsetzung trifft, übernimmt dies für den ungeregelten Teil automatisch das Gesetz. Bei sämtlichen anderen vorgenannten gesetzlichen Regelungsbereichen ist dies anders; es gibt also keine gesetzliche Nacherbfolge, kein gesetzliches Vermächtnis, keine gesetzliche Auflage und keine gesetzlich angeordnete Testamentsvollstreckung. Die Erbfolge aber muss immer geregelt sein, weshalb das Gesetz etwaige Lücken hierzu im Testament schließt.

70

Es empfiehlt sich jedoch, die Erbfolge umfassend und abschließend zu regeln, selbst wenn insoweit die testamentarische Regelung der gesetzlichen entsprechen sollte. Da dies jedoch vielen Erblassern, insbesondere in selbstverfassten Testamenten, häufig nicht gelingt, finden sich im Gesetz zahlreiche Auslegungsregeln, nach denen zu entscheiden ist, wie im Zweifel eventuelle Lücken gefüllt und Unklarheiten beseitigt werden. Vorrang hat dabei aber immer der Erblasserwille.

bb)   Ersatzerbe

Besondere Bedeutung kommt der testamentarischen Regelung zu, wer denn Erbe werden soll, wenn einer der eingesetzten Erben noch vor dem Erbfall (etwa durch Tod) oder auch nach dem Erbfall (etwa durch Ausschlagung) wegfällt. Das Gesetz bietet hierzu dem Erblasser die Möglichkeit, einen Ersatzerben einzusetzen. Unerlässlich ist dies, wenn mit der Erbeinsetzung gleichzeitig über die Unternehmensnachfolge entschieden wird. Dann sollten nicht – wie das Gesetz es im Zweifel vorsehen würde – die oft noch minderjährigen Abkömmlinge des Erben und Unternehmensnachfolgers an seine Stelle treten, sondern eine Person, die entweder ebenfalls zur Unternehmensnachfolge qualifiziert ist oder die zumindest die kurzfristige Veräußerung oder die Einsetzung eines Fremdgeschäftsführers in die Hand nehmen kann (bspw. die Ehefrau des Erblassers).

71

Macht der Erblasser von der ihm angebotenen Möglichkeit der Ersatzerbeinsetzung keinen Gebrauch, gilt zunächst die gesetzliche Ersatzerbfolgeregelung des § 2069 BGB. Darin ist der Fall geregelt, dass der Erblasser einen seiner Abkömmlinge als Erben eingesetzt, eine ausdrückliche Ersatzerbeneinsetzung aber unterlassen hat. Es sind dann im Zweifel die nach der gesetzlichen Erbfolge berufenen Abkömmlinge seines von ihm eingesetzten Abkömmlings als Ersatzerben berufen. Die Auslegungsregel des § 2069 BGB, die sich nach dem gesetzlichen Wortlaut nur auf den Fall der Einsetzung von Abkömmlingen als Erstberufene bezieht, ist von der Rechtsprechung auch auf Fälle der Erbeinsetzung anderer nahestehender Personen angewendet worden. So wurde im Wege einer ergänzenden Auslegung dem Abkömmling gleichgestellt der andere Ehegatte, Stief- oder Geschwisterkinder, Geschwister, Mutter, Schwiegersohn, Tochter der Geliebten, Tochter der Lebensgefährtin.[80]

Hat der Erblasser eine Vor- und Nacherbschaft angeordnet, so ist der Nacherbe im Zweifel auch Ersatzerbe (§ 2102 Abs. 1 BGB).

Greift keine der Auslegungsregeln zur Ersatzerbschaft und kann auch durch ergänzende Auslegung des Testaments kein Ersatzerbe ermittelt werden, kommt es zur Anwachsung, d.h. der Erbteil des weggefallenen Miterben wächst den anderen Miterben im Verhältnis ihrer Erbteile an (§ 2094 BGB). Voraussetzung ist hierfür allerdings weiterhin, dass der Erblasser mehrere Personen in der Weise zu Miterben berufen hat, dass sie die gesetzliche Erbfolge ganz ausschließen.

Eine klare Ersatzerbenregelung ist auch in erbschaftsteuerlicher Hinsicht angezeigt, um auf sicherer Grundlage die Ausschlagung, insbesondere die Ausschlagung gegen Abfindung, als Gestaltungsmittel zur Erbschaftsteuerreduzierung einsetzen zu können. Erbschaftsteuerlich motivierte Ausschlagungen haben schon häufig zu Überraschungen geführt, indem beispielsweise bisher unbekannte nichteheliche Kinder als Ersatzerben Erbansprüche geltend gemacht haben.

cc) Erbschaft- und Ertragsteuer

72 Erbschaftsteuerlich bestehen bei der einfachen Erbeinsetzung keine Besonderheiten. Der Erwerb des Erben unterliegt in vollem Umfang der Erbschaftsteuer. Im Hinblick auf gängige Testamentsgestaltungen ist darauf hinzuweisen, dass die in gemeinschaftlichen Testamenten üblichen Klauseln zum gleichzeitigen Versterben,[81] insbesondere die Definition, dass von gleichzeitigem Versterben auch dann auszugehen ist, wenn beide Eheleute auf Grund eines einheitlichen Ereignisses nacheinander binnen sechs Wochen versterben, zu keinen besonderen erbschaftsteuerlichen Entlastungen führt. Es bleibt trotz der Klausel bei zwei Erbfällen.

Auch ertragsteuerlich drohen bei der schlichten Erbeinsetzung kaum Risiken. Der Erwerb des Erben erfolgt nach § 6 Abs. 3 EStG zu Buchwerten.

Risiken drohen nur dann, wenn keine ausreichende Abstimmung mit dem Gesellschaftsvertrag erfolgt. So kann es insbesondere zu steuerpflichtigen Entnahmen von Sonderbetriebsvermögen kommen, wenn eine gesellschaftsvertragliche qualifizierte Nachfolgeklausel oder eine Eintrittsklausel nicht mit dem Testament korrespondiert und deshalb nicht nachfolgeberechtigte Miterben Sonderbetriebsvermögen erwerben (vgl. § 1 Rn. 180 ff.; § 6 Rn. 30 ff.).

Ertragsteuerbelastungen können auch bei der Auseinandersetzung einer Erbengemeinschaft – sei es auf Grund einvernehmlicher Regelung der Erben oder auf Grund Teilungsanordnung des Erblassers – entstehen, wenn nämlich ein Erbe wertmäßig mehr Betriebsvermögen oder steuerverstricktes Privatvermögen hält und für seinen Mehrerwerb den anderen Erben eine Abfindung zahlen muss. Genauso kann es freilich auch bei der Erbauseinandersetzung zu ungewollten Entnahmen kommen.

---

80   Leipold in MüKo-BGB, § 2069 Rn. 34 m.w.N.
81   Hierzu Feick, ZEV 2006, 16; Bestelmeyer, ZEV 2006, 146; Keim, ZEV 2005, 10.

b)   Vor- und Nacherbschaft

aa)   Allgemeines

Nach § 2100 BGB kann der Erblasser durch Verfügung von Todes wegen einen Erben in der Weise einsetzen, dass dieser erst Erbe wird, nachdem ein anderer Erbe geworden ist. Die Erbschaft geht also zunächst an den Vorerben und bei Eintritt eines vom Erblasser bestimmten Ereignisses – im Zweifel ist dies der Tod des Vorerben – an den Nacherben. Der Nacherbe ist dabei nicht etwa Rechtsnachfolger des Vorerben, sondern Rechtsnachfolger des Erblassers, d.h. sowohl der Vorerbe als auch der Nacherbe erben vom Erblasser (bekanntlich wird dies erbschaftsteuerlich so nicht nachvollzogen).

73

Zwar kann die Nacherbeinsetzung nur durch Verfügung von Todes wegen erfolgen, jedoch wird sie vom Gesetz in einigen Fällen vermutet. So bei der Einsetzung einer beim Erbfall noch nicht erzeugten Person als Erbe sowie bei der Erbeinsetzung unter einer auflösenden oder aufschiebenden Bedingung oder Befristung (§§ 2104, 2105 BGB).

6

Auch auf den Vorerben geht die Erbschaft als Ganzes oder zu einem Bruchteil über. Es gibt keine gegenständlich – etwa auf ein Unternehmen oder eine Gesellschaftsbeteiligung – beschränkte Vorerbschaft. Eine solche kann allerdings indirekt erreicht werden, indem dem Vorerben Vermögen, das nicht der Nacherbenbelastung unterliegen soll (etwa das gesamte Privatvermögen), vorausvermächtnisweise zugewendet wird.

bb)   Beschränkungen des Vorerben und Schutz des Nacherben

Zum Schutz des Nacherben ist der Vorerbe allerdings in seiner Verfügungsbefugnis beschränkt und den Nacherben stehen verschiedene Mitverwaltungs-, Kontroll- und Sicherungsrechte zu. Zudem wird er durch das Prinzip der Surrogation vor einer Verminderung der Nachlasssubstanz geschützt. Hiernach gehört zur Erbschaft, was der Vorerbe auf Grund eines zur Erbschaft gehörenden Rechts oder als Ersatz für die Zerstörung, Beschädigung oder Entziehung eines Erbschaftsgegenstandes oder durch Rechtsgeschäft mit Mitteln der Erbschaft erwirbt.

74

Die Verfügungsbeschränkungen sind keine Verfügungsverbote. Vielmehr stellt das Gesetz für bestimmte Verfügungen klar, dass diese dem Nacherben gegenüber unwirksam sind. Zu diesen Verfügungen gehören

- Grundstücksverfügungen (einschl. der Verfügung über Rechte an einem Grundstück),
- unentgeltliche Verfügungen,
- Zwangsverfügungen von Eigengläubigern oder Insolvenzverwaltern,

jeweils insoweit sie das Recht des Nacherben vereiteln oder beeinträchtigen, was insbesondere nicht der Fall ist, wenn derartige Verfügungen bereits vom Erblasser angeordnet waren oder der Nacherbe der Verfügung zugestimmt hat (auch die Zustimmung des bedingten Nacherben oder eines Mit-Nacherben oder Nach-Nacherben ist erforderlich, nicht aber die eines Ersatznacherben![82]).

Zu den Kontroll- und Sicherungsrechten des Nacherben gehört sein Recht, ein Nachlassverzeichnis (Verzeichnis der Erbschaftsgegenstände, § 2121 BGB) zu verlangen. In dieses sind allerdings nicht die im Zeitpunkt des Erbfalls, sondern die im Zeitpunkt seiner Errichtung vorhandenen Gegenstände aufzunehmen, insbesondere also auch nachträglich in den Nachlass gefallene Surrogate. Weiterhin kann der Nacherbe – genauso aber auch der Vorerbe – auf eigene Kosten eine sachverständige Feststellung des Zustandes der Erbschaft verlangen (§ 2122 BGB). Muss der

---

82   Edenhofer in Palandt, § 2113 Rn. 7; Grunsky in MüKo-BGB, § 2115 Rn. 15 f. m.w.N.

Nacherbe eine Verletzung seiner Rechte befürchten, so kann er Auskunft über den gegenwärtigen Bestand der Erbschaft und ggf. auch Sicherheitsleistung verlangen (§§ 2127, 2128 BGB). Ist dem Vorerben eine Sicherheitsleistung nicht möglich, kann Zwangsverwaltung angeordnet werden. Nach Eintritt der Nacherbfolge kann der Nacherbe vom Vorerben Rechnungslegung verlangen, d.h. eine geordnete Zusammenstellung der Einnahmen und Ausgaben einschließlich der Vorlage üblicher Belege. Bei Zweifeln an der Ordnungsmäßigkeit des Bestandsverzeichnisses und der Rechnungslegung kann der Nacherbe vom Vorerben eine eidesstattliche Versicherung verlangen (eine solche kann aber nicht über die Richtigkeit des Verzeichnisses der Erbschaftsgegenstände verlangt werden). In § 2119 BGB ist dem Vorerben schließlich vorgeschrieben, dauernd anzulegendes Geld mündelsicher anzulegen.

cc) Befreite Vorerbschaft

75 Von den meisten der vorgenannten Beschränkungen kann der Erblasser den Vorerben befreien. Dies kann in der Weise geschehen, dass einzelne gesetzliche Vorschriften im Testament für nicht anwendbar erklärt werden. Dies kann aber auch generell in der Weise geschehen, dass etwa der Vorerbe als sog. befreiter Vorerbe eingesetzt wird. Dann ist er von allen gesetzlichen Beschränkungen befreit, von denen Befreiung erteilt werden kann. Eine solche Befreiung empfiehlt sich insbesondere, wenn unternehmerisches Vermögen der Nacherbenbelastung unterliegen soll, da ansonsten ein marktorientiertes Wirtschaften, welches immer wieder Umstrukturierungen erfordert, kaum möglich ist.

Von folgenden Beschränkungen kann jedoch <u>nicht</u> befreit werden.[83]

■ der Unwirksamkeit unentgeltlicher Verfügungen (was insbesondere bei unternehmerischem Vermögen problematisch werden kann, da Gesellschaftsbeschlüsse durchaus unentgeltliche Verfügungen enthalten können)[84],

■ der Unwirksamkeit von Zwangsverfügungen der Eigengläubiger, der Surrogation, dem einmaligen Nachlassverzeichnis,

■ der Feststellung des Zustands der Nachlassgegenstände und

■ der Haftung des Vorerben bei Verstoß gegen das Schenkungsverbot oder bei Minderung der Erbschaft in der Absicht, den Nacherben zu benachteiligen.

dd) Zeitliche Grenzen

76 Die Nacherbenbelastung ist – wie etwa auch der Auseinandersetzungsausschluss von Erbengemeinschaften und die Dauertestamentsvollstreckung – grundsätzlich auf 30 Jahre begrenzt. Wichtiger aber ist in der Praxis die Ausnahme von diesem Grundsatz. Ist die Nacherbfolge für den Fall angeordnet, dass in der Person des Vor- oder Nacherben ein bestimmtes Ereignis eintritt und lebt der Vor- oder Nacherbe, in dessen Person das Ereignis eintreten soll, dann gilt die Jahresfrist nicht. Das am häufigsten gewählte Ereignis ist der Tod des Vorerben. Auch die Anknüpfung an die Geburt eines eigenen Kindes kommt in der Praxis häufig vor. Besonders lange kann die Nacherbenbelastung bei mehreren hintereinander geschalteten Nacherbschaften dauern, wenn der letzte Nacherbe im Zeitpunkt des Erbfalls bereits lebt (Beispiel: Einsetzung der Ehefrau als Vorerbin, des Sohnes oder der Tochter als ersten Nacherben und dessen Abkömmlinge, also die Enkel, als weitere Nacherben).

---

83 Grunsky in MüKo-BGB, § 2136 Rn. 9.
84 Zur Problematik Litzenburger in Bamberger/Roth, § 2113 Rn. 17; BGH v. 09.03.1981, II ZR 173/80, NJW 1981, 1560.

ee)   Die Vor- und Nacherbschaft als Gestaltungsmittel

Beliebte Gestaltungsmittel im Zusammenhang mit der Vor- und Nacherbschaft sind   77

- die Einsetzung unbekannter Nacherben (häufig kombiniert mit einer Nacherbentestamentsvollstreckung, § 2222 BGB)

- die auflösend oder aufschiebend bedingte Nacherbeneinsetzung (Wiederverheiratungsklausel, Hinterlassung eigener Abkömmlinge, anderweitige Verfügung des Vorerben).

Die Vor- und Nacherbschaft wird vor allem eingesetzt

- zur Umgehung eines Erben oder Pflichtteilsberechtigten des Vorerben (die böse Schwiegertochter, der zweite Ehegatte des längerlebenden Ehegatten, der geschiedene Ehegatte)

- zur Sicherung des Nachlasses für die nächste Generation oder sonstige Endbedachte

- zum Schutz eines überschuldeten Vorerben vor Vollstreckungen seiner Eigengläubiger in die Substanz (ergänzt um Testamentsvollstreckung)

- zur Erbeinsetzung noch nicht erzeugter Personen (§§ 2101 Abs. 1, 1923 BGB)

- um dem Erstbedachten die Möglichkeit zu geben, den Zweitbedachten zu bestimmen (insbesondere zur Drittbestimmung eines Unternehmensnachfolgers).

ff)   Erbschaftsteuerliche Besonderheiten

Die Vor- und Nacherbschaft ist allerdings kein Instrument zur Erbschaftsteuerersparnis. § 6   78
ErbStG bestimmt, dass auch der Vorerbe als Erbe gilt, mit der Folge, dass ein und derselbe Nachlass beim Vorerben und beim Nacherben voll versteuert wird, und zwar im Gegensatz zur zivilrechtlichen Lage so, als erhielte der Nacherbe den Nachlass vom Vorerben. Allerdings hat der Nacherbe die Möglichkeit, sein Verwandtschaftsverhältnis zum ursprünglichen Erblasser, also nicht zum Vorerben, der Besteuerung zu Grunde legen zu lassen, wenn dies für ihn günstiger ist. (Bsp.: Der Vater hat seinen Sohn zum Vorerben und seine Tochter zur Nacherbin berufen.)

Hängt der Eintritt der Nacherbfolge hingegen von einem anderen Ereignis als dem Tod des Vorerben ab (z.B. Wiederverheiratung, Vollendung des 25. Lebensjahres eines Kindes), so kehrt das Erbschaftsteuerrecht zu den zivilrechtlichen Vorgaben zurück: Die Vorerbfolge wird als auflösend bedingter Erwerb und die Nacherbfolge als aufschiebend bedingter Erwerb jeweils vom Erblasser behandelt. Entgegen § 5 Abs. 2 BewG wird jedoch die Steuerfestsetzung gegen den Vorerben nicht berichtigt. Lediglich kann der Nacherbe auf seine Steuerschuld aus der Nacherbschaft die Steuer des Vorerben anrechnen. Dabei bleibt der Steuerbetrag, der auf die dem Vorerben tatsächlich verbleibende Bereicherung entfällt, vom Abzug ausgenommen. Gestalterisch kann also versucht werden, zur Vermeidung der zweifachen Besteuerung den Nacherbfall mit einem anderen Ereignis als dem Tod des Vorerben eintreten zu lassen, was jedoch nicht einfach ist, ohne gleichzeitig die Altersversorgung des Vorerben zu gefährden.

Als Alternative zur Vor- und Nacherbschaft bietet sich die Erbeinsetzung der potenziellen Nacherben unter Belastung mit einem Nießbrauchvermächtnis zu Gunsten des potenziellen Vorerben an. Soweit der Nießbrauch dem Ehegatten des Erblassers zusteht, fällt im ersten Erbfall zwar häufig eine höhere Steuer an, da der Kapitalwert der Nießbrauchslast nicht abgezogen, sondern die hierauf entfallende Steuer lediglich gestundet oder mit ihrem Barwert abgelöst werden kann (§ 25 Abs. 1 ErbStG). Jedoch führt der Wegfall des Nießbrauchs durch Tod des Nießbrauchsberechtigten im zweiten Erbfall nicht zu einer erneuten Steuerbelastung. Gegenüber der reinen Vor- und Nacherbschaft ohne Vermächtnisergänzungen können zudem bereits im ersten Erbfall auf Grund der Verteilung von Substanz und Kapitalwert des Nießbrauchs auf unterschiedliche Personen die Freibeträge aller Beteiligten ausgenutzt und ggf. auch die Progression gesenkt werden.

Sofern allerdings Betriebsvermögen und insbesondere „produktives" Betriebsvermögen zum Nachlass gehört, könnte eine Erbschaftsteuerreform entsprechend der vorliegenden Entwürfe eines Unternehmensnachfolgeerleichterungsgesetzes (siehe hierzu oben § 6 Rn. 28) zu einer erbschaftsteuerlichen Renaissance der Vor- und Nacherbschaft führen. Während nämlich ein vermächtnisweiser Zuwendungsnießbrauch nicht privilegiert ist, sondern in Höhe seines Kapitalwerts als Privatvermögen besteuert würde, könnte der Vorerbe bei Einhaltung der zehnjährigen Behaltensfrist steuerfrei erben und das Vermögen an den Nacherben auch steuerfrei weitergeben.

c) Vermächtnis

aa) Allgemeines

79 Wendet der Erblasser durch Testament oder Erbvertrag einem anderen einen Vermögensvorteil zu, ohne ihn als Erben einzusetzen, spricht man von einem Vermächtnis (vgl. § 1939 BGB). Unter den Begriff des Vermögensvorteils sind neben Nachlassgegenständen – dem häufigsten Fall – auch sonstige Vorteile, wie der Erlass einer Verbindlichkeit oder die Einräumung eines Nießbrauchs zu fassen.

Der Vermächtnisnehmer erlangt einen schuldrechtlichen Anspruch gegen den Beschwerten. Beschwerter kann der Erbe oder ein Vermächtnisnehmer (dann spricht man von einem Untervermächtnis) sein. Im Zweifel ist der Erbe beschwert (§ 2147 S. 2 BGB). Die Erfüllung des Vermächtnisses erfolgt durch Rechtsgeschäft unter Lebenden, die Erfüllung eines Grundstücksvermächtnisses bspw. durch Auflassung.

Das Vermächtnis fällt mit dem Erbfall an und ist in der Regel sofort fällig. Bei bedingten oder befristeten Vermächtnissen tritt der Anfall erst mit Eintritt der Bedingung oder des Termins ein.

Das Vermächtnis entfällt („ist unwirksam"), wenn der Vermächtnisnehmer vor dem Erbfall stirbt. Etwas anderes gilt nur, wenn der Erblasser entweder ausdrücklich einen Ersatzvermächtnisnehmer bestimmt hat oder das Gesetz ein Ersatzvermächtnis vermutet, wie etwa im Fall des § 2069 BGB bei Vermächtnissen zu Gunsten Abkömmlingen.

Das Vermächtnis kann gegenüber der Erbeinsetzung einige Vorteile haben. So braucht der Vermächtnisnehmer im Gegensatz zum Erben beim Erbfall noch nicht erzeugt zu sein (§ 2178 BGB). Der Anfall des Vermächtnisses erfolgt in einem solchen Fall mit der Geburt. Im Gegensatz zu § 2065 Abs. 2 BGB ist beim Vermächtnis darüber hinaus nicht erforderlich, dass der Erblasser die Person des Bedachten selbst bestimmt. Er kann diese Bestimmung gem. § 2151 Abs. 1 BGB durchaus einem Dritten überlassen und muss lediglich den Personenkreis, aus dem der Vermächtnisnehmer ausgewählt werden soll, bestimmen. Damit kann das Vermächtnis als Gestaltungsmittel zur nachträglichen Bestimmung eines Unternehmensnachfolgers genutzt werden.

Zuweilen ist allerdings die Abgrenzung zwischen Erbeinsetzung und Vermächtnis schwierig. Entscheidend ist nicht der Wortlaut des Testaments („Ich vermache mein Vermögen meiner Ehefrau, mein Sohn erbt aber meinen Pkw"), sondern der Wille des Erblassers. Nach § 2087 BGB ist Erbe, wer den gesamten Nachlass oder einen Bruchteil des gesamten Nachlasses erhält. Wer hingegen einzelne Gegenstände erhält, ist Vermächtnisnehmer.

bb)   Vermächtnisse als erbschaftsteuerliche Gestaltungsmittel

Vermächtnisse werden erbschaftsteuerlich motiviert häufig zur Ausnutzung der Freibeträge oder   80
zur Vermeidung eines Progressionssprungs ausgesetzt (Geldvermächtnisse zu Gunsten der Kinder und aller Enkel in Höhe der Freibeträge). Dies entzieht dem Erben (das ist oft der längerlebende Ehegatte) freilich Liquidität, die er selbst benötigt, oder Nachlassgegenstände, die er gerne noch selbst nutzen möchte oder aus denen er noch Erträge zur Sicherung seiner Versorgung ziehen will. Zahlreich sind daher Gestaltungsvorschläge, die das Ziel verfolgen, die genannten erbschaftsteuerlichen Vorteile zu nutzen, gleichzeitig aber dem mit dem Vermächtnis Belasteten möglichst lange, am besten bis zu dessen Tod die Liquidität zu erhalten oder – bei Sachvermächtnissen – die Nutzung des Vermächtnisgegenstandes weiterhin zu ermöglichen.[85]

Denkbar sind aufschiebend bedingte oder befristete Vermächtnisse. Sie haben zur Folge, dass der Erbe im Erbfall zunächst die Vermächtnisschuld nicht abziehen kann. Korrespondierend hierzu hat der Vermächtnisnehmer seinen Erwerb noch nicht im Erbfall, sondern erst mit Bedingungseintritt oder Fristablauf zu versteuern. Der Erbe kann dann beantragen, dass sein Erbschaftsteuerbescheid korrigiert, insbesondere nun die Vermächtnisschuld von seinem steuerpflichtigen Erwerb abgezogen wird (§§ 4 ff. BewG).

Umfänglich diskutiert wird auch, das Vermächtnis zwar mit dem Tod des Erstversterbenden anfallen, jedoch erst später fällig werden zu lassen. Dabei sind wiederum die unterschiedlichsten Fälligkeitsregelungen denkbar.

Wird das Vermächtnis mit dem Tod des Beschwerten (beispielsweise des längerlebenden Ehegatten) fällig, so kommt die erbschaftsteuerlich nachteilige Regelung des § 6 Abs. 4 ErbStG zur Anwendung. Derartige Vermächtnisse sind – wie Nacherbschaften – als Erwerb vom Beschwerten – und gerade nicht vom Erblasser – zu versteuern; auf Antrag ist der Besteuerung das Verhältnis des Vermächtnisnehmers zum Erblasser zugrundezulegen. Damit bleiben die Freibeträge im ersten Erbfall ungenutzt.

§ 6 Abs. 4 ErbStG greift allerdings nicht, wenn die Fälligkeit von anderen Umständen als dem Tod des Beschwerten abhängig gemacht wird. Missbrauchsverdächtig sind dabei allerdings Gestaltungen, welche den Zeitpunkt der Fälligkeit am Zeitpunkt des Todes des Beschwerten oder dessen Lebenserwartung orientieren (z.B. Fälligkeit ein Tag oder ein Jahr nach dem Tode des Beschwerten). Unproblematisch sind demgegenüber Fälligkeitszeitpunkte wie bspw. die Heirat des Vermächtnisnehmers, der Abschluss einer Berufsausbildung oder der Ablauf einer bspw. zehnjährigen Frist. Für die erbschaftsteuerliche Behandlung ist bei diesen, nicht unter § 6 Abs. 4 ErbStG fallenden Vermächtnissen allerdings wieder danach zu differenzieren, ob der Zeitpunkt des Eintritts des Ereignisses, von dem die Fälligkeit abhängt, bestimmt oder unbestimmt ist. Nur in letzterem Fall soll § 9 Abs. 1 Nr. 1 a) ErbStG Anwendung finden, wonach die Steuer erst mit Eintritt des Ereignisses entsteht. Ist der Zeitpunkt hingegen nicht unbestimmt, so hat der Vermächtnisnehmer das Vermächtnis abgezinst sofort zu versteuern und der Beschwerte kann die Vermächtnislast abziehen. Bei Geldvermächtnissen kann sich hierbei das ertragsteuerliche Problem ergeben, dass der Zinsanteil des Auszahlungsbetrages nach § 20 Abs. 1 Nr. 7 EStG zu versteuern ist.

Bei Sachvermächtnissen entsteht dieses Zinsrisiko und auch die Abzinsungspflicht für erbschaftsteuerliche Zwecke nicht. Deshalb werden häufig auch Geldvermächtnisse in das Kleid eines Sachvermächtnisses gesteckt. Gestaltungsmittel hierzu ist das Sachvermächtnis mit Ersetzungsbefugnis, welches dem Beschwerten gestattet, statt der Übereignung der vermachten

---

85   Umfassend und zugleich kritisch hierzu J. Mayer, DStR 2004, 1371 und 1409 sowie ders. bereits ZEV 1998, 50; Daragan, DStR 1998, 357.

Sache das Vermächtnis durch eine Geldzahlung zu erfüllen. Es bleibt insoweit allerdings eine Unsicherheit, ob bei Ausübung der Ersetzungsbefugnis erbschaftsteuerlich die Sache als Vermächtnisgegenstand und nicht stattdessen der Geldbetrag zu versteuern ist.[86]

cc)   Gestaltungen mit verschiedenen Vermächtnisarten

81   Weiteres Gestaltungspotenzial schaffen einzelne Vermächtnisarten (siehe die gesetzlichen Definitionen in den §§ 2050 ff. BGB).

(1)   Bestimmungsvermächtnis

82   Ein hilfreiches Gestaltungsmittel ist insbesondere das Bestimmungsvermächtnis.[87] Hier wird ein Vermächtnisgegenstand einem beschränkten, leicht übersehbaren Personenkreis zugewiesen und dem Beschwerten oder einem Dritten (dem sog. Bestimmungsberechtigten) aufgetragen, aus diesem Personenkreis den Vermächtnisnehmer auszuwählen (§ 2151 BGB). Das Bestimmungsvermächtnis kann nicht nur zur Bestimmung des späteren Unternehmensnachfolgers eingesetzt werden, etwa durch die vermächtnisweise Übertragung eines mehrheitsvermittelnden Gesellschaftsanteils. Auch kann dem Erben, insbesondere dem längerlebenden Ehegatten hiermit die Entscheidung überlassen werden, ob er – etwa zur Ausnutzung von Erbschaftsteuerfreibeträgen oder zur Senkung der Progression – einem Kind bestimmte Nachlassgegenstände zuwendet, die dann bei diesem als Erwerb des Erblassers zu versteuern sind, oder ob er sie zur weiteren Sicherung seiner eigenen Versorgung lieber behält bzw. sich selbst zuweist. Zu dem durch ein Bestimmungsvermächtnis begünstigten Personenkreis kann nämlich auch der Beschwerte und der Bestimmungsberechtigte selbst gehören.

(2)   Verteilungsvermächtnis

83   Nochmals erweitert wird der erbschaftsteuerliche Spielraum durch die Kombination eines Bestimmungsvermächtnisses mit einem Verteilungsvermächtnis. Hier bedenkt der Erblasser mehrere Vermächtnisnehmer mit einem bestimmten, zumindest ideell teilbaren Vermächtnisgegenstand, der Beschwerte oder ein Dritter hat zu bestimmen, was jeder von dem vermachten Gegenstand erhalten soll (§ 2153 BGB). Noch größer wird der Gestaltungsspielraum bei einem in der Literatur so genannte „Supervermächtnis", welches noch mehr Vermächtnisarten miteinander kombiniert.[88]

(3)   Vorausvermächtnis

84   Von praktischer Bedeutung ist auch der Begriff des Vorausvermächtnisses, womit ein Vermächtnis zu Gunsten eines Erben (§ 2150 BGB) bezeichnet wird. Das Vorausvermächtnis dient vor allem dazu, einen Miterben gegenüber den anderen Miterben wertmäßig zu begünstigen. Insoweit ist es im Testament ausdrücklich abzugrenzen von der sog. Teilungsanordnung. Mit dieser trifft der Erblasser Anordnungen zur Durchführung der Erbauseinandersetzung und weist insbesondere den Miterben einzelne Nachlassgegenstände zu. Im Rahmen einer Teilungsanordnung erfolgt die Zuweisung der Einzelgegenstände jedoch ohne Änderung der durch die Erbquoten gegebenen wertmäßigen Beteiligung der Miterben am Nachlass. Der Miterbe muss sich daher den Wert des ihm durch die Teilungsanordnung zugewiesenen Nachlassgegenstandes auf seinen Erbteil anrechnen lassen. Beim Vorausvermächtnis erfolgt eine solche Anrechnung hingegen nicht. Unternehmerisches Vermögen empfiehlt sich – abgesehen von der meist noch besseren Alleinerben-Lösung – immer vorausvermächtnisweise zu verteilen, da ansonsten eine Bewertung dieses

---

86   Vgl. BFH v. 06.06.2001, II R 14/00, DStR 2001, 1750 zum Wahlvermächtnis.
87   Piltz, ZEV 2005, 469.
88   Formulierungsbeispiel bei Langenfeld, JuS 2002, 351, 352; Ergänzungsvorschläge hierzu bei J. Mayer, DStR 2004, 1409, 1413.

Vermögens erforderlich würde, was höchst streitträchtig ist. Sinnvoll ist nicht nur die ausdrückliche Bezeichnung als Vorausvermächtnis oder, wenn gewollt, als Teilungsanordnung, sondern ergänzend hierzu eine kurze Beschreibung der damit angestrebten Rechtsfolgen, z.B. „im Wege des Vorausvermächtnisses, d.h. ohne Anrechnung auf den Erbteil" oder „im Wege der bloßen Teilungsanordnung, d.h. in Anrechnung auf den Erbteil".

Darüber hinaus gibt es noch weitere Unterschiede zwischen einer Verteilung des Nachlassvermögens durch Teilungsanordnung oder Vorausvermächtnisse. So kann die Teilungsanordnung nur im Wege der Erbauseinandersetzung geltend gemacht werden, das Vorausvermächtnis wird hingegen sofort mit dem Erbfall fällig. Auch kann das Vermächtnis ausgeschlagen werden, eine Teilungsanordnung aber nicht. Im Falle der Ausschlagung der Erbschaft kann dennoch das Vorausvermächtnis angenommen werden, eine mit dem Erbteil verbundene Teilungsanordnung aber wird gegenstandslos. In einem gemeinschaftlichen Testament oder einem Erbvertrag kann einem Vorausvermächtnis bindende Wirkung beigelegt werden, die Teilungsanordnung ist hingegen stets frei widerruflich.

Auch erbschaftsteuerlich werden Teilungsanordnung und Vorausvermächtnis unterschiedlich behandelt. So gehen die Betriebsvermögensprivilegien bei einer Teilungsanordnung nicht auf die das privilegierte Vermögen übernehmenden Miterben über, bei einem Vorausvermächtnis schon. Der neue Entwurf des Erbschaftsteuergesetzes sieht hierzu eine begrüßenswerte Gleichstellung der beiden Erbrechtsinstrumente in der Weise vor, dass die Privilegien demjenigen zustehen sollen, der das privilegierte Vermögen letztlich erwirbt.

(4) Nachvermächtnis

Von einem Nachvermächtnis spricht man, wenn mehrere Personen den Vermächtnisgegenstand nacheinander erhalten (vgl. § 2191 BGB). Das Nachvermächtnis ist mit der Nacherbeneinsetzung vergleichbar. Einige der für die Einsetzung eines Nacherben geltenden Vorschriften gelten deshalb entsprechend. Allerdings ist der Schutz des Nachvermächtnisnehmers im Vergleich zum Nacherben deutlich geringer. So kann der Nachvermächtnisnehmer vom Vorvermächtnisnehmer lediglich Schadensersatz verlangen, wenn dieser den Anspruch des Nachvermächtnisnehmers schuldhaft vereitelt oder beeinträchtigt. Die Erhaltung der Substanz des Vermächtnisgegenstandes ist insoweit also keineswegs sichergestellt. Auch können Eigengläubiger des Vorvermächtnisnehmers vollen Zugriff auf den dem Nachvermächtnisnehmer unterliegenden Gegenstand nehmen. Weitergehenden Schutz erreicht man durch die Anordnung einer Testamentsvollstreckung, die sich auf den Gegenstand des Vermächtnisses bezieht (§ 2223 BGB). Bei Grundstücksvermächtnissen kann zudem angeordnet werden, dass der Anspruch des Nachvermächtnisnehmers nach Anfall des Vermächtnisses an den Vorvermächtnisnehmer durch die Eintragung einer Vormerkung im Grundbuch gesichert wird. **85**

(5) Untervermächtnis

Mit Untervermächtnissen schließlich kann erreicht werden, dass dem Beschwerten zumindest die wirtschaftliche Substanz der Sache verbleibt. Denkbar ist bspw. ein Nießbrauchuntervermächtnis zu Gunsten des Beschwerten oder bei Geldvermächtnissen die untervermächtnisweise Rückgewähr als Darlehen. Bei Grundstücksvermächtnissen bietet das Untervermächtnis schließlich die Chance zum AfA-Erhalt. **86**

dd)   Erbschaftsteuerliche Bewertung von Sachvermächtnissen

87   Mit Urteil vom 02.07.2004[89] hat der II. Senat des Bundesfinanzhof eine Rechtsprechungsänderung für die Zukunft angekündigt: Danach sollen Sachvermächtnisse, die auf Übertragung von Grundstücken ausgerichtet sind, zukünftig beim Vermächtnisnehmer nicht mehr mit dem Grundstückswert, sondern mit dem Verkehrswert bewertet werden. Beim Erben, dem der Steuerwert zugerechnet wird, soll der Abzug der Vermächtnislast jedoch nur gekürzt gewährt werden, weil der Bundesfinanzhof die derzeitige Grundbesitzbewertung als „vom Gesetzgeber bewusst gewollte" teilweise Steuerbefreiung ansieht und deshalb auch nur den Abzug von Schulden und Lasten in gekürztem Umfang (gem. § 10 Abs. 6 S. 3 ErbStG) zulassen will.

Dem Vernehmen nach soll diese Rechtsprechung jedenfalls nicht auf betriebliches Vermögen erstreckt werden. Argument hierfür soll offenbar sein, dass die Betriebsvermögensprivilegien, wozu derzeit noch neben Betriebsvermögensfreibetrag, Bewertungsabschlag und Steuerklassenprivileg auch Bewertungsvorteile und die Möglichkeit der Schuldensaldierung gehören, anders als die derzeitige Grundbesitzbewertung keine „Steuerbefreiungen" sein sollen. Jüngste Entscheidungen des Bundesfinanzhofs lassen sogar hoffen, das der Bundesfinanzhof wieder von seiner Ankündigung abrückt.[90]

Bis dahin aber werden in der Praxis neben der gestaltungssicheren Lösung der Einsetzung des Vermächtnisnehmers als Alleinerben – ein solcher „Rollentausch" ist nicht immer möglich – und der lebzeitigen Übertragung im Rahmen vorweggenommener Erbfolge vor allem folgende Möglichkeiten zur Vermeidung von steuerlichen Nachteilen empfohlen:

Zum einen wird die Erbeinsetzung mit Teilungsanordnung (§ 2048 BGB) statt der Aussetzung von Vermächtnissen erwogen: Nachteil ist, dass gegenüber der Nacherbschaft flexiblere Vor- und Nachvermächtnisregelungen wie auch Bestimmungsvermächtnisse nicht mehr gewählt werden könnten. Auch muss u.U. Jahre vor einem Erbfall die Höhe der Wertausgleichsverpflichtung zwischen den Erben, die zwingend zur Teilungsanordnung gehört, bestimmt werden. Trifft der Ausgleichsbetrag nicht die späteren Wertverhältnisse, kann ein überschießender Betrag immer noch als Vorausvermächtnis gewertet werden.

Empfohlen wird weiterhin, auf Auflagen (§ 1940 BGB) auszuweichen. Auflagen werden definitiv mit dem Steuerwert bewertet, geben aber dem Berechtigten keinen eigenen Vollzugsanspruch. Durch Testamentsvollstreckung ist deshalb der Vollzug der Auflage sicherzustellen. Dem Nachvermächtnis ähnliche Weiterleitungsregelungen lassen sich auch mit Auflagen erreichen.

Nach dem Erbfall kann als Notfallmaßnahme der Vermächtnisnehmer ggf. ein Grundstücksvermächtnis ausschlagen und sich gerade den Vermächtnisgegenstand als Abfindung für die Ausschlagung des Vermächtnisses gewähren lassen. Maßgeblich ist dann der Steuerwert der Abfindung (§ 3 Abs. 2 Nr. 4 ErbStG). Ob hier einmal ein Gestaltungsmissbrauch angenommen werden kann, ist nicht definitiv im Vorhinein bestimmbar. Im Erbschaft- und Schenkungsteuerrecht ist allerdings bislang selten ein Gestaltungsmissbrauch unterstellt worden.

Es erscheint keineswegs sicher, ob die Finanzverwaltung eine Rechtsprechungsänderung des Bundesfinanzhofs akzeptiert oder etwa ein Urteil mit einem Nichtanwendungserlass belegt. Bislang will die Finanzverwaltung dem Vernehmen nach an ihrer bisherigen Handhabung (also Bewertung auch von Grundstücksvermächtnissen mit dem Grundstückswert entsprechend den Erb-

---

89   BFH v. 02.07.2004, II R 9/02, BStBl. II 2004, 1039; hierzu Crezelius, ZEV 2004, 476; Streck, NJW 2005, 805; von Elsner/Geck, Stbg 2005, 204; Daragan, ZErb 2005, 40; Viskorf, FR 2004, 1337.

90   BFH v. 02.03.2006, II R 57/04, BFH/NV 2006, 1480; hierzu Götz, NWB 2007, 1463; siehe aber auch BFH v. 28.03.2007, II R 25/05 BSt.Bl. II, 2007, 461.

schaftsteuerrichtlinien[91]) festhalten. Auch eine Klarstellung durch den Gesetzgeber erscheint nicht ausgeschlossen. Die Ankündigung des Bundesfinanzhof sollte also nicht zu gestalterischen Klimmzügen Anlass geben.

ee)   Ertragsteuerliche Risiken

Oft übersehene ertragsteuerliche Risiken ergeben sich aus der Qualifikation einerseits des Erbfalls   88
und andererseits der Vermächtniserfüllung als zwei selbstständige und auch zeitlich getrennte Vorgänge. Gefahrenherde sind insoweit vor allem das Sonderbetriebsvermögen (hierzu oben § 6 Rn. 30 ff.) und bestehende Betriebsaufspaltungen. So kann es zur Auflösung einer Betriebsaufspaltung kommen, wenn sich auf Grund der testamentarischen Verfügung die Beteiligungsverhältnisse in Besitzunternehmen und Betriebsgesellschaft ändern und hierdurch – häufig zunächst unbemerkt – die personelle Verflechtung aufgelöst wird. Änderungen können bereits mit dem Erbfall (ererbte und eigene Anteile begründen eine personelle Verflechtung), aber auch erst oder wiederum durch die Erfüllung von Vermächtnissen entstehen. Beispiel: Die nur an der Betriebs-GmbH minderbeteiligte Ehefrau wird durch Erbfall mitbeherrschender Besitzgesellschafter, muss ihren Anteil am Besitzunternehmen aber wieder vermächtnisweise abgeben.

d)   Auflage

Mit der Auflage kann der Erblasser die Erben oder Vermächtnisnehmer zu einer Leistung ver-   89
pflichten, ohne dabei einem anderen ein Recht auf die Leistung zuzuwenden (§ 2192 BGB). Die Auflage gehört zu den testamentarischen Anordnungen, die bindend oder auch wechselbezüglich getroffen werden können.

Anders als beim Vermächtnis muss der Inhalt einer Auflage kein Vermögensvorteil sein, es muss also niemand begünstigt werden. Wird hingegen eine Person begünstigt, hat sie anders als der Vermächtnisnehmer keinen Anspruch auf die Leistung.

Für die Vollziehung der Auflage kommen verschiedene Vollzugsberechtigte in Betracht, so der Erbe gegenüber einem mit der Auflage beschwerten Vermächtnisnehmer, so aber auch jeder Miterbe gegenüber einem beschwerten Miterben oder Vermächtnisnehmer oder schließlich derjenige, welchem der Wegfall des mit der Auflage zunächst Beschwerten unmittelbar zustatten kommen würde, also z.B. Ersatzerben oder Nacherben, oder – wenn solche nicht eingesetzt sind – der nächste gesetzliche Erbe. Liegt die Vollziehung im öffentlichen Interesse, kann auch die zuständige Behörde die Vollziehung verlangen (§ 2194 BGB). Der jeweils Vollzugsberechtigte hat einen gerichtlich durchsetzbaren Anspruch auf Vollzug der Auflage durch den Beschwerten. Zur Sicherstellung, dass die Auflage auch tatsächlich erfüllt wird, empfiehlt sich aber regelmäßig eine Testamentsvollstreckung. Der Testamentsvollstrecker hat dann entweder die Einhaltung der Auflage zu überwachen oder diese selbst vorzunehmen.

Bei der Auflage ist eine Drittbestimmung in noch weiterem Umfange möglich als beim Vermächtnis. Zeitliche Grenzen sieht das Gesetz für eine Auflage nicht vor. Deshalb kann der Erblasser bspw. eine Zuwendung an eine juristische Person machen und diese damit beschweren, wiederkehrende Leistungen zu erbringen und so dauerhaft stiftungsähnliche Zwecke verfolgen.

Am häufigsten werden Auflagen dazu verwendet, persönliche Wünsche über den Tod hinaus durchzusetzen, so insbesondere im Hinblick auf die Gestaltung der Beisetzung, die Grabpflege, die Sorge für ein Tier oder bestimmte wohltätige Zwecke. Allerdings besteht bei Auflagen zur Re-

---

91   Vgl. R 92 Abs. 2 S. 1 ErbStR 2003.

6

gelung von Bestattungsmodalitäten regelmäßig das Problem, das der Beschwerte von der Auflage erst durch die Eröffnung des Testaments erfährt, die aber erst einige Wochen nach dem Todesfall, also erst nach der Beisetzung erfolgt. Es empfiehlt sich daher, die Bestattungsmodalitäten in einem separaten Schreiben oder einer den Erben zur Abwicklung des Nachlasses zur Verfügung zu stellenden Dokumentenmappe zu regeln und mit einer Person des Vertrauens das zu Veranlassende zu besprechen und diese ggf. mit erforderlichen Vollmachten auszustatten.

Erbschaftsteuerlich wird versucht, die Auflage als Gestaltungsinstrument zur Umgehung der nachteiligen Folgen des § 6 Abs. 4 ErbStG zu nutzen,[92] indem statt eines Vermächtnisses als durch einen Testamentsvollstrecker beim Tode des Beschenkten zu vollziehende Auflage angeordnet wird, dem Auflagenbegünstigten einen Nachlassgegenstand oder einen Geldbetrag zuzuwenden. Die Auflage ist nämlich in § 6 Abs. 4 ErbStG nicht genannt. Allerdings sollte diese – aus fiskalischer Sicht – Lücke schon mehrmals geschlossen werden,[93] weshalb diese Gestaltung für eine mittel- bis langfristige Erbfolgeplanung nicht taugt.

Der Erwerb infolge Vollziehung einer Auflage gilt nach § 3 Abs. 2 Nr. 2 ErbStG als Erwerb vom Erblasser (nicht vom Beschwerten). Die Steuerpflicht tritt erst mit Vollzug ein, ist aber vom Beschwerten sofort als Nachlassverbindlichkeit gem. § 10 Abs. 5 Nr. 2 ErbStG abzugsfähig.

e)   Testamentsvollstreckung

aa)   Gestaltungsinstrument im Rahmen der Unternehmensnachfolge

90   Testamentsvollstreckung kann angeordnet werden als Abwicklungsvollstreckung und/oder als Verwaltungs- und Dauervollstreckung. Ihr hauptsächlicher Zweck liegt in der Durchsetzung des Erblasserwillens. Gehört unternehmerisches Vermögen zum Nachlass, dient die Abwicklungsvollstreckung vor allem der Vermeidung von Streitigkeiten zwischen Unternehmensnachfolgern und weichender Erben, der Abwicklung eines Unternehmensverkaufs durch eine qualifizierte Person bei Fehlen eines Nachfolgers oder auch der Bestimmung des Unternehmensnachfolgers in Ausführung eines Bestimmungs- und Verteilungsvermächtnisses. Als Verwaltungs- und Dauervollstreckung wird sie zur übergangsweisen Unternehmensführung eingesetzt bis ein qualifizierter Unternehmensnachfolger aus der Familie zur Verfügung steht.

bb)   Regelungsbereiche

91   Die Testamentsvollstreckung sollte ausdrücklich angeordnet und der Aufgabenbereich des Testamentsvollstrecker konkret bestimmt werden.

Als Testamentsvollstrecker kommen neben natürlichen Personen auch juristische Personen (in jüngster Zeit bieten immer häufiger Banken die Testamentsvollstreckung als Dienstleistung an) in Betracht. Der Erblasser sollte nach Möglichkeit auch einen oder mehrere Ersatztestamentsvollstrecker bestimmen. Er kann aber auch einem Dritten oder dem Nachlassgericht die Bestimmung der Person des Testamentsvollstreckers oder des Ersatztestamentsvollstreckers übertragen. Auch mehrere Testamentsvollstrecker können zur gemeinsamen Ausübung des Amtes eingesetzt werden. Der beurkundende Notar kommt nur dann als Testamentsvollstrecker in Betracht, wenn der Erblasser dies in separater, also nicht von dem Notar beurkundeter Verfügung von Todes wegen bestimmt.

---

92   Daragan, DStR 1999, 393.
93   Vgl. bereits Entwurf des StBereinG 1999, BR-Drs 475/99.

Das Amt des Testamentsvollstreckers beginnt dann mit dem Zeitpunkt, in welchem der Ernannte das Amt annimmt. Es endet mit Erledigung der letzten Aufgabe, durch Zeitablauf oder durch den Tod des Testamentsvollstreckers. Der Testamentsvollstrecker kann aber auch gegenüber dem Nachlassgericht sein Amt kündigen, und er kann aus wichtigem Grund wegen grober Pflichtverletzung oder Unfähigkeit durch das Nachlassgericht entlassen werden. Der Testamentsvollstrecker legitimiert sich durch ein Testamentsvollstreckerzeugnis, welches ihm auf Antrag vom Nachlassgericht erteilt wird.

Zu den Aufgaben des Testamentsvollstreckers gehört an erster Stelle die Ausführung der letztwilligen Verfügung des Erblassers, insbesondere also die Überwachung der Erfüllung der Vermächtnisse, des Vollzugs von Auflagen und die Auseinandersetzung der Erbengemeinschaft. Bis zur Auseinandersetzung hat er den Nachlass zu verwalten. Darüber hinaus kann der Erblasser aber auch anordnen, dass der Testamentsvollstrecker die Verwaltung des Nachlasses nach Erledigung der ihm sonst übertragenden Aufgaben fortzuführen hat oder er kann ihn auch nur mit der Verwaltung des Nachlasses betrauen. Den Umfang der Testamentsvollstreckung kann der Erblasser frei bestimmen. Er kann die Testamentsvollstreckung auf einzelne Nachlassgegenstände (bspw. das unternehmerische Vermögen) beschränken, er kann sie zeitlich befristen und er kann auch nur einzelne Erben oder Vermächtnisnehmer mit der Testamentsvollstreckung belasten. Der Testamentsvollstrecker ist zur ordnungsgemäßen Verwaltung des Nachlasses verpflichtet und bei Pflichtverletzungen schadensersatzpflichtig (§ 2219 BGB).

Der Testamentsvollstrecker kann gemäß § 2221 BGB für die Führung seines Amtes eine angemessene Vergütung und Aufwendungsersatz (§§ 2218 Abs. 1, 670 BGB) verlangen. Die Praxis orientiert sich zur Bestimmung der Angemessenheit meist an den Vergütungsempfehlungen des Deutschen Notarvereins oder vergleichbaren Tabellen, bei denen sich das Honorar aus dem Nachlasswert ableitet. Der Erblasser kann aber auch konkrete Vergütungen verbindlich vorschreiben, was sich insbesondere bei unternehmerischem Vermögen, welches oft hohe Werte aufweist, empfiehlt.

cc) Besonderheiten bei unternehmerischem Vermögen

Gehört zum Nachlass unternehmerisches Vermögen, kann die Testamentsvollstreckung der gesellschaftsrechtlichen Haftungsordnung widersprechen und deshalb unwirksam sein. Dies gilt insbesondere bei der Verwaltungsvollstreckung über ein Einzelunternehmen und in beschränktem Maße auch bei der Verwaltungsvollstreckung an einer Beteiligung an einer Gesellschaft des bürgerlichen Rechts oder offenen Handelsgesellschaft oder an einer Komplementärbeteiligung. Bei derartigen Beteiligungen differenziert die Rechtsprechung zwischen der sog. Innenseite (Mitgliedschaftsrechte) und der Außenseite (Vermögensrechte) des Anteils. Auf der Außenseite ist die Testamentsvollstreckung möglich, d.h. vermögensrechtliche Ansprüche sind dem Zugriff der Privatgläubiger der Gesellschaftererben entzogen und die Gesellschafter können über ihre ererbten Gesellschaftsanteile und die damit verbundenen Vermögensrechte nicht verfügen. Nicht von der Testamentsvollstreckung erfasst ist hingegen die Innenseite (mitgliedschaftliche Rechte wie Geschäftsführung, Vertretung und das Stimmrecht).

Zur Sicherstellung der Verwaltungsvollstreckung an einem Einzelunternehmen und an einer Beteiligung an einer Gesellschaft des bürgerlichen Rechts oder offenen Handelsgesellschaft oder an einer Komplementärbeteiligung werden deshalb drei Ausweichgestaltungen angeboten:

- Bei der Treuhandlösung hält der Testamentsvollstrecker den Anteil im eigenen Namen treuhänderisch für Rechnungen der Erben. Der Nachteil dieser Gestaltung liegt in der unmittelbaren Haftung des Testamentsvollstreckers gegenüber den Gesellschaftsgläubigern.

92

- Bei der Vollmachtslösung hält der Testamentsvollstrecker den Anteil im Namen der Erben und von diesen bevollmächtigt. Hier ergibt sich das Problem, dass die Erben persönlich für fremdes Handeln, nämlich das des Testamentsvollstreckers, haften.

- Bei der in der Regel zu empfehlenden Umwandlungslösung wird testamentarisch angeordnet, dass das Einzelunternehmen oder der Anteil an einer Gesellschaft des bürgerlichen Rechts oder einer offenen Handelsgesellschaft oder der Komplementäranteil in einen haftungsbeschränkten Gesellschaftsanteil umgewandelt wird, etwa durch Umwandlung einer GbR in eine GmbH & Co. KG (ertragsteuerlich ist bei der Gestaltung § 15 Abs. 3 Nr. 2 EStG zu beachten).

An einem Kommanditanteil ist nämlich die Verwaltungsvollstreckung unproblematisch zulässig. Hier besteht auch dann kein Haftungskonflikt, wenn die Einlage nicht geleistet oder zurückgewährt wurde und daher der Kommanditist beschränkt persönlich haftet. Ebenso ist zulässig die Verwaltungsvollstreckung am Anteil einer GmbH. Dabei ist jeweils umstritten, ob und inwieweit der Testamentsvollstrecker auch Maßnahmen ergreifen kann, die unmittelbar in den Kernbereich der Mitgliedschaft eingreifen. Das es hierbei um das Verhältnis zwischen Erbe und Testamentsvollstrecker geht, kann u.E. Schutz vor Fremdherrschaft aber nur das Erbrecht bieten, ein darüber hinausgehender Schutz anhand der Kernbereichslehre erscheint insoweit entbehrlich. Erbrechtliche Schranken der Befugnisse des Testamentsvollstreckers sind nach § 2205 S. 3 BGB (Verbot unentgeltlicher Verfügung), § 2216 BGB (ordnungsgemäße Verwaltung) und das Verbot, die Gesellschaftererben persönlich über den Nachlass hinaus zu verpflichten. Soll der Testamentsvollstrecker auch Geschäftsführer werden, empfiehlt sich, ihn durch testamentarische Anordnung vom Kontrahierungsverbot des § 181 BGB zu befreien.

E.   Stiftungsmodelle

I.   Beratungssituation: Unternehmensnachfolge mittels Stiftungen

93   Bei der Gestaltung von Unternehmensnachfolgen werden zunehmend Stiftungen, insbesondere auch gemeinnützige Stiftungen eingesetzt. In den selteneren Fällen betreibt die Stiftung das Unternehmen unmittelbar. Vielmehr hält sie regelmäßig lediglich Beteiligungen an Personen- oder – der aus steuerlichen Gründen häufigere Fall – Kapitalgesellschaften.

Abgesehen von den steuerlichen Vorteilen, die sich auf steuerbegünstigte gemeinnützige Stiftungen beschränken, kann die Stiftung als Gestaltungsmittel bei der Unternehmensnachfolge im Wesentlichen drei Zwecken dienen:

- Eine Zersplitterung bei Erbgängen oder durch Veräußerung von Beteiligungen sowie eine Liquiditätsbelastung durch Abfindung ausscheidender Gesellschafter kann vermieden werden.

- Die Erträge können zur Förderung gemeinnütziger Zwecke und gleichzeitig – in beschränktem Rahmen allerdings – zur langfristigen Versorgung von Familienmitgliedern verwendet werden.

- Die Stiftung kann als Führungsinstrument der Perpetuierung des Unternehmerwillens im Unternehmen dienen.

Hierbei ist dem Unternehmer häufig daran gelegen, die Herrschaftsmacht im Unternehmen von der Gesellschafterstellung zu trennen, um die unter seinen Nachfolgern unter Umständen fehlende Unternehmerpersönlichkeit durch eine familienfremde Person zu ersetzen, ohne dabei eine gerechte Beteiligung der Nachfolger am wirtschaftlichen Ergebnis des Unternehmens zu beeinträchtigen. Häufig wird in diesem Zusammenhang mit sog. Doppelstiftungsmodellen (Familienstiftung zur Versorgung der Familie neben gemeinnütziger Stiftung) gearbeitet.

II.   Sicherung der Gemeinnützigkeit und Steuerfreiheit

Steuerbegünstigt sind Stiftungen allerdings nur, wenn sie ausschließlich und unmittelbar gemeinnützige, mildtätige oder kirchliche Zwecke verfolgen. Der Grundsatz der Ausschließlichkeit verlangt, dass die Stiftung alle ihre Tätigkeiten auf die Erreichung des steuerbegünstigten Zwecks ausrichtet. Dieser Grundsatz bedeutet nicht, dass jede einzelne Tätigkeit, die von der steuerbegünstigten Stiftung vorgenommen wird, für sich betrachtet gemeinnützig sein müsste. Wirtschaftliche Aktivitäten, die eine gemeinnützige Stiftung entfaltet, sind ihr nicht verboten, sondern in aller Regel notwendig, um die erforderlichen Mittel zur Finanzierung der gemeinnützigen Aktivität zu erhalten. Allerdings werden die Einkünfte, die eine gemeinnützige Stiftung auf Grund ihrer Aktivitäten erzielt, gemeinnützigkeitsrechtlich und steuerlich unterschiedlich behandelt. Es wird unterschieden zwischen den Einkünften im ideellen Bereich (Spenden), den Einkünften aus Vermögensverwaltung, die steuerfrei bleiben, den Einkünften im ebenfalls steuerbefreiten Zweckbetrieb und den Einkünften im steuerpflichtigen wirtschaftlichen Geschäftsbetrieb.

Beim Aufbau einer Holdingstruktur mit einer Beteiligungsträgerstiftung an der Spitze stellt sich insbesondere die Frage, ob aus gemeinnützigkeitsrechtlicher Sicht als Tochtergesellschaft sowohl Kapitalgesellschaften als auch Personengesellschaften in Betracht kommen oder konkreter, ob die Erträge, welche die Stiftung einerseits aus Tochter-Kapitalgesellschaften und andererseits aus Tochter-Personengesellschaften erzielt, einem wirtschaftlichen Geschäftsbetrieb oder nur der Vermögensverwaltung zuzurechnen sind. Die Finanzverwaltung beantwortet diese Frage – vereinfacht – dahingehend, dass die Beteiligung an einer gewerblich tätigen oder gewerblich geprägten Personengesellschaft einen wirtschaftlichen Geschäftsbetrieb begründet, die Beteiligung an einer Kapitalgesellschaft hingegen grundsätzlich nicht (Besonderheiten gelten allerdings bei weitgehender Einflussnahme auf die Geschäftsführung der Tochterkapitalgesellschaft).[94]

Bei der Beteiligung an Personengesellschaften stellt sich damit das weitere Problem, dass hierdurch insgesamt die Gemeinnützigkeit und damit Steuerbegünstigung gefährdet sein kann. Zwar ist es der gemeinnützigen Stiftung durchaus erlaubt, einen steuerpflichtigen wirtschaftlichen Geschäftsbetrieb zu unterhalten, ohne die Gemeinnützigkeit im Ganzen zu verlieren, doch ist es keineswegs gleichgültig, ob und welchen steuerpflichtigen wirtschaftlichen Geschäftsbetrieb die gemeinnützige Stiftung betreibt. Denn in § 56 AO hat der Gesetzgeber angeordnet, dass eine gemeinnützige Stiftung verpflichtet ist, ausschließlich gemeinnützige Zwecke zu verfolgen. Die beiden Grundsätze widersprechen sich nicht, sondern ergänzen sich. Die Verbindung schafft § 63 Abs. 1 AO. Hiernach sind wirtschaftliche Tätigkeiten zur Erhöhung der Einkünfte, die von gemeinnützigen Stiftungen mit Gewinnabsicht unternommen werden, dann auf die Erfüllung der gemeinnützigen Zwecke gerichtet, wenn ihre Durchführung die gegenwärtige Verwirklichung der satzungsmäßigen Zwecke weniger einschränkt, als sie durch die zusätzlichen Einnahmen geför-

94

---

94 Hierzu Wachter, Stiftungen, B Rn. 137.

dert wird.[95] Die Mittelbeschaffung in einem wirtschaftlichen Geschäftsbetrieb kann also durchaus ausschließlich gemeinnützigen Zwecken dienen. Sie kann aber auch zum Selbstzweck werden, was der Gemeinnützigkeit entgegenstünde. Nach der gegenwärtig herrschenden Auffassung soll es darauf ankommen, ob die wirtschaftliche oder die gemeinnützige Aktivität der Körperschaft das Gepräge gibt (sog. Geprägetheorie). Als Indizien werden die Umsätze oder das eingesetzte Personal in beiden Bereichen angesehen. Nach anderer Auffassung soll die Anerkennung der Körperschaft als gemeinnützig aber auch dann möglich sein, wenn die wirtschaftliche Aktivität ihr zwar das Gepräge gibt, dabei aber konsequent der Zweck verfolgt wird, die Gemeinnützigkeit durch Zuwendung von Mitteln zu fördern. Hiernach ist also maßgeblich für die Qualifizierung als gemeinnützig die Mittelverwendung und nicht die Einkommenserzielung.

In diese Richtung geht auch ein Grundsatzurteil des Bundesfinanzhof aus dem Jahre 1998.[96] Hiernach verfolgt eine Körperschaft nicht allein deswegen in erster Linie eigenwirtschaftliche Zwecke, weil sie einen wirtschaftlichen Geschäftsbetrieb unterhält und die unternehmerischen Aktivitäten die gemeinnützigen übersteigen. Hieraus ist zu Recht in der Literatur die Schlussfolgerung gezogen worden, dass eine Stiftung auch dann gemeinnützig und damit steuerbefreit sein kann, wenn der von ihr gehaltene wirtschaftliche (steuerpflichtige) Geschäftsbetrieb – z.B. eine Beteiligung an einer Personengesellschaft – das gesamte oder nahezu gesamte Vermögen der Stiftung ausmacht und zwar selbst dann, wenn der wirtschaftliche Geschäftsbetrieb die einzige Einkunftsquelle der gemeinnützigen Stiftung ist.[97]

Das Bundesfinanzministerium hat allerdings mit einem (teilweisen) Nichtanwendungserlass[98] auf dieses Urteil des Bundesfinanzhof reagiert. Die Finanzverwaltung betont das Verbot der Förderung von in erster Linie eigenwirtschaftlichen Zwecken. Sie folgert aus diesem Verbot, dass zwischen der steuerbegünstigten und der wirtschaftlichen Tätigkeit der Körperschaft zu gewichten sei. Gebe die wirtschaftliche Tätigkeit der Körperschaft bei einer Gesamtbetrachtung das Gepräge, sei die Gemeinnützigkeit entgegen dem Urteil des Bundesfinanzhof zu versagen. Die Beteiligung der Stiftung an einer Personengesellschaft bleibt damit gemeinnützigkeitsrechtlich problematisch.[99]

Dies hat nicht nur Einfluss auf die Ertragsteuer, sondern genauso auch auf die Erb- und Schenkungsteuer. Nach § 13 Abs. 1 Nr. 16b ErbStG werden Zuwendungen an inländische Stiftungen begünstigt, wenn sie im Besteuerungszeitpunkt steuerbegünstigten Zwecken dienen. Fraglich ist deshalb auch hier, ob die Steuerbefreiung erhalten bleibt, wenn die Stiftung einen wirtschaftlichen Geschäftsbetrieb unterhält oder ihr sogar im Rahmen der Schaffung der Holdingstruktur ein Anteil an einer Kommanditgesellschaft und damit ein wirtschaftlicher Geschäftsbetrieb zugewendet wird. Die Frage wird unterschiedlich beantwortet. Die einen[100] wollen im Anschluss an eine Entscheidung des Bundesfinanzhof[101] die Steuerbefreiung versagen. Nach anderen ist hingegen auch in diesem Fall die Steuerbefreiung zu gewähren.[102] Die Finanzverwaltung hat zwischenzeitlich in R 47 Abs. 3 ErbStR 2003 klargestellt, dass die Unterhaltung eines steuerpflichtigen wirtschaftlichen Geschäftsbetriebs unschädlich ist, solange die Stiftung nicht in erster Linie eigenwirtschaftliche Zwecke verfolgt. Die Steuerbefreiung ist danach insbesondere auch dann zu gewähren, wenn

95 Vgl. Schauhoff, Handbuch der Gemeinnützigkeit, § 6 Rn. 111.
96 BFH v. 15.07.1998, I R 156/94, BStBl. II 2002, 162.
97 Vgl. von Oertzen, ZEV 1999, 155, 157.
98 BMF v. 15.02.2002, DStR 2002, 448.
99 Vgl. hierzu auch Schiffer, Die Stiftung in der anwaltlichen Praxis, § 8 Rn. 159 ff..
100 Kien-Hümbert in Moench, § 13 Rn. 89, ebenso Thiel, DB 1993, 2452.
101 BFH v. 10.04.1991, I R 77/87, BStBl. II 1992, 41.
102 Schauhoff, ZEV 1995, 439; ebenso FG Nürnberg v. 30.09.1997, IV 4/95, EFG 1998, 121 für den Erwerb einer Brauerei
     durch eine gemeinnützige Stiftung als Alleinerben.

der wirtschaftliche Geschäftsbetrieb selbst Gegenstand der Zuwendung ist. Voraussetzung ist allerdings auch hier, dass der wirtschaftliche Geschäftsbetrieb seine Überschüsse an den ideellen Bereich abgeben muss und auch tatsächlich abgibt.[103] Als schädlich wird es zum Beispiel gesehen, wenn der wirtschaftliche Geschäftsbetrieb von vornherein mit einer Entnahmebeschränkung belastet wäre und die Überschüsse aus der Beteiligung folglich nicht in voller Höhe für die steuerbegünstigten Zwecke verwenden könnte.[104] Auch in erb- und schenkungsteuerlicher Hinsicht wird daher die Gestaltung mit Kapitalgesellschaften als Tochterunternehmen oder die Zwischenschaltung von Kapitalgesellschaften der sicherere Weg sein. Auch Gegner der Steuerbefreiung empfehlen, etwa vorhandene Personengesellschaftsbeteiligungen in eine GmbH einzubringen (was allerdings ertragsteuerliche Nachteile mit sich bringen kann).[105]

III.   (Unzureichende) Versorgung der Familienmitglieder durch die gemeinnützige Stiftung

§ 58 Nr. 5 AO gestattet der Stiftung, ohne Gefährdung ihrer Steuerbegünstigung den Stifter und seine Angehörigen in beschränktem Umfang zu versorgen. So darf die Stiftung insbesondere bis zu einem Drittel ihres Einkommens dazu verwenden, dem Stifter und seinen nächsten Angehörigen in angemessenem Umfang Unterhalt zu gewähren. Zu den nächsten Angehörigen gehören nach Auffassung der Finanzverwaltung neben dem Ehegatten und den Kindern auch Enkel und Pflegekinder, nicht aber die der Enkelgeneration folgenden Generationen. Allerdings erlaubt das Gesetz nur Unterhaltsleistungen in „angemessenem Rahmen". Für die Finanzverwaltung ist entscheidender Maßstab für die Angemessenheit des Unterhalts der Lebensstandard des Zuwendungsempfängers.[106] Über diesen Maßstab aber lässt sich trefflich streiten. So wird von Vertretern der Finanzverwaltung betont, dass nur Unterhaltsleistungen zulässig sind, soweit sie für einen geordneten Lebensbedarf (Ernährung, Bekleidung, Unterkunft, Ausbildung und persönliche Bedürfnisse) erforderlich sind. Hingegen sei es der Stiftung nicht gestattet, den Angehörigen Mittel zuzuwenden, um ihnen einen Vermögensaufbau zu ermöglichen. Zudem kämen Unterhaltsleistungen durch die Stiftung nur dann in Betracht, wenn der Angehörige nicht selbst in der Lage ist, mit den ihm zur Verfügung stehenden Mitteln seinen laufenden Unterhalt zu bestreiten. Die Zuwendungen der Stiftung könnten also nur dazu dienen, die eigenen Einkünfte und Bezüge des Empfängers zu ergänzen, um ihn in die Lage zu versetzen, sein Leben etwa in der Weise zu führen, wie es ihm möglich gewesen wäre, wenn er das Vermögen geerbt hätte.[107] Angesichts dieser, zumindest bei vermögenderen Personen zum Teil restriktiven Handhabung der Regelung durch die Finanzverwaltung, sollte die Versorgung der Kinder nicht ausschließlich auf Zuwendungen durch die Stiftung gestützt werden.

Daneben bestehen aber auch außerhalb des Anwendungsbereichs des § 58 Nr. 5 AO – ungeachtet der jeweiligen ertragsteuerlichen Auswirkungen – verschiedene Gestaltungsmöglichkeiten, die Stiftung unmittelbar zu Versorgungsleistungen an die Angehörigen zu verpflichten. Auch ist es möglich, das Vermögen, das der Stiftung zugewendet werden soll, vor Übertragung zu Gunsten der Kinder (etwa mit einem Nießbrauch) zu belasten. Die Stiftung erwirbt dann nur das belastete Vermögen. Die Erfüllung der vor Übertragung für die Kinder begründeten Ansprüche stellt dann

---

103 Der Finanzverwaltung folgend FG Köln v. 27.11.2003, 9 K 3304/02, 9 K 6334/02 (Rev. II R 5/04), EFG 2004, 664.
104 Kien-Hümbert in Moench, § 13 Rn. 90.
105 Kien-Hümbert in Moench, § 13 Rn. 92.
106 AEAO Nr. 7 zu § 58 AO.
107 Vgl. etwa Buchna, Stiftung & Sponsoring, 4/2003, 18.

keine die Steuerbegünstigung beeinträchtigende Zuwendung dar, soweit gewährleistet ist, dass der Stiftung ausreichende Mittel für die Verwirklichung ihrer steuerbegünstigten Zwecke verbleiben.[108] Hiervon aber geht die Finanzverwaltung aus, wenn sie für die Erfüllung der Verbindlichkeiten höchstens ein Drittel ihres Einkommens verwenden muss.[109]

IV.   Doppelstiftungsmodelle

96   Eine Austarierung von Substanz, Macht und Ertrag zwischen Stiftung und Familie erfolgt häufig durch sog. Doppelstiftungsmodelle. Hierbei handelt es sich um eine Kombination einer steuerpflichtigen Familienstiftung und einer steuerbefreiten gemeinnützigen Stiftung. Die Gestaltung sieht meist so aus, dass der steuerbefreiten Stiftung reine Kapitalerhaltungsfunktion zukommt. Ihr wird erbschaftsteuerfrei und liquiditätsschonend ein hoher Kapitalanteil übertragen, der jedoch nur mit geringen Stimmrechten verbunden ist. Die Stimmmacht in der Muttergesellschaft liegt dann vielmehr bei der Familienstiftung, die – weil erbschaftsteuerpflichtig – lediglich mit einem geringen Kapitalanteil, aber mit Sonderstimmrechten ausgestattet wird. Bei diesem Modell soll also der Einfluss der Familie auf das Unternehmen erhalten bleiben.

Auch die umgekehrte Gestaltung ist möglich, wonach der steuerbegünstigten Stiftung nur eine geringe Beteiligung, aber ein hoher Stimmrechtsanteil zugewendet wird, während die Familienstiftung – steuerpflichtig – an der Substanz beteiligt wird, jedoch in geringerem Maße stimmberechtigt ist. In diesem Fall wird der Familie der Einfluss auf das Unternehmen gerade entzogen und einer mit familienfremden Personen besetzten steuerbegünstigten Stiftung übertragen (wobei die vorgenannten Voraussetzungen der Gemeinnützigkeit zu beachten sind). Dafür aber wird die Familie an der Substanz und am wirtschaftlichen Erfolg des Unternehmens in höherem Maße beteiligt, was freilich erhebliche erbschaftsteuerliche Belastungen mit sich bringen kann, da die erbschaftsteuerlichen Vorteile der steuerbegünstigten Stiftung größtenteils ungenutzt bleiben.

---

108 Ausführlicher hierzu Schauhoff, DB 1996, 1693 sowie Stiftung & Sponsoring, 2001, 18.

109 Bei Rentenverpflichtungen umfasst die Drittel-Grenze, bezogen auf den Veranlagungszeitraum, die gesamten Zahlungen und nicht nur die über den Barwert hinausgehenden; AEAO Nr. 14 zu § 55. Nach Auffassung des BFH v. 21.01.1998, II R 16/95, BStBl. II 1998, 758 gilt die Drittel-Grenze hingegen nur für freiwillige Zuwendungen der Stiftung.

§ 7 Ausscheiden von Gesellschaftern

A. Fortführung des Unternehmens durch einen oder mehrere Gesellschafter

I. Beratungssituation: Austritt eines Gesellschafters

Es ergibt sich die Situation, dass ein Gesellschafter aus der bestehenden Gesellschaft ausscheiden 1
möchte.

II. Gestaltungsmöglichkeiten

Ein Gesellschafter kann die Gesellschaft verlassen, indem er gegen eine Abfindung ausscheidet 2
oder indem die übrigen Gesellschafter seinen Anteil übernehmen. Die Voraussetzung und die
steuerlichen Folgen hängen wesentlich davon ab, ob es sich um eine Personengesellschaft oder
eine Kapitalgesellschaft handelt.

1. Personengesellschaft

Bei einer Personengesellschaft muss man danach unterscheiden, ob nach dem Ausscheiden des 3
Gesellschafters noch mehrere Gesellschafter vorhanden sind oder nur noch ein Gesellschafter
übrig bliebe. Bleibt nach dem Ausscheiden nur noch ein Gesellschafter übrig, so kann die Gesellschaft nicht fortbestehen: Eine Personengesellschaft setzt zwingend zwei Gesellschafter voraus.
Möchte man die Personengesellschaft aufrechterhalten, so muss der verbleibende Gesellschafter
den zweiten Gesellschaftsanteil durch einen Treuhänder oder durch eine GmbH halten. Möchte
man die Personengesellschaft nicht aufrechterhalten, so muss die Personengesellschaft entweder
aufgelöst oder von dem verbleibenden Gesellschafter als Einzelunternehmen fortgeführt werden.

a) Nach dem Ausscheiden sind noch mehrere Gesellschafter vorhanden

Steuerlich besteht kein Unterschied, ob der Gesellschafter gegen eine Abfindung ausscheidet oder 4
ob die übrigen Gesellschafter seinen Anteil übernehmen. Auch im Falle der Abfindung wird der
ausscheidende Gesellschafter ertragsteuerlich so behandelt, als ob er seinen Gesellschaftsanteil gegen Erhalt der Abfindung an die anderen Gesellschafter veräußert hätte. Bei dem ausscheidenden
Gesellschafter entsteht daher ein Veräußerungsgewinn, soweit die Abfindung sein steuerliches
Kapitalkonto übersteigt (§ 16 Abs. 1 S. 1 Nr. 2, Abs. 2 EStG). Hat ein Gesellschafter Wirtschaftsgüter der Gesellschaft zur Nutzung überlassen oder hat er anderes Sonderbetriebsvermögen, so hat
er bei seinem Ausscheiden aus der Gesellschaft grundsätzlich auch die Differenz zwischen Marktwert und Buchwert (sog. stille Reserven) des Sonderbetriebsvermögens zu versteuern. Hat der

ausgeschlossene Gesellschafter im Zeitpunkt des Ausschlusses das 55. Lebensjahr vollendet oder ist er dauernd berufsunfähig, kann er den Veräußerungsgewinn um einen Freibetrag von € 45.000 kürzen, der jedoch um den Betrag zu verringern ist, um den der Veräußerungsgewinn € 136.000 übersteigt (§ 16 Abs. 4 EStG). Der den Freibetrag übersteigende Gewinn ist – soweit er € 5 Mio. nicht überschreitet – auf Antrag mit einem ermäßigten Steuersatz zu besteuern, der nur 56 % des durchschnittlichen Steuersatzes beträgt (§ 34 Abs. 3 EStG; vgl. auch die altersunabhängige Tarifermäßigung des § 34 Abs. 1 EStG).

Der Veräußerungsgewinn unterliegt nicht der Gewerbesteuer, wenn der ausscheidende Gesellschafter eine natürliche Person ist. Scheidet dagegen eine Kapital- oder Personengesellschaft aus, so unterliegt der Veräußerungsgewinn der Gewerbesteuer (§ 7 S. 2 GewStG).

Der Zeitpunkt des Ausscheidens sollte genau (mit Uhrzeit) bestimmt werden; insbesondere der Abgrenzung zwischen dem 31.12. 24.00 Uhr und dem 01.01. 0.00 Uhr kommt Bedeutung zu.[1]

Wird die Abfindung zunächst gestundet und fällt der ausgeschlossene Gesellschafter später mit seiner Forderung aus, so ist der Veräußerungsgewinn rückwirkend zu mindern (§ 175 Abs. 1 S. 1 Nr. 2 AO, H 16 Abs. 10 EStH 2005). Zur Zahlung der Abfindung in Raten oder ihrer Verrentung vgl. R 16 Abs. 11 EStR 2005.

Bei den verbleibenden Gesellschaftern wird die Zahlung der Abfindung so behandelt, als hätten sie den Anteil des ausscheidenden Gesellschafters gekauft: Die Buchwerte der Wirtschaftsgüter der Gesellschaft sind maximal bis zu ihren Verkehrswerten aufzustocken und in Höhe des verbleibenden Betrages der Abfindung ist ein Firmenwert anzusetzen. Die Abfindung führt daher erst über die künftige Abschreibung der Wirtschaftsgüter und des Firmenwerts zu einer Steuerminderung.

Wird die Abfindung nicht in Geld, sondern als Sachabfindung erbracht, so haben die verbleibenden Gesellschafter die stillen Reserven der als Abfindung übertragenen Wirtschaftsgüter zu versteuern.[2] Gehören die als Sachabfindung gewährten Wirtschaftsgüter künftig zum Betriebsvermögen des ausscheidenden Gesellschafters, so kann eine Versteuerung der stillen Reserven vermieden werden, indem der ausscheidende Gesellschafter die Buchwerte der Gesellschaft nach § 6 Abs. 5 S. 3 EStG fortführt.[3]

Übersteigt der Wert, der sich für den Anteil des ausscheidenden Gesellschafters nach den schenkungsteuerlichen Vorschriften ergibt, die gezahlte Abfindung, so wird eine Schenkung des ausscheidenden Gesellschafters an die verbleibenden Gesellschafter fingiert (§ 7 Abs. 7 ErbStG).

Für den Zeitraum bis zum Ausscheiden des Gesellschafters ist diesem steuerrechtlich noch ein Anteil am Gewinn des laufenden Jahres zuzurechnen, der nicht den dargestellten steuerlichen Begünstigungen unterliegt. Dies gilt auch dann, wenn zum Zeitpunkt des Austritts zivilrechtlich vereinbart wird, dass der ausscheidende Gesellschafter an dem Gewinn des laufenden Jahres nicht mehr teilnimmt. In diesem Fall wird steuerrechtlich ein entsprechender Anteil des Veräußerungserlöses als laufender Gewinn umqualifiziert. Der ausscheidende Gesellschafter muss nur dann keinen Anteil mehr am Gewinn des laufenden Jahres versteuern, wenn bereits im Gesellschaftsvertrag eine entsprechende Regelung getroffen wurde[4] oder ausnahmsweise eine steuerrechtliche

---

1   Wacker in Schmidt, § 16 Rn. 441.
2   Wacker in Schmidt, § 16 Rn. 521 (dort auch zu der Berechnung der stillen Reserven mittels der aufgestockten Buchwerte).
3   So Wacker in Schmidt, § 16 Rn. 524 m.w.N. für die Übertragung von Einzelwirtschaftsgütern.
4   Wacker in Schmidt, § 16 Rn. 445.

Rückbeziehung des Ausscheidens auf den Beginn des Wirtschaftsjahres der Gesellschaft anerkannt wird.[5] Eine Zwischenbilanz ist grds. nicht erforderlich.[6]

Verfahrensrechtlich können die Steuerbescheide über die einheitliche und gesonderte Feststellung der Einkünfte inklusiv des Veräußerungsgewinns auch noch nach dem Ausscheiden des Gesellschafters einem als Empfangsbevollmächtigten bestellten anderen Gesellschafter bekannt gegeben werden (vgl. § 183 AO). Um einen eigenen Steuerbescheid zu erhalten, sollte der ausscheidende Gesellschafter dem Betriebsfinanzamt (§ 18 Abs. 1 Nr. 2 AO) bereits das Bestehen ernstlicher Meinungsverschiedenheiten, spätestens jedoch sein Ausscheiden anzeigen und die Bevollmächtigung des bisherigen Empfangsbevollmächtigten widerrufen (§ 183 Abs. 3 AO).

b)   Nach dem Ausscheiden ist nur noch ein Gesellschafter vorhanden

Übernimmt ein Gesellschafter den Betrieb und scheiden die anderen Gesellschafter gegen eine   5
Abfindung aus der Gesellschaft aus, so wird dies steuerrechtlich so angesehen, als ob die abgefundenen Gesellschafter ihre Mitunternehmeranteile an den den Betrieb übernehmenden Gesellschafter gegen Zahlung der Abfindung veräußern. Der verbleibende Gesellschafter setzt das Unternehmen im Rahmen der Anwachsung fort. Mit dem Ausscheiden der Mitgesellschafter endet das Wirtschaftsjahr der Personengesellschaft und beginnt das erste Wirtschaftsjahr des Einzelunternehmens (H 4a EStH 2005 „Umwandlung"). Es ist daher eine Zwischenbilanz zu erstellen. Im Übrigen entsprechen die steuerlichen Folgen den in dem vorherigen Abschnitt dargestellten Folgen.

Weiterführende Literaturhinweise:

Orth, Umwandlung durch Anwachsung, DStR 1999, 1011 ff. und 1053 ff.

2.   Kapitalgesellschaft

Bei einer Kapitalgesellschaft hat das Ausscheiden von Gesellschaftern keinen Einfluss auf den   6
Fortbestand der Gesellschaft. Ein Gesellschafter kann aus der Gesellschaft ausscheiden, indem sein Anteil gegen Abfindung eingezogen wird oder indem er seinen Anteil an einen anderen Gesellschafter oder einen Dritten verkauft.

a)   Ausscheiden gegen Abfindung

Bei einer GmbH darf durch die Zahlung der Abfindung das Nominalkapital der Gesellschaft   7
nicht angetastet werden.[7] Bei der Aktiengesellschaft erfolgt die Einziehung in Form einer ordentlichen Kapitalherabsetzung, so dass die hierfür bestehenden Regelungen einzuhalten sind (§ 237 AktG).

Bei Zahlung einer angemessenen Abfindung ist die Einziehung des Geschäftsanteils für die Gesellschaft steuerneutral.[8] Für den ausscheidenden Gesellschafter ist die Einziehung steuerpflich-

---

5   Wacker in Schmidt, § 16 Rn. 443.
6   Vgl. H 4a EStH 2005 „Gesellschafterwechsel".
7   Kort in MüHdb GesR III, § 28 Rn. 4.
8   Weber-Grellet in Schmidt, § 17 Rn. 101; Hörger in Littmann/Bitz/Pust, § 17 Rn. 117.

tig, wenn er zu mindestens 1% am Kapital beteiligt ist (§ 17 EStG) und die Einziehungsvergütung die Anschaffungskosten des Anteils übersteigt.[9]

Eine Besteuerung nach § 23 EStG kommt hingegen nicht in Betracht. Dies wird damit begründet, dass keine Veräußerung im Sinne des § 23 EStG vorliege, da die eingezogenen Anteile untergingen.[10] Dies muss u.E. auch nach der Unternehmensteuerreform 2008 im Rahmen der Abgeltungsteuer gelten. Aus unserer Sicht kann man die Einziehung nicht als Einlösung oder Rückzahlung i.S.d. § 20 Abs. 2 S. 2 EStG i.d.F. des Unternehmensteuergesetzes 2008 bezeichnen.

Bleibt die Abfindung hinter dem Steuerwert der Beteiligung (§ 12 Abs. 2 ErbStG, § 11 Abs. 2 BewG) zurück, so liegt eine steuerpflichtige Schenkung des ausscheidenden Gesellschafters an die verbleibenden Gesellschafter vor (§ 7 Abs. 7 S. 2 ErbStG).

Übersteigt die Abfindung den Verkehrswert der Beteiligung, so liegt eine verdeckte Gewinnausschüttung vor.

b)   Übernahme des Anteils durch einen Gesellschafter

8   Verkauft der Gesellschafter seinen Anteil an einen anderen Gesellschafter oder einen Dritten, so liegt ein normaler Anteilsverkauf vor. Zu den Folgen eines solchen Anteilsverkaufs siehe § 8 Rn. 7.

B.   Aufteilung von Geschäftsfeldern unter den Gesellschaftern

I.   Beratungssituation

9   Ein Unternehmen, an dem zwei (oder auch mehr) Gesellschafterstämme beteiligt sind, hat verschiedene Geschäftsfelder. Haben die Gesellschafterstämme unterschiedliche Zielrichtungen, so kann dies dazu führen, dass der erste Gesellschafterstamm das eine Geschäftsfeld und der zweite Gesellschafterstamm das andere Geschäftsfeld fortführen möchte. In diesem Fall bietet es sich an, die Gesellschaft aufzuteilen.

II.   Gestaltungsmöglichkeiten

1.   Personengesellschaften

10   Für die Aufteilung von Geschäftsfeldern einer Personengesellschaft gibt es zwei Alternativen: Die einzelnen Wirtschaftsgüter können im Wege der Einzelrechtsnachfolge auf neue Gesellschaften übertragen werden oder die Personengesellschaft wird nach den Vorschriften des Umwandlungsgesetzes gespalten.

---

9   Zum Streit, ob die Einziehung von Anteilen unter § 17 Abs. 1 oder Abs. 4 EStG fällt, vgl. Hörger in Littmann/Bitz/Pust, § 17 Rn. 117.

10   Jansen in Herrmann/Heuer/Raupach, § 23 Rn. 141.

a)   Übertragung der Wirtschaftsgüter im Wege der Einzelrechtsnachfolge

In der ersten Alternative wird eine neue Personengesellschaft gegründet. Sodann werden die Wirt-   11
schaftsgüter, Verbindlichkeiten und Vertragsverhältnisse, die sich auf das eine Geschäftsfeld beziehen, auf diese neue Gesellschaft übertragen. Hierzu ist die Zustimmung der Gläubiger und Vertragspartner erforderlich.

Werden einzelne Unternehmensteile auf neue Personengesellschaften übertragen, so ist diese
Übertragung ertragsteuerneutral möglich, wenn es sich bei den übertragenen Unternehmensteil-
len um sog. Teilbetriebe handelt (§ 24 UmwStG; Tz. 24.01 Umwandlungssteuererlass). Nach der
Rechtsprechung ist ein Teilbetrieb ein organisch geschlossener, mit einer gewissen Selbständigkeit
ausgestatteter Teil eines Gesamtbetriebs, der – für sich betrachtet – alle Merkmale eines Betriebs
im Sinne des Einkommensteuergesetzes aufweist und als solcher lebensfähig ist.[11]

Führt ein ausscheidender Gesellschafter einen Teilbetrieb als Einzelunternehmen fort, so können
ebenfalls die Buchwerte fortgeführt werden (§ 6 Abs. 5 S. 3 Nr. 1 EStG).[12]

Übernehmen die ausscheidenden Gesellschafter einzelne Wirtschaftsgüter in ihren eigenen Gewerbebetrieb, ohne dass ein Teilbetrieb vorliegt, so ist diese Übertragung grundsätzlich ertragsteuerneutral möglich (§ 6 Abs. 5 S. 3 Nr. 1 EStG).

Wird die Gesellschaft beendet, teilen die Gesellschafter die Wirtschaftsgüter der Gesellschaft unter
sich auf und übertragen sie diese jeweils in ihr Betriebsvermögen, so liegt eine sog. Realteilung vor:
Die Buchwerte der Wirtschaftsgüter sind grds. fortzuführen, so dass kein steuerpflichtiger Gewinn
entsteht (§ 16 Abs. 3 S. 2 EStG; zu den zu beachtenden Haltefristen und Ausnahmen s. § 16 Abs. 3
S. 3 und 4 EStG).

b)   Spaltung der Personengesellschaft

Die zweite Alternative besteht darin, die Personengesellschaft nach den Vorschriften des Umwand-   12
lungsgesetzes zu spalten. Eine Spaltung führt zu einer (partiellen) Gesamtrechtsnachfolge. Dies
bedeutet, dass die Gläubiger und Vertragspartner dem Übergang der Verbindlichkeiten und der
Vertragsverhältnisse nicht zustimmen müssen. Als Ausgleich haften alle an der Spaltung beteiligten Rechtsträger für die Verbindlichkeiten, die die übertragende Gesellschaft unmittelbar vor
dem Wirksamwerden der Spaltung belasteten, als Gesamtschuldner (§ 133 UmwG). Diese Mit-
haftung gilt sowohl für Verbindlichkeiten, die im Zuge der Spaltung auf einen übernehmenden
Rechtsträger übertragen werden, als auch für die bei der übertragenden Gesellschaft verbleibenden
Verbindlichkeiten und ist grundsätzlich auf fünf Jahre begrenzt (§ 133 Abs. 3 UmwG).

Zu beachten ist, dass eine Gesellschaft des bürgerlichen Rechts kein spaltungsfähiger Rechtsträger
ist (§§ 124, 3 Abs. 1 UmwG). Eine Gesellschaft des bürgerlichen Rechts kann aber gegebenenfalls
durch Eintragung im Handelsregister (§ 105 Abs. 2 HGB) zunächst zur offenen Handelsgesellschaft werden und sodann nach dem Umwandlungsgesetz gespalten werden.

Steuerlich wird die Spaltung ebenso behandelt wie die Übertragung der einzelnen Wirtschaftsgüter im Wege der Einzelrechtsnachfolge. Die Spaltung nach dem Umwandlungsgesetz ermöglicht es

---

11   BFH v. 13.02.1996, VIII R 39/92, BStBl. II 1996, 409 m.w.N.
12   Dazu, dass § 6 Abs. 5 EStG auch bei der Übertragung von Teilbetrieben gilt: Niehus/Wilke in Herrmann/Heuer/
      Raupach, § 6 Rn. 1446.

jedoch, die steuerlichen Folgen nach dem Umwandlungssteuergesetz mit Rückwirkung eintreten zu lassen (§ 24 Abs. 4 UmwStG).

2. Kapitalgesellschaften

13 Sollen die einzelnen Geschäftsfelder einer Kapitalgesellschaft aufgeteilt werden, so kommt aus steuerlichen Gründen nur die Möglichkeit einer Spaltung nach dem Umwandlungsgesetz in Betracht: Nur eine Spaltung nach dem Umwandlungsgesetz lässt sich steuerneutral durchführen.

Es gibt mehrere Möglichkeiten, eine Gesellschaft zu spalten:

Für den Zweck einer Aufteilung der Geschäftsfelder unter den Gesellschaftern kommt zum einen die so genannte Aufspaltung in Betracht. Hierbei überträgt die Gesellschaft ihr ganzes Vermögen auf mindestens zwei andere Gesellschaften, und zwar gegen Gewährung von Anteilen an diesen übernehmenden Gesellschaften an die Anteilsinhaber der übertragenden Gesellschaft. Die übertragende Gesellschaft wird hierbei aufgelöst. Die Aufspaltung kann auf bereits bestehende Gesellschaften (Aufspaltung zur Aufnahme, § 123 Abs. 1 Nr. 1 UmwG) oder auf erst im Zuge der Aufspaltung neu zu gründende Gesellschaften (Aufspaltung zur Neugründung, § 123 Abs. 1 Nr. 2 UmwG) erfolgen.

Daneben gibt es die Möglichkeit der so genannten Abspaltung, bei der die Gesellschaft nur einen Teil ihres Vermögens auf einen anderen Rechtsträger überträgt und mit dem ihr verbleibenden Vermögensteil weiterhin fortbesteht. Hierbei werden wiederum Anteile an dem übernehmenden Rechtsträger an die Anteilsinhaber der übertragenden Gesellschaft gewährt. Auch bei der Abspaltung unterscheidet man die Abspaltung zur Aufnahme und die Abspaltung zur Neugründung (§ 123 Abs. 2 UmwG).

Bei der Auf- bzw. Abspaltung zur Aufnahme müssen die Anteile an den bereits bestehenden übernehmenden Rechtsträgern, die an die Anteilsinhaber der übertragenden Gesellschaft zu gewähren sind, grundsätzlich durch Kapitalerhöhung bzw. Erhöhung des Eigenkapitals geschaffen werden. Ist eine Kapitalgesellschaft als aufnehmender Rechtsträger an der Spaltung beteiligt, sind daher die Grundsätze der Sachkapitalerhöhung zu beachten, d.h. der Wert der übertragenen Vermögensgegenstände muss den bei der aufnehmenden Kapitalgesellschaft gegebenenfalls erforderlichen Kapitalerhöhungsbetrag abdecken. Bei der Auf- bzw. Abspaltung zur Neugründung gilt dies entsprechend, da hier die Grundsätze der Sachgründung zu beachten sind.

Eine Spaltung von Kapitalgesellschaften ist grundsätzlich ertragsteuerneutral durchführbar. Es bestehen jedoch eine Reihe von Voraussetzungen für die Steuerneutralität (§ 15 UmwStG).

Um die Trennung von Gesellschaftergruppen und Familienstämmen zu ermöglichen, erlaubt § 128 UmwG auch so genannte nicht verhältniswahrende Spaltungen. Grundsätzlich sind im Rahmen der Spaltung jedem Anteilsinhaber des übertragenden Rechtsträgers Anteile an dem übernehmenden Rechtsträger in dem Verhältnis zuzuweisen, das seiner bisherigen Beteiligung an dem übertragenden Rechtsträger entspricht (§§ 123, 128 UmwG). Nach § 128 UmwG ist es jedoch auch möglich, die Anteile an dem übernehmenden Rechtsträger nur einem der Gesellschafter des übertragenden Rechtsträgers zuzuweisen und so (unter gleichzeitiger Übertragung der Beteiligung dieses Gesellschafters an der übertragenden Gesellschaft auf den oder die anderen Gesellschafter der übertragenden Gesellschaft) eine Trennung der Gesellschafter herbeizuführen. Eine solche nicht verhältniswahrende Spaltung setzt jedoch die (notariell zu beurkundende) Zustimmung aller Anteilsinhaber der übertragenden Gesellschaft voraus (§§ 128, 13 Abs. 3 UmwG).

Steuerlich ist nach dem Grund zu fragen, weshalb die Spaltung nicht verhältniswahrend durchgeführt wird. Erhält der Gesellschafter, der den kleineren Anteil erhält, von den anderen Gesellschaftern eine Zahlung, so liegt steuerlich eine teilweise Veräußerung des Anteils vor. Erhält der Gesellschafter, der den kleineren Anteil erhält, von den anderen keine Zahlung, so liegt steuerlich regelmäßig eine Schenkung zugrunde.

Weiterführende Literaturhinweise:

Ein Muster für eine solche nicht verhältniswahrende Spaltung findet sich bei Brünger in Sagasser/Bula/Brünger, Umwandlungen, 3. Aufl. 2003, N 173, für den Fall der Aufspaltung einer offenen Handelsgesellschaft.

Die Aufspaltung ist häufig umständlicher und verursacht mehr Kosten als die Abspaltung, da hier das gesamte Vermögen der Gesellschaft übertragen werden muss, während bei der Abspaltung ein Teil des Vermögens bei der übertragenden Gesellschaft verbleibt. Relevant kann dies beispielsweise sein, wenn sich in dem zu übertragenden Vermögen Grundstücke befinden, deren Übertragung regelmäßig mit erhöhten Kosten (wie Grunderwerbsteuer) verbunden ist. Der folgenden Darstellung wird daher exemplarisch eine Abspaltung zur Neugründung zugrunde gelegt.

Weiterführender Literaturhinweis:

Ausführungen und Muster zu den anderen Formen der Spaltung finden sich bei Sagasser/Sickinger in Sagasser/Bula/Brünger, Umwandlungen, 3. Aufl. 2003, N 1 ff., sowie bei Heidenhain in Münchener Vertragshandbuch zum Gesellschaftsrecht, 6. Aufl. 2005, XII.1 bis 20.

III.   Umsetzung der einzelnen Gestaltungsmöglichkeiten

1.   Realteilung einer Personengesellschaft

Bei der Realteilung einer Personengesellschaft sind die folgenden Schritte zu durchlaufen: 14

- Gründung einer neuen Personengesellschaft.
- Übertragung der einzelnen Wirtschaftsgüter, Verbindlichkeiten und Vertragsverhältnisse auf die neue Personengesellschaft.
- Einholung der Zustimmung der Gläubiger und Vertragspartner.

2.   Ablauf der Spaltung einer Personenhandelsgesellschaft

Die Abspaltung eines Teils des Vermögens einer Personenhandelsgesellschaft auf eine neu zu   15
gründende Personenhandelsgesellschaft ist in den §§ 123 ff. UmwG geregelt.[13] Es sind folgende Schritte vorzunehmen:

- Soweit nicht bereits vorhanden, Erstellung eines Jahresabschlusses, der nicht länger als acht Monate zurückliegen darf (§§ 125 S. 1, 17 Abs. 2 UmwG).

---

13 Im Zusammenhang mit der Spaltung einer Kommanditgesellschaft ist umstritten, ob und unter welchen Voraussetzungen ein im Rahmen der Spaltung erfolgender Vermögensabfluss bei der übertragenden Kommanditgesellschaft zu einem Wiederaufleben der Kommanditistenhaftung nach § 172 Abs. 4 HGB führen kann, vgl. hierzu Maier-Reimer in Semler/Stengel, § 133 Rn. 116 m.w.N.

■ Erstellung eines notariell zu beurkundenden Spaltungsplans (§§ 136, 126 UmwG) durch die persönlich haftenden Gesellschafter nebst dem Gesellschaftsvertrag der neuen Personenhandelsgesellschaft (§§ 125, 37 UmwG). In dem Spaltungsplan ist unter anderem in einer dem sachenrechtlichen Bestimmtheitsgrundsatz genügenden Form zu bezeichnen, welche Gegenstände des Aktiv- und Passivvermögens auf den übernehmenden Rechtsträger übergehen und welche bei dem übertragenden Rechtsträger verbleiben (§ 126 Abs. 1 Nr. 9 UmwG). Grundstücke sind übereinstimmend mit dem Grundbuch oder durch Hinweis auf das Grundbuchblatt zu bezeichnen (§§ 126 Abs. 2, 28 GBO). Bei der Aufteilung der Gegenstände sind die Parteien grundsätzlich frei.

🛈 **Praxishinweis:**

§ 132 UmwG, der die prinzipiell frei gestaltbare Übertragung der Aktiva und Passive einschränkte, ist durch das Zweite Gesetz zur Änderung des UmwG vom 19.04.2007 (BGBl. 2007, S. 542 ff.) gestrichen worden.

■ Ggf. Zuleitung des Spaltungsplans bzw. seines Entwurfs an den Betriebsrat der übertragenden Gesellschaft, spätestens einen Monat vor dem Tag der Gesellschafterversammlung der übertragenden Personenhandelsgesellschaft, die die Abspaltung beschließen soll (§§ 135, 126 Abs. 3 UmwG).

■ Erstellung eines Spaltungsberichts durch die geschäftsführenden Gesellschafter der Personenhandelsgesellschaft (§§ 135, 127 S. 1 UmwG), es sei denn, alle Gesellschafter verzichten hierauf in notarieller Form (§§ 135, 127 S. 2, 8 Abs. 3 UmwG) oder alle Gesellschafter sind zur Geschäftsführung berechtigt (§§ 125 S. 1, 41 UmwG).

■ Sofern der Gesellschaftsvertrag eine Fassung des Spaltungsbeschlusses durch qualifizierte Mehrheitsentscheidung zulässt (§§ 125, 9, 44 UmwG): Prüfung des Spaltungsplans oder seines Entwurfs durch einen oder mehrere sachverständige Prüfer, wenn ein Gesellschafter dies verlangt (Spaltungsprüfung).

■ Sofern die Gesellschafter hierauf nicht verzichten: Information der von der Geschäftsführung ausgeschlossenen Gesellschafter der Personenhandelsgesellschaft über die Abspaltung durch Übersendung des Spaltungsplans oder seines Entwurfs und des Spaltungsberichts (soweit erforderlich), spätestens zusammen mit der Einberufung der Gesellschafterversammlung, die die Abspaltung beschließen soll (§§ 125, 42 UmwG).

■ Notariell zu beurkundender Spaltungsbeschluss der Gesellschafter, der grundsätzlich die Zustimmung aller Gesellschafter erfordert, sofern der Gesellschaftsvertrag nicht eine Mehrheit von mindestens drei Vierteln der abgegebenen Stimmen ausreichen lässt (§§ 125, 13, 43 UmwG), sowie gegebenenfalls Zustimmungserklärungen einzelner Gesellschafter.

■ Anmeldung der Abspaltung zum Handelsregister der übertragenden Personenhandelsgesellschaft und der übernehmenden Personenhandelsgesellschaft (§§ 137, 125, 16, 17 UmwG).

Weiterführende Literaturhinweise:

Ein Muster findet sich bei Brünger in Sagasser/Bula/Brünger, Umwandlungen, 3. Aufl. 2003, N 173.

3. Ablauf der Spaltung einer Kapitalgesellschaft

Wird ein Teil des Vermögens einer Kapitalgesellschaft auf eine neu zu gründende Kapitalgesell- **16** schaft abgespalten, finden die für die neue Kapitalgesellschaft geltenden Gründungsvorschriften Anwendung (§ 135 Abs. 2 UmwG). Somit kommen insbesondere das Erfordernis der Kapitalaufbringung und damit die Grundsätze der Gründerhaftung zur Anwendung (§ 135 Abs. 2 UmwG i.V.m. § 9a GmbHG, § 46 AktG).

Zudem sind bei der Spaltung einer Kapitalgesellschaft Grundsätze der Kapitalerhaltung zu beachten.[14] Der Abfluss von Nettovermögen im Rahmen der Abspaltung darf nicht dazu führen, dass das Grund- oder Stammkapital der übertragenden Kapitalgesellschaft durch das ihr verbleibende Vermögen nicht mehr gedeckt ist. Daher hat das Geschäftsführungsorgan der übertragenden Gesellschaft im Rahmen der Anmeldung der Abspaltung zur Eintragung in das Handelsregister strafbewehrt (§ 313 Abs. 2 UmwG) zu versichern, dass das verbleibende Vermögen der übertragenden Gesellschaft noch ihr Nennkapital deckt (§§ 140, 146 Abs. 1 UmwG). Gleichzeitig lässt das Umwandlungsrecht eine Kapitalherabsetzung im Zuge der Spaltung im vereinfachten Verfahren zu (§§ 139, 145 UmwG i.V.m. §§ 58a ff. GmbHG, §§ 229 ff. AktG). Eine solche Kapitalherabsetzung kann insbesondere erforderlich werden, wenn durch den Vermögensabfluss im Rahmen der Abspaltung eine Unterbilanz der übertragenden Gesellschaft entstehen würde.

Die Abspaltung eines Teils des Vermögens einer Kapitalgesellschaft auf eine neu zu gründende Kapitalgesellschaft vollzieht sich in folgenden Schritten:

- Soweit nicht bereits vorhanden, Erstellung eines Jahresabschlusses, der nicht länger als acht Monate zurückliegen darf (§§ 125 S. 1, 17 Abs. 2 UmwG).
- Erstellung eines notariell zu beurkundenden Spaltungsplans (§§ 136, 126 UmwG) durch die Geschäftsführer nebst dem Gesellschaftsvertrag der neuen Kapitalgesellschaft (§§ 125, 37 UmwG). Zur Aufteilung der Gegenstände des Aktiv- und Passivvermögens und ihrer Bezeichnung vgl. Rn. § 7 Rn. 15.
- Ggf. Zuleitung des Spaltungsplans bzw. seines Entwurfs an den Betriebsrat der übertragenden Kapitalgesellschaft, spätestens einen Monat vor dem Tag der Versammlung der Anteilseigner, die die Abspaltung beschließen soll (§§ 135, 126 Abs. 3 UmwG).
- Erstellung eines Spaltungsberichts durch das Geschäftsführungsorgan der übertragenden Kapitalgesellschaft (§ 127 S. 1 UmwG), es sei denn, alle Gesellschafter verzichten hierauf in notarieller Form (§§ 135, 127 S. 2 i.V.m. § 8 Abs. 3 UmwG).
- Prüfung des Spaltungsplans oder seines Entwurfs durch einen oder mehrere sachverständige Prüfer (§§ 125, 9, 73, 60, 56, 48 UmwG; Spaltungsprüfung); ist übertragende Gesellschaft eine GmbH allerdings nur, wenn ein Gesellschafter dies verlangt (§§ 125, 9, 56, 48 UmwG).
- Erstellung eines Sachgründungsberichts für die neue Kapitalgesellschaft (§ 138 UmwG i.V.m. § 5 Abs. 4 S. 2 GmbHG bzw. § 144 UmwG i.V.m. § 32 AktG).
- Nachweis der Werthaltigkeit des abgespaltenen Vermögens (vgl. § 8 Abs. 1 Nr. 5 GmbHG). Der nach den §§ 125 S. 1, 17 Abs. 2 UmwG erforderliche Jahresabschluss reicht als Wertnachweis aus, wenn die Einbringung zu Buchwerten erfolgt und die Bilanz von einem Angehörigen der wirtschaftsprüfenden oder steuerberatenden Berufe bestätigt ist. Erfolgt die Einbringung zu anderen Werten, sind neben einer Vermögensaufstellung ergänzende Nachweise über die

---

14 Vgl. hierzu im Einzelnen Sagasser/Sickinger in Sagasser/Bula/Brünger, Rn. N 81 ff.

Werthaltigkeit (z.B. Kaufverträge, Rechnungen oder Sachverständigengutachten) erforderlich.

- Sofern die Gesellschafter hierauf nicht verzichten: Information der Gesellschafter der übertragenden Kapitalgesellschaft über die Abspaltung durch Übersendung des Spaltungsplans oder seines Entwurfs und des Spaltungsberichts (soweit erforderlich), spätestens zusammen mit der Einberufung der Gesellschafterversammlung, die die Abspaltung beschließen soll (§§ 125, 56, 47 UmwG) bzw. durch Einreichung des Spaltungsvertrages oder seines Entwurfs zum Handelsregister (§§ 125, 73, 61 UmwG). Zudem sind diverse Unterlagen in den Geschäftsräumen der übertragenden Kapitalgesellschaft auszulegen (§§ 125, 56, 49, 73, 63 UmwG).

- Notariell zu beurkundender Spaltungsbeschluss der Gesellschafter, der grundsätzlich einer Mehrheit von mindestens drei Vierteln der abgegebenen Stimmen bzw. des vertretenden Grundkapitals bedarf, sofern der Gesellschaftsvertrag nicht eine größere Mehrheit oder weitere Erfordernisse vorsieht (§§ 125, 13, 59, 50, 73, 65 UmwG), sowie gegebenenfalls Zustimmungserklärungen einzelner Gesellschafter.

- Ggf. Bestellung des Aufsichtsrats (§§ 135 Abs. 2, 125, 76 UmwG i.V.m. § 31 AktG und § 52 GmbHG bzw. den mitbestimmungsrechtlichen Vorschriften), zweckmäßigerweise zusammen mit dem Spaltungsbeschluss; ist der Aufsichtsrat mitbestimmt, sind die Arbeitnehmervertreter nach den maßgeblichen mitbestimmungsrechtlichen Vorschriften zu wählen.

- Bestellung der Geschäftsführer im Gesellschaftsvertrag oder durch Gesellschafterbeschluss, zweckmäßigerweise zusammen mit dem Spaltungsbeschluss (§ 135 Abs. 2 UmwG i.V.m. § 6 GmbHG)[15], bzw. Bestellung des Vorstands durch den Aufsichtsrat (§ 135 Abs. 2 UmwG i.V.m. § 30 Abs. 4 AktG).

- Ist die übernehmende Kapitalgesellschaft eine Aktiengesellschaft: Bestellung der Gründungsprüfer durch das zuständige Registergericht (§ 220 Abs. 3 S. 1 UmwG i.V.m. § 33 Abs. 3 bis 5 AktG), Bestellung der Abschlussprüfer (§ 135 Abs. 2 UmwG i.V.m. § 30 Abs. 1 AktG) durch die als Gründer geltende übertragende Kapitalgesellschaft (§ 135 Abs. 2 S. 2 UmwG) und Prüfung der Spaltung durch die Mitglieder des Vorstands und des Aufsichtsrats sowie durch den Gründungsprüfer (§§ 144, 135 Abs. 2 UmwG i.V.m. §§ 33, 34 AktG).

- Anmeldung der Abspaltung und der Geschäftsführer bzw. Vorstandsmitglieder zum Handelsregister der übertragenden Kapitalgesellschaft und der übernehmenden Kapitalgesellschaft (§§ 140, 146, 137, 135, 16, 17 UmwG i.V.m. § 8 GmbHG, § 37 AktG).

Weiterführende Literaturhinweise:

Muster finden sich bei Siegmund in Sagasser/Bula/Brünger, Umwandlungen, 3. Aufl. 2003, N 171.

---

15 Ist bei der GmbH ein Aufsichtsrat nach dem MitbestG zu bilden, obliegt die Bestellung der Geschäftsführer dem Aufsichtsrat, § 31 I MitbestG.

§ 8 Beendigung

A. Verkauf

I. Beratungssituation: Verkauf an einen Externen

Eine Form der Beendigung des unternehmerischen Engagements von Familiengesellschaftern **1** kann darin bestehen, dass das Familienunternehmen oder ein Teil davon verkauft wird.

II. Gestaltungsmöglichkeiten

1. Share Deal vs. Asset Deal

Für den Verkauf eines Unternehmens, das in der Rechtsform einer Gesellschaft betrieben wird, **2** kommen zwei Möglichkeiten in Betracht: In der ersten Möglichkeit verkaufen die Gesellschafter ihre Gesellschaftsanteile (so genannter Share Deal). In der zweiten Möglichkeit verkauft die Gesellschaft ihre Vermögensgegenstände (so genannter Asset Deal). Bei einem Einzelunternehmen ist naturgemäß nur ein Asset Deal möglich.

2. Steuerliche Unterschiede

a) Personengesellschaft

Bei einer Personengesellschaft besteht steuerlich kein Unterschied zwischen einem Share Deal **3** und einem Asset Deal.

aa)   Steuerliche Behandlung des Verkäufers

Der Veräußerungsgewinn unterliegt bei dem Verkäufer der Einkommensteuer, dem Solidaritäts- **4** zuschlag und der Kirchensteuer. Hat der Verkäufer ein Alter von 55 Jahren erreicht oder ist er dauernd berufsunfähig, so steht ihm ein Freibetrag von bis zu € 45.000 zu (§ 16 Abs. 4 EStG). Zudem unterliegt der Veräußerungsgewinn nur dem halben durchschnittlichen Steuersatz (§ 34 Abs. 3 EStG). Bei der Kirchensteuer ist je nach Bundesland ein Erlass von bis zu 50 % möglich.[1]

Der Veräußerungsgewinn unterliegt nicht der Gewerbesteuer, soweit es sich bei dem Veräußerer um eine natürliche Person handelt (vergleiche § 7 S. 2 GewStG).

Wird nicht der gesamte Anteil verkauft, sondern nur ein Teil, so handelt es sich steuerrechtlich nicht um einen Veräußerungsgewinn, sondern um einen laufenden Gewinn (§ 16 Abs. 1 S. 2 EStG). Auf einen laufenden Gewinn finden weder der Freibetrag noch der halbe durchschnittliche Steuersatz Anwendung. Außerdem unterliegt der laufende Gewinn der Gewerbesteuer.

---

1   Vgl. hierzu Stbg 2006, 360.

bb)   Steuerliche Behandlung des Käufers

5   Für den Käufer stellt der gezahlte Kaufpreis Anschaffungskosten für die einzelnen Wirtschaftsgüter dar (§ 6 Abs. 1 Nr. 7 EStG). Es ist so vorzugehen, dass die Wirtschaftsgüter mit ihren Marktwerten anzusetzen sind. Soweit der Kaufpreis die Summe der Marktwerte der Wirtschaftsgüter übersteigt, ist ein Geschäfts- oder Firmenwert anzusetzen und über einen Zeitraum von 15 Jahren abzuschreiben (§ 7 Abs. 1 S. 3 EStG).[2]

Technisch ist so vorzugehen, dass die Buchwerte in der Bilanz der Personengesellschaft unverändert bleiben und die Aufstockung der Buchwerte in einer so genannten Ergänzungsbilanz erfolgt.[3]

b)   Kapitalgesellschaft

6   Bei einer Kapitalgesellschaft ergeben sich erhebliche Unterschiede zwischen der steuerlichen Behandlung eines Asset Deals und eines Share Deals.

aa)   Share Deal

7   Der Gewinn aus der Veräußerung von Anteilen an Kapitalgesellschaften unterliegt bei dem Verkäufer zu 50 % der Einkommensteuer und dem Solidaritätszuschlag (§ 3 Nr. 40 EStG) und zu 100 % der Kirchensteuer (§ 51a Abs. 2 S. 2 EStG). Infolge der Unternehmensteuerreform 2008 steigt der steuerpflichtige Anteil ab dem 01.01.2009 auf 60 %.

Der Käufer setzt den erworbenen Kapitalgesellschaftsanteil mit dem gezahlten Kaufpreis an. Der Kaufpreis ist nicht abschreibbar. Der Käufer hat damit erst dann einen Nutzen von dem Kaufpreis, wenn er den Gesellschaftsanteil weiter verkauft.

bb)   Asset Deal

8   Bei einem Asset Deal unterliegt der Veräußerungsgewinn beim Verkäufer der Gewerbesteuer (§ 7 S. 2 GewStG). Es bestehen keinerlei steuerliche Begünstigungen.

Der Käufer setzt die erworbenen Wirtschaftsgüter mit dem gezahlten Kaufpreis an (§ 6 Abs. 1 Nr. 7 EStG). Der Kaufpreis ist zunächst auf die Marktwerte der einzelnen Wirtschaftsgüter aufzuteilen. Soweit der Kaufpreis darüber hinaus geht, ist ein Geschäfts- oder Firmenwert anzusetzen und über einen Zeitraum von 15 Jahren abzuschreiben (§ 7 Abs. 1 S. 3 EStG).

3.   Übertragung der Vermögensgegenstände

a)   Share Deal

9   Bei einem Share Deal werden die Gesellschaftsanteile übertragen. Alle Vermögensgegenstände, die zum Gesellschaftsvermögen gehören, werden damit automatisch mitübertragen. Sollen darüber hinaus Vermögensgegenstände übertragen werden, etwa Immobilien, die sich im Eigentum von Gesellschaftern befinden und von der Gesellschaft genutzt werden, so sind diese Vermögensgegenstände gesondert zu übertragen.

---

2   Rödder/Hötzel in Rödder/Hötzel/Mueller-Thuns, Unternehmenskauf, § 23 Rn. 5 f.
3   Zieren in Hölters, Hdb. Unternehmenskauf, Teil V Rn. 46 f.

b)   Asset Deal

Bei einem Asset Deal sind alle Vermögensgegenstände zu bezeichnen, die übertragen werden sol-   10
len. Der Käufer hat ein Interesse an einer möglichst vollständigen Übertragung. Er hat daher Wert
darauf zu legen, dass bei der Verpflichtung zur Übertragung eine möglichst weite Formulierung
gewählt wird und dem Vertrag eine Liste der Wirtschaftsgüter beigefügt wird, die auf jeden Fall
übertragen werden sollen.

Bei der dinglichen Übertragung, also dem Eigentumsübergang, ist es erforderlich, jeden einzelnen Vermögensgegenstand zu benennen oder räumliche Abgrenzungen vorzunehmen (z.B. alle
Gegenstände, die sich in einem bestimmten Raum befinden).

4.   Übertragung von Vertragsverhältnissen

Bei der Übertragung der Vertragsverhältnisse, die zu einem Unternehmen gehören, zeigt sich ein   11
wesentlicher Unterschied zwischen einem Share Deal und einem Asset Deal.

a)   Share Deal

8

Bei einem Share Deal werden die Gesellschaftsanteile des Unternehmens übertragen. Die Verträ-   12
ge, die das Unternehmen abgeschlossen hat, bleiben bestehen, und die Vertragspartner brauchen
grundsätzlich nicht benachrichtigt zu werden. Eine Ausnahme gilt nur dann, wenn in den Verträgen eine Klausel enthalten ist, die eine automatische Beendigung oder eine Kündigung für den
Fall vorsehen, dass der Gesellschafter wechselt (so genannte change of control Klausel). Eine solche Klausel wird regelmäßig aufgenommen, wenn dem Vertragspartner die Personen der Gesellschafter wichtig sind, etwa weil vertrauliche Informationen ausgetauscht werden.

b)   Asset Deal

Bei einem Asset Deal muss grundsätzlich jedes einzelne Vertragsverhältnis übertragen werden.   13
Hierzu ist grundsätzlich die Zustimmung des jeweiligen Vertragspartners einzuholen.[4] Der Vertragspartner ist also vom Verkäufer oder Käufer anzuschreiben und aufzufordern, der Übertragung des Vertragsverhältnisses auf den Käufer zuzustimmen.

Für den Fall, dass der Vertragspartner nicht zustimmt, können Verkäufer und Käufer vereinbaren,
dass sie sich im Innenverhältnis so stellen, als wäre der Vertrag übergegangen. Dies bedeutet insbesondere, dass der Käufer den Verkäufer von den vertraglichen Pflichten freistellt.

Eine Ausnahme von dem Grundsatz der Zustimmung gilt bei Arbeitsverhältnissen und bei Miet-
verhältnissen:

aa)   Arbeitsverhältnisse

Bei Arbeitsverhältnissen tritt der Käufer eines Unternehmens automatisch in die Rechtsverhältnisse ein (§ 613a BGB). Der bisherige Arbeitgeber haftet in einem gewissen Umfang für noch aus-
stehende Forderungen der Arbeitnehmer fort (§ 613a Abs. 2 BGB).

---

4   Grüneberg in Palandt, § 398 Rn. 38a.

14   Der Verkäufer oder der Käufer hat die von einem Übergang betroffenen Arbeitnehmer vor dem Übergang schriftlich zu unterrichten über (§ 613a Abs. 5 BGB)

- den Zeitpunkt oder den geplanten Zeitpunkt des Übergangs,
- den Grund für den Übergang,
- die rechtlichen, wirtschaftlichen und sozialen Folgen des Übergangs für die Arbeitnehmer,
- die hinsichtlich der Arbeitnehmer in Aussicht genommenen Maßnahmen.

Der Arbeitnehmer kann dem Übergang des Arbeitsverhältnisses innerhalb eines Monats nach Zugang der Unterrichtung schriftlich widersprechen (§ 613a Abs. 6 BGB). In diesem Fall bleibt sein Arbeitsverhältnis mit dem Verkäufer bestehen.

> **Weiterführende Literaturhinweise:**
>
> Bauer/von Steinau-Steinrück in Hölters, Handbuch des Unternehmens- und Beteiligungskaufs, 6. Auflage 2005, Teil VI Rn. 19 ff.

bb)   Mietverhältnisse

15   Gehören zu dem verkauften Unternehmen vermietete Grundstücke, Wohn- oder Geschäftsräume, so tritt der Käufer automatisch in die Vermieterstellung ein (§§ 566, 578 BGB). Diese Vorschrift soll den Mieter vor dem Besitzverlust schützen, da der Mieter ansonsten nach dem Verkauf mangels vertraglicher Beziehung zum Erwerber diesem zur Herausgabe verpflichtet wäre (§ 985 BGB).

5.   Übertragung von Verbindlichkeiten

16   Gehören zum verkauften Unternehmen Verbindlichkeiten, so besteht ebenfalls ein Unterschied zwischen einem Share Deal und einem Asset Deal.

a)   Share Deal

17   Bei einem Share Deal werden die Gesellschaftsanteile verkauft. Die zum Unternehmen gehörenden Verbindlichkeiten bleiben daher weiterhin bestehen.

b)   Asset Deal

18   Bei einem Asset Deal haben der Verkäufer oder der Käufer die Zustimmung des jeweiligen Gläubigers zur Übertragung der Verbindlichkeiten einzuholen (§§ 414, 415 BGB). Wird die Zustimmung versagt, so können Verkäufer und Käufer sich im Innenverhältnis so stellen, als sei die Verbindlichkeit übergegangen (vgl. § 415 Abs. 3 BGB). Insbesondere hat der Käufer den Verkäufer von allen Verpflichtungen freizustellen.

6.   Haftung

19   Auch bei der Haftung für Verbindlichkeiten unterscheiden sich Share Deal und Asset Deal.

a) Share Deal

Bei einem Share Deal haftet die Gesellschaft mit ihrem Gesellschaftsvermögen für bestehende   20
Verbindlichkeiten fort. Der Erwerber haftet nur in seiner Position als Gesellschafter und damit
abhängig von der jeweiligen Rechtsform:

Die Gesellschafter in einer offenen Handelsgesellschaft und die persönlich haftenden Gesellschafter einer Kommanditgesellschaft haften für alle vor dem Erwerb begründeten Verbindlichkeiten des Unternehmens (§ 130 HGB). Dasselbe gilt nach neuer Rechtsprechung für die Gesellschafter einer Gesellschaft des bürgerlichen Rechts.[5]

Für Kommanditisten gilt folgendes: Hat der Veräußerer seine Hafteinlage bereits geleistet, so ist er von der persönlichen Haftung frei geworden. Der Erwerber des Kommanditanteils tritt in diese Rechtsstellung ein, d.h. er kann sich auf die durch die Einlageleistung des Veräußerers eingetretene Haftungsbefreiung berufen.[6]

Allerdings haftet der Erwerber für solche Verbindlichkeiten unbeschränkt, die in der Zeit zwischen dem Erwerb der Kommanditbeteiligung und seiner Eintragung im Handelsregister rechtsgeschäftlich begründet wurden, es sei denn, seine Beteiligung als Kommanditist war dem Gläubiger bekannt (§ 176 HGB).[7]

🛈 Praxishinweis:

> *Um eine Haftung des erwerbenden Kommanditisten zu vermeiden, ist der Kommanditanteil unter der aufschiebenden Bedingung zu übertragen, dass der Kommanditist mit einem Rechtsnachfolgevermerk im Handelsregister eingetragen wird.[8]*

Der Erwerber eines GmbH-Anteils haftet für alle rückständigen Leistungen auf den Geschäftsanteil des Veräußerers (§ 16 Abs. 3 GmbHG).

b) Asset Deal

Bei einem Asset Deal werden die einzelnen Wirtschaftsgüter des Betriebes erworben. Im Grund-   21
satz besteht damit keine Haftung des Erwerbers.

Es gibt jedoch zwei Ausnahmen:

aa) Firmenfortführung (§ 25 HGB)

Führt der Erwerber die Firma, also den Namen, des bisherigen Unternehmens fort, so haftet der   22
Erwerber für alle im Betrieb des Geschäfts begründeten Verbindlichkeiten des früheren Inhabers
(§ 25 HGB), auch wenn diese den Wert des übernommenen Vermögens übersteigen.[9]

---

5   BGH v. 07.04.2003, II ZR 56/02, BGHZ 154, 370.
6   Für den Veräußerer besteht dagegen ein Haftungsrisiko für bis zur Eintragung seines Austritts im Handelsregister entstandene Verbindlichkeiten der Gesellschaft, wenn der Kommanditistenwechsel ohne Hinzufügung eines sogenannten Nachfolgevermerks (Hinweis, dass der Anteil im Wege der Sonderrechtsnachfolge übergegangen ist) im Handelsregister eingetragen wird. Vgl. hierzu Koller in Koller/Roth/Morck, §§ 171, 172 Rn. 26 m.w.N.
7   BGH v. 21.03.1983, II ZR 113/82, GmbHR 1983, 238, 238. Teile der Literatur verneinen eine solche Haftung im Falle der rechtsgeschäftlichen Übertragung eines Kommanditanteils, vgl. hierzu Karsten Schmidt in MüKo-HGB, § 176 Rn. 26 m.w.N.
8   Piehler/Schulte in MüHdb GesR II, § 35 Rn. 40; BGH v. 21.03.1983, II ZR 113/82, GmbHR 1983, 238, 238.
9   BGH v. 28.11.2005, II ZR 355/03, MDR 2006, 762, 763.

Die Haftung tritt bereits unter folgenden Voraussetzungen ein (§ 25 Abs. 1 HGB):

- Es muss sich um ein Handelsgeschäft handeln.[10] Bei der Veräußerung eines freiberuflichen Unternehmens greift die Haftung daher nicht ein.
- Die bisherige Firma muss fortgeführt werden. Hierzu genügt eine Fortführung des Kerns der Firma, d.h. des aus Sicht der betroffenen Verkehrskreise prägenden Teils der alten Firma (bspw. Änderung der Firma von „PC 69 Musikbetrieb GmbH & Co. KG" in „PC 69 Diskothek e.K.").[11]

Die Haftung aufgrund Firmenfortführung kann ausgeschlossen werden (§ 25 Abs. 2 HGB), wenn

- der Verkäufer und Käufer eine entsprechende Vereinbarung getroffen haben,
- der Haftungsausschluss im Handelsregister eingetragen und
- die Eintragung vom Handelsregister bekannt gemacht wird.

Wichtig ist hierbei, dass die Eintragung unverzüglich beantragt wird. Erfolgt keine solche Eintragung im Handelsregister, so besteht die Haftung dennoch nicht gegenüber Gläubigern, denen der Haftungsausschluss unverzüglich mitgeteilt wird.[12]

8

Weiterführende Literaturhinweise:

Lieb in Münchener Kommentar zum HGB, 2. Auflage 2005, § 25.

bb) Steuerrecht (§ 75 AO)

23 Der Erwerber haftet für bestimmte Steuern mit dem Bestand des übernommenen Vermögens (§ 75 AO). Im Einzelnen bestehen folgende Haftungsvoraussetzungen:

- Es muss sich um betriebliche Steuern (insbesondere Umsatzsteuer, Gewerbesteuer, Verbrauchsteuern) oder Steuerabzugsbeträge (insbesondere Lohnsteuer und Kapitalertragsteuer) handeln.
- Die Steuern müssen seit Beginn des letzten vor der Übereignung liegenden Kalenderjahres entstanden sein.
- Die Steuern müssen bis zum Ablauf von einem Jahr nach Anmeldung des Betriebs durch den Erwerber festgesetzt oder angemeldet werden.

Weiterführende Literaturhinweise:

Zieren in Hölters, Handbuch des Unternehmens- und Beteiligungskaufs, 6. Auflage 2005, Teil V Rn. 147 ff.

7. Kosten

24 Auch bei den Kosten ergeben sich Unterschiede zwischen einem Share Deal und einem Asset Deal.

---

10 Hopt in Baumbach/Hopt, § 25 Rn. 2.
11 BGH v. 28.11.2005, II ZR 355/03, MDR 2006, 762, 763.
12 Lieb in MüKo-HGB, § 25 Rn. 115.

aa) Share Deal

Die Übertragung von Anteilen an Personengesellschaften und Aktiengesellschaften ist formfrei 25 möglich. Bei der Übertragung von Anteilen an Personenhandelsgesellschaften sind lediglich die neuen Gesellschafter zum Handelsregister anzumelden. Die Anmeldung bedarf der notariellen Beglaubigung der Unterschrift aller Gesellschafter (§§ 108, 12 HGB).

Die Formfreiheit gilt auch dann, wenn zum Gesellschaftsvermögen Grundstücke gehören.[13]

Die Übertragung von GmbH-Anteilen bedarf der notariellen Beurkundung (§ 15 Abs. 3 und 4 GmbHG).

bb) Asset Deal

Die Übertragung von Wirtschaftsgütern ist grundsätzlich formfrei möglich. 26

Formbedürftig sind die Übertragung von Grundstücken (§§ 311b, 873, 925 BGB) und die Übertragung von GmbH-Anteilen (§ 15 Abs. 3 und 4 GmbHG): Gehört daher zum Unternehmen ein Grundstück oder ein GmbH-Anteil, so ist der gesamte Kaufvertrag notariell zu beurkunden. Zudem ist die dingliche Übertragung der Grundstücke und der GmbH-Anteile zu beurkunden.

III. Regelungsbedarf im Kaufvertrag eines Share Deal   **8**

Folgende Punkte sind üblicherweise in dem Kaufvertrag eines Share Deal zu regeln: 27

- Übertragung der Anteile
- Kaufpreishöhe und -zahlung
- Übertragungsstichtag: Zeitpunkt, ab dem die Folgen der Übertragung eintreten sollen.
- Dividendenberechtigung
- Gewährleistungen des Verkäufers
  - bezüglich der verkauften Anteile:
    - rechtlicher Bestand der verkauften Anteile
    - Rechtsinhaberschaft an den verkauften Anteilen
    - keine Nachzahlungspflichten
  - bezüglich des Vermögens und Geschäfts der Gesellschaft:
    - Richtigkeit der Jahresabschlüsse
    - Bestand des Vermögens der Gesellschaft
    - Bestand wichtiger Verträge
    - Bestand staatlicher Genehmigungen
    - Bestand der Urheberrechte
    - Bestand ausreichenden Versicherungsschutzes
    - Bestand der angegebenen Arbeitsverhältnisse
    - Fortführung des Geschäfts im Rahmen des normalen Geschäftsverlaufs seit dem letzten Jahresabschluss

---

13 BGH v. 31.01.1983, II ZR 288/81, BGHZ 86, 367, 370 f. Eine Ausnahme hiervon kommt allenfalls in Fällen der Gesetzesumgehung in Betracht, Grüneberg in Palandt, § 311b Rn. 5.

- bezüglich drohender Verbindlichkeiten:
    - Richtigkeit der Jahresabschlüsse
    - vollständige Aufzählung der Rechtsstreitigkeiten
    - keine Haftung aus Rechts- oder Vertragsverletzungen
    - keine Existenz weiterer Arbeitsverhältnisse
  - Regelungen über Art und Abwicklung der Gewährleistung
- Verpflichtungen des Verkäufers
  - Fortführung des Geschäfts im Rahmen des normalen Geschäftsverlaufs bis zum Anteils- übergang
  - Wettbewerbsverbot
- Verpflichtungen des Käufers
  - Gewährung von Einsicht in die mit übergehenden Unterlagen des Unternehmens nach dem Übertragungsstichtag
- Steuern
  - Gewährleistungen des Verkäufers über bisher angefertigte Steuererklärungen und gezahlte Steuern
  - Regelung über Steuernachzahlungen und Steuererstattungen für Zeiträume vor dem Stichtag
  - Anfertigung von Steuererklärungen
- Geheimhaltung
- Verjährung der Ansprüche aus dem Kaufvertrag

IV.   Regelungsbedarf im Kaufvertrag eines Asset Deal

28   Folgende Punkte sind üblicherweise in dem Kaufvertrag eines Asset Deal zu regeln:

- Übertragung der Vermögensgegenstände
- Übernahme der Verbindlichkeiten
- Übernahme von Vertragsverhältnissen
- Kaufpreishöhe und -zahlung
- Übertragungsstichtag: Zeitpunkt, ab dem die Folgen der Übertragung eintreten sollen.
- Gewährleistungen des Verkäufers
  - bezüglich des Vermögens und Geschäfts der Gesellschaft:
    - Richtigkeit der Jahresabschlüsse
    - Bestand des Vermögens der Gesellschaft
    - Bestand staatlicher Genehmigungen
    - Bestand der Urheberrechte
    - Bestand ausreichenden Versicherungsschutzes
    - Bestand der angegebenen Arbeitsverhältnisse
    - Fortführung des Geschäfts im Rahmen des normalen Geschäftsverlaufs seit dem letz- ten Jahresabschluss

- bezüglich drohender Verbindlichkeiten:
  - Richtigkeit der Jahresabschlüsse
  - keine Existenz weiterer Arbeitsverhältnisse
  - Regelungen über Art und Abwicklung der Gewährleistung
- Verpflichtungen des Verkäufers
  - Fortführung des Geschäfts im Rahmen des normalen Geschäftsverlaufs bis zum Anteilsübergang
  - Wettbewerbsverbot
- Verpflichtungen des Käufers
  - Gewährung von Einsicht in die verkauften Unterlagen nach dem Übertragungsstichtag
- Steuern
  - Gewährleistungen des Verkäufers über bisher gezahlte Steuern
- Geheimhaltung
- Verjährung der Ansprüche aus dem Kaufvertrag

B.   Liquidation

I.   Beratungssituation

Tritt ein gesetzlich oder vertraglich normierter Auflösungsgrund ein, so stellt sich die Frage, wie weiter zu verfahren ist und ob es Möglichkeiten gibt, die Gesellschaft dennoch fortzusetzen.   **29**

Möchten die Gesellschafter die Gesellschaft beenden, so stellt sich die Frage, unter welchen Voraussetzungen sie dies können und welches Verfahren dabei einzuhalten ist.

Im Folgenden werden die Auflösungsgründe und der Ablauf der Liquidation bei den verschiedenen Gesellschaftsformen dargestellt.

II.   Ablauf einer Liquidation

Die Liquidation einer Gesellschaft vollzieht sich in mehreren Schritten: **30**

- Auflösung:

  Mit Eintritt eines der gesetzlich normierten oder vertraglich vereinbarten Auflösungsgründe wird die Gesellschaft aufgelöst. Da die Gesellschaft aber regelmäßig in Rechtsbeziehungen zu Dritten steht, kann der Eintritt des Auflösungstatbestandes nicht zur sofortigen Beendigung der Gesellschaft führen, sondern es ist eine Abwicklung der Gesellschaft erforderlich. Die Gesellschaft besteht daher auch nach dem Eintritt des Auflösungstatbestandes fort, allerdings mit geändertem Gesellschaftszweck: die vormals werbende, auf die Förderung des den Gesellschaftern gemeinsamen Zwecks gerichtete Gesellschaft bezweckt nun ausschließlich die vermögensrechtliche Auseinandersetzung und die Beendigung des Gesellschaftsverhältnisses.

- Abwicklung:

  Insbesondere Beendigung aller Vertragsverhältnisse, Verkauf der Vermögensgegenstände, Erfüllung der Gesellschaftsverbindlichkeiten und Verteilung des verbleibenden Vermögens.

- Beendigung:

  Ist die Abwicklung vollständig durchgeführt, so ist die Gesellschaft beendet.

- Löschung der Firma im Handelsregister (nur bei Handelsgesellschaften).

1.   Gesellschaft des bürgerlichen Rechts

31   Vorbehaltlich abweichender vertraglicher Regelungen führen die folgenden Umstände grundsätzlich zur Auflösung einer Gesellschaft des bürgerlichen Rechts:

- Kündigung der Gesellschaft durch einen Gesellschafter (§§ 723, 724 BGB): Ist die Gesellschaft auf unbestimmte Zeit eingegangen, so ist die Kündigung jederzeit möglich ist, sofern der Gesellschaftsvertrag keine andere Vereinbarung enthält, insbesondere keine Kündigungsfristen vorsieht.

- Kündigung der Gesellschaft durch den Gläubiger eines Gesellschafters (§ 725 BGB): Hat ein Gläubiger eines Gesellschafters dessen Gesellschaftsanteil gepfändet, kann er die Gesellschaft kündigen und dadurch die Verwertung des Gesellschaftsanteils erreichen.

- Der vereinbarte Zweck der Gesellschaft ist erreicht oder seine Erreichung ist unmöglich geworden (§ 726 BGB).

- Tod eines Gesellschafters (§ 727 BGB).

- Insolvenz eines Gesellschafters (§ 728 Abs. 2 BGB).

- Eröffnung des Insolvenzverfahrens über das Vermögen der Gesellschaft (§ 728 Abs. 1 S. 1 BGB): an die Stelle des Abwicklungsverfahrens tritt hier das Insolvenzverfahren.

- Zeitablauf (vgl. auch §§ 723 Abs. 1 S. 1, 724 S. 2 BGB).

- Vereinigung aller Gesellschaftsanteile in der Hand eines Gesellschafters: sie führt zwingend zur Auflösung der Gesellschaft, da es eine Ein-Mann-GbR nicht gibt (vgl. § 705 BGB). Folge der Vereinigung aller Gesellschaftsanteile in einer Hand ist die sofortige Vollbeendigung der Gesellschaft. Eine Auseinandersetzung ist nicht erforderlich, da das Gesellschaftsvermögen im Wege der Gesamtrechtsnachfolge auf den verbleibenden „Gesellschafter" übergeht, sog. Anwachsung.[14]

  Weiterführende Literaturhinweise:

  Orth, Umwandlung durch Anwachsung, DStR 1999, 1011 ff. und 1053 ff.

- Ein entsprechender, grundsätzlich einstimmig zu fassender Gesellschafterbeschluss.[15]

Der Gesellschaftsvertrag kann vorsehen, dass im Falle des Eintritts eines Auflösungsgrundes der von dem Auflösungsgrund betroffene Gesellschafter ausscheidet und die Gesellschaft unter den übrigen Gesellschaftern fortgesetzt wird (sog. Fortsetzungsklausel). Eine solche Fortsetzungsklausel kann sich auch nur auf einzelne Auflösungsgründe beziehen. Zudem können die Gesellschafter unabhängig von einer solchen Fortsetzungsklausel auch nach Eintritt des Auflösungsgrundes einstimmig die Fortsetzung der Gesellschaft beschließen.

---

14   Vgl. BFH v. 08.09.2005, IV R 52/03, BStBl. II 2006, 128.
15   Erle/Eberhard in Beck'sches Hdb. PersGes, § 11 Rn. 23 ff.

Sofern der Gesellschaftsvertrag nichts anderes vorsieht und die Gesellschafter nicht einstimmig nach Auflösung der Gesellschaft anderes beschließen, steht von der Auflösung der Gesellschaft an die Geschäftsführung allen Gesellschaftern gemeinschaftlich zu (§ 730 Abs. 2 S. 2 BGB). Aus dem Gesellschaftsverhältnis stammende Ansprüche der Gesellschafter können nicht länger gesondert geltend gemacht werden, sondern sind als Rechnungsposten in die Auseinandersetzungsrechnung einzustellen.[16] Die Aufstellung einer Auseinandersetzungs- und -schlussabrechnung ist zwar nicht gesetzlich vorgeschrieben, sie kann aber, sofern nicht ohnehin im Gesellschaftsvertrag vorgesehen, je nach Art und Umfang der Gesellschaft zweckmäßig sein.

Die Abwicklung vollzieht sich, sofern nicht anderes vereinbart ist, in folgenden Schritten (§§ 730 bis 735 BGB):

32

- Die schwebenden Geschäfte sind zu beenden und die zur Erhaltung und Verwaltung des Gesellschaftsvermögens bis zu dessen Abwicklung notwendigen Maßnahmen sind zu treffen. Soweit zu diesem Zweck erforderlich, können hierbei auch neue Geschäfte eingegangen werden (§ 730 Abs. 2 S. 1 BGB).

- Die Gegenstände, die ein Gesellschafter der Gesellschaft zur Benutzung überlassen hat, sind ihm zurückzugeben (§ 732 BGB). Dies gilt nicht für Gegenstände, die aufgrund gesonderter schuldrechtlicher Vereinbarung wie Miete oder Pacht überlassen wurden: durch die Auflösung der Gesellschaft entfällt das hierauf beruhende Benutzungsrecht der Gesellschaft und ihre Verpflichtung zur Zahlung des Miet- oder Pachtzinses nicht. Abhängig von den Umständen des Einzelfalls kann die Auflösung aber eine Kündigung des Miet- oder Pachtverhältnisses aus wichtigem Grund rechtfertigen.[17]

- Die Gesellschaftsschulden sind zu begleichen. Hierzu ist das Gesellschaftsvermögen – soweit erforderlich – in Geld umzusetzen (§ 733 Abs. 3 BGB). Die zur Berichtigung noch nicht fälliger oder streitiger Schulden erforderlichen Mittel sind zurückzubehalten (§ 733 Abs. 1 S. 2 BGB).

- Aus dem verbleibenden Gesellschaftsvermögen sind die Einlagen zurückzuerstatten. Grundsätzlich kann – auch bei Sacheinlagen – nur Wertersatz und nicht Rückgabe in Natur verlangt werden. Einlagen, die in der Leistung von Diensten oder in der Überlassung eines Gegenstands zur Nutzung bestanden haben, werden grundsätzlich nicht erstattet (§ 733 Abs. 2 BGB).[18]

- Der verbleibende Überschuss ist an die Gesellschafter entsprechend ihrer Gewinnbeteiligung zu verteilen (§ 734 BGB). Reicht das Gesellschaftsvermögen zur Berichtigung der Schulden und zur Rückerstattung der Einlagen nicht aus, haben die Gesellschafter für den Fehlbetrag in dem Verhältnis aufzukommen, in dem sie den Verlust zu tragen haben. Bei Ausfall eines Gesellschafters haften die übrigen Gesellschafter subsidiär (§ 735 BGB). Diese Regelungen gelten im Innenverhältnis zwischen den Gesellschaftern. Die Gläubiger der Gesellschaft sind durch die nach außen unbeschränkte persönliche Haftung der Gesellschafter geschützt.

Die Gesellschafter können ein anderes Verfahren der Abwicklung vereinbaren, insbesondere den Verkauf des gesamten Unternehmens an einen Dritten oder die Übernahme des Gesellschaftsvermögens durch einen Gesellschafter unter Abfindung der übrigen Gesellschafter. Die Vereinbarung eines vom Gesetz abweichenden Abwicklungsverfahrens kann nicht nur im Gesellschaftsvertrag erfolgen, sondern auch noch nach Auflösung der Gesellschaft durch einstimmigen Beschluss der Gesellschafter.

---

16 BGH v. 24.09.2001, II ZR 69/00, DStR 2002, 228; Sprau in Palandt, § 730 Rn. 6 ff.
17 Ulmer in MüKo-BGB, § 732 Rn. 2.
18 Zu Ausnahmen vgl. Ulmer in MüKo-BGB, § 733 Rn. 17.

Die Gesellschaft ist endgültig beendet, wenn die Abwicklung vollständig durchgeführt ist. Ausnahmsweise kann gleichzeitig mit der Auflösung die Beendigung eintreten, wenn eine Abwicklung aus tatsächlichen oder rechtlichen Gründen nicht erforderlich ist, insbesondere bei Vereinigung aller Gesellschaftsanteile in einer Hand oder wenn kein aktives Gesellschaftsvermögen (mehr) vorhanden ist, das auseinandergesetzt werden könnte.

Weiterführende Literaturhinweise:

Erle/Eberhard in Beck'sches Handbuch der Personengesellschaften, 2. Auflage 2002, § 11.

2.   Offene Handelsgesellschaft und Kommanditgesellschaft

33   Vorbehaltlich abweichender oder erweiternder vertraglicher Regelungen oder eines abweichenden einstimmigen Beschlusses der Gesellschafter führen die folgenden Umstände grundsätzlich zur Auflösung einer offenen Handelsgesellschaft oder Kommanditgesellschaft:

- Zeitablauf (§ 131 Abs. 1 Nr. 1 HGB).

- Auflösungsbeschluss der Gesellschafter (§ 131 Abs. 1 Nr. 2 HGB).

- Vorliegen eines wichtigen Grundes bei entsprechender gerichtlicher Entscheidung (Gestaltungsurteil) auf die Auflösungsklage eines Gesellschafters hin (§§ 131 Abs. 1 Nr. 4, 133 HGB). Die Erreichung des vereinbarten Zwecks der Gesellschaft oder die Unmöglichkeit seiner Erreichung können einen wichtigen Grund für eine Auflösungsklage darstellen.

- Eröffnung des Insolvenzverfahrens über das Vermögen der Gesellschaft (§ 131 Abs. 1 Nr. 3 HGB): an die Stelle des Auseinandersetzungsverfahrens tritt hier das Insolvenzverfahren. Bei einer offenen Handelsgesellschaft oder Kommanditgesellschaft, bei der kein persönlich haftender Gesellschafter eine natürliche Person ist (so regelmäßig bei der GmbH & Co. KG), genügt auch die rechtskräftige Ablehnung der Eröffnung des Insolvenzverfahrens mangels Masse oder die Löschung wegen Vermögenslosigkeit nach § 141a FGG (§ 131 Abs. 2 HGB).

- Vereinigung aller Gesellschaftsanteile in der Hand eines Gesellschafters: Sie führt zwingend zur Auflösung der Gesellschaft, da eine Personengesellschaft stets zwei Gesellschafter erfordert (vgl. § 105 HGB). Folge der Vereinigung aller Gesellschaftsanteile in einer Hand ist wie bei der Gesellschaft bürgerlichen Rechts die sofortige Vollbeendigung der Gesellschaft. Eine Auseinandersetzung ist nicht erforderlich, da das Gesellschaftsvermögen im Wege der Gesamtrechtsnachfolge auf den verbleibenden Gesellschafter übergeht.[19]

Die übrigen bei der Gesellschaft des bürgerlichen Rechts zur Auflösung der Gesellschaft führenden Gründe (vgl. oben § 8 Rn. 31) bewirken bei einer offenen Handelsgesellschaft oder Kommanditgesellschaft grundsätzlich nur das Ausscheiden des betroffenen Gesellschafters aus der Gesellschaft (§ 131 Abs. 3 HGB), Beim Tod eines Kommanditisten wird die Gesellschaft mit dessen Erben fortgesetzt (§ 177 HGB).

Die Auflösung der Gesellschaft ist von sämtlichen Gesellschaftern zur Eintragung in das Handelsregister anzumelden (§ 143 Abs. 1 S. 1 HGB). Bei Eröffnung des Insolvenzverfahrens über das Vermögen der Gesellschaft bzw. bei Ablehnung der Eröffnung des Insolvenzverfahrens (§ 131 Abs. 2 Nr. 1 HGB) erfolgt die Eintragung der Auflösung von Amts wegen (§ 143 Abs. 1 S. 2 und 3 HGB).

---

19   Vgl. BFH v. 08.09.2005, IV R 52/03, BStBl. II 2006, 128.

Die Abwicklung erfolgt grundsätzlich durch sämtliche Gesellschafter als Liquidatoren (§ 146 Abs. 1 HGB), sofern sie nicht durch Gesellschafterbeschluss oder durch Gesellschaftsvertrag einzelnen Gesellschaftern oder anderen Personen übertragen ist. Sofern nicht Abweichendes bestimmt ist, können die Liquidatoren dabei nur gemeinschaftlich handeln (§ 150 HGB). Der Firma der Gesellschaft ist ein Liquidationszusatz beizufügen (§ 153 HGB). Die Liquidatoren und ihre Vertretungsmacht sind ebenfalls von sämtlichen Gesellschaftern zur Eintragung in das Handelsregister anzumelden (§ 148 Abs. 1 HGB).

Für das Abwicklungsverfahren gelten die Ausführungen zur Gesellschaft bürgerlichen Rechts (§ 8 Rn. 32) entsprechend. Allerdings sind die Liquidatoren kraft Gesetzes verpflichtet, eine Liquidationseröffnungs- und eine Liquidationsschlussbilanz aufzustellen (§ 154 HGB). Die Verteilung des nach der Gläubigerbefriedigung verbleibenden Vermögens richtet sich nach dem Verhältnis der Kapitalanteile (§ 155 Abs. 1 HGB). Ausdrücklich zulässig ist auch eine vorläufige Verteilung des entbehrlichen, d.h. für Liquidationszwecke erkennbar nicht mehr erforderlichen Geldes (§ 155 Abs. 2 S. 1 HGB).

Nach Beendigung der Liquidation ist das Erlöschen der Firma von den Liquidatoren zur Eintragung in das Handelsregister anzumelden (§ 157 Abs. 1 HGB).[20] Die Bücher und Papiere der beendeten Gesellschaft sind von einem der Gesellschafter oder einem Dritten aufzubewahren (§ 157 Abs. 2 HGB).

8

Weiterführende Literaturhinweise:

Schmid in Münchener Handbuch des Gesellschaftsrechts, Band 2, 2. Auflage 2004, § 45;
Butzer/Knopf in Münchener Handbuch des Gesellschaftsrechts, Band 1, 2. Auflage 2004, §§ 83 und 84.

3.   Gesellschaft mit beschränkter Haftung

Eine GmbH wird in den folgenden Fällen aufgelöst: 34

- Ablauf der im Gesellschaftsvertrag bestimmten Zeit (§ 60 Abs. 1 Nr. 1 GmbHG).

- Gesellschafterbeschluss über die Auflösung der Gesellschaft. Der Beschluss ist, soweit der Gesellschaftsvertrag nichts anderes bestimmt, mit einer Mehrheit von drei Vierteln der abgegebenen Stimmen zu fassen (§ 60 Abs. 1 Nr. 2 GmbHG).

- Gerichtliches Urteil über die Klage eines Gesellschafters auf Auflösung der Gesellschaft aus wichtigem Grund oder Auflösung der Gesellschaft wegen gesetzeswidrigen Verhaltens durch Entscheidung einer Verwaltungsbehörde (§ 60 Abs. 1 Nr. 3 GmbHG).

- Eröffnung des Insolvenzverfahrens über das Vermögen der Gesellschaft (§ 60 Abs. 1 Nr. 4 GmbHG) oder die rechtskräftige Ablehnung der Eröffnung des Insolvenzverfahrens mangels Masse (§ 60 Abs. 1 Nr. 5 GmbHG).

- Rechtskräftige Feststellung bestimmter Mängel des Gesellschaftsvertrags (§ 144a FGG) oder der Nichteinhaltung der Volleinzahlungspflicht bei Vereinigung der Geschäftsanteile in einer Hand nach § 19 Abs. 4 GmbHG (§ 144b FGG) durch das zuständige Registergericht (§ 60 Abs. 1 Nr. 6 GmbHG).

- Löschung der Gesellschaft wegen Vermögenslosigkeit (§ 60 Abs. 1 Nr. 7 GmbHG, § 141a FGG).

---

20   Vgl. hierzu Butzer/Knopf in MüHdb GesR I, § 84 Rn. 60 f.

- Eintritt weiterer, im Gesellschaftsvertrag bestimmter Auflösungsgründe (§ 60 Abs. 2 GmbHG), wie beispielsweise Tod oder Insolvenz eines Gesellschafters und Kündigung der Gesellschaft durch einen Gesellschafter.

Die Gesellschafter können unter bestimmten Umständen die Fortsetzung der aufgelösten Gesellschaft beschließen. Der Fortsetzungsbeschluss erfordert in der Regel eine Mehrheit von 75%.[21]

Wird im Gesellschaftsvertrag oder durch Beschluss der Gesellschafter keine abweichende Regelung getroffen, erfolgt die Abwicklung durch die Geschäftsführer als Liquidatoren (§ 66 Abs. 1 GmbHG). Ist nichts anderes bestimmt, sind die Liquidatoren gesamtvertretungsberechtigt (§ 68 Abs. 1 S. 2 GmbHG). Umstritten ist, ob eine für Geschäftsführer geltende Vertretungsregelung im Gesellschaftsvertrag für die als Liquidatoren handelnden Geschäftsführer fortbesteht.[22]

Die Auflösung der Gesellschaft ist durch die Liquidatoren in vertretungsberechtigter Zahl zur Eintragung in das Handelsregister anzumelden, sofern sie nicht von Amts wegen einzutragen ist, wie beispielsweise im Fall der Eröffnung des Insolvenzverfahrens (§§ 65, 78 GmbHG). Auch die Liquidatoren und ihre Vertretungsbefugnis sind zur Eintragung ins Handelsregister anzumelden (§ 67 Abs. 1 GmbHG). Die Auflösung ist zudem von den Liquidatoren dreimal in den Gesellschaftsblättern bekannt zu machen, verbunden mit der Aufforderung an die Gläubiger der Gesellschaft, sich bei der Gesellschaft zu melden (§ 65 Abs. 2 GmbHG).

Die Firma der aufgelösten Gesellschaft bleibt unverändert, ihr ist aber ein die Abwicklung andeutender Zusatz beizufügen, regelmäßig „i.L." (vgl. auch § 68 Abs. 2 GmbHG). Es ist eine Schlussbilanz der werbenden Gesellschaft und für den Beginn der Abwicklung eine Liquidationseröffnungsbilanz aufzustellen. Zudem haben die Liquidatoren für den Schluss eines jeden Jahres während der Abwicklung einen Jahresabschluss aufzustellen (§ 71 GmbHG).

35 Die Abwicklung vollzieht sich in folgenden Schritten:

- Es sind die laufenden Geschäfte zu beenden und die Forderungen und Verbindlichkeiten der Gesellschaft abzuwickeln. Das Vermögen der Gesellschaft ist in Geld umzusetzen (§ 70 GmbHG).

- Das nach der Abwicklung verbleibende Vermögen ist an die Gesellschafter nach dem Verhältnis ihrer Geschäftsanteile zu verteilen (§ 72 GmbHG). Die Verteilung darf erst erfolgen, wenn die bekannten Schulden der Gesellschaft getilgt oder für ihre Befriedigung Sicherheit geleistet ist und seit dem Tage, an dem die Aufforderung an die Gläubiger in den Gesellschaftsblättern zum dritten Mal erfolgt ist, ein Jahr vergangen ist (sog. Sperrjahr, § 73 Abs. 1 GmbHG).

- Bei Beendigung der Abwicklung haben die Liquidatoren eine Schlussrechnung aufzustellen (§ 74 Abs. 1 GmbHG).

Ist die Abwicklung beendet und die Schlussrechnung gelegt, ist der Schluss der Abwicklung von den Liquidatoren zur Eintragung in das Handelsregister anzumelden und die Gesellschaft im Handelsregister zu löschen (§ 74 Abs. 1 GmbHG).

Weiterführende Literaturhinweise:

Weitbrecht in Münchener Handbuch des Gesellschaftsrecht, Band 3, 2. Auflage 2003, §§ 62 und 63.

---

21 Vgl. hierzu im Einzelnen Weitbrecht in MüHdb GesR III, § 62 Rn. 30 ff.
22 Vgl. dazu Schulze-Osterloh/Noack in Baumbach/Hueck, § 68 Rn. 4 mwN.

4. Aktiengesellschaft

Die Auflösung einer Aktiengesellschaft ist in den §§ 262 bis 274 AktG geregelt. Die Vorschriften **36** entsprechen weitgehend den für die Auflösung einer GmbH geltenden Regelungen, so dass die Ausführungen unter § 8 Rn. 34 f. entsprechend gelten.[23]

5. GmbH & Co. KG

Bei der GmbH & Co. KG wird die Kommanditgesellschaft nach den unter § 8 Rn. 33 dargelegten **37** Grundsätzen aufgelöst; für die Auflösung der Komplementär-GmbH gelten § 8 Rn. 34 f.

C. Insolvenz

I. Beratungssituation

Gerät eine Gesellschaft in eine wirtschaftliche Schieflage, stellen sich insbesondere die folgenden **38** Fragen: Muss ein Insolvenzantrag gestellt werden und wenn ja, wann? Welche Möglichkeiten gibt es, um eine Insolvenz der Gesellschaft zu vermeiden? Und in dem Fall, dass eine Insolvenz nicht mehr vermieden werden kann: Wie ist der Ablauf eines Insolvenzverfahrens?

II. Notwendigkeit eines Insolvenzantrages

Die Pflicht, einen Insolvenzantrag zu stellen, besteht nur für Gesellschaften, bei denen keine na- **39** türliche Person mit ihrem Vermögen haftet. Diese Gesellschaften haben einen Insolvenzantrag zu stellen, wenn sie zahlungsunfähig oder überschuldet sind.

1. Rechtsform

Eine Insolvenzantragspflicht besteht nur für Kapitalgesellschaften sowie für Personengesell- **40** schaften, bei denen kein persönlich haftender Gesellschafter eine natürliche Person ist (§ 64 Abs. 1 GmbHG, § 92 Abs. 2 AktG, §§ 130a Abs. 1 S. 2, 177a HGB[24]).

Andere Gesellschaften sind zwar grundsätzlich insolvenzfähig, d.h. bei Vorliegen eines Insolvenzgrundes kann die Eröffnung des Insolvenzverfahrens über das Vermögen der Gesellschaft beantragt werden (vgl. § 11 InsO), es besteht bei diesen Gesellschaften jedoch infolge der persönlichen Haftung ihrer Gesellschafter keine Pflicht, einen Insolvenzantrag zu stellen.

---

23 Zur Auflösung einer Aktiengesellschaft vgl. auch die Ausführungen von Hoffmann-Becking in MüHdb GesR IV, § 65.
24 § 130a HGB ist auf eine Gesellschaft des bürgerlichen Rechts analog anzuwenden, wenn bei dieser kein Gesellschafter eine natürliche Person ist, K. Schmidt in MüKo-HGB, § 130a Rn. 7; Ulmer in MüKo-BGB, § 728 Rn. 12.

2.   Insolvenzgründe

41   Im Falle der Zahlungsunfähigkeit oder der Überschuldung der Gesellschaft ist ein Insolvenzantrag zu stellen. Im Falle der drohenden Zahlungsunfähigkeit kann ein Insolvenzantrag gestellt werden (§ 18 InsO); hierzu besteht jedoch keine Pflicht.

a)   Zahlungsunfähigkeit

42   Der Insolvenzgrund der Zahlungsunfähigkeit liegt vor, wenn die Gesellschaft nicht in der Lage ist, ihre fälligen Zahlungspflichten zu erfüllen (§ 17 Abs. 2 S. 1 InsO). Zur Feststellung der Zahlungsunfähigkeit sind den am Stichtag fälligen Verbindlichkeiten der Gesellschaft die aktuell verfügbaren und die kurzfristig verfügbar werdenden Mittel gegenüber zu stellen. Zu den in diese Gegenüberstellung einzubeziehenden Zahlungspflichten gehören auch Zahlungsansprüche der Gesellschafter gegen die Gesellschaft, soweit diese ihren Grund nicht im Gesellschaftsverhältnis haben. Soweit Zahlungsansprüche der Gesellschafter auf dem Gesellschaftsverhältnis beruhen, sind sie nur dann in die Gegenüberstellung einzubeziehen, wenn sie trotz Ausbruchs der Krise gegen die Gesellschaft durchgesetzt werden können, so dass beispielsweise Ansprüche der Gesellschafter, denen ein Auszahlungsverbot gemäß § 30 GmbHG entgegensteht, unberücksichtigt bleiben.[25]

Weder eine vorübergehende Zahlungsstockung noch ganz geringfügige Liquiditätslücken reichen für die Annahme der Zahlungsunfähigkeit aus. Eine nur vorübergehende Zahlungsstockung liegt nach Ansicht des Bundesgerichtshofs regelmäßig dann vor, wenn die Zahlungsunfähigkeit nicht länger als drei Wochen andauert.[26] Beträgt die nicht innerhalb von drei Wochen zu beseitigende Liquiditätslücke 10 % oder mehr der fälligen Gesamtverbindlichkeiten der Gesellschaft, wird die Zahlungsunfähigkeit widerlegbar vermutet.[27] Ebenfalls widerlegbar vermutet wird die Zahlungsunfähigkeit, wenn der Schuldner seine Zahlungen einstellt (§ 17 Abs. 2 S. 2 InsO).

b)   Überschuldung

43   Der Insolvenzgrund der Überschuldung liegt vor, wenn das Vermögen der Gesellschaft nicht mehr ausreicht, um die bestehenden Verbindlichkeiten der Gesellschaft zu decken (§ 19 Abs. 2 S. 1 InsO). Bei der Bewertung des Vermögens der Gesellschaft ist jedoch die Fortführung des Unternehmens zugrunde zu legen, wenn diese nach den Umständen überwiegend wahrscheinlich ist (§ 19 Abs. 2 S. 2 InsO). Es ist also eine zweistufige Prüfung durchzuführen:[28]

Zunächst ist unter Verwendung einer Liquiditätsplanung eine Prognose darüber anzustellen, ob die Wirtschaftskraft des Unternehmens dafür ausreicht, mit überwiegender Wahrscheinlichkeit zumindest bis zum Ablauf des nächsten Geschäftsjahres zahlungsfähig zu bleiben (Fortführungsprognose).

Sodann ist eine Überschuldungsbilanz aufzustellen, anhand derer ermittelt wird, ob das Vermögen der Gesellschaft die Verbindlichkeiten übersteigt. Eine solche Überschuldungsbilanz unterscheidet sich grundlegend von einer Jahresbilanz. Es handelt sich um eine Vermögensbilanz, in

---

25   Schulze-Osterloh in Baumbach/Hueck, § 64 Rn. 8 m.w.N.
26   BGH v. 24.05.2005, IX ZR 123/04, BB 2005, 1923, 1925.
27   BGH v. 24.05.2005, IX ZR 123/04, BB 2005, 1923, 1925 ff.
28   K. Schmidt in MüKo-HGB, Anh. § 158 Rn. 21 ff.

der die zum Stichtag vorhandenen Vermögensgegenstände, die im Fall alsbaldiger Insolvenzverfahrenseröffnung als Massebestandteile verwertbar wären, den Verbindlichkeiten gegenüberzustellen sind, die im Insolvenzfall aus der Masse zu erfüllen wären.[29] In der Überschuldungsbilanz sind die Vermögensgegenstände der Gesellschaft zu Verkehrswerten anzusetzen.

Wie innerhalb der Überschuldungsbilanz die Verkehrswerte zu bestimmen sind, hängt von dem Ergebnis der Fortführungsprognose ab: Ist die Fortführungsprognose positiv, sind die Vermögensgegenstände der Gesellschaft in der Überschuldungsbilanz zu Fortführungswerten anzusetzen, das heißt mit dem Betrag, der von dem bei einem Verkauf des gesamten lebenden Unternehmens zu erzielenden Erlös anteilig auf den jeweiligen Vermögensgegenstand entfallen würde. Ist die Fortführungsprognose negativ, erfolgt der Ansatz zu Liquidationswerten, also mit dem Betrag, den ein Dritter im Falle einer Zerschlagung des Unternehmens für die einzelnen Vermögensgegenstände bezahlen würde. In der Regel sind die Fortführungswerte höher als die Liquidationswerte, eine Überschuldung liegt damit im Falle einer negativen Fortführungsprognose eher vor.

Ob in der Überschuldungsbilanz ein Geschäfts- oder Firmenwert angesetzt werden kann, ist umstritten.[30]

3. Verfahren des Insolvenzantrags

Wird die Gesellschaft zahlungsunfähig oder ergibt sich die Überschuldung der Gesellschaft, so ist ohne schuldhaftes Zögern, spätestens aber drei Wochen nach Eintritt der Zahlungsunfähigkeit bzw. Überschuldung ein Insolvenzantrag zu stellen. Ein Insolvenzantrag wird entbehrlich, wenn es gelingt, innerhalb der drei Wochen die Zahlungsunfähigkeit bzw. Überschuldung der Gesellschaft zu beseitigen. Die Antragsfrist von drei Wochen ist eine Höchstfrist. Zeigt sich schon vor Ablauf der Drei-Wochen-Frist, dass mit einer Beseitigung des Insolvenzgrundes innerhalb der Frist nicht ernstlich zu rechnen ist, ist der Insolvenzantrag unverzüglich, und damit noch vor Fristablauf, zu stellen. Andererseits ist auch dann ein Insolvenzantrag zu stellen, wenn nach drei Wochen die Sanierung des Unternehmens unmittelbar bevorsteht, da eine Verlängerung der Drei-Wochen-Frist auch mit Zustimmung aller Gläubiger nicht möglich ist.[31]

44

Verpflichtet zur Stellung des Insolvenzantrages sind

- bei der GmbH die Geschäftsführer (§ 64 Abs. 1 GmbHG),
- bei der Aktiengesellschaft der Vorstand (§ 92 Abs. 2 AktG) und
- bei der GmbH & Co. KG die Geschäftsführer der GmbH (§§ 130a Abs. 1 S. 2, 177a HGB).

Die Insolvenzantragspflicht trifft jeden einzelnen organschaftlichen Vertreter ohne Rücksicht auf die bei der Gesellschaft bestehende Vertretungsregelung (vgl. auch § 15 Abs. 1 InsO).

4. Folgen der Verletzung der Insolvenzantragspflicht

Eine Verletzung der Insolvenzantragspflicht kann zu einer Schadensersatzpflicht gegenüber den Gläubigern der Gesellschaft führen (§ 823 Abs. 2 BGB i.V.m. § 64 Abs. 1 GmbHG, § 92 Abs. 2 AktG, §§ 130a, 177a HGB). Dabei ist hinsichtlich des Umfangs der Haftung zwischen den sogenannten Altgläubigern und Neugläubigern zu differenzieren.

45

---

29 K. Schmidt in MüKo-HGB, Anh. § 158 Rn. 26, 29.
30 Schulze-Osterloh in Baumbach/Hueck, § 64 Rn. 16 m.w.N.; Kallmeyer, GmbHR 1999, 16, 17.
31 Lutter/Kleindiek in Lutter/Hommelhoff, § 64 Rn. 31; Schulze-Osterloh in Baumbach/Hueck, § 64 Rn. 51.

Altgläubiger sind solche, die ihre Gläubigerposition bereits vor dem Zeitpunkt erlangt haben, in dem der Insolvenzantrag (bei pflichtgemäßem Handeln) hätte gestellt werden müssen. Neugläubiger dagegen haben ihre Gläubigerstellung erst nach diesem Zeitpunkt während des Zeitraums bis zur Eröffnung des Insolvenzverfahrens erlangt. Altgläubiger haben lediglich Anspruch auf Ersatz des sogenannten Quotenschadens, d.h. des Betrages, um den sich die Masse und damit ihre Quote infolge der Insolvenzverschleppung verringert hat. Neugläubiger dagegen haben Anspruch auf Ersatz des negativen Interesses, d.h. sie sind so zu stellen, als hätten sie nie mit der Gesellschaft kontrahiert.[32]

Daneben kann eine Schadensersatzpflicht gegenüber der Gesellschaft bestehen, wenn dieser durch die verspätete oder unterlassene Antragsstellung ein Schaden entstanden ist (§ 43 Abs. 2 GmbHG, § 93 Abs. 2 AktG, §§ 130a Abs. 3, 177a HGB).

Die organschaftlichen Vertreter dürfen zudem nach Eintritt der Zahlungsunfähigkeit bzw. nach Feststellung der Überschuldung keine Zahlungen mehr für die Gesellschaft leisten und sonstige das Gesellschaftsvermögen schmälernde Leistungen wie die Lieferung von Waren erbringen (§ 64 Abs. 2 GmbHG, § 92 Abs. 3 AktG, §§ 130a Abs. 2, 177a HGB).[33] Ausgenommen von diesem Verbot der Masseschmälerung sind nur solche Zahlungen und Leistungen, die auch nach Eintritt der Zahlungsunfähigkeit oder Überschuldung mit der Sorgfalt eines ordentlichen Geschäftsmannes vereinbar sind (§ 64 Abs. 2 S. 2 GmbHG, § 92 Abs. 3 S. 2 AktG, §§ 130a Abs. 2 S. 2, 177a HGB). Dazu können Zahlungen bei vollwertiger Gegenleistung sowie Zahlungen gehören, die erforderlich sind, um den sofortigen Zusammenbruch der Gesellschaft zu verhindern (z.B. Miet- und Lohnzahlungen).[34] Zahlungen und sonstige Leistungen unter Verstoß gegen das Verbot der Masseschmälerung sind der Gesellschaft zu ersetzen (§ 64 Abs. 2 GmbHG, § 93 Abs. 3 Nr. 6 AktG, §§ 130a Abs. 3, 177a HGB).

Eine Verletzung der Insolvenzantragspflicht kann darüber hinaus strafbar sein und mit Freiheitsstrafe bis zu drei Jahren (bei Fahrlässigkeit bis zu einem Jahr) oder Geldstrafe bestraft werden (§ 84 Abs. 1 Nr. 2 GmbHG, § 401 Abs. 1 Nr. 2 AktG, §§ 130b, 177a HGB).

III.   Handlungsmöglichkeiten zur Vermeidung einer Insolvenz

46   Die Überschuldung einer Gesellschaft kann beispielsweise beseitig werden

- durch Zuzahlungen der Gesellschafter sowie
- durch Rangrücktrittsvereinbarungen mit Gläubigern der Gesellschaft.

Eine Insolvenz wegen Zahlungsunfähigkeit kann durch alle Maßnahmen verhindert werden, die sich positiv auf die Liquidität des Unternehmens auswirken, wie beispielsweise

- Zuzahlungen der Gesellschafter,
- Darlehen von Gesellschaftern oder Dritten,
- Verwertung von noch unbelastetem Gesellschaftsvermögen,
- Stundung von Verbindlichkeiten der Gesellschaft durch ihre Gläubiger.

Allerdings ist zu beachten, dass insbesondere eine verstärkte Kreditaufnahme zum Eintritt der Überschuldung führen und damit im Ergebnis eine Insolvenz nicht verhindern kann, es sei denn, es wird mit dem Kreditgeber zugleich ein Rangrücktritt vereinbart.

---

32   Schulze-Osterloh in Baumbach/Hueck, § 64 Rn. 92 ff.
33   Schulze-Osterloh in Baumbach/Hueck, § 64 Rn. 79; Hüffer, § 92 Rn. 14a; Hopt in Baumbach/Hopt, § 130a Rn. 9.
34   Hüffer, § 92 Rn. 14b.

1. Zuzahlungen der Gesellschafter

Zuzahlungen der Gesellschafter in diesem Sinne sind freiwillige Leistungen, die die Gesellschafter an die Gesellschaft erbringen, ohne eine Gegenleistung zu erhalten. In Betracht kommen Bar- und Sachleistungen sowie der Erlass von Forderungen. **47**

Die Zuzahlungen können erfolgsneutral erfolgen, indem sie in das Eigenkapital geleistet werden und so die Kapitalrücklage (§ 272 Abs. 2 Nr. 4 HGB) bzw. das Kapitalkonto des Gesellschafters erhöhen. Sie können aber auch ergebniswirksam als außerordentlicher Ertrag von der Gesellschaft vereinnahmt werden, z.B. wenn sie zur Abdeckung eines Jahresfehlbetrages erfolgen. Steuerlich wird ein solcher außerordentlicher Ertrag als verdeckte Einlage angesehen und hat damit im Ergebnis keinen Einfluss auf die Steuerlast. Für die Abgrenzung zwischen erfolgsneutralen und ergebniswirksamen Zuzahlungen ist entscheidend, welchen Zweck der Gesellschafter mit der Zuzahlung verfolgt.

🛈 **Praxishinweis:**

Umstritten ist, wie die Zuzahlung zu erfassen ist, wenn eine ausdrückliche Zwecksetzung nicht vereinbart wird: Kann die Zwecksetzung auch nicht im Wege der Auslegung gewonnen werden, ist nach einer Ansicht davon auszugehen, dass die Zuzahlung in das Eigenkapital geleistet werden sollte.[35] Nach anderer Ansicht kann eine Einstellung in die Kapitalrücklage dagegen nur dann erfolgen, wenn der Gesellschafter ausdrücklich eine Zuweisung in das Eigenkapital erklärt.[36] Vor diesem Hintergrund empfiehlt es sich, den Zweck der Zuzahlung ausdrücklich schriftlich festzuhalten.

8

Soll die Gesellschaft handelsrechtlich einen geringeren Verlust ausweisen, ist die Erfolgswirksamkeit der Zuzahlung zu wählen.

Weiterführende Literaturhinweise:

Vgl. hierzu auch Förschle/Hoffmann in Beck'scher Bilanz-Kommentar, 6. Auflage 2006, § 272 Rn. 67.

2. Rangrücktritt

Mit Hilfe einer Rangrücktrittsvereinbarung kann die Passivierung einer Verbindlichkeit in der Überschuldungsbilanz vermieden und damit die Überschuldung und Insolvenz der Gesellschaft verhindert werden. Praktisch bedeutsam sind Rangrücktrittsvereinbarungen vor allem im Zusammenhang mit Gesellschafterdarlehen. **48**

Grundsätzlich sind sämtliche Verbindlichkeiten der Gesellschaft gegenüber ihren Gesellschaftern in der Überschuldungsbilanz zu passivieren und können so zur Überschuldung der Gesellschaft führen. Dies gilt auch für eigenkapitalersetzende Gesellschafterdarlehen, und zwar ungeachtet des Umstandes, dass sie im Insolvenzverfahren nur nachrangig zu erfüllen sind (vgl. § 39 I Nr. 5 InsO iVm. § 32a GmbHG).[37]

Eine Verbindlichkeit der Gesellschaft gegenüber einem Gesellschafter ist dann nicht mehr in der Überschuldungsbilanz zu passivieren, wenn mit dem Gesellschafter ein sog. qualifizierter Rangrücktritt vereinbart wird. Ein qualifizierter Rangrücktritt liegt vor, wenn der Gesellschafter erklärt, er wolle wegen der Forderung erst nach der Befriedigung sämtlicher Gesellschaftsgläubiger

---

35 Förschle/Hoffmann in Beck'scher Bilanz-Kommentar, § 272 Rn. 67; ADS, § 272 HGB Rn. 137.
36 HFA 2/1996, Abschn. 22, WPg 1996, 709, 712.
37 BGH v. 08.01.2001, II ZR 88/99, BGHZ 146, 264, 272.

und – bis zur Abwendung der Krise – auch nicht vor, sondern nur zugleich mit den Einlagerück-gewähransprüchen seiner Mitgesellschafter berücksichtigt, also so behandelt werden, als handele es sich bei seiner Gesellschafterleistung um statutarisches Eigenkapital.[38]

Aus steuerlicher Sicht ist zu beachten, dass die Rangrücktrittsvereinbarung so auszugestalten ist, dass die Verbindlichkeit gegenüber dem Gesellschafter weiterhin in der Steuerbilanz der Gesell-schaft zu passivieren ist. Ist die Verbindlichkeit nicht mehr zu passivieren, so muss die Gesellschaft einen Gewinn ausweisen. Dieser Gewinn ist grundsätzlich steuerpflichtig. Er ist nur insoweit er-folgsneutral, als der Gesellschafter seiner Gesellschaft bewusst etwas zuwendet, sog. verdeckte Einlage. Eine verdeckte Einlage kann nur in Höhe des werthaltigen Teils der Forderung vorlie-gen.[39] Damit die Verbindlichkeit weiter zu passivieren ist, darf weder vereinbart werden, dass die Verbindlichkeit zukünftig nur zu erfüllen ist, soweit künftig Einnahmen oder Gewinne anfallen (vgl. § 5 Abs. 2a EStG), noch darf im Ergebnis ein Forderungsverzicht vorliegen. Ein qualifizierter Rangrücktritt im oben genannten Sinne hat keinen Einfluss auf die Bilanzierung der Verbindlich-keit in der Steuerbilanz, da sich lediglich die Reihenfolge der Tilgung ändert. Die Verbindlichkeit wird trotz des Rangrücktritts weiterhin geschuldet und stellt für den Steuerpflichtigen eine wirt-schaftliche Belastung dar.[40]

Weiterführende Literaturhinweise:

Karsten Schmidt, Der Betrieb 2006, Seite 2503 ff.;

Berndt, Betriebs Berater 2006, Seite 2744 ff.

IV.   Grundzüge des Insolvenzverfahrens

1.   Das reguläre Insolvenzverfahren

49   Der Ablauf eines regulären Insolvenzverfahrens stellt sich wie folgt dar:

- Stellung des Insolvenzantrags durch die Gesellschaft selbst oder durch einen Gläubiger (§ 13 Abs. 1 InsO).

- Prüfung des Insolvenzantrags durch das zuständige Insolvenzgericht. Gegebenenfalls An-ordnung von vorläufigen Sicherungsmaßnahmen wie die Bestellung eines vorläufigen Insol-venzverwalters oder die Auferlegung eines allgemeinen Verfügungsverbots, um bis zur Ent-scheidung über den Insolvenzantrag eine für die Gläubiger nachteilige Veränderung in der Vermögenslage des Schuldners zu verhindern (§§ 21, 22 InsO).

- Entscheidung des Gerichts über die Verfahrenseröffnung: entweder Abweisung des Insolvenz-antrags mangels eines Insolvenzgrundes oder mangels Masse (§ 26 InsO) oder Eröffnung des Insolvenzverfahrens (§ 27 InsO). Die Eröffnung des Insolvenzverfahrens führt zur Auflösung der insolventen Gesellschaft (vgl. § 8 Rn. 30).

---

38   BGH v. 08.01.2001, II ZR 88/99, BGHZ 146, 264, 271.
39   BFH, Beschl. des Großen Senats v. 09.06.1997, GrS 1/94, BStBl. II 1998, 307; BFH v. 29.07.1997, VIII R 57/94, BStBl. II 1998, 652.
40   BMF v. 08.09.2006, DStR 2006, 1700.

- Im Falle der Eröffnung des Insolvenzverfahrens: Übernahme der Insolvenzmasse durch den Insolvenzverwalter (§ 148 InsO) und Übergang der Verwaltungs- und Verfügungsbefugnis vom Schuldner auf den Insolvenzverwalter (§ 80 Abs. 1 InsO).

- Aufstellung einer Vermögensübersicht, in der die Gegenstände der Insolvenzmasse und die Verbindlichkeiten des Schuldners aufgeführt und einander gegenübergestellt werden (§§ 151 ff. InsO).

- Berichtstermin (§§ 156 ff. InsO): Gläubigerversammlung, in der über den Fortgang des Verfahrens entschieden wird (reguläre Liquidation oder Durchführung eines Insolvenzplanverfahrens).

- Wird eine reguläre Liquidation durchgeführt, ist im Anschluss an den Berichtstermin zum einen das zur Insolvenzmasse gehörende Vermögen der Gesellschaft durch den Insolvenzverwalter zu verwerten (§§ 159 ff. InsO) und zum anderen sind die Forderungen der Gläubiger der Gesellschaft festzustellen (Forderungsfeststellungsverfahren, §§ 174 ff. InsO).

- Verteilung des Erlöses aus der Verwertung der Insolvenzmasse an die Gläubiger (§§ 187 ff. InsO).

- Schlusstermin (§ 197 InsO): abschließende Gläubigerversammlung, in der insbesondere die Schlussrechnung des Insolvenzverwalters erörtert wird.

- Nach Abschluss der Verteilung: Aufhebung des Insolvenzverfahrens durch Beschluss des Insolvenzgerichts (§ 200 InsO). Mit dem Ende des Insolvenzverfahrens ist regelmäßig auch die Gesellschaft beendet. Handelt es sich um eine Handelsgesellschaft wird nun ihre Firma von Amts wegen im Handelsregister gelöscht (§ 141a FGG).

2.   Sonderformen des Insolvenzverfahrens

Neben dem regulären Insolvenzverfahren gibt es zwei Sonderformen des Insolvenzverfahrens: das Insolvenzplanverfahren sowie die Durchführung des Insolvenzverfahrens im Wege der Eigenverwaltung.   50

a)   Das Insolvenzplanverfahren

Das Insolvenzplanverfahren eröffnet den Gläubigern die Möglichkeit, durch Mehrheitsentscheidung die Verwertung der Insolvenzmasse und deren Verteilung, die Befriedigung der Gläubigeransprüche sowie die Haftung des Schuldners nach Beendigung des Insolvenzverfahrens abweichend von den gesetzlichen Vorschriften zu regeln (§ 217 InsO). Je nach Planziel können Insolvenzpläne insbesondere ausgestaltet sein als: 51

- Eigensanierungs- oder Fortführungspläne, wenn die Sanierung des Unternehmensträgers und damit die Fortführung des Unternehmens durch den Insolvenzschuldner und die Befriedigung der Gläubiger aus den laufenden Erträgen beabsichtigt ist;

- Übertragungsplan, wenn die Übertragung des Unternehmens auf einen neuen Unternehmensträger mit anschließender Sanierung vorgesehen ist;

- Liquidationsplan, wenn die Liquidation des schuldnerischen Unternehmens abweichend vom Regelverfahren gestaltet werden soll; oder als

- Moratoriumsplan, wenn der Insolvenzplan als wesentliches Ziel nicht den Verzicht, sondern nur die Stundung von Forderungen beinhaltet.

Nach einer Vorprüfung durch das Insolvenzgericht insbesondere auf formelle Mängel (§ 231 InsO) entscheiden die Gläubiger über die Durchführung des Insolvenzplans (§§ 235 ff. InsO). Da der Insolvenzplan die Rechtsstellung des Insolvenzschuldners verändert, ist auch seine Zustimmung erforderlich (§ 247 InsO). Sodann bedarf der Insolvenzplan noch der Bestätigung durch das Insolvenzgericht (§§ 248 ff. InsO).

Sobald der Bestätigungsbeschluss rechtskräftig ist, treten die in dem Insolvenzplan vorgesehenen Wirkungen für und gegen alle Beteiligten ein (§ 254 InsO).

b)   Die Eigenverwaltung

52   Bei der Durchführung des Insolvenzverfahrens im Wege der Eigenverwaltung hat der Insolvenzschuldner die Aufgabe der Verwaltung und Verwertung der Masse. Er erhält die Möglichkeit, die Insolvenzmasse unter der Aufsicht eines Sachwalters selbst zu verwalten und über sie zu verfügen (§ 270 Abs. 1 InsO). Im Übrigen finden grundsätzlich die allgemeinen Vorschriften der §§ 1 bis 216 InsO Anwendung (§ 270 Abs. 1 S. 2 InsO). Das Verzeichnis der Massegegenstände, das Gläubigerverzeichnis und die Vermögensübersicht hat dabei der Insolvenzschuldner zu erstellen, der Sachwalter prüft sie nur (§ 281 Abs. 1 InsO). Der Insolvenzschuldner hat auch den Bericht gegenüber der Gläubigerversammlung im Berichtstermin zu erstatten und die Rechnungslegung zu erstellen (§ 281 Abs. 2 und 3 InsO).

Stichwortverzeichnis

Druck:
Customized Business Services GmbH
im Auftrag der
KNV Zeitfracht GmbH
Ein Unternehmen der Zeitfracht - Gruppe
Ferdinand-Jühlke-Str. 7
99095 Erfurt